DEMOCRACIA E REDES SOCIAIS

O desafio de combater o populismo digital extremista

O GEN | Grupo Editorial Nacional – maior plataforma editorial brasileira no segmento científico, técnico e profissional – publica conteúdos nas áreas de concursos, ciências jurídicas, humanas, exatas, da saúde e sociais aplicadas, além de prover serviços direcionados à educação continuada.

As editoras que integram o GEN, das mais respeitadas no mercado editorial, construíram catálogos inigualáveis, com obras decisivas para a formação acadêmica e o aperfeiçoamento de várias gerações de profissionais e estudantes, tendo se tornado sinônimo de qualidade e seriedade.

A missão do GEN e dos núcleos de conteúdo que o compõem é prover a melhor informação científica e distribuí-la de maneira flexível e conveniente, a preços justos, gerando benefícios e servindo a autores, docentes, livreiros, funcionários, colaboradores e acionistas.

Nosso comportamento ético incondicional e nossa responsabilidade social e ambiental são reforçados pela natureza educacional de nossa atividade e dão sustentabilidade ao crescimento contínuo e à rentabilidade do grupo.

ALEXANDRE
DE MORAES

DEMOCRACIA E REDES SOCIAIS

O desafio de combater o populismo digital extremista

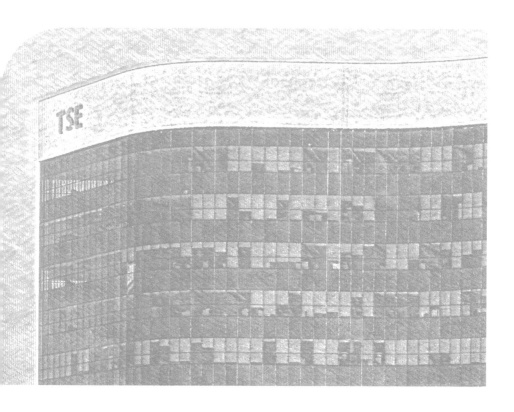

- O autor deste livro e a editora empenharam seus melhores esforços para assegurar que as informações e os procedimentos apresentados no texto estejam em acordo com os padrões aceitos à época da publicação, e todos os dados foram atualizados pelo autor até a data de fechamento do livro. Entretanto, tendo em conta a evolução das ciências, as atualizações legislativas, as mudanças regulamentares governamentais e o constante fluxo de novas informações sobre os temas que constam do livro, recomendamos enfaticamente que os leitores consultem sempre outras fontes fidedignas, de modo a se certificarem de que as informações contidas no texto estão corretas e de que não houve alterações nas recomendações ou na legislação regulamentadora.

- Fechamento desta edição: 17.09.2024

- O Autor e a editora se empenharam para citar adequadamente e dar o devido crédito a todos os detentores de direitos autorais de qualquer material utilizado neste livro, dispondo-se a possíveis acertos posteriores caso, inadvertida e involuntariamente, a identificação de algum deles tenha sido omitida.

- **Atendimento ao cliente:** (11) 5080-0751 | faleconosco@grupogen.com.br

- Direitos exclusivos para a língua portuguesa
  Copyright © 2025 by **Editora Atlas Ltda.**
  Uma editora integrante do GEN | Grupo Editorial Nacional
  Travessa do Ouvidor, 11 – Térreo e 6º andar
  Rio de Janeiro – RJ – 20040-040
  www.grupogen.com.br

- Reservados todos os direitos. É proibida a duplicação ou reprodução deste volume, no todo ou em parte, em quaisquer formas ou por quaisquer meios (eletrônico, mecânico, gravação, fotocópia, distribuição pela Internet ou outros), sem permissão, por escrito, da Editora Atlas Ltda.

- Capa: Fabricio Vale

- CIP-BRASIL. CATALOGAÇÃO NA PUBLICAÇÃO
  SINDICATO NACIONAL DOS EDITORES DE LIVROS, RJ

M818d

  Moraes, Alexandre de
    Democracia e redes sociais : o desafio de combater o populismo digital extremista Alexandre de Moraes. - 1. ed. - [3. Reimp.] - Barueri [SP] : Atlas, 2025.
    352 p. ; 23 cm.

    Inclui bibliografia
    anexo
    ISBN 978-65-5977-665-8

    1. Notícias falsas - Regulação - Brasil. 2. Desinformação. 3. Internet - Legislação - Brasil. 4. Mídia digital - Legislação. 5. Fake news. I. Título.

24-93884
                    CDU: 070.16:340.134

Gabriela Faray Ferreira Lopes - Bibliotecária - CRB-7/6643

SOBRE O AUTOR

Alexandre de Moraes é Ministro do Supremo Tribunal Federal. Foi Presidente do Tribunal Superior Eleitoral no biênio 2022-2024, tendo presidido as Eleições Gerais de 2022. É Doutor em Direito do Estado e Livre-Docente em Direito Constitucional pela Universidade de São Paulo (USP). É Professor Titular da Faculdade de Direito da USP e Titular Pleno da Universidade Presbiteriana Mackenzie.

Em 1991, foi o 1º colocado no Concurso do Ministério Público de São Paulo, tendo sido Promotor de Justiça de 1991 a 2002. Em janeiro de 2002, foi nomeado o mais novo Secretário da Justiça e da Cidadania da história do estado, exercendo o cargo até maio de 2005. Em junho de 2005, tomou posse na 1ª composição do Conselho Nacional de Justiça (biênio 2005-2007).

De 2007 a 2010, foi Secretário Municipal de Transportes de São Paulo, acumulando a Secretaria de Serviços, de 2009 a 2010. Em 1º/01/2015, assumiu a Secretaria de Segurança Pública, tendo obtido, pela primeira vez na história de São Paulo, a redução de todos os índices de criminalidade em relação ao ano anterior (2015/2014) e a menor taxa de homicídios por 100 mil habitantes, desde que os índices passaram a ser divulgados. Em 12/05/2016, assumiu o cargo de Ministro da Justiça e Segurança Pública. No exercício do cargo, foi um dos coordenadores da área de inteligência e segurança dos Jogos Olímpicos e Paralímpicos, ocorridos na cidade do Rio de Janeiro (2016).

É autor de diversas obras, entre elas *Direito Constitucional, Constituição do Brasil Interpretada, Direito Constitucional Administrativo, Direitos Humanos Fundamentais, Presidencialismo, Reforma Administrativa, Jurisdição Constitucional e Tribunais Constitucionais, Justiça Comentada* e *Pareceres de Direito Público.*

APRESENTAÇÃO

O Direito Eleitoral começou a ser cogitado mais profundadamente a partir de 1932 por meio da edição do primeiro Código sobre a matéria. Já com avanços significativos na medida em que conferiu o direito de voto às mulheres. Importante inovação que revelou, em 2022, número maior de eleitoras, 82.373.164, do que de eleitores, 74.044.065. Criou a Justiça Eleitoral e instituiu o voto secreto e o voto obrigatório. No caminhar, antes cédula eleitorais; depois as máquinas para a votação eletrônica. Se antes o resultado das eleições demorava dias, semanas, passou a ser definido no mesmo dia.

As normas eleitorais, por sua vez, são umbilicalmente ligadas à democracia.

É por meio de eleições que surgem as autoridades constituídas. Denomino-as assim porque a única autoridade inicial, primeira, é o povo. Só este é autoridade primária. As demais, porque constituídas, são secundárias. Deverão prestar obediência rigorosamente à Constituição e às normas infraconstitucionais com ela compatíveis sob pena de se praticarem, imediatamente, inconstitucionalidade e, mediatamente, desobediência ao que foi determinado pelo povo cuja vontade, repita-se, está na Carta Magna.

Nessa linha evolutiva, a Faculdade de Direito da Universidade de São Paulo criou a cadeira Direito Eleitoral, que veio em boa hora a ser ocupada por concurso pelo Ministro e Professor Alexandre de Moraes. Saliento a ideia da boa hora porque Alexandre, constitucionalista, com inúmeras obras publicadas, em muitas edições e tiragens, num dado momento representou o STF no TSE. Antes como vice-presidente, depois como presidente. Já conhecia, evidentemente, os princípios do direito eleitoral, mas aprofundou-se neles em razão da nobre tarefa que lhe coube. Mais ainda: viveu momentos políticos tumultuados que exigiam medidas jurídicas adequadas. Soube aplicá-las com muito equilíbrio, garantindo os princípios democráticos trazidos pela Constituinte de 1987/1988. Durante dois anos viveu o cotidiano da Suprema Corte Eleitoral. Examinou, em profundidade, todos os temas, o que o levou a escrever tese para a Cátedra já mencionada. Refiro-me a esta obra "O Direito Eleitoral e o Novo Populismo Digital Extremista", que o levou a titularizar aquela cadeira.

Como tudo depende de muito trabalho e longo percurso acadêmico e político, convém lembrar que Alexandre de Moraes seguiu esse roteiro. Recém-formado em Direito, prestou aos 22 anos concurso para o Ministério Público Estadual. Foi o primeiro colocado, o que já fazia antever os passos que deu adiante com inegável competência. Professor universitário, advogado, parecerista, Secretário Municipal de Transportes e Estadual de Segurança Pública, membro do Conselho Nacional de Justiça, Ministro da Justiça e Segurança Pública e, finalmente, Ministro do STF, sua carreira teve a marca da eficiência, fruto de sua dedicação a tudo aquilo que faz.

Honra-me apresentar sua obra. Lendo-a percebo a variedade de assuntos nela tratados. Mas todos concatenados formando uma unidade. Após esclarecer, na introdução, quais seriam os temas tratados, passou a enfrentá-los. E o fez trazendo farta doutrina nacional e estrangeira. Preocupou-se acertadamente com o combate à desinformação de que decorrem as notícias fraudulentas e os discursos de ódio e antidemocráticos. Percorreu nesse tópico a legislação estrangeira e a nacional nos mais variados períodos. Enalteceu a informação. Afinal, na democracia todos devem saber tudo. Não é sem razão que a Constituição Federal garante o direito à informação. Dela deriva a liberdade de imprensa. Esta é conteúdo daquele continente chamado informação. A partir daí enaltece a liberdade de expressão, até porque, esclarece, essa liberdade, seja do indivíduo ou da imprensa, submete-se a mecanismos do sistema normativo que as sanciona tanto no plano penal como no cível se forem falsas.

A liberdade de informação de que decorre a liberdade de expressão é plena. É o que defende. Mas, examinando o texto constitucional e invocando autores renomados, traz à luz o fenômeno da desinformação. Esta é uma medida que anula a informação. E, por isso mesmo, não é tolerada pelo sistema jurídico. As notícias falsas, as agressões à democracia, desmerecem e agridem a liberdade de expressão. O próprio Texto Magno registra que constitui crime inafiançável e imprescritível a ação de grupos armados civis ou militares contra a ordem constitucional e o Estado Democrático. Ainda que não houvesse essa determinação expressa, impõe-se a defesa do Estado Democrático como consequência da definição inaugural do artigo primeiro do Texto Maior. Foi o que fez, ao longo do tempo, o autor desta obra, tanto nela quanto na sua atividade jurisdicional. Alexandre de Moraes deixa essas lições para a posteridade. Mas, desde já, convém conhecê-las, a fim de praticá-las e impedir o descumprimento da Lei Maior.

Sua leitura, por essa e tantas outras razões, é indispensável.

Michel Temer
Presidente da República Federativa do Brasil (2016/2018)

PREFÁCIO

"Guerra é Paz; Liberdade é Escravidão; Ignorância é Força"
(George Orwell, "1984")

Na novilíngua do "populismo extremista digital", que se projeta em um contraditório universo paralelo, a mentira transforma-se em "verdade"; a busca pela dominação total do aparelho de Estado converte-se em "prática democrática de liberdade"; e a retórica do ódio e a desumanização do adversário (reduzido à condição de inimigo a ser simbolicamente eliminado) traduzem mero "discurso de convivência pacífica e amorosa".

A utilização das redes sociais, quando cooptadas com o objetivo de instrumentalizar o populismo extremista digital, busca transformá-las em absurdos "ministérios da verdade", para que disseminem desinformação, divulguem formulações conspiratórias e veiculem discursos de ódio ou de caráter infamante, preconceituoso, discriminatório, intolerante e sedicioso, ao mesmo tempo que, sob o enganoso pretexto de defenderem a ordem democrática, provoquem sobre esta grave efeito desestabilizador e, até mesmo, disruptivo.

Indaga-se: o que pode explicar o comportamento retrógrado de extremistas digitais, identificados por sua visão fundamentalista, que se valem da tecnologia de informação e dos meios cibernéticos para impor, pelas redes sociais, a sua distorcida concepção de mundo?

O Professor João Cezar de Castro Rocha, da UERJ, em importante trabalho doutrinário no qual analisa a guerra cultural, o terrorismo doméstico, a retórica do ódio e a dissonância cognitiva coletiva, após reconhecer a eficácia da "manipulação do universo digital" e, com maior ênfase, "a adoção da lógica das redes sociais, transportada sem mais para o plano da disputa política", expõe seu entendimento, valendo-se da noção de "guerra cultural", que define como "uma matriz de produção em série de narrativas polarizadoras cuja radicalização crescente engendra, sem trégua, inimigos imaginários, mantendo a militância em estado permanente de excitação".

Sob tal aspecto, o propósito do extremista digital – destaca João Cezar de Castro Rocha – consiste em "manter sob assédio permanente as instituições", pois seu objetivo primacial reside em sua intenção de lhes retirar credibilidade e legitimidade e, desse modo, impedir que elas, "desacreditadas, imponham freios e contrapesos à [sua] pulsão totalitária fundamentalista".

Esses agentes do obscurantismo, no entanto, que se notabilizaram por seu perfil intolerante e visão hostil às instituições democráticas, beneficiam-se, paradoxalmente, da tolerância, que constitui um dos signos luminosos inerentes ao próprio regime democrático!

Relevante enfatizar, neste ponto, a conhecida advertência de Karl Popper quando, ao examinar o tema da sociedade aberta (e democrática) em face de seus inimigos, responde à seguinte indagação: até que ponto a democracia, para autopreservar-se, deve tolerar os intolerantes?

Para Popper, "A tolerância ilimitada leva ao desaparecimento da própria tolerância. Se estendermos a tolerância ilimitada mesmo aos intolerantes, e se não estivermos preparados para defender a sociedade tolerante do assalto da intolerância, então, os tolerantes serão destruídos e a tolerância com eles (...)"!

É inquestionável que uma sociedade fundada em bases democráticas deve ser essencialmente tolerante e, por isso mesmo, cabe-lhe estimular o respeito harmonioso na formulação do dissenso, em respeito aos que divergem de nosso pensamento, de nossas opiniões e de nossas ideias!

Mas não deve nem pode viabilizar a "tolerância ilimitada", pois esta, se admitida, levará à supressão da própria tolerância, à eliminação dos tolerantes e à aniquilação da própria ideia e sentido de democracia!

Neste momento de nosso processo político, revela-se essencial que a cidadania comprometida com o respeito à institucionalidade empenhe-se na defesa incondicional das instituições democráticas de nosso País e na proteção das liberdades fundamentais, para que não voltem a expor-se, como sucedeu em passado recente, a ataques covardes e criminosos dos hunos que as assediaram com o subalterno (e corrosivo) propósito de vulnerá-las e de vilipendiá-las em sua integridade!

Torna-se importante destacar, por essa razão, que aqueles que respeitam a institucionalidade e que prestam fiel reverência à nossa Constituição reajam – e reajam sempre com apoio e sob o amparo da Lei Fundamental do Brasil – às sórdidas manobras golpistas, às sombrias conspirações autocráticas e às inaceitáveis tentações subversivas de submeter o nosso País a um novo e ominoso período de supressão das liberdades constitucionais e de degradação e conspurcação do regime democrático!

Necessário, pois, repelir, com vigor e determinação, sempre sob o império da lei, a ação criminosa de mentes autoritárias e de pessoas infensas ao primado da ideia democrática (como os populistas extremistas digitais), que incidem em práticas abusivas e sediciosas que degradam o modelo de democracia constitucional vigente no Brasil.

Eis porque a "tolerância ilimitada" (Popper), longe de refletir a essência mesma do espírito democrático, culmina, paradoxalmente, por viabilizar a construção de estruturas autoritárias destinadas, no contexto de um projeto sórdido de poder, ao controle institucional do Estado e ao domínio político da sociedade civil, ensejando frontal transgressão aos postulados éticos e jurídicos que informam e sustentam as bases de uma sociedade livre, aberta, solidária, fraterna e civilizada!

De outro lado, cabe estar permanentemente atento à advertência que exsurge do mundo distópico narrado por Orwell, em ordem a impedir que se subverta o significado intrínseco das palavras, com o espúrio objetivo de, mediante manipulação dos dados da realidade, converter a formação social em que vivemos em um sombrio espaço digital, verdadeiro "teatro de sombras", no qual a mentira, como falsa expressão da verdade, passe a constituir instrumento de controle e dominação nas mãos de quem pratica o ciberpopulismo extremista.

O fato inquestionável é que o populismo extremista digital constitui poderoso meio instrumental de manipulação política nas redes sociais, capaz de distorcer a verdade e de subverter a realidade com preocupante e eficaz precisão.

Essa estratégia, geralmente caracterizada por discursos radicais ou impregnados de caráter intencionalmente ambíguo, não apenas se revela capaz de moldar pensamentos e convicções, mas também de pressionar líderes a observarem orientações que se ajustem aos desígnios dos que agem nas sombras do submundo digital.

Ainda que configure um truísmo, não constitui demasia enfatizar que a distorção da verdade, produzida por "narrativas" intencionalmente deformantes da realidade, agride, vulnerando-os, os princípios que dão fundamento e consistência ao regime democrático.

Através da manipulação de palavras e conceitos, da desinformação e do discurso de ódio, entre outros meios utilizados por aqueles que militam no submundo da delinquência digital, torna-se possível a emergência de uma sociedade virtual e perigosamente (des)governada por "likes", comentários e "hashtags", em um contexto que afronta a soberania da Constituição, que subverte o regime democrático e que compromete a estabilidade das instituições, tanto da sociedade política quanto da sociedade civil.

Importante considerar, ainda, no espaço digital, as denominadas "Bolhas de informação" ("Echo Chambers"), que constituem "um ambiente onde uma pessoa somente encontra informações ou opiniões que refletem e reforçam as suas próprias" ("Oxford Learner's Dictionaries").

Quando alimentadas por pessoas que se identificam por seu fanatismo sectário e expandidas por algoritmos homogêneos que exacerbam mentiras e intensificam hostilidades, vindo a consolidar e a compartilhar crenças comuns, de um lado, e a rejeitar, de outro, o que se mostra divergente, heterodoxo e incompatível com a visão de mundo ("Weltanschauung") de determinado grupo, tais "Echo Chambers" podem revestir-se de potencialidade danosa à ordem pública e aos postulados inscritos na Constituição da República.

Nesse contexto, a verdade é sufocada (e aniquilada) pela repetição incessante e acrítica de falsas "narrativas" transmitidas em uníssono!

É por isso que se reconhece que "As câmaras de eco online são uma ameaça existencial à democracia deliberativa , pois podem intensificar a polarização de grupos e distorcer o discurso público" (Cass R. Sunstein).

O emprego desses meios digitais, quando utilizados à margem do ordenamento jurídico, visa, ordinariamente, desestabilizar a ordem constitucional e vilipendiar a reputação de cidadãos honestos e decentes, desempenhando as redes sociais, para esse efeito criminoso, um papel preponderante como instrumentos de dissolução da confiança pública e de estímulo negativo à formação de polaridades conflitantes no âmbito político e social.

Um claro exemplo dessa ilícita estratégia consiste no uso de recursos propiciados pela Inteligência Artificial na produção de "deepfakes", que constituem poderosa arma de subversão da verdade, de ofensa aos direitos de personalidade, de veiculação de discursos de ódio e de incitação à prática de atos de intolerância, de racismo, de preconceito e discriminação e de atentado ao regime democrático, entre tantos outros impregnados de caráter transgressor da ordem jurídica.

Zeynep Tufekci, professora e autora turca, reconhecida por suas análises sobre a interseção entre ciência, política, tecnologia e sociedade, adverte que "fica cada vez mais difícil distinguir entre realidade e manipulação digital, minando a base da verdade necessária para o debate democrático".

Essas novas e sofisticadas tecnologias mostram como o populismo extremista digital enfraquece a legitimidade democrática, compromete as instituições e afeta a credibilidade das informações.

Por trás dessa manipulação, revelam-se interesses políticos e econômicos espúrios, tanto de líderes populistas quanto de "big techs", que podem beneficiar-se do engajamento gerado pela desinformação ou pelos discursos de ódio!

A disseminação de conteúdo apto a gerar situações de polaridade conflitante não apenas confere importante suporte à popularidade desses líderes (?), mas também intensifica os algoritmos das plataformas digitais (é imenso o poder conformador dos algoritmos!), elevando suas vantagens financeiras e provocando, ainda, como seu efeito consequencial, a degradação corrosiva da verdade e da integridade das instituições democráticas.

A desinformação e a proliferação de discursos de ódio e de intolerância exigem que se adote legislação destinada a definir, entre nós, notadamente quanto às "big techs", um regime de responsabilidade que tenha por finalidade garantir que o ambiente digital não se converta em um campo fértil à degradação dos valores consagrados pela Constituição e pelas leis da República.

"Gigantes tecnológicos", as "big techs" moldam o ecossistema digital e influenciam opiniões e comportamentos humanos por meio da disseminação de conteúdo que inclui desde "fake news" até manipulações informativas, priorizando, algoritmicamente, o sensacionalismo, o lucro ou, eventualmente, até a intolerância ou mensagens de ódio e de desprezo à ordem democrática.

Bastante significativa (e precisa) a observação da Professora Karina Nunes Fritz ao enfatizar a necessidade de obstar o grave problema da manipulação das redes sociais, quando utilizadas como instrumentos de difusão de "fake news" e de discursos de ódio: "O problema da desinformação e do discurso de ódio ganhou uma dimensão inimaginável na era digital, com o desenvolvimento da internet e das novas tecnologias de informação, que permitem a propagação instantânea e em massa de dados e informações (...). A crença de que a desinformação deixa-se combater no livre mercado de ideias através do contradiscurso mostrou-se insustentável face ao uso deturpado das inovações tecnológicas (...)".

Exemplos como os da Lei de Segurança Online da Austrália ("Online Safety Act 2021"), da Lei de Serviços Digitais da União Europeia (DSA) e da Lei sobre Mercados Digitais (DMA), também da União Europeia, demonstram, pela eficácia de que se revestem tais diplomas normativos, a imprescindibilidade, entre nós, da promulgação de uma legislação básica que, a par da lei que instituiu o Marco Civil da Internet (Lei n. 12.965/2014): (a) viabilize o controle e a fiscalização dos serviços, mercados e plataformas digitais; (b) contenha os abusos decorrentes do exercício anômalo da liberdade de expressão; (c) estabeleça parâmetros quanto à moderação de conteúdo nas redes sociais; (d) institua normas de regência sobre a responsabilidade das redes sociais na prevenção da disseminação de notícias falsas e discursos de ódio, impedindo, assim, que o espaço digital se converta em um ambiente tóxico de intolerância e de desinformação; e (e) reafirme a primazia do Estado Democrático de Direito, notadamente em relação às "big techs", cujas atividades, além de deferentes à soberania nacional, deverão estar sempre sujeitas ao controle jurisdicional dos magistrados e Tribunais locais.

Importa esclarecer, neste ponto, por necessário, que medidas destinadas a estabelecer a regulação legislativa dos serviços, dos mercados e das plataformas digitais não se confundem com censura estatal (mecanismo autoritário vedado pela Constituição da República) nem com intervenção indevida do Estado, muito menos com cerceamento à liberdade de expressão.

Tais medidas regulatórias traduzem instrumentos legítimos e essenciais à proteção da supremacia da ordem constitucional, do postulado ético da verdade, da formação de um espaço digital seguro e de defesa da integridade plena do regime democrático.

Pertinente observar, por esse motivo, que a liberdade de expressão, essencial em um Estado Democrático de Direito, embora gozando de inquestionável importância na ordem jurídica, não é absoluta nem ilimitada, pois sobre ela incidem restrições de caráter jurídico-constitucional (CF, art. 220, § 1º, "in fine", c/c art. 5º, incisos IV, V, X, XIII e XIV) que deverão ser observadas no plano das redes sociais e no âmbito do seu estatuto regulatório, a significar que o exercício dessa prerrogativa básica, inclusive no espaço digital, não poderá transgredir direitos fundamentais e de personalidade de terceiros, como a honra, a dignidade, a intimidade e a vida privada!

Mais do que isso: também o discurso de ódio, que propaga preconceito e discriminação, não tem nem merece a proteção constitucional da liberdade de expressão.

Aqueles que se valem de discursos que incitam ódio, racismo, discriminação ou preconceito, tanto quanto os que fazem apologia ao crime ou estimulam práticas delituosas, inclusive no espaço digital, devem ser amplamente responsabilizados, pois tais atos ferem os princípios básicos de respeito, de igualdade e de dignidade da pessoa humana, inscritos em nossa Constituição.

Cabe também destacar, no tema referente ao direito à livre manifestação do pensamento, outra limitação constitucionalmente relevante: o Estado – por lhe incumbir o dever de proteger a integridade da ordem democrática – deve legitimamente reprimir ataques e golpes ("coup d'État") perpetrados por aqueles que, sob pretexto do exercício da liberdade de expressão (?), promovam atos sediciosos, de violência, de atentado ao Estado Democrático de Direito ou que visem à desestabilização das instituições democráticas.

No autoritarismo digital, a liderança populista desconhece os limites impostos pela Constituição e pelas leis do Estado, ignora as instituições e a soberania nacional, suprime o espaço de dissenso e somente se submete à sua própria regulação. Isso não pode ser admitido nem tolerado!

Como bem observa Lilia Schwarcz, historiadora, Professora de Antropologia na USP e integrante da Academia Brasileira de Letras, "populistas têm um pacto com o autoritarismo, pois se bastam sozinhos. Não fazem contratos sociais nem dialogam ou dividem protagonismo".

A manipulação digital transforma o cenário político em um espetáculo de caos, de degradação, de antagonismo e de polarização.

Daí a precisa observação da Professora Esther Solano, para quem "A polarização promovida nas redes sociais desafia a convivência democrática, transformando o debate público em um campo de batalha ideológico".

Letícia Cesarino, Professora de Antropologia na Universidade Federal de Santa Catarina (UFSC), por sua vez, ressalta que, "ao centralizar a narrativa em torno de uma figura messiânica, o populismo digital distorce a realidade, minando a confiança nas instituições democráticas".

Importante relembrar, por isso mesmo, a ocorrência dos fatos perpetrados, em 8 de janeiro de 2023, por uma turba insana, motivada por mensagens sediciosas transmitidas pelos meios digitais e também expostas em faixas e cartazes com reivindicações de conteúdo manifestamente antidemocrático, sob o equivocado fundamento de exercício da liberdade de expressão.

Esse gravíssimo episódio constituiu um dos momentos mais críticos (e dramáticos) de nossa História recente: a criminosa invasão das sedes dos Três Poderes do Estado.

A data daquele conflito constitui, historicamente, o registro de uma marca indelével de nosso tempo, lapidarmente definida pela Ministra Rosa Weber, então Presidente do Supremo Tribunal Federal, como "Um dia que viverá eternamente em infâmia".

Com gestos criminosos, os "novos bárbaros" invadiram as sedes dos Três Poderes, ultrajando os símbolos majestosos da República e do Estado Democrático de Direito, indiferentes aos atos com que não hesitaram em dessacralizar a Constituição de nosso País!

A resposta do povo brasileiro a tão graves manifestações mostrava-se necessária e imprescindível, dele exigindo uma escolha fundamental entre civilização e barbárie ou entre liberdade e submissão. E essa resposta veio com apoio na "rule of law", repelindo pretensões autocráticas e reprimindo práticas abusivas que transgrediram, deformaram e deslegitimaram o sentido democrático das instituições e a supremacia e a autoridade da própria Constituição!

Em meio a esse cenário, destaca-se a figura central de Alexandre de Moraes, Ministro do Supremo Tribunal Federal, ex-Presidente do Tribunal Superior Eleitoral, ex-Ministro da Justiça, ex-integrante do Ministério Público paulista e Professor Titular da Faculdade de Direito das Arcadas (USP).

A trajetória intelectual desse eminente magistrado e constitucionalista reflete, em seu brilhante itinerário profissional, irredutível compromisso com a Constituição e com os valores que informam e estruturam o Estado Democrático de Direito.

Notável tem sido a sua atuação na proteção da Constituição Federal e dos grandes postulados nela consagrados, exercendo com independência, "sine ira ac studio", a jurisdição na qual foi investido.

Este livro – que resultou da tese "Democracia e Redes Sociais. O desafio de combater o populismo extremista digital", cuja aprovação conferiu ao Ministro Alexandre de Moraes a honrosa condição de Professor Titular da Faculdade de Direito do Largo São Francisco (USP) – constitui, pela alta relevância do tema nele versado, verdadeiro chamamento à consciência coletiva dos cidadãos desta República.

A leitura desta valiosa obra jurídica convoca-nos a uma reflexão profunda não apenas sobre o tempo presente, mas também sobre a necessidade imperiosa de adoção de medidas para "combater o populismo extremista digital", em ordem a garantir a preservação da democracia constitucional, a impedir a disseminação de notícias falsas e discursos de ódio e de intolerância e a reafirmar a soberana primazia do Estado de Direito!

São Paulo, inverno de 2024

Celso de Mello
Ministro aposentado e ex-Presidente do
Supremo Tribunal Federal, biênio 1997-1999

SUMÁRIO

Introdução 1

Capítulo 1. Legislação sobre o combate à desinformação 11

1.1. Legislação estrangeira: mapa interativo desenvolvido pelo Lupa-Mundi e relatórios da Freedom House 11

1.2. Lei dos Serviços Digitais (*Digital Services Act* – DSA) e Lei dos Mercados Digitais (*Digital Markets Act* – DMA) 18

1.3. Legislação nacional: Marco Civil da Internet e Projeto de Lei n. 2.630, de 2020 – debates no Congresso Nacional 26

Capítulo 2. Liberdade de escolha pelos eleitores, acesso à informação e liberdade de expressão 41

2.1. Democracia e liberdade do voto 41

2.2. Liberdade de expressão no direito constitucional brasileiro 53

2.3. Liberdade de expressão como direito fundamental consagrado na Constituição brasileira de 1988 57

2.4. Democracia e livre escolha do eleitor. Combate à desinformação e possibilidade de responsabilização 66

Capítulo 3. A desinformação nas redes sociais e nos serviços de mensageria privada como instrumento de corrosão da democracia 85

3.1. O poder político das redes sociais e dos serviços de mensageria privada como o mais novo e eficaz instrumento de comunicação de massa 85

3.2. A utilização das redes sociais e dos serviços de mensageria privada contra a Democracia 100

3.3. A instrumentalização das redes sociais e dos serviços de mensageria privada pelo novo populismo digital extremista............ 111

3.4. O ataque do novo populismo digital extremista e de suas "milícias digitais" aos pilares das Democracias ocidentais............. 119

Capítulo 4. A atuação da Justiça Eleitoral no combate à desinformação e aos discursos de ódio e antidemocráticos e na proteção à liberdade de escolha do eleitorado 143

4.1. Redes sociais e serviços de mensageria privada e propaganda eleitoral... 143

4.2. O papel da Justiça Eleitoral em defesa da Democracia no combate à desinformação, às notícias fraudulentas e aos discursos de ódio e antidemocráticos nas eleições de 2022.................... 148

4.3. A constitucionalidade da Resolução-TSE n. 23.714, de 20 de outubro de 2022, editada para o combate à desinformação e em defesa da Democracia... 176

Conclusão... 183

Bibliografia... 197

Anexo – Legislação Eleitoral... 205

Resolução TSE n. 23.727, de 27 de fevereiro de 2024
Altera a Resolução-TSE n. 23.600, de 12 de dezembro de 2019, que dispõe sobre as pesquisas eleitorais 205

Resolução TSE n. 23.728, de 27 de fevereiro de 2024
Altera a Resolução-TSE n. 23.673, de 14 de dezembro de 2021, que dispõe sobre os procedimentos de fiscalização e auditoria do sistema eletrônico de votação........... 207

Resolução TSE n. 23.729, de 27 de fevereiro de 2024
Altera a Resolução-TSE n. 23.609, de 18 de dezembro de 2019, que dispõe sobre a escolha e o registro de candidatas e candidatos para as eleições....................... 212

Resolução TSE n. 23.730, de 27 de fevereiro de 2024
Altera a Resolução-TSE n. 23.605, de 17 de dezembro de 2019, que estabelece diretrizes gerais para a gestão e distribuição dos recursos do Fundo Especial de Financiamento de Campanha (FEFC) 217

Resolução TSE n. 23.731, de 27 de fevereiro de 2024
Altera a Resolução-TSE n. 23.607, de 17 de dezembro de 2019, que dispõe sobre a arrecadação e os gastos de recursos por partidos políticos e candidatas ou candidatos e sobre a prestação de contas nas eleições.. 217

Resolução TSE n. 23.732, de 27 de fevereiro de 2024
Altera a Res.-TSE n. 23.610, de 18 de dezembro de 2019, dispondo sobre a propaganda eleitoral.. 223

Resolução TSE n. 23.733, de 27 de fevereiro de 2024
Altera a Resolução-TSE n. 23.608, de 18 de dezembro de 2019, que dispõe sobre representações, reclamações e pedidos de direito de resposta previstos na Lei n. 9.504, de 30 de setembro de 1997, para as eleições 237

Resolução TSE n. 23.734, de 27 de fevereiro de 2024
Altera a Resolução-TSE n. 23.677, de 16 de dezembro de 2021, que dispõe sobre os sistemas eleitorais, a destinação dos votos na totalização, a proclamação dos resultados, a diplomação e as ações decorrentes do processo eleitoral nas eleições gerais e municipais 241

Resolução TSE n. 23.735, de 27 de fevereiro de 2024
Dispõe sobre os ilícitos eleitorais 245

Resolução TSE n. 23.736, de 27 de fevereiro de 2024
Dispõe sobre os atos gerais do processo eleitoral para as eleições municipais de 2024 254

Resolução TSE n. 23.737, de 27 de fevereiro de 2024
Dispõe sobre o cronograma operacional do Cadastro Eleitoral para as Eleições 2024 312

Resolução TSE n. 23.740, de 7 de maio de 2024
Dispõe sobre a implementação e funcionamento do juiz eleitoral das garantias na Justiça Eleitoral, previsto na Lei n. 13.964/2019 324

Portaria TSE n. 180, de 12 de março de 2024
Institui o Centro Integrado de Enfrentamento à Desinformação e Defesa da Democracia e disciplina a sua atuação 326

INTRODUÇÃO

A participação popular na condução dos negócios políticos do Estado, em especial nos regimes democráticos, vem se adaptando durante a história das sociedades organizadas, garantindo maior inclusão daqueles que podem participar do processo democrático, novos instrumentos de escolha e, principalmente, uma nova maneira de comunicação entre o eleitorado e os seus representantes, independentemente das formas de Estado ou de Governo adotadas[1].

A ausência do caráter inclusivo e universal na condução dos negócios políticos do Estado surgiu com a própria ideia original de Democracia, tendo sido, inclusive, defendida no célebre diálogo entre Sócrates e Glauco, descrito na *República*, de Platão, sobre o modo de escolha daqueles que devem mandar e dos que devem obedecer. Sócrates afirmava, com a concordância de Glauco, que "claro está que os velhos é que devem mandar e os moços obedecer", para concluir, igualmente com a concordância de Glauco, que "claro também que entre os velhos se devem escolher os melhores"[2].

---

[1] DE VERGOTTINI, Giuseppe. *Diritto costituzionale*. 2. ed. Padua: Cedam, 2000; CARRÉ DE MALBERG, R. *Contribution à la théorie générale de l'État*. Paris: Centre National de la Recherche Scientifique, 1920. p. 259 e ss.; JELLINEK, Georg. *Teoría general del Estado*. Ciudad de México: Fondo de Cultura Económica, 2000. p. 580; ROBISON, Donald L. ROBINSON, Donald L. *"To the best of my ability"*: the Presidency and the Constitution. New York: W. W. Norton & Company, 1987. p. 20; BONAVIDES, Paulo. *Ciência Política*. 10. ed. São Paulo: Malheiros Editores, 2000; DALLARI, Dalmo de Abreu. *Elementos de teoria geral do Estado*. 22. ed. São Paulo: Saraiva, 2001.

[2] PLATÃO. *República*. Bauru: Edipro, 1994. p. 127-128.

Montesquieu, apesar de apontar que, "na República, o Povo no seu todo tem o poder soberano, é uma Democracia", da mesma forma salientava essa inexistência de inclusão universal, afirmando que "a maioria dos cidadãos tem bastante competência para eleger, mas não para ser eleita. Pois assim também o Povo, que tem bastante capacidade para fazer que lhe prestem contas da gestão dos outros, não é capaz de gerir ele próprio"[3]. Nesse sentido, com uma visão pouco inclusiva da Democracia, os mesmos apontamentos de Madison[4], Alexis de Tocqueville[5], Carl J. Friedrich[6] e Maurice Hauriou[7].

Philip Kurland, analisando a criação do Estado norte-americano, observa que governo constitucional se tornou a alma da Democracia moderna, no sentido apontado pelos pais fundadores dos EUA, ou seja, observou que não havia a pretensão de conferir grande aspecto popular ao sistema político, mas estabelecer um governo misto, que levasse em consideração o consenso, a ser atingido pela Democracia representativa, no qual o povo deveria eleger pessoas para atuarem em seu lugar, com absoluto respeito às normas constitucionais[8].

Aliás, nesse mesmo sentido, Robert Dahl narra que uma opinião bastante difundida entre os americanos é a de que os Pais Fundadores desejaram criar uma república, não uma Democracia. Prossegue: conquanto esta opinião seja corroborada pela autoridade de James Madison, ela é errada, porque Democracia ateniense e república romana eram igualmente diretas, ambas desconheciam a representação[9].

---

[3] MONTESQUIEU. *O espírito das leis*. Trad. Pedro Vieira Mota. 3. ed. São Paulo: Saraiva, 1994. p. 84 e 87.
[4] *The Federalist Papers*, n. X.
[5] TOCQUEVILLE, Alexis de. *Democracia na América*: leis e costumes. São Paulo: Martins Fontes, 1998. p. 65.
[6] FRIEDRICH, Carl Joachim. *Gobierno constitucional y democracia*. Madrid: Instituto de Estudios Políticos, 1975. p. 81.
[7] HAURIOU, Maurice. *Derecho público y constitucional*. Trad. Carlos Ruiz del Castillo. 2. ed. Madrid: Editorial Reus, 1927. p. 146.
[8] KURLAND, Philip B. The rise and fall of the "doctrine" of separation of powers. *Michigan Law Review*, Ann Arbor, v. 85, n. 3, Dec. 1986. p. 592 e ss. Conferir, ainda: MANSFIELD JR., Harvey C. *A ordem constitucional americana*. Rio de Janeiro: Forense Universitária, 1987. p. 84-85 e 92; SIEGAN, Bernard H. Separation of powers: economic liberties. *Notre Dame Law Review*, Notre Dame, v. 70, n. 3, 1995. p. 427 e ss.
[9] DAHL, Robert. *Quanto è democratica la Costituzione americana?*. Roma-Bari: Laterza, 2003. p. 5 e 113-115.

A partir do século XIX, houve o avanço do caráter inclusivo na Democracia, como apontado por Carl Friedrich, ao analisar a presidência de Andrew Jackson, o *Reform Act*, de 1832, a Revolução de 1848 na França e a Guerra de Secessão nos Estados Unidos, tendo salientado que, "no curso da luta, o líder das forças antiescravagistas do Norte, Abraham Lincoln, formulou alguns dos dogmas mais sagrados do credo democrático. Em nenhuma outra parte, encontrou-se expressão mais eloquente ao espírito progressista da Democracia do que a locução dita em Gettysburg: '*O Governo do povo pelo povo e para o povo não desaparecerá da Terra*'", porém, para concluir, "sem embargo, os sentimentos e ideais que inspiraram esse discurso ainda estão longe de obter sua plena realização"[10].

Robert Dahl, da mesma maneira, aponta a evolução do caráter inclusivo na ideia de Democracia, ao lembrar que "todos ou, de qualquer maneira, a maioria dos adultos residentes permanentes deveriam ter o pleno direito de cidadãos implícito no primeiro de nossos critérios. Antes do século XX, este critério era inaceitável para a maioria dos defensores da Democracia. Justificá-lo exigiria que examinássemos porque devemos tratar os outros como nossos iguais políticos"[11].

Essa participação efetiva e igualitária passou a ser concretizada com universalização e igualdade do voto, que, paulatinamente, garantiu a verdadeira inclusão, independentemente de raça, credo, condições culturais ou econômicas. A universalização dos direitos políticos investiu o indivíduo no *status activae civitatis*, permitindo-lhe o exercício concreto da liberdade de participação nos negócios políticos do Estado, de maneira que lhe conferisse os atributos da cidadania.

Canotilho e Moreira ensinam que o princípio democrático exige a integral participação de todos e de cada uma das pessoas na vida política do país, a fim de garantir o respeito à soberania popular, pois "a Democracia surge como um *processo de democratização*"[12].

---

[10] FRIEDRICH, Carl Joachim. *Gobierno constitucional y democracia*. Madrid: Instituto de Estudios Políticos, 1975. p. 82.
[11] DAHL, Robert. *Sobre a democracia*. Brasília: Editora UnB, 2001. p. 49.
[12] CANOTILHO, J. J. Gomes; MOREIRA, Vital. *Fundamentos da Constituição*. Coimbra: Coimbra Editora, 1991. p. 195. Conferir no mesmo sentido: DALLARI, Dalmo de Abreu. *O renascer do direito*. 2. ed. São Paulo: Saraiva, 1996. p. 131.

Os critérios de um processo democrático passaram, portanto, a incluir, principalmente, a *participação efetiva do maior número possível de pessoas*, buscando permitir oportunidades iguais e efetivas a todos de conhecerem e manifestarem opiniões sobre os assuntos políticos do Estado[13].

A efetiva concretização da Democracia, entretanto, depende, basicamente, da legitimidade, honestidade, eficiência e transparência dos instrumentos disponibilizados aos eleitores e às eleitoras para o exercício de seu direito de voto, bem como dos mecanismos de apuração dos votos e da divulgação dos resultados eleitorais, a fim de garantir a liberdade no momento da escolha de seus representantes e a certeza de que a apuração corresponde a essa escolha livre e consciente. Esses mecanismos são essenciais para conferirem lisura e legitimação na escolha dos representantes em uma Democracia.

A necessidade de *"eleições honestas e livres"* como fator legitimador da Democracia foi salientada na clássica definição de Maurice Duverger: "a definição mais simples e mais realista de Democracia: regime em que os governantes são escolhidos pelos governados; *por intermédio de eleições honestas e livres"*[14]. Essa necessidade de correspondência entre a vontade livre do eleitor e o resultado da escolha dos representantes também foi destacada por Duguit como fator essencial de legitimidade do princípio da soberania popular[15].

De igual maneira, o eleitorado necessita, para realizar uma escolha livre e consciente, de acesso amplo e irrestrito a informações políticas e eleitorais de todos os candidatos e de todas as candidatas, a fim de poder balizar suas escolhas, a partir de análise e reflexão, livres de ma-

---

[13] FRIEDRICH, Carl Joachim. *Gobierno constitucional y democracia*. Madrid: Instituto de Estudios Políticos, 1975. p. 16 e ss.

[14] DUVERGER, Maurice. *Os partidos políticos*. Rio de Janeiro: Zahar, 1970. p. 387.

[15] Observe-se, entretanto, que Duguit afirma que "o sufrágio universal não deriva do princípio da soberania nacional. A consequência desse processo constitui encontrar o melhor sistema para expressar a vontade nacional, mas isso não prova que tal sistema seja o sufrágio universal". Na sequência, analisando que "a Assembleia de 1789 na França não pretendeu, ao estabelecer sufrágio restrito e em dois graus, violar o princípio da soberania nacional que solenemente promulgara", o autor conclui que "nem o próprio dogma da soberania do povo pode dar fundamento à participação de todos no poder político" (DUGUIT, Léon. *Fundamentos do direito*. São Paulo: Ícone, 1996. p. 27).

nipulação ou interferências ilegítimas, que permitam o pleno exercício dos direitos políticos.

A liberdade do direito de voto depende, preponderantemente, da plena liberdade de discussão, de modo que deve ser garantida aos candidatos e às candidatas a ampla liberdade de expressão e de manifestação, possibilitando ao eleitor pleno acesso às informações necessárias e verdadeiras para o exercício da livre destinação de seu voto.

Dessa forma, a necessidade imprescindível do sigilo do voto como garantia de liberdade do eleitor na escolha de seus representantes passou a exigir a previsão de mecanismos legais de proteção do eleitorado contra quaisquer tentativas de captura de sua vontade, seja por meio de induzimento nas propagandas eleitorais, seja por meio de pressões pessoais ou profissionais, seja, ainda, por meio de promessas ilícitas de vantagens.

Obviamente, com a universalização do direito de voto e de participação política, a comunicação entre eleitores/candidatos e sociedade/representantes se tornou fator essencial para a conquista, o exercício e a legitimação do poder, tendo adquirido exponencial força à medida que novos e poderosos instrumentos tecnológicos surgiram, por exemplo, a televisão[16].

A utilização de meios de comunicação de massa nas campanhas eleitorais sempre foi motivo de atenção da legislação e da Justiça Eleitoral, principalmente no sentido de evitar a colocação em risco da liberdade de escolha dos eleitores e das eleitoras.

As grandes alterações surgidas com a introdução de novas tecnologias nas redes sociais e nos serviços de mensageria privada[17], com a utilização de algoritmos no direcionamento e na priorização de assuntos

---

[16] SARTORI, Giovanni. *Homo videns*: televisão e pós-pensamento. Bauru: Edusc, 2001.
[17] Como destacado por André Ramos Tavares, "as novas tecnologias que operam em *rede* digital de conexões apresentam impacto superlativo em absolutamente todos os setores, tendo pressionado e transformado fortemente o modelo (tradicional) em que ocorriam as relações políticas, socioeconômicas, comerciais, profissionais e familiares" (TAVARES, André Ramos. Constituição em rede. *Revista Brasileira de Estudos Constitucionais*, Belo Horizonte, v. 16, n. 50, jul.-dez. 2022. p. 53).

e de inteligência artificial, bem como sua utilização em campanhas e publicidades eleitorais, reforçaram a necessidade de proteção à liberdade de escolha do eleitorado e de segurança jurídica das eleições, tanto do ponto de vista legislativo quanto de atuação da Justiça Eleitoral em defesa da Democracia.

A falta de transparência na metodologia e no processo decisório dos algoritmos[18] – em especial na sugestão de determinado conteúdo aos usuários –, bem como na utilização da inteligência artificial, tornou-se um grande risco durante as campanhas eleitorais, em razão da alta probabilidade de induzimento do voto do eleitor por meio de notícias fraudulentas[19].

A gravidade dessa falta de transparência das novas tecnologias ficou acentuada quando grupos políticos – *que denomino nesta obra de "o novo populismo digital extremista"*, com a única e específica finalidade de obtenção de poder a qualquer custo – passaram a utilizar as redes sociais e os serviços de mensageria privada, sem quaisquer limites legais e éticos, para a disseminação massiva de desinformação, de notícias fraudulentas e de discursos de ódio e antidemocráticos, gerando a necessidade de evolução legislativa e de atuação da Justiça Eleitoral.

Nesse momento, a instrumentalização das redes sociais e dos serviços de mensageria privada pelo novo populismo digital extremista, por meio da atuação de suas verdadeiras "milícias digitais", transformou-se em um dos mais graves e perigosos instrumentos de corrosão da Democracia, exigindo nova postura legislativa e da Justiça Eleitoral.

Em defesa da Democracia, portanto, há a necessidade de nova análise e renovado equacionamento das regras eleitorais, em face do reconhecimento das redes sociais e dos serviços de mensageria privada como os mais novos e eficazes instrumentos de comunicação de massa

---

[18] NOBLE, Safiya U. *Algorithms of oppression*: how search engines reinforce racism. New York: New York University Press, 2018; EUBANKS, Virginia. *Automating inequality*: how high-tech tools profile, police, and punish the poor. New York: St. Martin's Press, 2018.

[19] KAKUTANI, Michiko. *A morte da verdade*. Rio de Janeiro: Intrínseca, 2018; EMPOLI, Giuliano da. *Os engenheiros do caos*. Trad. Arnaldo Bloch. São Paulo: Vestígio, 2019; MELLO, Patrícia Campos. *A máquina do ódio*. São Paulo: Companhia das Letras, 2020.

e, consequentemente, do agigantamento de seu poder político e da capacidade de influenciar a vontade do eleitorado.

A ausência de uma real e efetiva autorregulação e os perigos das notícias fraudulentas e da massiva desinformação instrumentalizada nas redes sociais e nos serviços de mensageria privada, especialmente pelo novo populismo digital extremista, refletem diretamente na liberdade de escolha dos eleitores e das eleitoras, dificultando o acesso a informações sérias e verdadeiras, colocando em risco a higidez da Democracia.

A atualidade, a sensibilidade e a perenidade do tema – uma vez que, obviamente, as conquistas tecnológicas, as redes sociais, os serviços de mensageria privada, a inteligência artificial e os algoritmos tornaram-se uma realidade permanente na vida humana – exigem uma necessária análise sobre os perigos da instrumentalização das redes sociais e dos serviços de mensageria privada por um novo populismo digital extremista, que não encontra em seu caminho regulamentação alguma, qualquer controle ou efetiva responsabilização.

Em todo o mundo, ainda que de forma lenta e tardia, as autoridades públicas passaram a discutir a necessidade de regulamentação das redes sociais e dos serviços de mensageria privada, com controle na tresloucada desinformação existente e sérias consequências legais para a massiva disseminação de conteúdos fraudulentos e discursos de ódio e antidemocráticos.

Dessa maneira, o presente estudo será iniciado com a análise da evolução da legislação sobre o combate à desinformação, às notícias fraudulentas e aos discursos de ódio e antidemocráticos, em especial, no exterior, a Lei dos Serviços Digitais (*Digital Services Act* – DSA) e a Lei dos Mercados Digitais (*Digital Markets Act* – DMA) e, no Brasil, o Marco Civil da Internet e o Projeto de Lei n. 2.630, de 2020, ainda em debate no Congresso Nacional.

A análise sobre a necessária regulamentação dos conteúdos das redes sociais e dos serviços de mensageria privada, em especial em defesa do Estado Democrático de Direito, pressupõe amplo debate sobre o acesso à informação dos eleitores como valor estruturante na formação em sua liberdade de escolha de seus representantes, como garantia maior da Democracia.

Para tanto, torna-se necessário analisar os direitos de acesso à informação e a liberdade de expressão. Assim, a liberdade de discussão, a ampla participação política e o princípio democrático serão estudados em conjunto com a liberdade de expressão.

A análise da liberdade de expressão, como direito fundamental tradicionalmente consagrado nas constituições brasileiras, será realizada a partir da necessidade de combate à desinformação e possibilidade de responsabilização daqueles que utilizam as redes sociais e os serviços de mensageria privada para capturar e desvirtuar a livre escolha do eleitor.

O poder político das redes sociais e dos serviços de mensageria privada como o mais novo e eficaz instrumento de comunicação de massa, assim como seu desvirtuamento pelo novo populismo digital extremista com a prática de desinformação, divulgação de notícias fraudulentas e propagação de discursos de ódio e antidemocráticos, será exposto como um dos mais graves e perigosos instrumentos de corrosão da Democracia.

Estudar e entender como ocorre a instrumentalização das redes sociais e dos serviços de mensageria privada contra a Democracia pelo novo populismo digital extremista, a partir de sucessivos ataques realizados por suas "milícias digitais" – *verdadeira infantaria virtual antidemocrática* do novo autoritarismo – aos pilares básicos da Democracia – *liberdade de imprensa, sistema eleitoral e independência do Poder Judiciário* –, permitirá uma importante reflexão no sentido da regulamentação dos conteúdos veiculados, bem como de um reposicionamento do Poder Judiciário no combate à desinformação, a notícias fraudulentas e a discursos de ódio e antidemocráticos para manutenção do Estado Constitucional e Democrático de Direito.

A análise da necessidade de impor responsabilidade das empresas provedoras de acesso à internet; dos deveres e das responsabilidades das *big techs*; da moderação de conteúdo no ambiente virtual; de medidas de prevenção à desinformação, especialmente no processo eleitoral; e vedação ao anonimato no ambiente virtual são absolutamente necessárias para evitar que o novo populismo digital extremista continue a corroer a Democracia, com gravíssimos desrespeitos aos direitos fundamentais.

Igualmente, a utilização de redes sociais e de serviços de mensageria privada para disseminar desinformação, notícias fraudulentas e discursos de ódio e antidemocráticos em benefícios de candidatos, inclusive ataques ao sistema de votação e à lisura do pleito eleitoral, será analisada para fins de responsabilização, sob o ponto de vista do abuso de poder político e econômico e da indevida utilização dos meios de comunicação.

Neste livro, serão estudadas as competências e responsabilidades da Justiça Eleitoral na promoção das eleições, bem como sua atuação nas eleições em defesa da legalidade, segurança jurídica para a plena garantia de liberdade de escolha do eleitorado e no efetivo combate à desinformação, a notícias fraudulentas, a discursos de ódio e antidemocráticos durante o período eleitoral[20].

Assim, defenderemos a tese da necessidade de assumir um novo paradigma de proteção legislativa, que permita ao Direito Eleitoral avançar em seu papel essencial de garantir a plena liberdade de escolha dos eleitores, a legitimidade das eleições e a preservação do regime democrático em face da instrumentalização das redes sociais e dos serviços de mensageria privada pelos novos populistas digitais extremistas, com maciça divulgação de discursos de ódio e mensagens antidemocráticas e utilização da desinformação para corroer os pilares da Democracia e do Estado de Direito.

---

[20] Esse papel guarda semelhança com aquele exercido pelo Tribunal Constitucional Federal alemão, no exercício da jurisdição constitucional, que lhe conferiu inclusive o reconhecimento como uma instituição essencial do "pacote democrático", a partir de 1951 (conferir: DALY, Tom Gerald. *The alchemists*. Cambridge: Cambridge Press, 2017).

Capítulo 1
LEGISLAÇÃO SOBRE O COMBATE À DESINFORMAÇÃO

1.1. LEGISLAÇÃO ESTRANGEIRA: MAPA INTERATIVO DESENVOLVIDO PELO LUPAMUNDI E RELATÓRIOS DA FREEDOM HOUSE

A análise da evolução legislativa de um novo tema – como o combate à desinformação e às notícias fraudulentas em defesa da liberdade de escolha do eleitorado e da própria higidez da Democracia – traz grandes desafios, seja pela novidade e polêmica do assunto, seja pela divergência de posicionamentos.

Não bastasse isso, o recolhimento e a comparação de legislações estrangeiras sobre um mesmo tema têm sua dificuldade amplificada pelo número de países, pelos variados sistemas adotados – a começar por aqueles que, sendo federações, eventualmente admitem legislações subnacionais diversas sobre um mesmo assunto – e pela maneira lateral adotada por alguns países para tratar do assunto.

Em virtude da novidade do tema, das legislações ainda incipientes – tanto na edição quanto na aplicação pelas diversas Justiças –, não se pretende realizar um estudo comparado dos diversos ordenamentos jurídicos, pois o método comparativo próprio do Direito Comparado requer especial rigor técnico.

No presente momento, parece suficiente um panorama, ainda que mais genérico, a exposição do que se tem no mundo sobre legislações que cuidam de desinformação, notícias fraudulentas e discursos de ódio e antidemocráticos, a partir de um excelente trabalho de pesquisa realizado pelo LupaMundi, com metodologia devidamente explicitada, que resultou em "um mapa interativo desenvolvido pela *Lupa* que reúne leis nacionais e supranacionais sobre desinformação"[1].

O levantamento é abrangente, pois, como apontado no estudo, "foram coletadas informações de 188 países dos 195 reconhecidos pela Organização das Nações Unidas (ONU). Por falta de dados, sete países ficaram de fora da análise (Islândia, Micronésia, Dominica, Niger, Palau, Suriname e Antígua e Barbuda)".

A pesquisa resultou em um mapa-múndi com países classificados do seguinte modo: (i) com lei específica; (ii) com lei não específica; (iii) com projeto de lei; (iv) sem lei; e (v) sem informação. O mapa, legendado, é o seguinte:

---

[1] DINIZ, Iara. Mapa interativo – Só 35 países do mundo têm leis específicas contra desinformação, aponta LupaMundi. *Lupa*, 6 nov. 2023. Disponível em: https://lupa.uol.com.br/jornalismo/2023/11/06/so-35-paises-tem-leis-especificas-contra-desinformacao-aponta-lupamundi. Acesso em: 28 dez. 2023. Daí consta a seguinte explicação: "O projeto recebeu dois financiamentos, um do International Center for Journalists (ICFJ) via Disarming Disinformation, programa financiado pelo Fundo Scripps Howard, e da International Fact-checking Network (IFCN). O mapa ainda contou com a parceria da rede de checadores da América Latina, a LatamChequea". Sobre a metodologia observada, confira-se: DINIZ, Iara. Mapa interativo – Só 35 países do mundo têm leis específicas contra desinformação, aponta LupaMundi. *Lupa*, 6 nov. 2023. Disponível em: https://lupa.uol.com.br/jornalismo/2023/11/06/so-35-paises-tem-leis-especificas-contra-desinformacao-aponta-lupamundi. Acesso em: 28 dez. 2023.

Capítulo 1 • LEGISLAÇÃO SOBRE O COMBATE À DESINFORMAÇÃO | 13

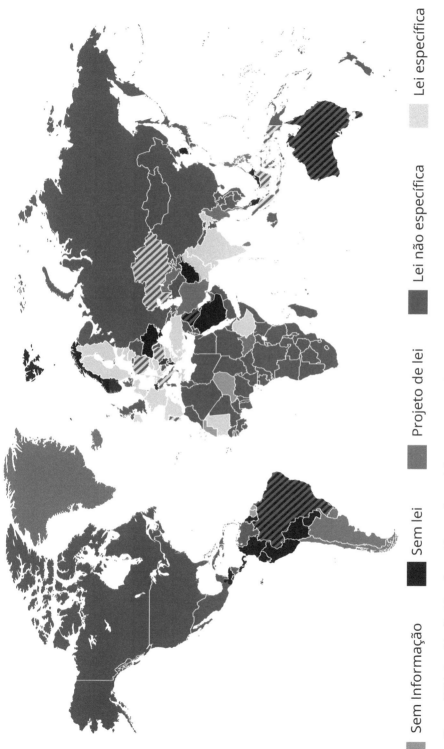

Fonte: LUPA. LupaMundi – Mapa das Legislações sobre Desinformação. Disponível em: https://lupa.uol.com.br/lupa-mapa-leis-desinformacao.

O levantamento citado identificou "35 países com leis específicas", dos quais "27 estão na Europa", o que é atribuído ao efeito de legislação comunitária recentemente aprovada (legislação que é objeto de análise em tópico específico a ela adiante dedicado).

O estudo oferece o seguinte quadro sobre a legislação dos 35 países que têm leis específicas sobre o combate à "desinformação":

País	Continente	Tema da Lei
Alemanha	Europa	Moderação de conteúdo, Plataformas, Punição, Regulamentação das plataformas
Áustria	Europa	Moderação de conteúdo, Plataformas, Punição, Regulamentação das plataformas
Bélgica	Europa	Moderação de conteúdo, Plataformas, Punição, Regulamentação das plataformas
Bulgária	Europa	Moderação de conteúdo, Plataformas, Punição, Regulamentação das plataformas
Cazaquistão	Ásia	Código Penal, Moderação de conteúdo, Ordem pública, Plataformas, Punição, Regulamentação das plataformas
Chipre	Europa	Moderação de conteúdo, Plataformas, Punição, Regulamentação das plataformas
Croácia	Europa	Moderação de conteúdo, Plataformas, Projeto de lei, Punição, Regulamentação das plataformas
Dinamarca	Europa	Moderação de conteúdo, Plataformas, Punição, Regulamentação das plataformas
Eslovênia	Europa	Moderação de conteúdo, Plataformas, Punição, Regulamentação das plataformas
Espanha	Europa	Moderação de conteúdo, Plataformas, Punição, Regulamentação das plataformas, Órgão governamental regulado
Estônia	Europa	Moderação de conteúdo, Plataformas, Punição, Regulamentação das plataformas
Etiópia	África	Educação, Lei contra Desinformação, Plataformas, Punição, Órgão governamental regulador
Finlândia	Europa	Educação, Moderação de conteúdo, Plataformas, Punição, Regulamentação das plataformas
França	Europa	Educação, Eleições, Moderação de conteúdo, Plataformas, Regulamentação das plataformas
Grécia	Europa	Alarme público, Código Penal, Imprensa, Moderação de conteúdo, Plataformas, Punição, Regulamentação das plataformas

País	Continente	Tema da Lei
Hungria	Europa	Moderação de conteúdo, Plataformas, Punição, Regulamentação das plataformas
Índia	Ásia	Moderação de conteúdo, Plataformas, Regulamentação das plataformas, Órgão governamental regulador
Indonésia	Ásia	Moderação de conteúdo, Regulamentação de plataformas, Código Penal, Órgão governamental regulador
Irlanda	Europa	Moderação de conteúdo, Plataformas, Punição, Regulamentação das plataformas
Itália	Europa	Alarme público, Código Penal, Moderação de conteúdo, Plataformas, Punição, Regulamentação das plataformas
Letônia	Europa	Código Penal, Difamação, Moderação de conteúdo, Plataformas, Punição, Regulamentação das plataformas
Lituânia	Europa	Moderação de conteúdo, Plataformas, Punição, Regulamentação das plataformas
Luxemburgo	Europa	Moderação de conteúdo, Plataformas, Punição, Regulamentação das plataformas
Malta	Europa	Moderação de conteúdo, Plataformas, Punição, Regulamentação das plataformas
Mauritânia	África	Eleições, Imprensa, Lei contra Desinformação, Punição
Países Baixos	Europa	Educação, Moderação de conteúdo, Plataformas, Punição, Regulamentação das plataformas
Paquistão	Ásia	Plataformas, Regulamentação das plataformas
Polônia	Europa	Código Penal, Moderação de conteúdo, Plataformas, Punição, Regulamentação das plataformas
Portugal	Europa	Plataformas, Punição, Regulamentação das plataformas, Regulamentação de internet, Órgão governamental regulador
República Tcheca	Europa	Moderação de conteúdo, Plataformas, Punição, Regulamentação das plataformas
Romênia	Europa	Crimes cibernéticos, Moderação de conteúdo, Ordem pública, Plataformas, Punição, Regulamentação das plataformas
Singapura	Ásia	Imprensa, Lei contra Desinformação, Moderação de conteúdo, Plataformas, Punição
Suécia	Europa	Moderação de conteúdo, Plataformas, Punição, Regulamentação das plataformas
Turquia	Europa	Alarme público, Lei contra Desinformação, Punição

Fonte: DINIZ, Iara. *Mapa interativo – Só 35 países do mundo têm leis específicas contra desinformação, aponta LupaMundi*. Lupa, 6 nov. 2023. Disponível em: https://lupa.uol.com.br/jornalismo/2023/11/06/so-35-paises-tem-leis-especificas-contra-desinformacao-aponta-lupamundi. Acesso em: 28 dez. 2023.

Também são relevantes os estudos sobre a *liberdade e a Democracia* no mundo realizados pela Freedom House, organização sem fins lucrativos que defende e promove os Direitos Humanos e a Democracia, com pesquisas periódicas que acompanham o comportamento de diferentes indicadores em relatórios anuais[2].

No relatório de 2023, 84 países são considerados livres – incluído o Brasil –, 54 parcialmente livres e 57 não livres[3].

Em outro relatório, no que se refere à *liberdade na utilização na internet*, a Freedom House tem realizado, desde 2019, levantamentos específicos, ainda que menos abrangentes dos países da comunidade internacional[4].

Alguns poucos países são considerados livres: África do Sul, Alemanha, Argentina, Armênia, Austrália, Canadá, Costa Rica, Estados Unidos, Estônia, Geórgia, Islândia, Itália, Japão, Reino Unido, Sérvia e Taiwan. Aparecem como parcialmente livres: Angola, Brasil, Colômbia, Hungria, Índia, Iraque, Jordânia, México e Ucrânia, entre outros. Por fim, constam como não livres: Arábia Saudita, Cazaquistão, China, Cuba, Egito, Etiópia, Irã, Paquistão, Rússia, Sudão, Tailândia, Turquia, Venezuela, entre outros.

A avaliação dos países, quanto à liberdade na rede, é realizada com base em nove controles-chave da internet, quais sejam: (i) bloqueio de plataformas digitais; (ii) bloqueio de websites; (iii) restrições de acesso à internet; (iv) comentaristas pró-governo; (v) aprovação de lei de censura; (vi) aprovação de lei de vigilância; (vii) prisão de usuários de internet; (viii) usuários de internet fisicamente agredidos; e (ix) ataques técnicos[5].

O cruzamento dos dados apresentados pelo LupaMundi e pela Freedom House permite algumas observações, não obstante:

---

[2] *Vide* FREEDOM HOUSE. *Countries and territories*. Disponível em: https://freedomhouse.org/countries/freedom-world/scores. Acesso em: 28 dez. 2023.

[3] FREEDOM HOUSE. *Freedom in the world 2023*. p. 22-23. Disponível em: https://freedomhouse.org/sites/default/files/2023-03/FIW_World_2023_DigtalPDF.pdf. Acesso em: 28 dez. 2023.

[4] *Vide* FREEDOM HOUSE. *Key internet controls 2023*. Disponível em: https://freedomhouse.org/report/freedom-net/2023/key-internet-controls. Acesso em: 28 dez. 2023.

[5] *Vide* FREEDOM HOUSE. *Key internet controls 2023*. Disponível em: https://freedomhouse.org/report/freedom-net/2023/key-internet-controls. Acesso em: 28 dez. 2023.

(i) as diferenças de enfoques entre os dois levantamentos, a saber, o LupaMundi cuida, em essência, da existência ou não de legislação sobre desinformação, ao passo que a Freedom House, no particular, examina se um país é livre, parcialmente livre ou não livre na rede, fazendo isso em conformidade com os nove controles-chave *suprarreferidos*, aí incluída a eventual existência de certos tipos de legislações; e

(ii) as naturais limitações decorrentes do fato de que o levantamento feito pelo LupaMundi é, praticamente, exaustivo, enquanto o levantamento feito pela Freedom House, no que toca à liberdade na rede, não.

Os diferentes objetivos e metodologias, embora sejam complementares em uma análise global da questão da "desinformação" praticada pelas redes sociais e pelos serviços de mensageria privada no mundo, acabam, em alguns momentos, gerando informações contraditórias ou incompletas.

Uma divergência digna de nota é a Islândia, sem dados no levantamento do LupaMundi, mas um país considerado livre, também no que toca à liberdade na internet, pela Freedom House. Por outro lado, alguns países, como Espanha e Portugal, que aparecem como detentores de legislação específica segundo o levantamento do LupaMundi, ainda aparecem como sem dados nos levantamentos da Freedom House, inclusive no mais recente, de 2023.

Importante ressaltar, ainda, que a circunstância de um país possuir legislação específica sobre "desinformação" não é necessariamente um bom ou mau indicador, ao menos não como dado isolado, pois a conclusão dependerá do caráter, democrático ou não, da legislação havida e, sobretudo, do modo, democrático ou não, segundo o qual é ela interpretada e aplicada. Por exemplo, dos 35 países que, no levantamento do LupaMundi, têm legislação específica: (i) são considerados livres, pela Freedom House, Alemanha, Estônia, França e Itália; ao passo que (ii) são considerados parcialmente livres ou não livres, pela Freedom House, Cazaquistão, Etiópia, Paquistão e Turquia.

Examinar e comparar os detalhes e as sutilezas de cada legislação nacional não será objeto do presente livro. Por outro lado, a legislação comunitária europeia advinda em 2022, e em implantação na União

Europeia, considerada sua repercussão internacional, permite uma análise mais detalhada.

1.2. LEI DOS SERVIÇOS DIGITAIS (*DIGITAL SERVICES ACT – DSA*) E LEI DOS MERCADOS DIGITAIS (*DIGITAL MARKETS ACT – DMA*)

O Parlamento Europeu, órgão legislativo da União Europeia (UE) –European Union (EU), em inglês –, aprovou dois diplomas normativos, a Lei dos Serviços Digitais[6] e a Lei dos Mercados Digitais[7] (*Digital Services Act – DSA* e *Digital Markets Act – DMA*, respectivamente), que prometem "mudar o cenário digital na EU", isso porque pretendem permitir "um ambiente digital mais seguro, justo e transparente"[8], segundo seus idealizadores.

O assunto foi introduzido pelo Parlamento Europeu com referência ao que denomina "*O poder das plataformas digitais*", com o seguinte registro:

> "Nas últimas duas décadas, as plataformas digitais tornaram-se numa parte integrante das nossas vidas e é-nos difícil imaginar fazer qualquer coisa online sem a Amazon, a Google ou o Facebook. Embora os benefícios dessa transformação sejam evidentes, a posição dominante conquistada por algumas dessas plataformas confere-lhes enorme vantagem sobre os concorrentes, mas também influência indevida sobre a Democracia,

---

[6] *Vide* UNIÃO EUROPEIA. Regulamento (UE) 2022/2065 do Parlamento Europeu e do Conselho de 19 de outubro de 2022 relativo a um mercado único para os serviços digitais e que altera a Diretiva 2000/31/CE (Regulamento dos Serviços Digitais) (Texto relevante para efeitos do EEE). *Jornal Oficial da União Europeia*, 27/10/2022. Disponível em: https://eur-lex.europa.eu/legal-content/PT/TXT/?uri=CELEX:32022R2065. Acesso em: 27 dez. 2023. Utilizam-se, aqui, os textos em português colocados à disposição pela própria União Europeia nos sítios indicados, sem prejuízo de pouquíssimos ajustes muito pontuais para melhor entendimento, notadamente, em vez de "proporcionado" (e variantes), utiliza-se, aqui, "proporcional" (e variantes), bem assim, em vez de "em linha", utiliza-se, aqui, "online".

[7] *Vide* UNIÃO EUROPEIA. Regulamento (UE) 2022/1925 do Parlamento Europeu e do Conselho de 14 de setembro de 2022 relativo à disputabilidade e equidade dos mercados no setor digital e que altera as Diretivas (UE) 2019/1937 e (UE) 2020/1828 (Regulamento dos Mercados Digitais) (Texto relevante para efeitos do EEE). *Jornal Oficial da União Europeia*, 12/10/2022. Disponível em: https://eur-lex.europa.eu/legal-content/PT/TXT/?uri=celex:32022R1925. Acesso em: 27 dez. 2023.

[8] *Vide* PARLAMENTO EUROPEU. *A Lei dos Mercados Digitais e a Lei dos Serviços Digitais da EU em detalhe*. Disponível em: https://www.europarl.europa.eu/news/pt/headlines/society/20211209STO19124/a-lei-dos-mercados-digitais-e-da-lei-dos-servicos-digitais-da-ue--explicadas. Acesso em: 27 dez. 2023.

os direitos fundamentais, as sociedades e a economia. Frequentemente, estas plataformas determinam as inovações futuras ou a escolha do consumidor e atuam como os chamados 'guardiões' entre as empresas e os utilizadores da Internet. Para resolver este desequilíbrio, a União Europeia (UE) está a melhorar as regras atuais que regem os serviços digitais, ao introduzir a Lei dos Mercados Digitais (DMA, no acrónimo em inglês) e a Lei dos Serviços Digitais (DSA, no acrónimo em inglês), as quais vão criar um único conjunto de regras aplicáveis em toda a EU."[9]

A exposição do Parlamento Europeu apontava a existência de mais de 10 mil plataformas online em operação na União Europeia no final de 2023, sendo mais de 90% delas Pequenas e Médias Empresas (PMEs)[10].

Ainda segundo o Parlamento Europeu, pretende-se *"garantir condições equitativas para todas as empresas digitais, independentemente do seu tamanho. A DMA estabelecerá regras claras para as grandes plataformas – uma lista de 'o que fazer' e 'o que não fazer' – que visa impedi-las de impor condições injustas às empresas e aos consumidores"*. Tudo isso na perspectiva de que as novas regras impulsionem *"a inovação, o crescimento e a competitividade e ajudarão as empresas menores e start-ups a competir com concorrentes muito grandes"*[11].

A DSA impõe que as plataformas sejam transparentes acerca da razão em face da qual determinado conteúdo é sugerido aos seus usuários e estes devem ter "a possibilidade de uma opção que não inclua o perfilamento ou criação de um perfil".

O aumento na utilização da inteligência artificial[12] ampliou a discussão sobre a transparência em algoritmos e a necessidade de entendimento

---

[9] *Vide* PARLAMENTO EUROPEU. *A Lei dos Mercados Digitais e a Lei dos Serviços Digitais da EU em detalhe.* Disponível em: https://www.europarl.europa.eu/news/pt/headlines/society/20211209STO19124/a-lei-dos-mercados-digitais-e-da-lei-dos-servicos-digitais-da-ue-explicadas. Acesso em: 27 dez. 2023.

[10] *Vide* PARLAMENTO EUROPEU. *A Lei dos Mercados Digitais e a Lei dos Serviços Digitais da EU em detalhe.* Disponível em: https://www.europarl.europa.eu/news/pt/headlines/society/20211209STO19124/a-lei-dos-mercados-digitais-e-da-lei-dos-servicos-digitais-da-ue-explicadas. Acesso em: 27 dez. 2023.

[11] *Vide* PARLAMENTO EUROPEU. *A Lei dos Mercados Digitais e a Lei dos Serviços Digitais da EU em detalhe.* Disponível em: https://www.europarl.europa.eu/news/pt/headlines/society/20211209STO19124/a-lei-dos-mercados-digitais-e-da-lei-dos-servicos-digitais-da-ue-explicadas. Acesso em: 27 dez. 2023.

[12] Em 13 de junho de 2024, o Parlamento Europeu aprovou o Regulamento (UE) n. 2024/1689, estabelecendo um regime jurídico único na utilização dos sistemas de Inteligência Artificial

do processo de tomada das decisões, uma vez que um "algoritmo puramente randômico", ou seja, sem atuação ou direcionamento humanos, é o maior desafio da computação, mas contrasta com o modelo econômico adotado pelas *big techs*.

A transparência em algoritmos, para que efetivamente seja possível entender seu processo decisório, deve ser resultado da somatória da possibilidade de inspeção do código-fonte – que especifica o método de *machine learning* adotado – com a metodologia utilizada para o direcionamento das decisões. As discussões sobre a aleatoriedade e o viés cognitivo dos algoritmos devem ser pautadas pela legalidade, pela moralidade e pela ética, e a definição de critérios de transparência permite uma efetiva responsabilização por condutas ilícitas. Tem-se, portanto, um dever de transparência algorítmica.

Mais do que isso, a DSA simplesmente proíbe a publicidade dirigida a menores, bem assim dispõe que "a utilização de dados sensíveis, tais como a orientação sexual, a religião ou a etnia, não será permitida"[13], pois "concentra-se na criação de um espaço digital mais seguro para utilizadores digitais e empresas, protegendo os direitos fundamentais online", com disposições destinadas a coibir "o comércio e troca de bens ilegais, serviços e conteúdo online e sistemas algorítmicos que amplificam a disseminação da desinformação"[14].

Importante conferir, nesse sentido, o texto do item n. 2 do artigo 28.º da DSA:

(IA), "centrada no ser humano e de confiança, assegurando simultaneamente um elevado nível de proteção da saúde, da segurança, dos direitos fundamentais consagrados na Carta dos Direitos Fundamentais da União Europeia, nomeadamente a Democracia, o Estado de direito e a proteção do ambiente, a proteção contra os efeitos nocivos dos sistemas de IA na União, e de apoiar a inovação".

[13] *Vide* PARLAMENTO EUROPEU. *A Lei dos Mercados Digitais e a Lei dos Serviços Digitais da EU em detalhe*. Disponível em: https://www.europarl.europa.eu/news/pt/headlines/society/20211209STO19124/a-lei-dos-mercados-digitais-e-da-lei-dos-servicos-digitais-da-ue-explicadas. Acesso em: 27 dez. 2023.

[14] *Vide* PARLAMENTO EUROPEU. *A Lei dos Mercados Digitais e a Lei dos Serviços Digitais da EU em detalhe*. Disponível em: https://www.europarl.europa.eu/news/pt/headlines/society/20211209STO19124/a-lei-dos-mercados-digitais-e-da-lei-dos-servicos-digitais-da-ue-explicadas. Acesso em: 27 dez. 2023.

"Os fornecedores de plataformas online não podem exibir anúncios publicitários na sua interface com base na definição de perfis tal como definida no artigo 4.º, ponto 4, do Regulamento (EU) 2016/679 utilizando dados pessoais do destinatário do serviço se tiverem conhecimento, com uma certeza razoável, de que o destinatário do serviço é um menor."

A DSA dedica cuidado especial às plataformas digitais e aos motores de busca online considerados como de muito grande dimensão, ou seja, muito grandes, em síntese, as chamadas *big techs* (*Very Large Online Platforms – VLOPs* e *Very Large Online Search Engines – VLOSEs*). Estes vieram a ser definidos como aqueles com mais de 45 milhões de usuários mensais, resultando em 17 VLOPs e 2 VLOSEs, que vieram a ser expressamente apontados[15].

Esse cuidado especial consta, sobretudo, da Seção 5 do Capítulo III da DSA, ou seja, dos respectivos artigos 33.º a 43.º, por isso mesmo denominada *"Obrigações adicionais dos fornecedores de plataformas online de muito grande dimensão e de motores de pesquisa online de muito grande dimensão no que se refere à gestão de riscos sistémicos"*.

A primeira obrigação adicional imposta pela DSA às plataformas digitais de muito grande dimensão é identificar, analisar e avaliar diligentemente todos os riscos sistémicos decorrentes dos seus serviços, aí incluídos os seus respectivos sistemas algorítmicos[16].

A DSA, portanto, dispõe que essa avaliação deverá acontecer pelo menos uma vez por ano, devendo ser "proporcional aos riscos sistémicos, tendo em conta a sua gravidade e probabilidade"[17], necessitando incluir diversos riscos sistémicos específicos que menciona, aí abrangidos "quaisquer efeitos negativos reais ou previsíveis no discurso cívico e *nos processos eleitorais*, bem como na segurança pública"[18].

---

[15] *Vide* EUROPEAN COMMISSION. *Digital Services Act*: Commission designates first set of Very Large Online Platforms and Search Engines. Disponível em: https://ec.europa.eu/commission/presscorner/detail/en/ip_23_2413. Acesso em: 27 dez. 2023. (i) VLOPs: Alibaba AliExpress, Amazon Store, Apple AppStore, Booking.com, Facebook, Google Play, Google Maps, Google Shopping, Instagram, LinkedIn, Pinterest, Snapchat, TikTok, X (antigo Twitter), Wikipedia, YouTube e Zalando; (ii) VLOSEs: Bing e Google Search.

[16] Cf. primeira parte do § 1.º do artigo 34.º da DSA.

[17] Cf. segunda parte do § 1.º do artigo 34.º da DSA.

[18] Cf. alínea *c* do § 1.º do artigo 34.º da DSA. Os riscos sistémicos que necessariamente deverão ser incluídos pelas plataformas digitais, nos termos do dispositivo referido, são os seguintes: "a) A difusão de conteúdos ilegais através dos seus serviços;

Trata-se de autorregulação regulada, em relação ao artigo 35.º da DSA, e de uma decisão cogente da estrutura supranacional no tocante ao artigo 36.º, conforme se verifica no texto legal:

> "Artigo 35.º Atenuação de riscos
> 1. Os fornecedores de plataformas online de muito grande dimensão e de motores de pesquisa online de muito grande dimensão adotam medidas de atenuação razoáveis, proporcionais e eficazes, adaptadas aos riscos sistémicos específicos identificados nos termos do artigo 34.º, tendo especialmente em conta o impacto de tais medidas nos direitos fundamentais. Estas medidas podem incluir, quando aplicável:
> (...)
> c) A adaptação dos processos de moderação de conteúdos, incluindo a rapidez e a qualidade do tratamento das notificações relativas a tipos específicos de conteúdos ilegais e, se for caso disso, a rápida supressão dos conteúdos notificados ou a rápida desativação do acesso aos mesmos, em especial no que respeita aos discursos ilegais de incitação ao ódio ou a ciberviolência, bem como a adaptação de todos os processos de tomada de decisões pertinentes e dos recursos consagrados à moderação de conteúdos."

Por sua vez, o artigo 36.º da DSA dispõe que:

> "Artigo 36.º Mecanismo de resposta em caso de crise
> 1. Em caso de crise, a Comissão, agindo com base numa recomendação do Comitê, pode adotar uma decisão que exija a um ou mais fornecedores de plataformas online de muito grande dimensão ou de motores de pesquisa online de muito grande dimensão que tomem uma ou mais das seguintes medidas:

---

b) Quaisquer efeitos negativos reais ou previsíveis no exercício dos direitos fundamentais, em particular os direitos fundamentais relativos à dignidade do ser humano consagrado no artigo 1.º da Carta, ao respeito pela vida privada e familiar consagrado no artigo 7.º da Carta, à proteção dos dados pessoais consagrado no artigo 8.º da Carta, à liberdade de expressão e de informação, incluindo a liberdade e o pluralismo dos meios de comunicação social consagrado no artigo 11.º da Carta, e à não discriminação consagrado no artigo 21.º da Carta, ao respeito pelos direitos das crianças consagrado no artigo 24.º da Carta e a um elevado nível de defesa dos consumidores, consagrado no artigo 38.º da Carta;
c) Quaisquer efeitos negativos reais ou previsíveis no discurso cívico e nos processos eleitorais, bem como na segurança pública;
d) Quaisquer efeitos negativos reais ou previsíveis, em relação à violência de género, à proteção da saúde pública e aos menores, e às consequências negativas graves para o bem-estar físico e mental da pessoa."

a) Avaliar se e, em caso afirmativo, em que medida e como o funcionamento e a utilização dos seus serviços contribuem, ou são suscetíveis de contribuir, para uma ameaça grave a que se refere o n.º 2;

b) Identificar e aplicar medidas específicas, eficazes e proporcionais, como quaisquer das previstas no artigo 35.º, n.º 1, ou no artigo 48.º, n.º 2, para prevenir, eliminar ou limitar tal contribuição para a ameaça grave identificada nos termos da alínea a) do presente número;

c) Apresentar à Comissão, até uma determinada data ou em intervalos regulares especificados na decisão, um relatório sobre as avaliações a que se refere a alínea a), sobre o conteúdo exato, a execução e o impacto qualitativo e quantitativo das medidas específicas adotadas nos termos da alínea b) e sobre qualquer outra questão relacionada com tais avaliações ou medidas especificadas na decisão.

Ao identificar e aplicar medidas nos termos da alínea b) do presente número, o fornecedor de serviços ou os fornecedores de serviços têm devidamente em conta a gravidade da ameaça grave a que se refere o n.º 2, a urgência das medidas e as implicações reais ou potenciais para os direitos e interesses legítimos de todas as partes em causa, incluindo o facto de que as medidas não respeitem eventualmente os direitos fundamentais consagrados na Carta.

2. Para efeitos do presente artigo, considera-se que ocorreu uma crise se circunstâncias extraordinárias conduziram a uma ameaça grave para a segurança pública ou a saúde pública na União ou em partes significativas do seu território.

3. Ao adotar a decisão a que se refere o n.º 1, a Comissão assegura o cumprimento cumulativo dos seguintes requisitos:

a) As ações exigidas pela decisão são estritamente necessárias, justificadas e proporcionais, tendo em conta, em particular, a gravidade da ameaça grave a que se refere o n.º 2, a urgência das medidas e as implicações reais ou potenciais para os direitos e interesses legítimos de todas as partes em causa, incluindo o facto de que as medidas não respeitem eventualmente os direitos fundamentais consagrados na Carta;

b) A decisão fixa um prazo razoável em que as medidas específicas a que se refere o n.º 1, alínea b), devem ser adotadas, tendo em conta, em particular, a urgência destas medidas e o tempo necessário para as preparar e aplicar;

c) As ações exigidas pela decisão são limitadas a um período não superior a três meses.

4. Após adotar a decisão a que se refere o n.º 1, a Comissão toma, sem demora injustificada, as medidas seguintes:

a) Comunica a decisão ao ou aos fornecedores destinatários da decisão;

b) Torna decisão disponível ao público; e

c) Informa o Comitê da decisão, convida-o a apresentar os seus pontos de vista sobre a decisão e mantém-no informado de qualquer evolução subsequente relacionada com a decisão.

5. A escolha das medidas específicas que devem ser tomadas nos termos do n.º 1, alínea b), e do n.º 7, segundo parágrafo, é efetuada pelo fornecedor ou pelos fornecedores destinatários da decisão da Comissão.

6. A Comissão pode, por sua iniciativa ou a pedido do fornecedor, entrar num diálogo com o fornecedor para determinar se, à luz das circunstâncias específicas do fornecedor, as medidas previstas ou aplicadas a que se refere o n.º 1, alínea b), são eficazes e proporcionais para atingir os objetivos pretendidos. Em particular, a Comissão assegura que as medidas adotadas pelo fornecedor de serviços nos termos do n.º 1, alínea b), cumprem os requisitos a que se refere o n.º 3, alíneas a) e c).

7. A Comissão acompanha a aplicação das medidas específicas adotadas nos termos da decisão a que se refere o n.º 1 do presente artigo com base nos relatórios a que se refere a alínea c) do mesmo número e em quaisquer outras informações pertinentes, incluindo as informações que pode solicitar nos termos do artigo 40.º ou do artigo 67.º, tendo em conta a evolução da crise. A Comissão apresenta regularmente ao Comitê um relatório sobre esse acompanhamento, pelo menos uma vez por mês.

Se a Comissão considerar que as medidas específicas previstas ou aplicadas nos termos do n.º 1, alínea b), não são eficazes ou proporcionais, pode, após consulta ao Comitê, adotar uma decisão exigindo que o fornecedor reveja a identificação ou a aplicação destas medidas específicas.

8. Se for caso disso, tendo em conta a evolução da crise, a Comissão, agindo com base na recomendação do Comitê, pode alterar a decisão a que se refere o n.º 1 ou o n.º 7, segundo parágrafo:

a) Revogando a decisão e, se for caso disso, exigindo que a plataforma online de muito grande dimensão ou o motor de pesquisa online de muito grande dimensão cessem a aplicação das medidas identificadas e aplicadas nos termos do n.º 1, alínea b), ou do n.º 7, segundo parágrafo, em particular se os motivos para adotar tais medidas já não existirem;

b) Prorrogando o prazo referido no n.º 3, alínea c), por um período não superior a três meses;

c) Tendo em conta a experiência adquirida com a aplicação das medidas, em particular o facto de que as medidas não respeitem eventualmente os direitos fundamentais consagrados na Carta.

9. Os requisitos estabelecidos nos n.º 1 a 6 são aplicáveis à decisão e à sua alteração a que se refere o presente artigo.

10. A Comissão tem na máxima conta as recomendações do Comitê emitidas nos termos do presente artigo.

11. A Comissão apresenta anualmente ao Parlamento Europeu e ao Conselho, após a adoção de decisões nos termos do presente artigo e, em qualquer caso, três meses após o fim da crise, um relatório sobre a aplicação das medidas específicas tomadas em cumprimento de tais decisões."

Tanto a DSA como a DMA são legislações detalhistas e minuciosas, assemelhando-se em volume normativo constante de um mesmo diploma, por exemplo, ao que se vê em certas legislações americanas, inclusive o *Patient Protection and Affordable Care Act*, que consta de 906 páginas em publicação oficial[19].

As proposições legislativas em discussão no Congresso Nacional brasileiro, até o momento, são muito mais concisas, conquanto ainda seja difícil, para não dizer impossível, prever que perfil normativo virá a ter projeto sobre desinformação a ser futuramente discutido, sem, entretanto, observar que, se as *big techs* podem suportar alto nível regulatório no espaço europeu, podem igualmente suportar regulação análoga nos demais países do mundo, inclusive no Brasil.

A extensão, o nível e a complexidade de regulamentação legislativa estão sujeitos a intensos lobbies das *big techs* e poderosos interesses econômicos, escondidos sob o falso manto de que muitas restrições não seriam tecnicamente passíveis de implementação, o que não corresponde à verdade.

Se, por um lado, em adição ao sigilo de comunicação, é compreensível a impossibilidade de escrutinar uma troca de mensagens – de texto ou de voz – porque são criptografadas de ponta a ponta, a mesma compreensão não se aplica à divulgação de conteúdos ilícitos, contendo discursos de ódio e antidemocráticos, pois a atual tecnologia – com utilização, principalmente, de inteligência artificial – já possibilita que as *big techs* repilam, espontânea e automaticamente, conteúdos que implicam pedofilia, pornografia ou violação de direitos autorais.

Em outras palavras, a tecnologia existente para a realização de um efetivo controle à desinformação é suficiente, havendo necessidade da de-

---

[19] *Vide* UNITED STATES OF AMERICA. *Public Law 111-148, 23/3/2010*. Disponível em: https://www.govinfo.gov/content/pkg/PLAW-111publ148/pdf/PLAW-111publ148.pdf. Acesso em: 27 dez. 2023.

finição dos assuntos que devem ser adicionados aos atualmente existentes para a realização do autocontrole, por exemplo, conteúdos que configuram discursos nazistas, racismos, misoginia, prática de terrorismo, discurso de ódio e supressão da ordem democrática e do Estado de Direito, em defesa da eficácia dos direitos fundamentais, de caráter igualitário e universal.

Da mesma maneira que, inicialmente, a proclamação e a efetivação da defesa dos direitos fundamentais em âmbito internacional necessitaram, há 75 anos, da proclamação dos direitos universais pela ONU, seria extremamente saudável e protetivo aos países democratas que a ONU se envolvesse em uma regulamentação geral contra a instrumentalização das redes sociais e dos serviços de mensageria privada para propagação de desinformação e discursos de ódio e antidemocráticos.

1.3. LEGISLAÇÃO NACIONAL: MARCO CIVIL DA INTERNET E PROJETO DE LEI N. 2.630, DE 2020 – DEBATES NO CONGRESSO NACIONAL

A nova realidade de milhões de novas informações nas redes sociais e nos serviços de mensageria privada todos os dias, *associada ao caráter multipolar da sua emissão de recepção e à vulnerabilidade a manipulações*, reforçou a importância da tutela jurídica dos dados pessoais e da autodeterminação informacional, dentro do contexto contemporâneo de constitucionalismo digital e efetiva proteção aos direitos fundamentais[20].

Os desafios impostos pela tecnologia digital, em especial o combate à desinformação, lançaram um novo olhar no tocante à proteção de dados pessoais armazenados, à divulgação de notícias fraudulentas, aos violentos discursos de ódio e aos ataques virtuais antidemocráticos.

A discussão não é recente, porém baseava-se, até pouco tempo atrás, na necessidade de construção de marcos legais protetivos aos direitos à intimidade, à vida privada e ao sigilo de dados.

---

[20] GILL, Lex; REDEKER, Dennis; GASSER, Urs. Towards Digital Constitutionalism? Mapping Attempts to Craft an Internet Bill of Rights. *Berkman Klein Center for Internet & Society Research Publication*, 2015; CELESTE, Edoardo. Digital Constitutionalism: a New Systematic Theorization. *International Review of Law, Computers & Technology*, v. 33, n. 1, p. 76-99, 2019.

A partir da década de 1970 do século passado, diversos diplomas passaram a fixar balizas necessárias à sua proteção, como *Hessische Datenschutzgesetz*, do Estado de Hesse, de 1970; *Datalagen*, sueca, de 1973; *Privacy Act*, norte-americana, de 1974; *Informatique et Libertés*, francesa, de 1978; contudo, sempre com o objetivo de proteção individual de dados, como demonstra importante decisão do Tribunal Constitucional Federal alemão que definiu que: "Tendo em vista as condições do moderno processamento de dados, a proteção do indivíduo contra levantamento, armazenagem, uso e transmissão irrestritos de seus dados pessoais é abrangida pelo direito geral da personalidade previsto no Art. 2 I GG c. c. o Art. 1 I GG. O direito fundamental garante o poder do indivíduo de decidir ele mesmo, em princípio, sobre a exibição e o uso de seus dados pessoais"[21].

O sistema de proteção solidificou-se, ainda, com a edificação de instrumentos de âmbito internacional, notadamente as diretrizes da Organização para a Cooperação e Desenvolvimento Econômico (OCDE) e documentos europeus de escopo comunitário, pautados nos vetores estruturantes da liberdade individual e da privacidade:

> *"Diretrizes para a Proteção da Privacidade e dos Fluxos Transfronteiriços de Dados Pessoais OCDE (1980).*
>
> Estas Diretrizes aplicam-se a dados pessoais que representam, seja no setor público ou privado, uma ameaça para a privacidade e a liberdade individual em razão de seu modo de processamento, de sua natureza ou do contexto de utilização.
> (https://www.oecd.org/sti/ieconomy/15590254.pdf)
>
> *Convenção para a Protecção das Pessoas relativamente ao Tratamento Automatizado de Dados de Carácter Pessoal Conselho da Europa (1981)*
> Artigo 1.º
> Objectivos e finalidade
> A presente Convenção destina-se a garantir, no território de cada Parte, a todas as pessoas singulares, seja qual for a sua nacionalidade ou residência, o respeito pelos seus direitos e liberdades fundamentais, e especialmente pelo seu direito à vida privada, face ao tratamento

---

[21] BVerfGE 65, 1 – Volkszählung (MARTINS, Leonardo (org.). *Cinquenta anos de jurisprudência do Tribunal Constitucional Federal alemão*. Montevidéu: Fundação Konrad-Adenauer, 2005. p. 234).

automatizado dos dados de carácter pessoal que lhes digam respeito ('protecção dos dados').
(https://www.uc.pt/protecao-de-dados/legis/convencao_108_conselho_da_europa)
Carta dos Direitos Fundamentais da União Europeia (2000)
(...)
Artigo 8.º
Proteção de dados pessoais
1. Todas as pessoas têm direito à protecção dos dados de caráter pessoal que lhes digam respeito.
2. Esses dados devem ser objecto de um tratamento leal, para fins específicos e com o consentimento da pessoa interessada ou com outro fundamento legítimo previsto por lei. Todas as pessoas têm o direito de aceder aos dados coligidos que lhes digam respeito e de obter a respectiva retificação.
3. O cumprimento destas regras fica sujeito a fiscalização por parte de uma autoridade independente.
(https://www.europarl.europa.eu/charter/pdf/text_pt.pdf)"

No Brasil, o art. 5º, incisos X e XII, da Constituição Federal consagrou a inviolabilidade da intimidade, da vida privada, da honra e da imagem das pessoas, estendendo essa proteção constitucional aos sigilos de dados, a fim de garantir a real efetividade dos direitos fundamentais, pois imprescindíveis para a preservação do Estado de Direito[22].

Como proclamado por Madison, em célebre frase proferida em uma época e país marcados pela forte religiosidade e intensa luta pelos ideais liberais e republicanos de liberdade: *"num governo livre, é preciso dar aos direitos civis a mesma garantia que aos direitos religiosos"*[23].

---

[22] FERRAZ JR., Tércio Sampaio. Sigilo de dados: o direito à privacidade e os limites à função fiscalizadora do Estado. *Cadernos de Direito Constitucional e Ciência Política*, São Paulo, n. 1, p. 77-90, out.-dez. 1992; D'OLIVO, Maurício. O direito à intimidade na Constituição Federal. *Cadernos de Direito Constitucional e Ciência Política*, São Paulo, v. 4, n. 15, p. 184-203, abr.-jun. 1996; ARIEL DOTTI, René. A liberdade e o direito à intimidade. *Revista de Informação Legislativa*, Brasília, v. 17, n. 66, p. 125-152, abr.-jun. 1980; GIANNOTTI, Edoardo. *A tutela constitucional da intimidade*. 1983. Dissertação (Mestrado) – Faculdade de Direito da Universidade de São Paulo, São Paulo, 1983.

[23] *The Federalist Papers*, LI.

Mais recentemente, no Brasil, a Emenda Constitucional n. 115, de 10 de fevereiro de 2022, incluiu a proteção de dados pessoais entre os direitos e garantias fundamentais previstos no rol do art. 5º da Constituição, alçando a proteção de dados pessoais a direito constitucionalmente expresso e autônomo:

> "Art. 5º Todos são iguais perante a lei, sem distinção de qualquer natureza, garantindo-se aos brasileiros e aos estrangeiros residentes no País a inviolabilidade do direito à vida, à liberdade, à igualdade, à segurança e à propriedade, nos termos seguintes:
> (...)
> LXXIX – é assegurado, nos termos da lei, o direito à proteção dos dados pessoais, inclusive nos meios digitais."

Em complementação às normas constitucionais, alguns diplomas infraconstitucionais lograram disciplinar questões específicas relacionadas à tutela dos dados pessoais, como: (a) a Lei do *Habeas Data*, que regulou o acesso a informações *"constantes de registro ou banco de dados de entidades governamentais ou de caráter público"* (Lei n. 9.507/1997, art. 7º, I); (b) a Lei sobre o Sigilo das Operações Financeiras, que asseverou que *"as instituições financeiras conservarão sigilo em suas operações ativas e passivas e serviços prestados"* (LC n. 105/2001, art. 1º); (c) o Código Civil, que enumerou uma gama de direitos da personalidade que dialogam com a tutela dos dados pessoais, assentando que *"a vida privada da pessoa natural é inviolável"* (Lei n. 10.406/2002, art. 21); (d) a Lei do Cadastro Positivo, que fixou, entre os direitos do cadastrado, *"ter os seus dados pessoais utilizados somente de acordo com a finalidade para a qual eles foram coletados"* (Lei n. 12.414/2011, art. 5º, VII); (e) a Lei de Acesso à Informação, que estabeleceu que o *"tratamento das informações pessoais deve ser feito de forma transparente e com respeito à intimidade, vida privada, honra e imagem das pessoas, bem como às liberdades e garantias individuais"* (Lei n. 12.527/2011, art. 31); e (f) o Marco Civil da Internet, que assegurou que a coleta de informações deve respeitar *"a legislação brasileira e os direitos à privacidade, à proteção dos dados pessoais e ao sigilo das comunicações privadas e dos registros"* (Lei n. 12.965/2014, art. 11).

No que diz respeito à proteção aos registros de conexão e de acesso de aplicações de internet, o Marco Civil da Internet estabeleceu que "*a guarda e a disponibilização dos registros de conexão e de acesso a aplicações de internet de que trata esta Lei, bem como de dados pessoais e do conteúdo de comunicações privadas, devem atender à preservação da intimidade, da vida privada, da honra e da imagem das partes direta ou indiretamente envolvidas"* (art. 10).

Mais adiante, o referido diploma estatui que *"o conteúdo das comunicações privadas somente poderá ser disponibilizado mediante ordem judicial, nas hipóteses e na forma que a lei estabelecer"* (art. 10, § 2º).

Ressalte-se, ainda, que os avanços legislativos na tutela dos dados pessoais foram aperfeiçoados com a introdução da Lei Geral de Proteção de Dados Pessoais, que, amparada em um extenso complexo principiológico, fixou os vetores legais a conformar a atuação do Poder Público, seja para limitar os riscos associados ao seu controle, coibindo o arbítrio estatal, seja para otimizar a prestação dos serviços públicos em prol da eficiência. Conforme reconheceu o Supremo Tribunal Federal, "decorrências dos direitos da personalidade, o respeito à privacidade e à autodeterminação informativa foram positivados, no art. 2º, I e II, da Lei nº 13.709/2018 (Lei Geral de Proteção de Dados Pessoais), como fundamentos específicos da disciplina da proteção de dados pessoais. Na medida em que relacionados à identificação efetiva ou potencial de pessoa natural, o tratamento e a manipulação de dados pessoais hão de observar os limites delineados pelo âmbito de proteção das cláusulas constitucionais asseguratórias da liberdade individual (art. 5º, *caput*), da privacidade e do livre desenvolvimento da personalidade (art. 5º, X e XII), sob pena de lesão a esses direitos. O compartilhamento, com ente público, de dados pessoais custodiados por concessionária de serviço público há de assegurar mecanismos de proteção e segurança desses dados"[24].

No intuito de disciplinar o uso tanto da internet quanto das redes sociais e dos serviços de mensageria privada no Brasil, o Congresso Nacional editou a Lei n. 12.965/2014, como o novo marco regulatório das atividades desenvolvidas no ambiente da rede mundial de computadores.

---

[24] ADI 6.387-MC-Ref, Rel. Min. Rosa Weber, Tribunal Pleno, *DJe* de 12/11/2020. Conferir, ainda, as seguintes decisões do STF em respeito à privacidade e à autodeterminação informativa: ADI 6.649 e ADPF 695, Rel. Min. Gilmar Mendes, Tribunal Pleno, j. em 15/9/2022; Medida Cautelar no Mandado de Segurança 36.150, Rel. Min. Roberto Barroso, *DJe* de 13/12/2018.

A nova legislação indicou os fundamentos e princípios que orientam a aplicação de todo o diploma legal, estabelecendo, em seus arts. 2º e 3º e parágrafo único, o seguinte:

> "Art. 2º A disciplina do uso da internet no Brasil tem como fundamento o respeito à liberdade de expressão, bem como:
> I – o reconhecimento da escala mundial da rede;
> II – os direitos humanos, o desenvolvimento da personalidade e o exercício da cidadania em meios digitais;
> III – a pluralidade e a diversidade;
> IV – a abertura e a colaboração;
> V – a livre iniciativa, a livre concorrência e a defesa do consumidor; e
> VI – a finalidade social da rede.
> Art. 3º A disciplina do uso da internet no Brasil tem os seguintes princípios:
> I – garantia da liberdade de expressão, comunicação e manifestação de pensamento, nos termos da Constituição Federal;
> II – proteção da privacidade;
> III – proteção dos dados pessoais, na forma da lei;
> IV – preservação e garantia da neutralidade de rede;
> V – preservação da estabilidade, segurança e funcionalidade da rede, por meio de medidas técnicas compatíveis com os padrões internacionais e pelo estímulo ao uso de boas práticas;
> VI – responsabilização dos agentes de acordo com suas atividades, nos termos da lei;
> VII – preservação da natureza participativa da rede;
> VIII – liberdade dos modelos de negócios promovidos na internet, desde que não conflitem com os demais princípios estabelecidos nesta Lei.
> Parágrafo único. Os princípios expressos nesta Lei não excluem outros previstos no ordenamento jurídico pátrio relacionados à matéria ou nos tratados internacionais em que a República Federativa do Brasil seja parte."

A lei consagrou, ao lado da liberdade de expressão, o respeito aos direitos humanos e a proteção da privacidade e do consumidor, prevendo, inclusive, a aplicação das normas consumeristas nas relações travadas na internet, como revela a dicção do seu art. 7º:

"Art. 7º O acesso à internet é essencial ao exercício da cidadania, e ao usuário são assegurados os seguintes direitos:
(...)
XIII – aplicação das normas de proteção e defesa do consumidor nas relações de consumo realizadas na internet."

O Marco Civil da Internet prevê a responsabilização civil do provedor de aplicações de internet por danos decorrentes de conteúdo gerado por terceiros e apontado como infringente, caso não sejam realizadas as medidas determinadas por ordem judicial dentro do prazo assinalado e nos limites técnicos do serviço, estipulando, em seu art. 19, que:

"Art. 19. Com o intuito de assegurar a liberdade de expressão e impedir a censura, o provedor de aplicações de internet somente poderá ser responsabilizado civilmente por danos decorrentes de conteúdo gerado por terceiros se, após ordem judicial específica, não tomar as providências para, no âmbito e nos limites técnicos do seu serviço e dentro do prazo assinalado, tornar indisponível o conteúdo apontado como infringente, ressalvadas as disposições legais em contrário.

§ 1º A ordem judicial de que trata o *caput* deverá conter, sob pena de nulidade, identificação clara e específica do conteúdo apontado como infringente, que permita a localização inequívoca do material.

§ 2º A aplicação do disposto neste artigo para infrações a direitos de autor ou a direitos conexos depende de previsão legal específica, que deverá respeitar a liberdade de expressão e demais garantias previstas no art. 5º da Constituição Federal.

§ 3º As causas que versem sobre ressarcimento por danos decorrentes de conteúdos disponibilizados na internet relacionados à honra, à reputação ou a direitos de personalidade, bem como sobre a indisponibilização desses conteúdos por provedores de aplicações de internet, poderão ser apresentadas perante os juizados especiais.

§ 4º O juiz, inclusive no procedimento previsto no § 3º, poderá antecipar, total ou parcialmente, os efeitos da tutela pretendida no pedido inicial, existindo prova inequívoca do fato e considerado o interesse da coletividade na disponibilização do conteúdo na internet, desde que presentes os requisitos de verossimilhança da alegação do autor e de fundado receio de dano irreparável ou de difícil reparação."

A Lei n. 12.965/2014 estabelece, ainda, em seu art. 11, ser possível a requisição de informações sobre serviços telemáticos diretamente às empresas brasileiras subsidiárias de empresas estrangeiras, quando constituídas sob as leis brasileiras e sediadas no Brasil.

Desse modo, quando a empresa for estabelecida no Brasil, embora integrante de grupo econômico de pessoa jurídica de internet sediada no exterior, estará sujeita à legislação brasileira no tocante a qualquer operação de coleta, armazenamento, guarda e tratamento de registros, de dados pessoais ou de comunicações por provedores de conexão e de aplicações de internet em que pelo menos um desses atos ocorra em território nacional.

Como bem destacado por Damásio de Jesus e José Antonio Milagre:

> "Vale a lei brasileira para provedores estrangeiros que prestem serviços no Brasil, desde que qualquer fase do tratamento dos dados ocorra em território nacional. A coleta dos dados comumente ocorrerá em território nacional, sendo possível a aplicação do presente artigo às relações envolvendo usuários brasileiros e redes sociais e comunicadores populares no Brasil. Sempre que ocorrer a comunicação entre um terminal (computador) localizado no Brasil e outro, fora, valerá a legislação brasileira no que tange à privacidade, nos moldes do § 1º do art. 11 do Marco Civil."[25]

Embora o Brasil apenas recentemente tenha aderido à Convenção de Budapeste (Decreto Legislativo n. 37/2021, com Carta de Adesão depositada junto ao Conselho da Europa em novembro de 2022), não há dúvidas na legislação brasileira sobre a aplicabilidade do Marco Civil da Internet desde que as empresas ofertem serviço ao público brasileiro ou pelo menos um integrante do mesmo grupo econômico possua estabelecimento no Brasil, mesmo que as atividades sejam realizadas por pessoa jurídica sediada no exterior.

A lei brasileira será aplicada desde que haja oferta de serviço no Brasil ou que a empresa – ao menos um integrante do grupo econômico – possua estabelecimento no Brasil. Obviamente, como qualquer entidade privada que exerça sua atividade econômica no território nacional, os

---

[25] JESUS, Damásio de; MILAGRE, José Antonio. *Marco Civil da Internet*: comentários à Lei n. 12.965/14. São Paulo: Saraiva, 2014.

provedores de internet devem respeitar e cumprir, de forma efetiva, comandos diretos emitidos pelo Poder Judiciário relativos a fatos ocorridos ou com seus efeitos perenes dentro do território nacional, cabendo-lhes, se entenderem necessário, demonstrar seu inconformismo mediante os recursos permitidos pela legislação brasileira.

Nos termos do art. 19 do Marco Civil da Internet (Lei n. 12.965/2014), o provedor de internet somente será responsabilizado se não cumprir decisão judicial que determine a exclusão de conteúdo gerado por terceiros e tido por ofensivo[26].

Em relação aos fatos ocorridos anteriormente à edição do Marco Civil, a jurisprudência do Superior Tribunal de Justiça determina a fixação do prazo de até 24 horas do recebimento, pelo provedor, da notificação enviada pelo ofendido, para que proceda à exclusão do conteúdo infringente. Caso não atendido o pedido, o STJ entende configurado o dano moral,[27] a partir dos requisitos fixados no julgamento do REsp 1.308.830/RS[28], no sentido de que "*(i) não respondem objetivamente pela inserção no site, por terceiros, de informações ilegais; (ii) não podem ser obrigados a exercer um controle prévio do conteúdo das informações postadas no site por seus usuários; (iii) devem, assim que tiverem conhecimento inequívoco da existência de dados ilegais no site, removê-los imediatamente, sob pena de responderem pelos danos respectivos; (iv) devem manter um sistema minimamente eficaz de identificação de seus usuários, cuja efetividade será avaliada caso a caso*".

A necessidade de ordem judicial para a retirada de conteúdo é criticada pela doutrina[29], pois, como salienta João Quinelato de

---

[26] REsp 1.694.405/RJ, Rel. Min. Nancy Andrighi, Terceira Turma, *DJe* de 29/6/2018.

[27] REsp 1.406.448/RJ, Rel. Min. Nancy Andrighi, Terceira Turma, *DJe* de 21/10/2013, além de outros: REsp 1.501.603/RN, Rel. Min. Nancy Andrighi, Terceira Turma, *DJe* de 18/12/2017; AgRg no REsp 1.309.891/MG, Rel. Min. Sidnei Beneti, Terceira Turma, *DJe* de 29/6/2012; REsp 1.306.066/MT, Rel. Min. Sidnei Beneti, Terceira Turma, *DJe* de 2/5/2012; AgRg no AREsp 240.713/MG, Rel. Min. Marco Buzzi, Quarta Turma, *DJe* de 27/9/2013; AgRg no AREsp 230.095/RS, Rel. Min. Luis Felipe Salomão, Quarta Turma, *DJe* de 14/8/2013; AgRg no REsp 1.325.220/MG, Rel. Min. Paulo de Tarso Sanseverino, Terceira Turma, *DJe* de 26/6/2013; AgRg no AREsp 137.944/RS, Rel. Min. Antonio Carlos Ferreira, Quarta Turma, *DJe* de 8/4/2013.

[28] Rel. Min. Nancy Andrighi, Terceira Turma, *DJe* de 19/6/2012.

[29] ROSSETTO, Guilherme Ferreira; ANDRADE, Henrique dos Santos; BENATTO, Pedro Henrique Abreu. A responsabilidade dos provedores de aplicações no Marco Civil da Internet: reflexões

Queiroz, "o descompasso entre a velocidade do compartilhamento de informações pelos usuários da rede e o tempo necessário para que a ordem jurídica reaja a esses desafios revela-se ainda mais gravoso para os mais pobres"[30].

Observe-se, inclusive, que a doutrina brasileira aponta que, no período que antecedeu à edição da Lei n. 12.965/2014, a jurisprudência brasileira passou a adotar, em parte, a teoria do *notice and takedown*, oriunda do *Digital Millennium Copyright Act* dos Estados Unidos da América, que tinha por objetivo criar uma proteção para os direitos autorais na internet, além de assegurar imunidade aos provedores que atendessem de imediato à notificação do ofendido para a retirada de material impróprio[31].

Basicamente, o mecanismo do *notice and takedown* consiste em uma notificação, com requisitos mínimos (identificação do conteúdo violador de direitos autorais, dados de contato do notificante etc.) e expressa previsão de contranotificação por parte do alegado violador dos direitos autorais, além de prazos para a atuação do proprietário do site.

Em 2020, o ex-presidente dos Estados Unidos Donald Trump editou ordem executiva para alterar a Seção 530 do U.S. Code, que instituiu originalmente o princípio do *notice and takedown,* sem sucesso, pois até hoje é o que vige no que concerne à regra da responsabilidade por conteúdos inseridos por terceiros na internet: o provedor somente será responsabilizado se, notificado da ilicitude do conteúdo (ainda que extrajudicialmente), não retirá-lo em tempo razoável. Hoje, após ter sua conta suspensa nas principais redes sociais – X (antigo Twitter), Facebook e YouTube – como resposta das empresas ao episódio de inva-

---

sobre a viabilidade da medida com foco nos problemas que assolam o Poder Judiciário. *Revista de Direito Privado*, São Paulo, v. 17, n. 69, set. 2016. p. 61; LAUX, Francisco de Mesquita. Supremo debate o artigo 19 do Marco Civil da Internet (parte 2). *Conjur*, 11 nov. 2019. Disponível em: https://www.conjur.com.br/2019-nov-11/direito-civil-atual-supremo-debate-artigo-19-marco--civil-internet-parte. Acesso em: 19 nov. 2019.

[30] QUEIROZ, João Quinelato de. *Responsabilidade civil na rede*: danos e liberdade à luz do Marco Civil da Internet. Rio de Janeiro: Editora Processo, 2019.

[31] SCHREIBER, Anderson. Marco Civil da Internet: avanço ou retrocesso? A responsabilidade civil por danos derivado do conteúdo gerado por terceiro. In: LUCCA, Newton de; SIMÃO FILHO, Adalberto; LIMA, Cíntia Rosa Pereira de. *Direito e internet III*: Marco Civil da Internet – Lei n. 12.965/2014. São Paulo: Quartier Latin, 2015. p. 277-305.

são do Capitólio no início de 2021, Trump demanda contra as *big techs* mantenedoras – X (antigo Twitter), Facebook e Google – alegando, em resumo, censura[32].

A iniciativa dos tribunais brasileiros, inspirados no *notice and takedown*, em buscar maior proteção dos usuários da internet, não foi expressamente adotada no Marco Civil da Internet, como bem salientado por Anderson Schreiber:

> "Um mecanismo essencialmente procedimental começava a aparecer nas nossas decisões judiciais sem um procedimento regulado, sem previsão de contranotificação e de outras garantias que o cercavam em sua origem, resultando em uma versão deformada do instituto original, amparada mais no argumento de autoridade da experiência norte-americana que propriamente na compreensão dessa experiência e na sua adequação ao cenário brasileiro, naturalmente diverso e peculiar.
>
> A iminência de discussão do Projeto de Lei do Marco Civil da Internet prometia, entretanto, afastar esses riscos. O que se esperava do Poder Legislativo, nesse momento crucial, é que atuasse de maneira isenta e eficiente, detalhando o funcionamento do *notice and takedow*n de modo a criar um efetivo mecanismo de solução de conflitos para a internet no Brasil. Infelizmente, o que acabou ocorrendo foi justamente o contrário.
>
> Em vez de disciplinar o *notice and takedown*, instituindo garantias recíprocas e assegurando a eficiência do seu funcionamento, a Lei 12.965, de 23 de abril de 2014 – conhecida como Marco Civil da Internet –, estabeleceu um mecanismo extremamente engessado, que cria uma proteção intensa para as sociedades empresárias que exploram redes sociais e reduz o grau de proteção que já vinha sendo fixado pela jurisprudência brasileira para os usuários da internet."[33]

As condutas dos provedores de redes sociais e de serviços de mensageria privada devem ser devidamente regulamentadas e responsabilizadas, pois são remuneradas por impulsionamentos e monetização, bem como há o direcionamento dos assuntos pelos algoritmos, devendo configu-

---

[32] Disponível em: https://www.migalhas.com.br/coluna/migalhas-de-responsabilidade-civil/352028/mp-1-068-21-o-ovo-da-serpente-a-censura-reversa. Acesso em: 4 maio 2022.

[33] SCHREIBER, Anderson. Marco Civil da Internet: avanço ou retrocesso? A responsabilidade civil por danos derivado do conteúdo gerado por terceiro. In: LUCCA, Newton de; SIMÃO FILHO, Adalberto; LIMA, Cíntia Rosa Pereira de. *Direito e internet III*: Marco Civil da Internet – Lei n. 12.965/2014. São Paulo: Quartier Latin, 2015.

rar ampla responsabilidade no caso de sua instrumentalização contra a Democracia e o Estado de Direito.

A nova realidade na instrumentalização das redes sociais e dos serviços de mensageria privada pelos novos populistas digitais extremistas com maciça divulgação de discursos de ódio e mensagens antidemocráticas e utilização da desinformação para corroer os pilares da Democracia e do Estado de Direito exige uma análise consentânea com os princípios e objetivos da República, definidos nos arts. 1º, 2º e 3º da Constituição Federal.

No exercício da jurisdição constitucional e com a missão de proteção da Constituição Federal, da Democracia e do Estado de Direito, o Supremo Tribunal Federal reconheceu a repercussão geral de questões constitucionais referentes ao tema, para que seja analisada a necessária disciplina constitucional da matéria.

No Recurso Extraordinário 1.037.396, de relatoria do Ministro Dias Toffoli, o Supremo Tribunal Federal reconheceu a existência de repercussão geral na questão constitucional, consubstanciada no Tema 987 de repercussão geral:

> "Recurso extraordinário em que se discute, à luz dos arts. 5º, incs. II, IV, IX, XIV e XXXVI, e 220, caput, §§ 1º e 2º, da Constituição da República, a constitucionalidade do art. 19 da Lei n. 12.965/2014 (Marco Civil da Internet) que impõe condição para a responsabilização civil de provedor de internet, websites e gestores de aplicativos de redes sociais por danos decorrentes de atos ilícitos de terceiros."

No Recurso Extraordinário 1.057.258, de relatoria do Ministro Luiz Fux, também o Supremo Tribunal Federal reconheceu a existência de repercussão geral, fixando o seguinte enunciado a ser analisado no Tema 533:

> "Agravo em recurso extraordinário em que se discute, à luz dos artigos 5º, II, IV, IX, XIV, XXXIII e XXXV; e 220, §§ 1º, 2º e 6º, da Constituição Federal, se, à falta de regulamentação legal da matéria, os aludidos princípios constitucionais incidem diretamente, de modo a existir o dever de empresa hospedeira de sítio na rede mundial de computadores de fiscalizar o conteúdo publicado em seus domínios eletrônicos e de retirar do ar informações consideradas ofensivas, sem necessidade de intervenção do Poder Judiciário."

A interpretação do Marco Civil da Internet segue em debate, inclusive no que se refere à responsabilidade das plataformas digitais. No entanto, paralelamente, o Congresso Nacional analisa a possibilidade de edição de uma legislação específica para instituir a "A Lei Brasileira de Liberdade, Responsabilidade e Transparência na Internet".

O Projeto de Lei n. 2.630, de 2020, já aprovado no Senado Federal e, no momento presente, em tramitação na Câmara dos Deputados, é o mais adiantado em tramitação parlamentar.

O texto aprovado pelo Senado veda, em regra, *"contas inautênticas"* e *"contas automatizadas não identificadas como tal"*, bem assim exige a identificação de *"todos os conteúdos impulsionados e publicitários cuja distribuição tenha sido realizada mediante pagamento ao provedor de redes sociais"*[34].

O texto aprovado estabelece os procedimentos de moderação, inclusive com dispensa de notificação dos usuários em casos específicos, conforme se verifica em seu art. 12:

> "Art. 12. (...)
> § 2º Os provedores dispensarão a notificação aos usuários se verificarem risco:
> I – de dano imediato de difícil reparação;
> II – para a segurança da informação ou do usuário;
> III – de violação a direitos de crianças e adolescentes;
> IV – de crimes tipificados na Lei nº 7.716, de 5 de janeiro de 1989;
> V – de grave comprometimento da usabilidade, integridade ou estabilidade da aplicação."

Note-se que, em casos tais, dada a gravidade das condutas em causa, o próprio Projeto admite, no § 3º seguinte, a indisponibilização de conteúdos e contas, garantido direito de recurso ao usuário.

O texto, que expressamente mantém o Marco Civil da Internet, prevê uma *"autorregulação regulada"* (em seu art. 30), pois, ao mesmo tempo que

---

[34] Vide incisos I, II e III do art. 6º do PL n. 2.630, de 2020. Disponível em: https://www.camara.leg.br/proposicoesWeb/prop_mostrarintegra?codteor=1909983. Acesso em: 29 dez. 2023.

faculta às plataformas digitais a possibilidade de *"criar instituição de autorregulação voltada à transparência e à responsabilidade no uso da internet"*, as submete a um "Conselho de Transparência e Responsabilidade na Internet"[35].

Na Câmara dos Deputados, foi apresentado Substitutivo que, no tocante à responsabilidade das plataformas digitais, prevê:

> "Art. 6º Os provedores podem ser responsabilizados civilmente, de forma solidária:
>
> I – pela reparação dos danos causados por conteúdos gerados por terceiros cuja distribuição tenha sido realizada por meio de publicidade de plataforma; e,
>
> II – por danos decorrentes de conteúdos gerados por terceiros quando houver descumprimento das obrigações de dever de cuidado, na duração do protocolo de segurança de que trata a Seção IV."

O Substitutivo da Câmara dos Deputados, igualmente, mantém o Marco Civil da Internet, inclusive quanto à responsabilidade das plataformas digitais, ao sugerir o acréscimo do seguinte parágrafo ao art. 19 vigente:

> "§ 5º As responsabilizações civis previstas no art. 6º da Lei Brasileira de Liberdade, Responsabilidade e Transparência na Internet configuram exceções ao disposto no *caput* deste artigo."

---

[35] Art. 26. O Conselho de Transparência e Responsabilidade na Internet compõe-se de 21 (vinte e um) conselheiros, com mandato de 2 (dois) anos, admitida 1 (uma) recondução, sendo:
I – 1 (um) representante do Senado Federal;
II – 1 (um) representante da Câmara dos Deputados;
III – 1 (um) representante do Conselho Nacional de Justiça;
IV – 1 (um) representante do Conselho Nacional do Ministério Público;
V – 1 (um) representante do Comitê Gestor da Internet no Brasil;
VI – 5 (cinco) representantes da sociedade civil;
VII – 2 (dois) representantes da academia e comunidade técnica;
VIII – 2 (dois) representantes dos provedores de acesso, aplicações e conteúdo da internet;
IX – 2 (dois) representantes do setor de comunicação social;
X – 1 (um) representante do setor de telecomunicações;
XI – 1 (um) representante do Conselho Nacional dos Chefes de Polícia Civil;
XII – 1 (um) representante do Departamento de Polícia Federal;
XIII – 1 (um) representante da Agência Nacional de Telecomunicações (Anatel); e
XIV – 1 (um) representante do Conselho Nacional de Autorregulamentação Publicitária (Conar).

As condutas dos provedores de redes sociais e de serviços de mensageria privada e dos seus dirigentes, bem como sua instrumentalização pelo novo populismo digital extremista, com o aumento do discurso de ódio e atentados à Democracia, demonstram a necessidade de imediata e específica regulamentação, inclusive com previsão de responsabilização civil e administrativa das empresas e penal de seus representantes legais, como será analisado posteriormente, pois são remuneradas por impulsionamentos e monetização, utilizando-se, ainda, de direcionamento dos assuntos livremente escolhidos pelos algoritmos.

Capítulo 2
LIBERDADE DE ESCOLHA PELOS ELEITORES, ACESSO À INFORMAÇÃO E LIBERDADE DE EXPRESSÃO

2.1. DEMOCRACIA E LIBERDADE DO VOTO

A efetiva concretização da Democracia depende, dentre outros fatores, efetivamente, da legitimidade, honestidade, eficiência e transparência dos instrumentos colocados a serviço dos eleitores para o exercício de seus direitos políticos com a realização do escrutínio, apuração dos votos e divulgação dos resultados eleitorais, garantindo a mais basilar das características do sufrágio universal, a liberdade dos eleitores e das eleitoras na escolha de seus candidatos.

Larry Diamond e Leonardo Morlino apontam os denominados "indicadores da qualidade da Democracia"[1], explicando que:

> "Uma boa Democracia concede aos seus cidadãos ampla liberdade, igualdade política e controle sobre as políticas públicas e os decisores políticos através do funcionamento legítimo e legal de instituições estáveis. Tal regime irá satisfazer as expectativas dos cidadãos em relação à governação (qualidade dos resultados); permitirá que cidadãos, associações e comunidades desfrutem de ampla liberdade e igualdade política (qualidade de conteúdo); e proporcionará um

---

[1] DIAMOND, Larry; MORLINO, Leonardo. The quality of democracy: an overview. *Journal of Democracy*, v. 15, n. 4, p. 20-31, Oct. 2004.

contexto no qual todos os cidadãos poderão julgar o desempenho do governo através de mecanismos como eleições, enquanto as instituições governamentais e os funcionários também se responsabilizam legal e constitucionalmente."[2]

Essa livre escolha pressupõe garantia não somente de que a manifestação de cada eleitor se refletirá no resultado do pleito eleitoral, mas também de que as condições pelas quais cada cidadão formará suas convicções para escolha sejam hígidas, equânimes e isentas de artificialismos e interferências espúrias, seja por meio de abuso de poder econômico ou político, seja por meio de utilização ilícita dos diversos meios de comunicação, inclusive das plataformas digitais, para a produção de maciça desinformação, com a divulgação de notícias fraudulentas e discursos de ódio e antidemocráticos[3].

Ana Paula de Barcellos e Felipe Terra ensinam que as *"fakes news, para que sejam inequivocadamente identificadas como tal, violam padrões mínimos de responsabilidade jornalística que são tradicionalmente utilizados no controle da liberdade de expressão. Com efeito, são informações que não costumam fazer referência a qualquer fonte ou dado real, geralmente divulgadas em tom alarmista ou sensacionalista"*[4].

Lamentavelmente, a propagação das fake news é muito mais célere do que das notícias verdadeiras, como bem salientado por Patrícia Campos Mello, ao apontar que "fake news circulam com muito mais velocida-

---

[2] DIAMOND, Larry; MORLINO, Leonardo. The quality of democracy: an overview. *Journal of Democracy*, v. 15, n. 4, Oct. 2004. p. 22.

[3] Conferir: MENDES, Gilmar Ferreira. Liberdade de expressão, redes sociais e democracia. *Justiça & Cidadania*, v. 23, n. 272, p. 14-20, abr. 2023; BARROSO, Luís Roberto. Liberdade de expressão, imprensa e mídias sociais: jurisprudência, direito comparado e novos desafios. *Revista Jurídica da Presidência*, Brasília, v. 25. n. 135, p. 20-48, jan.-abr. 2023; MOREIRA, Adriana Fragalle. *Interpretação e âmbito de proteção do direito à liberdade de expressão*: reflexões sobre o "quem", "quando" e "o quê" na manifestação do pensamento. Dissertação (Mestrado) – Universidade de São Paulo, São Paulo, 2016; QUEIROZ, Rafael Mafei Rabelo. Liberdade de expressão na internet: a concepção restrita de anonimato e a opção pela intervenção de menor intensidade. *Suprema – Revista de Estudos Constitucionais*, Brasília, v. 1, n. 1, p. 241-266, jan.-jun. 2021.

[4] BARCELLOS, Ana Paula de; TERRA, Felipe Mendonça. Liberdade de expressão e manifestações nas redes sociais. In: *Constituição da República 30 anos depois*: uma análise prática da eficiência dos direitos fundamentais – estudos em homenagem ao Ministro Luiz Fux. Belo Horizonte: Fórum, 2019. p. 168-169.

de que as notícias verdadeiras. Segundo um estudo do Massachusetts Institute of Technology, notícias falsas têm probabilidade 70% maior de serem retuitadas do que as verdadeiras. E as notícias verdadeiras levam seis vezes mais tempo que as fake news para atingir o número-padrão de 1500 pessoas. Ou seja, desmentir notícias falsas é enxugar gelo".[5]

A utilização de meios de comunicação de massa para divulgação de "notícias fraudulentas" – que são "aquelas criadas e difundidas de forma deliberada, com o objetivo de obter vantagem (política, patrimonial ou moral), causando danos a pessoas, grupos ou instituições", na exata definição de Luna van Brussel Barroso[6] – e produção de desinformação para obtenção do poder político não é novidade no mundo político eleitoral, como já destacado por Giovanni Sartori em relação à televisão, ao apontar que uma das vicissitudes desse meio de comunicação era também se dedicar à desinformação, ou seja, aquela conduta "que não consiste no fato de informar pouco, ou pouco demais, mas sim em informar mal, distorcendo a informação"[7].

Em obra que se mantém rigorosamente atual, Giovanni Sartori sustenta que o *Homo sapiens* cedeu lugar ao que – engenhosamente – denomina *Homo videns*, explicitando a tese de que "o vídeo está transformando o *Homo sapiens* produzido pela cultura escrita em um *Homo videns* no qual a palavra vem sendo destronada pela imagem", "a televisão está mudando a natureza do ser humano", dado o surgimento de "uma espécie recentíssima de ser humano criado pela televisão – diante de um televisor – antes mesmo de saber ler e escrever"[8].

Sartori enfatiza a característica humana que torna o *Homo sapiens* único: "a sua capacidade simbólica", dizendo que o ser humano é um "animal simbólico", o que "se desdobra na linguagem", para muito além da linguagem que algumas espécies animais exibem: "o ser humano possui

---

[5] MELLO, Patrícia Campos. *A máquina do ódio*. São Paulo: Companhia das Letras, 2020. p. 239.
[6] BARROSO, Luna van Brussel. Mentiras, equívocos e liberdade de expressão. *Jota*, 29 maio 2020.
[7] SARTORI, Giovanni. *Homo videns*: televisão e pós-pensamento. Bauru: Edusc, 2001. p. 51. É utilizada, aqui, a correta tradução brasileira, sem prejuízo de eventuais referências à edição original, italiana (SARTORI, Giovanni. *Homo videns*: televisione e post-pensiero. Bari: Laterza, 1999), sempre que necessário para melhor colocação do argumento em seu sentido mais exato.
[8] SARTORI, Giovanni. *Homo videns*: televisão e pós-pensamento. Bauru: Edusc, 2001. p. 7-8.

uma linguagem capaz de raciocinar a respeito de si próprio. O homem reflete sobre o que diz". Ademais, a humanidade aprendeu a transmitir o conhecimento pela escrita: o livro, o telégrafo, o telefone e o rádio "são todos – analogamente – elementos portadores de comunicação linguística". Por sua vez, a televisão implica uma ruptura.

O autor explica que a própria palavra "televisão" diz do que se trata: "ver de longe", ou seja, "levar à presença de um público de espectadores coisas para ver, quer dizer, visualmente transmitidas", de modo que "na televisão o fato de *ver* predomina sobre o falar". É aí que começa o empobrecimento da característica humana peculiar: "o telespectador passa a ser mais um animal vidente do que um animal simbólico". Exatamente em razão disso, expõe sua preocupação[9]:

> "Este fato constitui realmente uma virada radical de direção, pois enquanto a capacidade simbólica distancia o *Homo sapiens* do animal, o predomínio da visão o aproxima de novo às suas capacidades ancestrais, isto é, ao gênero do qual o *Homo sapiens* é a espécie."

Essa virada radical ocorre desde a mais tenra idade, originando o que Sartori chama de *"video-bambino"*, pois "as nossas crianças ficam olhando a televisão, horas a fio, antes mesmo de aprenderem a ler e a escrever". Para muito além de, por exemplo, normalizar a violência à percepção da criança, a televisão é, para a criança, a primeira escola: "a escola divertida que precede a escola enfadonha"[10].

Para Sartori, a televisão é um despertar de grande amplitude, de grande alcance, o que considera "abertura para o progresso na acepção iluminista do termo". No entanto, adverte: "é igualmente comprovado que na frente desses progressos está um regresso fundamental: o empobrecimento da capacidade de entender". Aponta que a televisão empobrece a capacidade humana de compreensão: "a televisão produz imagens e apaga os conceitos; mas desse modo atrofia a nossa capacidade de abstração e com ela toda a nossa capacidade de compreender"[11].

---

[9] SARTORI, Giovanni. *Homo videns*: televisão e pós-pensamento. Bauru: Edusc, 2001. p. 11-16.
[10] SARTORI, Giovanni. *Homo videns*: televisão e pós-pensamento. Bauru: Edusc, 2001. p. 21-24.
[11] SARTORI, Giovanni. *Homo videns*: televisão e pós-pensamento. Bauru: Edusc, 2001. p. 30-33.

Assim colocada a tese de Sartori, centrada que é nos efeitos da televisão no amadurecimento cognitivo humano, inclusive – como se verá adiante – no que repercute na dinâmica do regime democrático, não há dúvidas de que suas preocupações se aplicam, integralmente, para a imensa quantidade de informações – de todos os tipos e espécies – produzidas, desenvolvidas, divulgadas e exploradas nas redes sociais pelas plataformas digitais.

O futuro impacto das redes sociais foi, de certa maneira, percebido por Sartori, embora, ao tempo em que escreveu, apostasse que a centralidade da televisão persistiria:

> "(...) a minha previsão de que a centralidade da televisão continuará a mesma – em que pese a cibernavegação e apesar das vozes das suas sereias – baseia-se na consideração que a televisão não tem teto. Em 1992 já existiam no mundo um bilhão de televisores."[12]

O que não era previsível naquele momento era a convergência da TV, do telefone, da internet, das plataformas digitais, tudo isso e mais um tanto, para um mesmo aparelho, de portabilidade e acessibilidade amplas, o telefone móvel celular.

Ainda assim, a tese de Sartori e os seus desdobramentos mantêm-se extremamente atuais. O autor argumenta que "a criança de três ou quatro anos de idade começa com a televisão, e não com a internet. Assim, antes de chegar à internet – jogos à parte –, a criança já é preguiçosa e predisposta à passividade. Ao passo que para ser interativo é preciso ser ativo desde o começo, quero dizer mentalmente ativo".

Atualmente, a televisão foi substituída por instrumentos de muito maior intensidade: a criança não mais "começa com a televisão", mas, sim, com o celular, ou com o *tablet*, em um processo de alienação que faz a televisão descrita por Sartori parecer, ao menos comparativamente, um instrumento quase inofensivo e saudável.

Não obstante, importa destacar a perspicácia de Sartori:

---

[12] SARTORI, Giovanni. *Homo videns*: televisão e pós-pensamento. Bauru: Edusc, 2001. p. 46-47.

> "Quero acrescentar que os profetas do novo mundo digital fingem não perceber (ou não se apercebem de fato) que as interações na rede são somente um pálido substitutivo das interações cara a cara, isto é, das verdadeiras interações. O interagir, que consiste em um intercâmbio de mensagens por meio de computadores pessoais, é um contato empobrecido que afinal nos deixa sempre sozinhos diante de um teclado."

Sartori também já advertia para "analfabetos culturais que matarão o tempo na internet, um tempo vazio na companhia de 'almas gêmeas'", e compara a facilidade da era digital com a questão dos entorpecentes[13], para, na sequência, enfocar a importância da videopolítica, ensinando que:

> "Com frequência, a Democracia foi definida como um governo de opinião (assim, por exemplo, por Dicey, em 1914), e tal definição se torna de fato pertinente ao advento da videopolítica. De fato, é incontestável que a televisão é um formidável formador de opinião. Hoje, o povo soberano 'opina' sobretudo em virtude da forma com que a televisão o induz a opinar. Por isso o poder do vídeo, ao dirigir a opinião pública, coloca-se realmente no centro de todos os processos da política contemporânea."[14]

Projetando o reflexo da televisão na política, o autor aponta que "paradoxalmente a televisão é tanto mais decisiva (e distorcida) quanto mais a escolha dos candidatos é democrática, isto é, entregue (...) às eleições diretas", concluindo que "a televisão se mostra como porta-voz de uma opinião pública que, na realidade, é apenas o *eco* da própria voz", e menciona como casos de desinformação na televisão[15]: (i) um mundo mostrado pela metade, o que exemplifica quando a televisão não mostra regimes tirânicos e sanguinários, como Madagascar, Uganda, Zaire, Nigéria, Sudão, Etiópia, Indonésia etc., países em que

---

[13] SARTORI, Giovanni. *Homo videns*: televisão e pós-pensamento. Bauru: Edusc, 2001. p. 40-45. A comparação não é exagerada. *Vide* SOCIEDADE BRASILEIRA DE PEDIATRIA (SBP). *SBP atualiza recomendações sobre saúde de crianças e adolescentes na era digital*. Disponível em: https://www.sbp.com.br/imprensa/detalhe/nid/sbp-atualiza-recomendacoes-sobre-saude-de-criancas--e-adolescentes-na-era-digital/. Acesso em: 4 jan. 2024.

[14] SARTORI, Giovanni. *Homo videns*: televisão e pós-pensamento. Bauru: Edusc, 2001. p. 49-51.

[15] SARTORI, Giovanni. *Homo videns*: televisão e pós-pensamento. Bauru: Edusc, 2001. p. 74-79.

aconteceram terríveis massacres. Jamais foram vistos por ninguém (na televisão), e, portanto, para a maioria da humanidade não existiram; (ii) falsas estatísticas, ou seja, "levantamentos estatísticos que são 'falsos' na interpretação que é dada aos mesmos", o que exemplifica com as "estatísticas usadas para demonstrar e medir a discriminação racial nos Estados Unidos, principalmente em prejuízo dos negros, mas, eventualmente, também contra outras minorias"; e (iii) entrevista ao vivo ou casual, pois "o 'caso' das entrevistas casuais, ou ao vivo, não é uma casualidade estatística e quem passa pela rua não representa nada e ninguém, pois fala apenas por si mesmo".

Na sequência, Sartori chega a uma circunstância de trágica atualidade que caracteriza não apenas a televisão, mas também, e talvez ainda mais, a internet e as suas plataformas digitais:

> "Prosseguindo, quero acrescentar que, além das falsas estatísticas e das entrevistas casuais e ao vivo, um outro fator concorre para alimentar a desinformação, constituído por duas distorções típicas na maneira de informar que a qualquer custo deve ser *excitante*: premiar a excentricidade e privilegiar o ataque e a agressividade."

A primeira distorção é explicada por Sartori com colocações, infelizmente, bastante familiares[16]:

> "Quanto mais uma tese é bombástica, tanto mais é propagada e difundida. As cabeças ocas se especializam no extremismo intelectual, e desse modo adquirem notoriedade – espalhando, é óbvio, opiniões ocas. Disso resulta uma formidável seleção pelo avesso. Vêm à tona os charlatães, os pensadores de meia-tigela, os novidadeiros a qualquer custo, ficando na sombra as pessoas sérias e verdadeiramente capazes de pensar."

A segunda é explicada por Sartori como uma crítica agressiva, não construtiva, um modo de colocar as coisas "predisposto a provocar e morder o poder, colocando-o em uma situação de suspeita e de acusação"[17].

---

[16] SARTORI, Giovanni. *Homo videns*: televisão e pós-pensamento. Bauru: Edusc, 2001. p. 80.
[17] SARTORI, Giovanni. *Homo videns*: televisão e pós-pensamento. Bauru: Edusc, 2001.

Com efeito, esse mesmo cenário de coisas repete-se, ainda mais potencializado, nas redes sociais e nos serviços de mensageria privada. Confira-se a reflexão de Sartori, dirigida à televisão, mas igualmente aplicável no contexto de desinformação divulgado nas grandes plataformas digitais:

> "O aspecto mais grave desta forma de privilegiar o fato espetacular procurando o ataque é que viola desde as raízes o princípio de toda convivência civil, isto é, o princípio de 'ouvir também a outra parte'. Se alguém acusa, é necessário ouvir também o acusado. Se estradas e trens são bloqueados, é preciso ouvir e mostrar os prejudicados, os inocentes que estão de viagem. Mas quase nunca isso acontece."[18]

Ao tempo em que escreveu *Homo videns*, na exata transição entre os séculos XX e XXI, anotava: "Quatro americanos em cinco declaram votar em virtude do que aprendem na televisão. Com toda probabilidade são pessoas que não leem nenhum jornal; e considerando que nos Estados Unidos os partidos são fraquíssimos e as rádio-emissoras são todas locais, dedicando à política um espaço muito reduzido, a avaliação da sua influência é logo feita"[19].

Os perigos das notícias fraudulentas e maciça desinformação geradas pela televisão se aplicam – de maneira mais grave e perigosa – integralmente à utilização atual e nociva das redes sociais e dos serviços de mensageria privada nas eleições e à perigosa corrosão da Democracia causada pela incessante desinformação produzida e espalhada pelas *big techs*, especialmente pelo novo populismo digital extremista, que ataca diretamente a liberdade de escolha dos eleitores e das eleitoras, dificultando o acesso a informações sérias e verdadeiras[20].

---

[18] SARTORI, Giovanni. *Homo videns*: televisão e pós-pensamento. Bauru: Edusc, 2001. p. 82.
[19] SARTORI, Giovanni. *Homo videns*: televisão e pós-pensamento. Bauru: Edusc, 2001. p. 91. Menciona exemplos de candidatos com forte apoio televisivo, inclusive Fernando Collor de Mello: "O caso do Presidente Collor no Brasil é análogo: um pequeno partido improvisado na hora, mas com um forte apoio televisivo" (SARTORI, Giovanni. *Homo videns*: televisão e pós--pensamento. Bauru: Edusc, 2001. p. 95).
[20] REBOLLO, María Antonia Paz; SORIA, Ana Mayagoitia. El odio y los neopopulismos. In: JIMÉNEZ, Virginia Martín (ed.). *El discurso del odio como arma política*: del pasado al presente. Granada: Comares Comunicación, 2023. p. 120.

Observe-se, entretanto, que há uma maior gravidade e perigo à Democracia, no sentido de influência nociva na vontade do eleitor, em virtude da desinformação disseminada nas redes sociais e nos serviços de mensageria privada em relação ao que ocorreu com a televisão, decorrente, como será analisado da: (a) total ausência de regulamentação; (b) inexistência de intermediação e análise das publicações pela mídia tradicional; (c) manipulação do direcionamento das notícias, por meio de algoritmos sem qualquer transparência no processo decisório.

A liberdade de escolha dos eleitores e das eleitoras, conforme reiteradamente defendo[21], não depende somente da garantia do sigilo de seu voto, para evitar coações pré-eleitorais ou represálias pós-divulgação dos resultados. A liberdade de escolha depende também – e fundamentalmente – do livre e amplo acesso de todos os eleitores e eleitoras às informações políticas e eleitorais de todos os candidatos e candidatas, de maneira que possam balizar suas escolhas a partir de uma reflexão – mais ou menos ampla, dependendo do eleitorado –, resultando em informações úteis e sérias que permitam o pleno exercício dos direitos políticos.

Os direitos políticos constituem o conjunto de regras que disciplina as formas de atuação da soberania popular, conforme preleciona o *caput* do art. 14 da Constituição Federal.

São direitos públicos subjetivos que investem o indivíduo no *status activae civitatis*, permitindo-lhe o exercício concreto da liberdade de participação nos negócios políticos do Estado, de maneira que lhe confira os atributos da cidadania.

Tradicional a definição de Pimenta Bueno:

> "(...) prerrogativas, atributos, faculdades, ou poder de intervenção dos cidadãos ativos no governo de seu país, intervenção direta ou indireta, mais ou menos ampla, segundo a intensidade do gozo desses direitos. São o *Jus Civitatis*, os direitos cívicos, que se referem ao Poder Público, que autorizam o cidadão ativo a participar na formação ou exercício da

---

[21] MORAES, Alexandre de. A liberdade do candidato e o respeito ao Estado Democrático de Direito e à dignidade da pessoa humana. In: COÊLHO, Marcus Vinicius Furtado, BOTTINI, Pierpaolo (coord.). *Liberdades*. Rio de Janeiro: Editora JC, 2022. v. 1. p. 181-191.

autoridade nacional, a exercer o direito de vontade ou eleitor, o direito de deputado ou senador, a ocupar cargos políticos e a manifestar suas opiniões sobre o governo do Estado."[22]

Tais normas constituem um desdobramento do princípio democrático inscrito no art. 1º, parágrafo único, que afirma que todo o poder emana do povo, que o exerce por meio de representantes eleitos ou diretamente[23].

O direito de sufrágio é a essência do direito político, expressando-se pela capacidade de eleger e de ser eleito. Assim, o direito de sufrágio apresenta-se em seus dois aspectos: (a) capacidade eleitoral ativa (direito de votar – *alistabilidade*); (b) capacidade eleitoral passiva (direito de ser votado – *elegibilidade*).

É importante ressaltar que os direitos políticos compreendem o direito de sufrágio, como seu núcleo, e este, por sua vez, compreende o direito de voto.

O *sufrágio* "é um direito público subjetivo de natureza política, que tem o cidadão de eleger, ser eleito e de participar da organização e da atividade do poder estatal".

Dessa forma, por meio do sufrágio o conjunto de cidadãos de determinado Estado escolherá as pessoas que irão exercer as funções estatais, mediante o sistema representativo existente em um regime democrático.

A capacidade eleitoral ativa consiste em forma de participação da pessoa na Democracia representativa, por meio da escolha de seus mandatários, enquanto a capacidade eleitoral passiva revela-se pela possibilidade de o cidadão se candidatar a determinados cargos políticos eletivos.

O direito de voto é o ato fundamental para o exercício do direito de sufrágio e manifesta-se tanto em eleições quanto em plebiscitos e referendos.

O direito de sufrágio, no tocante ao direito de eleger (capacidade eleitoral ativa), é exercido por meio do direito de voto, ou seja, o direito de voto é o *instrumento* de exercício do direito de sufrágio. O voto é um

---

[22] BUENO, José Antonio Pimenta. *Direito público brasileiro e análise da Constituição do Império*. Rio de Janeiro: Nova Edição, 1958. p. 459.
[23] BARACHO, José Alfredo de Oliveira. *Teoria geral da cidadania*. São Paulo: Saraiva, 1995. p. 3.

direito público subjetivo, sem, contudo, deixar de ser uma função política e social de soberania popular na Democracia representativa. Além disso, no Brasil, aos maiores de 18 e menores de 70 anos é um dever, portanto, obrigatório.

Assim, a natureza do voto também se caracteriza por ser um dever sociopolítico, pois o cidadão tem o dever de manifestar sua vontade, por meio do voto, para a escolha de governantes em um regime representativo.

O voto, que será exercido de forma *direta*, apresenta diversas características constitucionais: *personalidade, obrigatoriedade, liberdade, sigilosidade, igualdade, periodicidade*.

A liberdade no exercício do direito de voto se manifesta não apenas pela preferência a um candidato dentre os que se apresentam, mas também pela faculdade até mesmo de optar pelo voto em branco ou em anulá-lo.

Essa liberdade deve ser garantida, e, por essa razão, no Brasil, a obrigatoriedade do direito de voto aos maiores de 18 e menores de 70 anos não pode significar senão o comparecimento do eleitor, o registro da participação na urna eletrônica e a assinatura da folha individual de votação.

Importante destacar, entretanto, que a mais importante garantia da Democracia, configurada na liberdade plena no exercício do direito de voto, está inter-relacionada tanto com o sigilo do voto quanto com a possibilidade de o eleitor receber todas as informações possíveis sobre os candidatos e suas opiniões, seja por meio da imprensa, seja por informações dos próprios candidatos durante a campanha eleitoral.

As Constituições brasileiras de 1824 (art. 91 e ss.), 1891 (art. 70), 1934 (art. 109) e 1937 (art. 117) não previam, em seus textos, o voto secreto, que passou a ser consagrado no texto constitucional de 1946 (art. 134), com a finalidade de garantir a liberdade do eleitor em realizar suas escolhas.

O sigilo do voto e, consequentemente, a liberdade de escolha devem ser garantidos antes, durante e depois do escrutínio, afastando-se qualquer potencialidade de identificação do eleitor. Os procedimentos de escrutínio que acarretem a mínima potencialidade de risco em relação ao sigilo do voto devem ser afastados, independentemente de o voto ser escrito, eletrônico ou híbrido (eletrônico com impressão)[24].

A legislação eleitoral deve estabelecer mecanismos que impeçam que se coloque em risco o sigilo da votação, pois eventual possibilidade de conhecimento da vontade do eleitor pode gerar ilícitas pressões em sua liberdade de escolha ou futuras retaliações.

O eleitor necessita do sigilo de seu voto como garantia de liberdade na escolha de seus representantes, sem possibilidade de pressões anteriores ou posteriores ao pleito eleitoral[25], ou, ainda, sem a possibilidade da nociva e ilícita utilização da tecnologia e inteligência artificial para direcionar, clandestinamente, sua vontade[26].

Os perigos da ausência de regulamentação no uso da inteligência artificial são analisados pelo filósofo Nick Bostrom, ao apontar que "a superinteligência é uma ameaça que vale a pena levar a sério"[27].

Além do absoluto sigilo, a liberdade no exercício do direito de voto exige a garantia de ampla liberdade de discussão e informação verdadeira, no sentido de possibilitar ao eleitor uma escolha livre e consciente, bem como instrumentos que garantam o total sigilo da opção por ele realizada, impedindo qualquer coação ou pressão por grupos políticos, econômicos ou ideológicos.

---

[24] Conferir importante obra conjunta de juristas, sociólogos, engenheiros e historiadores sobre a evolução e os reflexos da adoção do voto eletrônico dentro do processo eleitoral: OLIVIER, Ihl; GUGLIELMI, Gilles J. (dir.). *El voto electrónico*. Trad. Maria Valeria Di Battista. Madrid: Centro de Estudios Políticos Y Constitucionales, 2017.

[25] STF, MS 35.265, Rel. Min. Alexandre de Moraes.

[26] CASTELLANOS CLARAMUNT, Jorge (org.). *Inteligencia artificial y democracia*: garantías, límites constitucionales y perspectiva ética ante la transformación digital. Barcelona: Atelier Libros Jurídicos, 2023; LEONHARD, Gerd. *Tecnologia versus humanidade*: o confronto futuro entre a máquina e o homem. Trad. Florbela Marques. Zurique: The Futures Agency, 2018 (e-book).

[27] BOSTROM, Nick. *Superinteligencia*: caminos, peligros, estrategias. Madrid: Tell, 2016. Conferir também a obra do cientista de computação austríaco: MORAVEC, Hans. *Mind children*: the future of robot and human intelligence. Cambridge: Harvard University Press, 1988.

2.2. LIBERDADE DE EXPRESSÃO NO DIREITO CONSTITUCIONAL BRASILEIRO

Historicamente, a liberdade de discussão, a ampla participação política e o princípio democrático estão interligados com a liberdade de expressão[28], que tem por objeto a proteção não somente de pensamentos e ideias, mas também de opiniões e crenças, realização de juízo de valor e críticas a agentes públicos, no sentido de garantir a real participação dos cidadãos na vida coletiva[29].

A liberdade de expressão é profundamente enraizada na tradição constitucional brasileira, em que pese a descontinuidade dos períodos autoritários.

A Constituição imperial de 1824 (art. 179, IV) estabelecia que "todos podem communicar os seus pensamentos, por palavras, escriptos, e publical-os pela Imprensa, sem dependencia de censura; com tanto que hajam de responder pelos abusos, que commetterem no exercicio deste direito, nos casos, e pela fórma, que a Lei determinar", o que foi, essencialmente, reproduzido no texto da Constituição republicana de 1891 (art. 72, § 12)[30], acrescido da vedação ao anonimato.

Sobre o texto da Constituição de 1891, Carlos Maximiliano comenta que "reconhecem todos ser um mal propagar-se o erro; porém não há infalibilidade na terra. A certeza não é privilégio dos governos, a duvida surprehende e tyranniza todos os homens. Falta o padrão da verdade, e o meio de attingil-a parece ainda ser a amplitude do debate", para concluir que:

---

[28] WILLIAMS, George. Engineers is dead, long live the engineers. In: LOVELAND, Ian. *Constitutional Law*: a critical introduction. 2. ed. Boston: Butterworths, 2000; DWORKIN, Ronald. *O direito da liberdade*: a leitura moral da Constituição norte-americana. São Paulo: Martins Fontes, 2006; KALVEN JR., Harry. *The New York Times* case: a note on "the central meaning of the First Amendment in Constitutional Law". In: LOVELAND, Ian. *Constitutional Law*: a critical introduction. 2. ed. Boston: Butterworths, 2000.

[29] Tribunal Constitucional espanhol: S. 47/02, de 25 de febrero, FJ 3; S. 126/03, de 30 de junio, FJ 3; S. 20/02, de 28 de enero, FFJJ 5 y 6.

[30] § 12. Em qualquer assumpto é livre a manifestação do pensamento pela imprensa ou pela tribuna, sem dependencia de censura, respondendo cada um pelos abusos que commetter, nos casos e pela fórma que a lei determinar. Não é permittido o anonymato. (Redação dada pela Emenda Constitucional de 3 de setembro de 1926).

"Nem no Brasil, nem nos Estados Unidos, apesar dos termos amplos da primeira emenda á Constituição Norte-Americana, o direito de exprimir o pensamento é absoluto. A licença, em que degenerou a liberdade, não provém dos textos, nem de exegese rigorosa, e, sim, da tolerancia tradicional dos governantes e abuso inveterado de governados. A franquia tem por limite a incolumidade moral dos cidadãos; pouco importa que sejam poderosos ou humildes; porém o governo jamais deveria transformar-se em pelourinho para a probidade receber insultos. O direito assegurado pelo § 12 consiste na isenção da censura prévia e da apprehensão policial dos exemplares. Nem judiciaria e posteriormente qualquer pena se aplica, se os comentários se mantêm nos limites da verdade e da decencia, vigorosos porém não insultantes. Entretanto a má fé não se presume. Vigora o preceito *in dubiis pro libertate*. Permitte-se até a propaganda de doutrina anarchista; porém não o excitamento á revolta, á destruição da propriedade, ao damno, ao assassinio ou qualquer atentado pessoal, sobretudo por meio da tribuna ou de cartazes e folhas avulsas distribuidas gratuitamente. Em todos esses casos intervém logo a policia; chama á ordem os oradores, priva da palavra os recalcitrantes, arranca das paredes os convites a desordem, apprehende os papeis impressos em que se concita ao crime. Em se tratando, porém, de jornais, deve-se recorrer ao processo judicial, salvo se offenderem escandalosamente a moral ou constituirem fórma disfarçadas de publicações distribuídas gratuitamente."[31]

Sob a Constituição de 1891, embora tendo por parâmetro o § 22 do art. 72, produziu-se um dos mais célebres precedentes da Corte, no julgamento do HC 3.536, no qual Rui Barbosa figurava como impetrante, buscando a tutela do seu direito a publicar na imprensa discurso proferido no Senado Federal contra a prorrogação do estado de sítio, o que lhe fora impossibilitado por ato de autoridade policial[32].

Nesse precedente, que representa bem a doutrina brasileira do *habeas corpus*, nossa Suprema Corte veio a reconhecer a Rui Barbosa o seu *"direito constitucional de publicar os seus discursos proferidos no Senado, pela imprensa, onde, como e quando lhe convier"*. Por sua vez, o mesmo Rui

---

[31] MAXIMILIANO, Carlos. *Comentários à Constituição brasileira de 1891*. Brasília: Senado Federal, Conselho Editorial, 2005.
[32] *Habeas Corpus* 3.536, Rel. Min. Oliveira Ribeiro, Tribunal Pleno, j. em 5/6/1914 (*Revista Forense*, v. 22, 1914. p. 301).

Barbosa diria, a respeito da importância da liberdade de imprensa para a vida política de uma nação:

> "A imprensa e o dever da verdade", Rui Barbosa declarava, falando com endereço certo: "Um país de imprensa degenerada ou degenerescente é, portanto, um país cego e um país miasmado, um país de ideias falsas e sentimentos pervertidos, um país que, explorado na sua consciência, não poderá lutar com os vícios que lhe exploram as instituições". "A imprensa é a vista da Nação. Por ela é que a Nação acompanha o que lhe passa ao perto e ao longe, enxerga o que lhe malfazem, devassa o que lhe ocultam e tramam, colhe o que lhe sonegam, ou roubam, percebe onde lhe alveja, ou nodoam, mede o que lhe cerceiam, ou destroem, vela pelo que lhe interessa, e se acautela do que a ameaça."[33]

As Constituições de 1934 (art. 113, § 9º)[34] e 1946 (art. 141, § 5º)[35] reiteram a previsão da garantia, com acréscimos. Resumidamente: (a) veda-se a censura prévia; (b) exceto em relação a espetáculos e diversões públicas; (c) prevê-se a responsabilidade pelo abuso; (d) veda-se o anonimato; (e) garante-se o direito de resposta; (f) veda-se o exercício da liberdade para "propaganda de guerra, de processos violentos para subverter a ordem política e social", ou, na CF/1946, "de preconceitos de raça ou de classe".

A Constituição da ditadura militar (1967-69) reproduziu a garantia em termos semelhantes (art. 153, § 8º)[36], o que não impediu a constru-

---

[33] BARBOSA, Rui. *A imprensa e o dever da verdade*. São Paulo: Hunter Books, 2016. p. 31.
[34] § 9º Em qualquer assunto é livre a manifestação do pensamento, sem dependência de censura, salvo quanto a espetáculos e diversões públicas, respondendo cada um pelos abusos que cometer, nos casos e pela forma que a lei determinar. Não é permitido anonimato. É segurado o direito de resposta. A publicação de livros e periódicos independe de licença do Poder Público. Não será, porém, tolerada propaganda, de guerra ou de processos violentos, para subverter a ordem política ou social.
[35] § 5º É livre a manifestação do pensamento, sem que dependa de censura, salvo quanto a espetáculos e diversões públicas, respondendo cada um, nos casos e na forma que a lei preceituar pelos abusos que cometer. Não é permitido o anonimato. É assegurado o direito de resposta. A publicação de livros e periódicos não dependerá de licença do Poder Público. Não será, porém, tolerada propaganda de guerra, de processos violentos para subverter a ordem política e social, ou de preconceitos de raça ou de classe.
[36] § 8º É livre a manifestação de pensamento, de convicção política ou filosófica, bem como a prestação de informação independentemente de censura, salvo quanto a diversões e espetáculos públicos, respondendo cada um, nos têrmos da lei, pelos abusos que cometer. É assegurado o direito de resposta. A publicação de livros, jornais e periódicos não depende de licença da

ção, naquele período, de uma institucionalidade refratária ao gozo real e efetivo da garantia, como o demonstra julgamento no STF de reclamação proposta contra a recusa do Procurador-Geral da República em encaminhar representação de inconstitucionalidade apresentada pelo MDB contra o Decreto-Lei n. 1.077/1970, que instituía a censura prévia de livros e periódicos com fundamento na segurança nacional[37].

A redemocratização e o texto constitucional de 1988 mudaram radicalmente o tratamento da matéria, inaugurando uma compreensão mais generosa e democrática sobre a liberdade de expressão.

A manifestação do pensamento, a criação, a expressão, a informação e a livre divulgação dos fatos, consagradas constitucionalmente nos incisos IX e XIV do art. 5º da Constituição Federal, devem ser interpretadas em conjunto com a dignidade da pessoa humana (CF, art. 1º, III), o princípio democrático (CF, art. 1º, parágrafo único), a vedação a qualquer forma de discriminação (CF, art. 3º, IV), a inviolabilidade à honra e à vida privada (CF, art. 5º, X), bem como com a proteção à imagem (CF, art. 5º, XXVIII, *a*), sob pena de responsabilização do agente divulgador por danos materiais e morais (CF, art. 5º, V e X).

A garantia constitucional de liberdade de comunicação social, prevista no art. 220, é verdadeiro corolário da norma prevista no art. 5º, IX, que consagra a liberdade de expressão da atividade intelectual, artística, científica e de comunicação, independentemente de censura ou licença. O que se pretende proteger nesse novo capítulo é o meio pelo qual o direito individual constitucionalmente garantido será difundido, por intermédio dos meios de comunicação de massa. Essas normas, apesar de não se confundirem, completam-se, pois a liberdade de comunicação social refere-se aos meios específicos de comunicação[38].

---

autoridade. Não serão, porém, toleradas a propaganda de guerra, de subversão da ordem ou de preconceitos de religião, de raça ou de classe, e as publicações e exteriorizações contrárias à moral e aos bons costumes. (Redação da Emenda n. 1, de 1969).

[37] Rcl 849, Rel. Min. Adalício Nogueira, vencido o Min. Adauto Cardoso, Tribunal Pleno, j. em 10/3/1971, *DJ* de 13/12/1971.

[38] MIRANDA, Jorge. *Manual de direito constitucional*. Coimbra: Coimbra Editora, 1990. 4 t. p. 399.

A manifestação do pensamento, a criação, a expressão e a informação, sob qualquer forma, processo ou veículo, não sofrerão restrição, observado o disposto na Constituição, que proíbe: (a) a edição de lei que contenha dispositivo que possa constituir embaraço à plena liberdade de informação jornalística em qualquer veículo de comunicação social, observado o disposto no art. 5º, IV, V, X, XIII e XIV; (b) toda e qualquer censura de natureza política, ideológica e artística; (c) a exigência de licença de autoridade para publicação de veículo impresso de comunicação; permite-se, porém, a sujeição da propaganda comercial de tabaco, bebidas alcoólicas, agrotóxicos, medicamentos e terapias a restrições legais, bem como, se necessário, a advertência sobre os malefícios decorrentes de seu uso.

Pode-se entender meio de comunicação como toda e qualquer forma de desenvolvimento de uma informação, mediante sons, imagens, impressos, gestos, que permita a transmissão de ideias e informações a outros sujeitos, notadamente a disseminação de conteúdo a destinatários indeterminados.

A garantia de liberdade protegida ao uso desses meios de comunicação social não impede, ao contrário, reclama à regulamentação adequada por normas neutras e impessoais, como ocorre com a difusão de imagens e sons, que, no Brasil, constitui serviço público concedido pelo Poder Público. O texto constitucional, inclusive, consagra a propriedade de empresa jornalística e de radiodifusão sonora e de sons e imagens, de maneira privativa, aos brasileiros natos ou naturalizados há mais de dez anos, ou às pessoas jurídicas constituídas sob as leis brasileiras que tenham sede no país.

2.3. LIBERDADE DE EXPRESSÃO COMO DIREITO FUNDAMENTAL CONSAGRADO NA CONSTITUIÇÃO BRASILEIRA DE 1988

A Constituição Federal de 1988 protege a liberdade de expressão no seu duplo aspecto: o positivo, em que *"o cidadão pode se manifestar como bem entender"*, e o negativo, que proíbe a ilegítima intervenção do Estado, por meio de censura prévia.

Ressalte-se, entretanto, que, da mesma maneira que o texto constitucional garante o direito de qualquer cidadão expressar suas opiniões de forma livre da tutela estatal, assegura o direito de todos os demais cidadãos não serem enganados, iludidos ou contaminados por notícias fraudulentas, expressões distorcidas e inconsequentes, vedando a prática ilícita da desinformação.

O direito de receber informações verdadeiras, em um Estado Democrático de Direito, é um direito de liberdade e caracteriza-se essencialmente por estar dirigido a todos os cidadãos, independentemente de raça, credo ou convicção político-filosófica, com a finalidade de fornecimento de subsídios para a formação de convicções relativas a assuntos públicos. A proteção constitucional às informações verdadeiras também engloba aquelas eventualmente errôneas ou não comprovadas em juízo, desde que não tenha havido comprovada negligência ou má-fé por parte do informador. As informações levianamente não verificadas ou astuciosas e propositadamente errôneas, transmitidas com total desrespeito à verdade, não são protegidas; ao contrário, exige-se a responsabilização do agente emissor, pois as liberdades públicas não podem prestar-se à tutela de condutas ilícitas.

A proteção constitucional à informação, assim como todos os demais direitos fundamentais, não é absoluta, havendo a necessidade de distinguir as informações de fatos de interesse público da vulneração de condutas íntimas e pessoais, que são protegidas pela inviolabilidade à vida privada e não podem ser devassadas de forma vexatória ou humilhante.

Jean-François Revel faz importante distinção entre a livre manifestação de pensamento e o direito de informar, apontando que a primeira deve ser reconhecida inclusive aos mentirosos e loucos, enquanto o segundo, diferentemente, deve ser objetivo, proporcionando informação exata e séria[39].

O filósofo inglês John Stuart Mill, em sua obra *A liberdade*, de 1859, e precursor da teoria do "livre mercado de ideias", desenvolvida posteriormente pelos *Justices* Holmes e Brandeis na Suprema Corte

---

[39] REVEL, Jean-François. *El conocimiento inútil*. Barcelona: Planeta, 1989. p. 207.

norte-americana, advertiu contra a limitação à circulação de ideias em qualquer sociedade:

> "Se todos os seres humanos, menos um, tivessem uma opinião, e apenas uma pessoa tivesse a opinião contrária, os restantes seres humanos teriam tanta justificação para silenciar essa pessoa como essa pessoa teria justificação para silenciar os restantes seres humanos, se tivesse poder para tal. Caso uma opinião constituísse um bem pessoal sem qualquer valor exceto para quem a tem, e se ser impedido de usufruir desse bem constituísse apenas um dano privado, faria alguma diferença se o dano estava a ser infligido apenas sobre algumas pessoas, ou sobre muitas. Mas o mal particular em silenciar a expressão de uma opinião é que constitui um roubo à humanidade; à posteridade, bem como à geração atual; àqueles que discordam da opinião, mais ainda do que àqueles que a sustentam. Se a opinião for correta, ficarão privados da oportunidade de trocar erro por verdade; se estiver errada, perdem uma impressão mais clara e viva da verdade, produzida pela sua confrontação com o erro – o que constitui um benefício quase igualmente grande."[40]

Ressalte-se, entretanto, que Stuart Mill, mesmo ao defender a livre manifestação de expressão, afirmando que até as ideias falsas deveriam ser toleradas, apontou, a partir de uma visão utilitarista, a possibilidade excepcional de restrição a esse direito, nas hipóteses que acarretassem um *"dano injusto"*, afirmando que:

> "A única liberdade que merece esse nome é a de buscar nosso próprio bem da nossa própria maneira, contanto *que não tentemos privar os outros do seu próprio bem*, ou impedir seus esforços para obtê-lo. Cada um é o guardião adequado de sua própria saúde: seja física ou mental e espiritual. A humanidade ganha mais tolerando que cada um viva como lhe pareça bom do que os forçando a viver como parece bom aos demais (...) segue a liberdade, dentro dos mesmos limites, de combinação entre indivíduos; liberdade para se unir por algum propósito *não envolvendo dano aos outros*: as pessoas assim combinadas, supõem-se, atingiram a maioridade e não foram forçadas ou enganadas. Para então concluir que *'tão logo que qualquer parte da conduta de alguém influencia de modo prejudicial os interesses de outros, a sociedade adquire jurisdição sobre*

---

[40] MILL, John Stuart. *A liberdade/utilitarismo*. Trad. Eunice Ostrensky. São Paulo: Martins Fontes, 2000. p. 116 e 42-43.

tal conduta, e a questão de saber se essa interferência favorecerá ou não o bem estar se abre a discussão'."[41]

Trata-se do "princípio do dano" ou "princípio da liberdade" – como também chamado por Jonh Gray[42] –, que, conforme descrito e definido por Stuart Mill, "é o de que a autoproteção constitui a única finalidade pela qual se garante à humanidade, individual ou coletivamente, interferir na liberdade de ação de qualquer um. O único propósito de se exercer legitimamente o poder sobre qualquer membro de uma comunidade civilizada, contra sua vontade, é evitar danos aos demais. Seu próprio bem físico ou moral, não é garantia suficiente. Não pode ser legitimamente compelido a fazer ou deixar de fazer por ser melhor para ele, porque o fará feliz, porque na opinião dos outros, fazê-lo seria sábio, ou mesmo acertado".

Em que pese a dificuldade apontada por grandes autores – entre eles Celso Lafer[43], Isaiah Berlin[44], Ian Shapiro[45], George Holland Sabine[46] – na análise e aplicação do *"princípio do dano"* ou do *"princípio da liberdade"*, é inegável que a sua existência representa significativa e excepcional possibilidade de relativização à liberdade de expressão, mesmo entre os adeptos do liberalismo.

Dessa maneira, a liberdade de expressão, em seu aspecto positivo, permite posterior responsabilidade cível e criminal pelo conteúdo difundido, além da previsão do direito de resposta.

O campo de interseção entre fatos de interesse público e vulneração de condutas íntimas e pessoais é muito grande, quando se trata de personalidades públicas. Nessas hipóteses, a interpretação constitucional

---

[41] MILL, John Stuart. *A liberdade/utilitarismo*. Trad. Eunice Ostrensky. São Paulo: Martins Fontes, 2000. p. 116.
[42] GRAY, John. *Mill on liberty*: a defense. 2. ed. London: Routledge, 1996. p. 14.
[43] LAFER, Celso. *Ensaios Liberais*. São Paulo: Siciliano, 1991.
[44] BERLIN, Isaiah. Introdução. *Quatro ensaios sobre a liberdade*. Trad. Wamberto Hudson Ferreira. Brasília: Editora Universidade de Brasília, 1981. p. 1-41.
[45] SHAPIRO, Ian. *Os fundamentos morais da política*. Trad. Fernando Santos. São Paulo: Martins Fontes, 2006.
[46] SABINE, George Holland. *História das ideias políticas*. Trad. Ruy Jungmann. Rio de Janeiro: Fundo de Cultura, 1964. v. 2.

ao direito de informação deve ser alargada, enquanto a correspondente interpretação em relação à vida privada e à intimidade deve ser restringida, uma vez que, por opção pessoal, as assim chamadas pessoas públicas (políticos, atletas profissionais, artistas etc.) colocaram-se em posição de maior destaque e interesse social.

Conforme destacado pelo Ministro Celso de Mello, o direito de crítica jornalística é "prerrogativa constitucional cujo suporte legitimador repousa no pluralismo político (CF, art. 1º, V), que representa um dos fundamentos inerentes ao regime democrático. O exercício do direito de crítica é inspirado por razões de interesse público: uma prática inestimável de liberdade a ser preservada contra ensaios autoritários de repressão penal", concluindo ser a arena política "um espaço de dissenso por excelência"[47].

No entanto, mesmo em relação às pessoas públicas, a incidência da proteção constitucional à vida privada, à intimidade, à dignidade e à honra permanece intangível, não havendo possibilidade de ferimento por parte de informações que não apresentem nenhuma relação com o interesse público ou social, ou, ainda, com as funções exercidas por elas. Os responsáveis por essas informações deverão ser integralmente responsabilizados.

Dessa maneira, a liberdade de expressão, em seu aspecto positivo, permite posterior responsabilidade cível e criminal pelo conteúdo difundido, além da previsão do direito de resposta.

No entanto, não há permissivo constitucional para restringir a liberdade de expressão no seu sentido negativo, ou seja, para limitar preventivamente o conteúdo do debate público em razão de uma conjectura sobre o efeito que certos conteúdos possam vir a ter junto ao público.

Será inconstitucional toda e qualquer restrição, subordinação ou forçosa adequação programática da liberdade de expressão do candidato e dos meios de comunicação a mandamentos normativos cerceadores durante o período eleitoral, pretendendo diminuir a liberdade de opinião e de criação artística e a livre multiplicidade de ideias, com a nítida fina-

---

[47] Rcl. 15.243 AgR/RJ, Rel. Min. Celso de Mello, j. 23/04/2019.

lidade de controlar ou mesmo aniquilar a força do pensamento crítico, indispensável ao regime democrático, tratando-se, pois, de ilegítima interferência estatal no direito individual de informar e criticar.

O texto constitucional repele frontalmente a possibilidade de censura prévia. Essa previsão, porém, não significa que a liberdade de imprensa é absoluta, não encontrando restrições nos demais direitos fundamentais, pois a responsabilização posterior do autor e/ou responsável pelas notícias injuriosas, difamantes, mentirosas sempre será cabível, em relação a eventuais danos materiais e morais.

Como salienta Miguel Ángel Ekmekdjian, a proibição à censura prévia, como garantia à liberdade de imprensa, implica forte limitação ao controle estatal preventivo, mas não impede a responsabilização posterior em virtude do abuso no exercício desse direito. O autor, inclusive, cita julgado da Corte Suprema de Justiça argentina no qual se afirmou: "apesar de no regime democrático a liberdade de expressão ter um lugar eminente que obriga a particular cautela enquanto se trata de decidir responsabilidades por seu desenvolvimento, pode-se afirmar sem vacilação que ela não se traduz no propósito de assegurar a impunidade da imprensa"[48].

A jurisprudência da Suprema Corte dos Estados Unidos, usualmente apontada como especialmente reverente à liberdade de expressão, produziu inúmeros precedentes em que se delimitaram critérios para identificação de atitudes e conteúdos que estariam albergados ou não pela proteção da Primeira Emenda da Constituição americana.

Na primeira metade do século XX, a Suprema Corte dos EUA chegou a afirmar que qualquer discurso não contrário à lei era protegido pela Primeira Emenda.

No caso *Masses Publishing Co. v. Patten* (244 F. 535, S.D.N.Y. 1917), avaliou-se a utilização do *Espionage Act* para impedir e sancionar a publicação de periódico que, do ponto de vista do governo, encorajaria a resistência da população ao recrutamento militar.

---

[48] EKMEKDJIAN, Miguel Ángel. *Tratado de derecho constitucional*. Buenos Aires: Depalma, 1993. t. 1. p. 523.

O *Justice* Learned Hand consignou que *"equiparar a agitação, legítima como tal, com incitação direta à resistência violenta é ignorar a tolerância de todos os métodos de agitação política que, em tempos normais, são uma salvaguarda do governo livre"*.

Em *Schenck v. United States* (249 U.S. 47, 1919), enfrentando situação semelhante, foi afirmada a doutrina do perigo claro e imediato (*clear and present danger*).

O *Justice* Oliver Wendell Holmes argumentou pelo critério de aplicação da Primeira Emenda que distinguia discursos tolerados sob a liberdade de expressão das condutas cuja ilicitude justificaria sua repressão:

> "A questão em cada caso é se as palavras utilizadas são empregadas em circunstâncias que possam criar um perigo iminente e evidente de que elas provocarão os males substanciais que o Congresso dos Estados Unidos tem o direito de prevenir. É uma questão de proximidade e grau. Quando uma nação está em guerra, muitas coisas que poderiam ser ditas em tempos de paz são tão prejudiciais ao esforço do país que sua expressão não será tolerada enquanto os homens lutam, e nenhum tribunal poderia considerá-las protegidas por qualquer direito constitucional."

A Corte evolui seu entendimento quanto a esse critério no julgamento de *Brandenburg v. Ohio* (395 U.S. 444, 1969), no qual adotada a doutrina da ação ilegal e iminente (*imminent lawless action*) para garantir proteção sob a liberdade de expressão a uma demonstração pública da Ku Klux Klan de indisfarçável conteúdo violento e discriminatório. Esse entendimento também foi aplicado em *Hess v. Indiana* (414 U.S. 105, 1973), em que igualmente se garantiu a liberdade de um manifestante que, em protesto antiguerra dispersado pela Polícia, afirmou, perante a autoridade policial, que retornaria para tomar o espaço público novamente.

No célebre caso *New York Times v. Sullivan*, a Suprema Corte norte-americana reconheceu ser *"dever do cidadão criticar tanto quanto é dever do agente público administrar"* (376 US, at. 282, 1964), pois, como salientado por Harry Kalven Jr., professor da Universidade de Chicago, "em uma Democracia o cidadão, como governante, é o agente público mais importante"[49].

Esse aspecto instrumental da liberdade de expressão em relação ao efetivo exercício da liberdade política em uma sociedade democrática revela que os benefícios de um ambiente livre de debate são compartilhados por toda a sociedade. O livre mercado de ideias constitui um bem público, em sentido econômico, uma vez que admite (na verdade, exige) o seu uso de modo não excludente e não rival.

Em *Texas v. Johnson* (491 U.S. 397, 1989), entendeu-se que a Primeira Emenda protege a expressão simbólica de descontentamento político por meio do ato de queimar a bandeira dos Estados Unidos, e que a lei não poderia proibir e criminalizar esse tipo de manifestação, visto que constituiria uma restrição baseada em juízo de valor sobre o seu conteúdo (*content-based*).

A censura prévia desrespeita diretamente o princípio democrático, pois a liberdade política termina e o poder público tende a se tornar mais corrupto e arbitrário quando pode usar seus poderes para silenciar e punir seus críticos[50]. Ademais, censura prévia significa o controle, o exame, a necessidade de permissão a que se submete, previamente e com caráter vinculativo, qualquer texto ou programa que pretende ser exibido ao público em geral.

O caráter preventivo e vinculante é o traço marcante da censura prévia, sendo a restrição à livre manifestação de pensamento sua finalidade antidemocrática, pois, como salientado pelo Ministro Celso de Mello, "a liberdade de expressão é condição inerente e indispensável à caracterização e preservação das sociedades livres e organizadas sob a égide dos princípios estruturadores do regime democrático"[51].

---

[49] KALVEN JR., Harry. *The New York Times* case: a note on "the central meaning of the First Amendment in Constitutional Law". In: LOVELAND, Ian. *Constitutional Law*: a critical introduction. 2. ed. Boston: Butterworths, 2000. p. 429.

[50] DWORKIN, Ronald. *O direito da liberdade*: a leitura moral da Constituição norte-americana. São Paulo: Martins Fontes, 2006. p. 319; KALVEN JR., Harry. *The New York Times* case: a note on "the central meaning of the First Amendment in Constitutional Law". In: LOVELAND, Ian. *Constitutional Law*: a critical introduction. 2. ed. Boston: Butterworths, 2000. p. 429.

[51] AI 675276-AgR, Rel. Min. Celso de Mello, Segunda Turma, j. em 22/6/2010.

Os legisladores não têm, na advertência feita por Dworkin, a capacidade prévia de *"fazer distinções entre comentários políticos úteis e nocivos"*[52], devendo-se, portanto, permitir aos candidatos a possibilidade de ampla discussão dos temas de relevância ao eleitor.

Tanto a liberdade de expressão quanto a participação política em uma Democracia representativa somente se fortalecem em um ambiente de total visibilidade e possibilidade de exposição crítica das diversas opiniões sobre os principais temas de interesse do eleitor e também sobre os governantes, que nem sempre serão *"estadistas iluminados"*, como lembrava o *Justice* Holmes ao afirmar, com seu conhecido pragmatismo, a necessidade do exercício da política de desconfiança (*politics of distrust*) na formação do pensamento individual e na autodeterminação democrática, para o livre exercício dos direitos de sufrágio e oposição, além da necessária fiscalização dos órgãos governamentais.

No célebre caso *Abrams v. United States*, 250 U.S. 616, 630-1 (1919), Oliver Holmes defendeu a liberdade de expressão por meio do mercado livre das ideias (*free marketplace of ideas*), em que se torna imprescindível o embate livre entre diferentes opiniões, afastando-se a existência de verdades absolutas e permitindo-se a discussão aberta das diferentes ideias, que poderão ser aceitas, rejeitadas, desacreditadas ou ignoradas, porém jamais censuradas, selecionadas ou restringidas pelo Poder Público, que deveria, segundo afirmou em divergência acompanhada pelo *Justice* Brandeis, no caso *Whitney v. California*, 274 U.S. 357, 375 (1927), "renunciar a arrogância do acesso privilegiado à verdade".

Ronald Dworkin, mesmo não aderindo totalmente ao *mercado livre das ideias*, destaca que:

> "(...) a proteção das expressões de crítica a ocupantes de cargos públicos é particularmente importante. O objetivo de ajudar o mercado

---

[52] DWORKIN, Ronald. *O direito da liberdade*: a leitura moral da Constituição norte-americana. São Paulo: Martins Fontes, 2006. p. 326.

de ideias a gerar a melhor escolha de governantes e cursos de ação política fica ainda mais longínquo quando é quase impossível criticar os ocupantes de cargos públicos."[53]

Analisando a relação do "mercado livre de ideias" com as novas tecnologias, Nadia Urbinati aponta que "os meios tecnológicos de comunicação requerem dinheiro, e o dinheiro leva a interesses privados e a disparidades econômicas e políticas. A igualdade acaba sendo violada de forma substancial, sendo um grande desafio para a liberdade política", e acaba possibilitando que alguns grupos tenham "voz mais forte que outros devido a poderem empregar sua riqueza material que possuem para concretizar suas agendas"[54].

2.4. DEMOCRACIA E LIVRE ESCOLHA DO ELEITOR. COMBATE À DESINFORMAÇÃO E POSSIBILIDADE DE RESPONSABILIZAÇÃO

No âmbito da Democracia, a garantia constitucional da liberdade de expressão não se direciona somente à permissão de expressar as ideias e informações oficiais produzidas pelos órgãos estatais ou a suposta verdade das maiorias, mas também assegura as diferentes manifestações e defende todas as opiniões ou interpretações políticas conflitantes ou oposicionistas, que podem ser expressas e devem ser respeitadas, não porque necessariamente são válidas, mas porque são extremamente relevantes para a garantia do pluralismo democrático[55].

Todas as opiniões existentes são possíveis em discussões livres, uma vez que faz parte do princípio democrático "debater assuntos públicos de forma irrestrita, robusta e aberta"[56].

---

[53] DWORKIN, Ronald. *O direito da liberdade*: a leitura moral da Constituição norte-americana. São Paulo: Martins Fontes, 2006. p. 324.
[54] URBINATI, Nadia. *Yo, el Pueblo*: cómo el populismo transforma la democracia. Ciudad de México: Grano de Sal, 2020. p. 228.
[55] Cf. KALVEN JR., Harry. *The New York Times* case: a note on "the central meaning of the First Amendment in Constitutional Law". In: LOVELAND, Ian. *Constitutional Law*: a critical introduction. 2. ed. Boston: Butterworths, 2000. p. 435.
[56] *Cantwell v. Connecticut*, 310 U.S. 296, 310 (1940), quoted 376 U.S at 271-72.

O direito fundamental à liberdade de expressão, portanto, não se direciona somente a proteger as opiniões supostamente verdadeiras, admiráveis ou convencionais, mas também aquelas que são duvidosas, exageradas, condenáveis, satíricas, humorísticas, bem como as não compartilhadas pelas maiorias[57], porém não dá guarida a notícias fraudulentas, discursos de ódio e antidemocráticos e propagação da desinformação que acarrete dano à Democracia e ao Estado de Direito.

A Corte Europeia de Direitos Humanos afirma, em diversos julgados, que a liberdade de expressão:

> "(...) constitui um dos pilares essenciais de qualquer sociedade democrática, uma das condições primordiais do seu progresso e do desenvolvimento de cada um. Sem prejuízo do disposto no n.º 2 do artigo 10.º, ela vale não só para as 'informações' ou 'ideias' acolhidas com favor ou consideradas como inofensivas ou indiferentes, mas também para aquelas que ferem, chocam ou inquietam. Assim o exige o pluralismo, a tolerância e o espírito de abertura, sem os quais não existe 'sociedade democrática'. Esta liberdade, tal como se encontra consagrada no artigo 10.º da Convenção, está submetida a excepções, as quais importa interpretar restritivamente, devendo a necessidade de qualquer restrição estar estabelecida de modo convincente. A condição de 'necessário numa sociedade democrática' impõe ao Tribunal determinar se a ingerência litigiosa corresponde a 'uma necessidade social imperiosa'."[58]

A Democracia não existirá e a livre participação política não florescerá onde a liberdade de expressão for ceifada, pois esta constitui condição essencial ao pluralismo de ideias, que, por sua vez, é um valor estruturante para o salutar funcionamento do sistema democrático.

Lembremo-nos que, nos Estados totalitários no século passado – comunismo, fascismo e nazismo –, as liberdades de expressão, comunicação e imprensa foram suprimidas e substituídas pela estatização e pelo monopólio da difusão de ideias, informações, notícias e educação política, seja pela existência do serviço de divulgação da verdade do parti-

---

[57] *Kingsley Pictures Corp. v. Regents*, 360 U.S 684, 688-89, 1959.
[58] ECHR, *Caso Alves da Silva v. Portugal*, Queixa 41.665/2007, J. 20 de outubro de 2009.

do comunista (*Pravda*), seja pela criação do Comitê superior de vigilância italiano, seja ainda pelo programa de educação popular e propaganda dos nazistas, criado por Goebbels, com a extinção da multiplicidade de ideias e opiniões e, consequentemente, da Democracia.

Essa estreita interdependência entre a liberdade de expressão e o livre exercício dos direitos políticos também é salientada por Jónatas E. M. Machado, ao afirmar que:

> "(...) o exercício periódico do direito de sufrágio supõe a existência de uma opinião pública autônoma, ao mesmo tempo que constitui um forte incentivo no sentido de que o poder político atenda às preocupações, pretensões e reclamações formuladas pelos cidadãos. Nesse sentido, o exercício do direito de oposição democrática, que inescapavelmente pressupõe a liberdade de expressão, constitui um instrumento eficaz de crítica e de responsabilização política das instituições governativas junto da opinião pública e de reformulação das políticas públicas. (...) O princípio democrático tem como corolário a formação da vontade política de baixo para cima, e não ao contrário."[59]

No Estado Democrático de Direito não cabe ao Poder Público previamente escolher ou ter ingerência nas fontes de informação, nas ideias ou nos métodos de divulgação de notícias, no controle do juízo de valor das opiniões dos candidatos ou dos meios de comunicação e na formatação de programas jornalísticos ou humorísticos a que tenham acesso seus cidadãos, por tratar-se de insuportável e ofensiva interferência no âmbito das liberdades individuais e políticas.

O funcionamento eficaz da Democracia representativa exige absoluto respeito à ampla liberdade de expressão, possibilitando a liberdade de opinião, de criação artística, a proliferação de informações e a circulação de ideias, garantindo-se, portanto, os diversos e antagônicos discursos – moralistas e obscenos, conservadores e progressistas, científicos, literários, jornalísticos ou humorísticos, pois, no dizer de Hegel, é no espaço público de discussão que a verdade e a falsidade coabitam.

---

[59] MACHADO, Jónatas E. M. *Liberdade de expressão*: dimensões constitucionais da esfera pública no sistema social. Coimbra: Coimbra Editora, 2002. p. 80-81.

A liberdade de expressão permite que os candidatos e os meios de comunicação optem por determinados posicionamentos e exteriorizem seu juízo de valor, bem como autoriza programas humorísticos e sátiras realizados a partir de trucagem, montagem ou outro recurso de áudio e vídeo, como costumeiramente se realiza, não havendo nenhuma justificativa constitucional razoável para a interrupção durante o período eleitoral, inclusive como já decidido pelo Supremo Tribunal Federal.

Note-se que, em relação à liberdade de expressão exercida inclusive por meio de sátiras, a Corte Europeia de Direitos Humanos referendou sua importância no livre debate de ideias, afirmando que "a sátira é uma forma de expressão artística e de comentário social que, além da exacerbação e a deformação da realidade que a caracterizam, visa, como é próprio, provocar e agitar". Considerando a expressão artística representada pela sátira, a Corte entendeu que:

> "(...) sancionar penalmente comportamentos como o que o requerente sofreu no caso pode ter um efeito dissuasor relativamente a intervenções satíricas sobre temas de interesse geral, as quais podem também desempenhar um papel muito importante no livre debate das questões desse tipo, sem o que não existe sociedade democrática."[60]

Revela-se constitucionalmente inidôneo e realisticamente falso assumir que o debate eleitoral, ao perder em liberdade e pluralidade de opiniões, ganharia em lisura ou legitimidade. Obviamente, isso não impede – e mais do que isso, faz que seja absolutamente necessário – que os novos métodos de desinformação pelas redes sociais e pelos serviços de mensageria privada devam ser regulamentados como todos os demais meios de comunicação, nos termos da Constituição Federal, permitindo-se a plena responsabilidade daqueles que transgredirem a lei.

O Estado não é capaz de proteger a liberdade de expressão (*livre mercado de ideias*) apenas se abstendo de fazer censura prévia. Além desse dever de neutralidade, é necessária e legítima a garantia de igualdade de

---

[60] ECHR, *Caso Alves da Silva v. Portugal*, Queixa 41.665/2007, J. 20 de outubro de 2009.

acesso e de participação no debate público, em quaisquer processos ou ambientes de comunicação social, presenciais ou virtuais.

Como todas as demais liberdades constitucionalmente protegidas, a liberdade de expressão é uma liberdade ordenada (*ordered liberty*), que, não sendo absoluta e devendo conviver com outros interesses protegidos pela Constituição, compõe um projeto normativo mais amplo, de sociedade plural e inclusiva, pelo que admite a imposição de responsabilidades e deveres a cada indivíduo, para que a liberdade de cada um não mitigue a liberdade dos demais, mas coopere para um ambiente livre, acessível e igualitário para a convivência social e a deliberação pública.

Sunstein fala do efeito inibitório produzido pela aplicação de penalidades, tanto civis como criminais, salientando que, "sem dúvida, um efeito inibitório sobre as ideias livremente expressas pode ser extremamente danoso". Ainda assim coloca a questão em outros termos, propondo que "sejamos cuidadosos com a ênfase indevida no perigo subjacente", pois "uma sociedade sem qualquer efeito inibitório (...) seria um lugar excepcionalmente torpe. As sociedades não precisam da ausência de 'inibições', mas sim de um nível apropriado delas". Além disso, utiliza o já mencionado caso *New York Times v. Sullivan*, para enfatizar que "os que falam ao público (incluindo jornalistas e blogueiros) podem ficar isentos de medo de uma ação por danos a menos que (a) de fato saibam que a afirmação é falsa ou (b) tenham agido 'com indiferença temerária' em relação à questão da verdade ou falsidade. Segue-se que a pessoa não pode ser responsabilizada se espalhou falsidades inocentemente e de boa-fé"[61].

A discussão sobre os limites da liberdade de expressão no ambiente virtual envolve: (a) identificação dos conteúdos que não estão protegidos; (b) identificação de situações em que há mais do que uma opinião sendo expressa dentro de um processo comunicativo – por exemplo, ameaça, agressão, desinformação, ação política; (c) especificidade da comunicação em ambiente virtual; e (d) necessidade de mitigação de

---

[61] SUNSTEIN, Cass R. *A verdade sobre os boatos*: como se espalham e por que acreditamos neles. Rio de Janeiro: Elsevier, 2010. p. 102-103.

riscos sociais – por exemplo, vedação do anonimato, prevenção de ilícitos e responsabilização por abusos, interferência no processo eleitoral etc.

O enfrentamento desses problemas não apenas é compatível com a liberdade de expressão, como também é indispensável para a proteção da cidadania contra o efeito do anonimato, da truculência, do preconceito, do abuso do poder econômico e do radicalismo em ambientes virtuais. Como bem destacado por José Afonso da Silva, "a liberdade de manifestação do pensamento tem seu ônus, tal como o de o manifestante identificar-se, assumir claramente a autoria do produto do pensamento manifestado, para, em sendo o caso, responder por eventuais danos a terceiros"[62].

Outras questões recentemente enfrentadas por Cortes de todo o mundo dialogam com essa discussão: (a) responsabilidade civil das empresas provedoras de acesso à internet; (b) deveres e responsabilidades das *big techs*; (c) moderação de conteúdo no ambiente virtual; (d) medidas de prevenção à desinformação, especialmente no processo eleitoral; e (e) vedação ao anonimato no ambiente virtual.

A plena proteção constitucional da exteriorização da opinião (aspecto positivo) não significa a vedação posterior de análise e responsabilização de candidatos por eventuais informações injuriosas, difamantes, mentirosas, e em relação a eventuais danos materiais e morais, pois os direitos à honra, à intimidade, à vida privada e à própria imagem formam a proteção constitucional à dignidade da pessoa humana, salvaguardando um espaço íntimo intransponível por intromissões ilícitas externas, mas não permitem a censura prévia pelo Poder Público.

A Constituição Federal não permite aos candidatos, inclusive em período de propaganda eleitoral, a propagação de discurso de ódio, ideias contrárias à ordem constitucional e ao Estado Democrático (CF, art. 5º, XLIV; e art. 34, III e IV), tampouco a realização de manifestações nas redes sociais e nos serviços de mensageria privada ou por meio de entrevistas públicas visando ao rompimento do Estado de Direito, com

---

[62] SILVA, José Afonso da. *Curso de direito constitucional positivo*. 32. ed. São Paulo: Malheiros Editores, 2009. p. 245.

a extinção das cláusulas pétreas constitucionais – Separação de Poderes (CF, art. 60, § 4º), com a consequente instalação do arbítrio.

Ao analisar os "discursos e campanhas de ódio na era digital", Sergio Arce García faz uma interessante análise sobre a Cambridge Analytica e a utilização da tecnologia e inteligência artificial em campanhas políticas, narrando o êxito nas eleições do Brexit (2016) e nas eleições dos EUA (2016), bem como o escândalo pela divulgação dos métodos utilizados (2018). No entanto, o autor salienta que a difusão mundial na utilização dessas técnicas de convencimento do eleitorado não tem retorno e cita, especificamente, Steve Bannon, que chegou a ser conselheiro do então presidente Donald Trump. Sergio Arce García aponta o estudo da Universidade de Oxford que detectou, em 2020, atividades de cibertropas em mais de 81 países[63], para demonstrar a utilização de "estudos algorítmicos de emoções associados à comunicação", visto que a indústria de desinformação busca "principalmente provocar emoções nos usuários", em especial o ódio. Como destaca o autor, "as campanhas que se realizam, conhecendo a personalidade das pessoas através de seus perfis nas redes sociais e serviço de mensageria privada, permitem elaborar campanhas individualizadas. Produzem mensagens que provoquem as principais emoções em função do que se queira provocar na pessoa, principalmente, confiança e ódio, determinando sua intensidade mediante algoritmo"[64].

A Constituição Federal consagra o binômio "Liberdade e Responsabilidade", não permitindo de maneira irresponsável a efetivação de abuso no exercício de um direito constitucionalmente consagrado nem a utilização da "liberdade de expressão" como escudo protetivo para a prática de discursos de ódio e antidemocráticos, ameaças, agressões, infrações penais e toda sorte de atividades ilícitas.

---

[63] GARCÍA, Sergio Arce. Discursos y campañas de odio en la era digital: su construcción e impacto social. In: JIMÉNEZ, Virginia Martín (ed.). *El discurso del odio como arma política*: del pasado al presente. Granada: Comares Comunicación, 2023. p. 91-97.

[64] GARCÍA, Sergio Arce. Discursos y campañas de odio en la era digital: su construcción e impacto social. In: JIMÉNEZ, Virginia Martín (ed.). *El discurso del odio como arma política*: del pasado al presente. Granada: Comares Comunicación, 2023. p. 102-103.

André de Carvalho Ramos analisa os limites da liberdade de expressão política em face dos discursos de ódio e antidemocráticos e aponta que:

> "(...) a prática da Corte Europeia de Direitos Humanos é valiosa, pois a Convenção Europeia de Direitos Humanos, em seu artigo 17.º, estabelece a proibição do abuso de direito. Esse artigo dispõe: Nenhuma das disposições da presente Convenção se pode interpretar no sentido de implicar para um Estado, grupo ou indivíduo qualquer direito de se dedicar a actividade ou praticar actos em ordem à destruição dos direitos ou liberdades reconhecidos na presente Convenção ou a maiores limitações de tais direitos e liberdades do que as previstas na Convenção. (...) Com isso, vê-se que a Corte Europeia de Direitos Humanos adotou o chamado princípio da 'Democracia militante' ou 'Democracia apta a se defender' (*wehrhafte Demokratie*), que teria sido acolhido pelo artigo 17.º da Convenção, mas é necessário que o Estado prove que suas medidas são coerentes com um juízo completo de proporcionalidade."[65]

A liberdade de expressão e a livre manifestação de ideias, inclusive no período eleitoral, em todos os seus aspectos, e mediante a vedação de censura prévia, devem ser exercidas com a necessária responsabilidade que se exige em um Estado Democrático de Direito, de modo que o desvirtuamento delas para o cometimento de fatos ilícitos, civil ou penalmente, possibilitará aos prejudicados a plena e integral indenização por danos materiais e morais, além do efetivo direito de resposta e aplicação de multa, conforme decidiu o Tribunal Superior Eleitoral ao ampliar a possibilidade de aplicação da multa prevista no § 2º do art. 57-D da Lei n. 9.504, de 1997, a todos os casos de prática de notícias fraudulentas e discursos de ódio e antidemocráticos, e não somente na hipótese de "anonimato"[66].

A vedação constitucional à censura prévia não afasta a necessidade de compatibilizar a comunicação social com os demais preceitos consti-

---

[65] RAMOS, André de Carvalho. Liberdade de expressão e ideais antidemocráticos veiculados por partidos políticos – tolerância com os intolerantes. *Temas de Direito Eleitoral no Século XXI*. Brasília: Escola Superior do Ministério Público da União, 2012. p. 29-30.

[66] Rp 060175450, Rel. Min. Alexandre de Moraes, *DJe* de 4/8/2023.

tucionais, por exemplo: o Estado Democrático de Direito (CF, art. 1º, art. 5º, XLIV, art. 17, *caput*, art. 34, VII, *a*, art. 60, § 4º); a normalidade e a legitimidade das eleições (CF, art. 14, § 9º); a inviolabilidade da honra e da vida privada; a proteção contra todas as formas de discriminação (CF, art. 3º, IV; art. 5º, XLI); e a proteção dos direitos da criança e do adolescente (CF, arts. 226 a 230).

O Supremo Tribunal Federal consagrou uma extensa e pacificada jurisprudência sobre essa garantia constitucional fundamental.

No *Habeas Corpus* 82.424 (caso Ellwanger), foi negada a ordem para o réu, acusado de crime de racismo, que alegava estar, no ato de publicação de conteúdo antissemita, sob o amparo da liberdade de expressão, tendo ficado definido que "o direito à livre expressão não pode abrigar, em sua abrangência, manifestações de conteúdo imoral que implicam ilicitude penal", como também "não consagra o 'direito à incitação ao racismo', dado que um direito individual não pode constituir-se em salvaguarda de condutas ilícitas, como sucede com os delitos contra a honra"[67].

Na ADPF 130 (Lei de Imprensa), nossa Suprema Corte declarou a não recepção pela CF/1988 da Lei n. 5.250/1967, afirmando (item 8 da ementa):

> "Tirante, unicamente, as restrições que a Lei Fundamental de 1988 prevê para o 'estado de sítio' (art. 139), o Poder Público somente pode dispor sobre matérias lateral ou reflexamente de imprensa, respeitada sempre a ideia-força de que quem quer que seja tem o direito de dizer o que quer que seja. Logo, não cabe ao Estado, por qualquer dos seus órgãos, definir previamente o que pode ou o que não pode ser dito por indivíduos e jornalistas. As matérias reflexamente de imprensa, suscetíveis, portanto, de conformação legislativa, são as indicadas pela própria Constituição, tais como: direitos de resposta e de indenização, proporcionais ao agravo; proteção do sigilo da fonte ('quando necessário ao exercício profissional'); responsabilidade penal por calúnia, injúria e difamação; diversões e espetáculos públicos; estabelecimento dos 'meios legais que garantam à pessoa e à família a possibilidade de se defenderem de programas

---

[67] HC 82.424, Rel. Min. Moreira Alves, Rel. p/ Acórdão Min. Maurício Corrêa, Tribunal Pleno, j. em 17/9/2003, *DJ* de 19/3/2004.

ou programações de rádio e televisão que contrariem o disposto no art. 221, bem como da propaganda de produtos, práticas e serviços que possam ser nocivos à saúde e ao meio ambiente' (inciso II do § 3º do art. 220 da CF); independência e proteção remuneratória dos profissionais de imprensa como elementos de sua própria qualificação técnica (inciso XIII do art. 5º); participação do capital estrangeiro nas empresas de comunicação social (§ 4º do art. 222 da CF); composição e funcionamento do Conselho de Comunicação Social (art. 224 da Constituição). Regulações estatais que, sobretudo incidindo no plano das consequências ou responsabilizações, repercutem sobre as causas de ofensas pessoais para inibir o cometimento dos abusos de imprensa."[68]

No RE 511.961 (exigência de nível superior para exercício da profissão de jornalista), o STF afirmou: "As liberdades de expressão e de informação e, especificamente, a liberdade de imprensa, somente podem ser restringidas pela lei em hipóteses excepcionais, sempre em razão da proteção de outros valores e interesses constitucionais igualmente relevantes, como os direitos à honra, à imagem, à privacidade e à personalidade em geral. (...) A ordem constitucional apenas admite a definição legal das qualificações profissionais na hipótese em que sejam elas estabelecidas para proteger, efetivar e reforçar o exercício profissional das liberdades de expressão e de informação por parte dos jornalistas. Fora desse quadro, há patente inconstitucionalidade da lei. A exigência de diploma de curso superior para a prática do jornalismo – o qual, em sua essência, é o desenvolvimento profissional das liberdades de expressão e de informação – não está autorizada pela ordem constitucional, pois constitui uma restrição, um impedimento, uma verdadeira supressão do pleno, incondicionado e efetivo exercício da liberdade jornalística, expressamente proibido pelo art. 220, § 1º, da Constituição"[69].

No AI 690841 AgR (liberdade de crítica contundente), o Ministro Celso de Mello deixou bem claro que: "Não induz responsabilidade civil a publicação de matéria jornalística cujo conteúdo divulgue observações em caráter mordaz ou irônico ou, então, veicule opiniões em tom de crítica

---

[68] ADPF 130, Rel. Min. Carlos Britto, Tribunal Pleno, j. em 30/4/2009.
[69] RE 511.961, Rel. Min. Gilmar Mendes, Tribunal Pleno, j. em 17/6/2009.

severa, dura ou, até, impiedosa, ainda mais se a pessoa, a quem tais observações forem dirigidas, ostentar a condição de figura notória ou pública, investida, ou não, de autoridade governamental, pois, em tal contexto, a liberdade de crítica qualifica-se como verdadeira excludente anímica, apta a afastar o intuito doloso de ofender. (...) O Supremo Tribunal Federal tem destacado, de modo singular, em seu magistério jurisprudencial, a necessidade de preservar-se a prática da liberdade de informação, resguardando-se, inclusive, o exercício do direito de crítica que dela emana"[70].

No julgamento conjunto das ADPF 187 e ADI 4274 (Marcha da Maconha), o Supremo Tribunal Federal consagrou que "a utilização do § 3º do art. 33 da Lei 11.343/2006 como fundamento para a proibição judicial de eventos públicos de defesa da legalização ou da descriminalização do uso de entorpecentes ofende o direito fundamental de reunião, expressamente outorgado pelo inciso XVI do art. 5º da Carta Magna. Regular exercício das liberdades constitucionais de manifestação de pensamento e expressão, em sentido lato, além do direito de acesso à informação (incisos IV, IX e XIV do art. 5º da Constituição republicana, respectivamente)"[71].

Na ADI 5136-MC (manifestações durante a Copa do Mundo), em que afastada a alegação de que a Lei Geral da Copa teria criado limitações à liberdade de expressão além do que permite o texto constitucional, a Corte manteve a medida legislativa, entendendo que se tratava de "juízo de ponderação do legislador para limitar manifestações que tenderiam a gerar maiores conflitos e atentar contra a segurança dos participantes de evento de grande porte", o que não importaria em restrição à liberdade de expressão[72].

Igualmente na ADI 4815 (biografias não autorizadas), nossa Suprema Corte conferiu interpretação conforme a Constituição aos arts. 20 e 21 do Código Civil para consagrar novamente a liberdade de imprensa,

---

[70] AI 690841 AgR, Rel. Min. Celso de Mello, Segunda Turma, j. em 21/6/2011.
[71] ADPF 187, Rel. Min. Celso de Mello, Tribunal Pleno, j. em 15/6/2011; e ADI 4274, Rel. Min. Ayres Britto, Tribunal Pleno, j. em 23/11/2011.
[72] ADI 5136-MC, Rel. Min. Gilmar Mendes, Tribunal Pleno, j. em 1/7/2014.

afirmando que, "em consonância com os direitos fundamentais à liberdade de pensamento e de sua expressão, de criação artística, produção científica, declarar inexigível autorização de pessoa biografada relativamente a obras biográficas literárias ou audiovisuais, sendo também desnecessária autorização de pessoas retratadas como coadjuvantes (ou de seus familiares, em caso de pessoas falecidas ou ausentes)"[73].

Na ADI 2404 (Classificação Indicativa), a Corte decidiu que "a classificação dos produtos audiovisuais busca esclarecer, informar, indicar aos pais a existência de conteúdo inadequado para as crianças e os adolescentes. O exercício da liberdade de programação pelas emissoras impede que a exibição de determinado espetáculo dependa de ação estatal prévia. A submissão ao Ministério da Justiça ocorre, exclusivamente, para que a União exerça sua competência administrativa prevista no inciso XVI do art. 21 da Constituição, qual seja, classificar, para efeito indicativo, as diversões públicas e os programas de rádio e televisão, o que não se confunde com autorização. Entretanto, essa atividade não pode ser confundida com um ato de licença, nem confere poder à União para determinar que a exibição da programação somente se dê nos horários determinados pelo Ministério da Justiça, de forma a caracterizar uma imposição, e não uma recomendação. Não há horário autorizado, mas horário recomendado. Esse caráter autorizativo, vinculativo e compulsório conferido pela norma questionada ao sistema de classificação, *data venia*, não se harmoniza com os arts. 5º, IX; 21, inciso XVI; e 220, § 3º, I, da Constituição da República"[74].

Também em relação à sátira humorística nas eleições, na ADI 4451[75], o Supremo Tribunal Federal reafirmou sua histórica tradição de defensor da liberdade de expressão e de imprensa, ao definir que "são inconstitucionais os dispositivos legais que tenham a nítida finalidade de controlar ou mesmo aniquilar a força do pensamento crítico, indispensável ao regime democrático. Impossibilidade de restrição, subordinação ou forçosa adequação programática da liberdade de expressão

---

[73] ADI 4815, Rel. Cármen Lúcia, Tribunal Pleno, j. em 10/6/2015.
[74] ADI 2404, Rel. Min. Dias Toffoli, Tribunal Pleno, j. em 31/8/2016.
[75] ADI 4451, Rel. Min. Alexandre de Moraes, Tribunal Pleno, j. em 21/6/2018.

a mandamentos normativos cerceadores durante o período eleitoral. 4. Tanto a liberdade de expressão quanto a participação política em uma Democracia representativa somente se fortalecem em um ambiente de total visibilidade e possibilidade de exposição crítica das mais variadas opiniões sobre os governantes".

Com base nesse precedente, na Rcl 38.782 (Especial de Natal *Porta dos Fundos*): "Importância da livre circulação de ideias em um Estado democrático. Proibição de divulgação de determinado conteúdo deve-se dar apenas em casos excepcionalíssimos, como na hipótese de configurar ocorrência de prática ilícita, de incitação à violência ou à discriminação, bem como de propagação de discurso de ódio"[76].

No histórico julgamento sobre a vedação constitucional à homofobia (ADO 26)[77], a Corte Suprema afirmou que "o verdadeiro sentido da proteção constitucional à liberdade de expressão consiste não apenas em garantir o direito daqueles que pensam como nós, mas, igualmente, em proteger o direito dos que sustentam ideias (mesmo que se cuide de ideias ou de manifestações religiosas) que causem discordância ou que provoquem, até mesmo, o repúdio por parte da maioria existente em uma dada coletividade. O caso 'United States v. Schwimmer' (279 U.S. 644, 1929): o célebre voto vencido (*dissenting opinion*) do *Justice* Oliver Wendell Holmes Jr. É por isso que se impõe construir espaços de liberdade, em tudo compatíveis com o sentido democrático que anima nossas instituições políticas, jurídicas e sociais, para que o pensamento – e, particularmente, o pensamento religioso – não seja reprimido e, o que se mostra fundamental, para que as ideias, especialmente as de natureza confessional, possam florescer, sem indevidas restrições, em um ambiente de plena tolerância, que, longe de sufocar opiniões divergentes, legitime a instauração do dissenso e viabilize, pelo conteúdo argumentativo do discurso fundado em convicções antagônicas, a concretização de valores essenciais à configuração do Estado Democrático de Direito: o respeito ao pluralismo e à tolerância".

---

[76] Rcl 38.782, Rel. Min. Gilmar Mendes, Segunda Turma, j. em 3/11/2020.
[77] ADO 26, Rel. Min. Celso de Mello, Tribunal Pleno, j. em 13/6/2019.

No julgamento referente ao "Direito ao Esquecimento" (RE 1.010.606), a amplitude da liberdade de expressão foi novamente consagrada, tendo decidido o Supremo Tribunal Federal que "a previsão ou aplicação do direito ao esquecimento afronta a liberdade de expressão. Um comando jurídico que eleja a passagem do tempo como restrição à divulgação de informação verdadeira, licitamente obtida e com adequado tratamento dos dados nela inseridos, precisa estar previsto em lei, de modo pontual, clarividente e sem anulação da liberdade de expressão. Ele não pode, ademais, ser fruto apenas de ponderação judicial"[78].

Na ADI 3481 (aquisição de testes psicológicos), novamente o Supremo Tribunal Federal, em defesa da livre comunicação social, proclamou que "a restrição da aquisição de testes psicológicos apenas a psicólogos habilitados, uma vez que não proporciona útil e necessária tutela à saúde pública e ao exercício regular de profissão relacionada à saúde humana, é restrição desproporcional à liberdade de acesso à informação e à livre comunicação social"[79].

A lisura do pleito deve ser resguardada, sob pena de esvaziamento da tutela da propaganda eleitoral[80], e, portanto, as regras eleitorais que exigem comunicação prévia à Justiça Eleitoral do endereço eletrônico de sites, blogs, redes sociais e serviços de mensageria privada pelos candidatos não ofendem a liberdade de expressão, pois não possuem "a finalidade de controlar ou mesmo aniquilar a força do pensamento crítico, indispensável ao regime democrático". Pelo contrário, viabilizam seu exercício, assegurando-se o interesse constitucional de se resguardarem eleições livres e legítimas[81].

A Constituição Federal não autoriza, portanto, a partir de ofensas e de ideias contrárias à ordem constitucional, à Democracia e ao Estado de Direito, que os candidatos propaguem inverdades que atentem contra a lisura, a normalidade e a legitimidade das eleições.

---

[78] RE 1.010.606, Rel. Min. Dias Toffoli, Tribunal Pleno, j. em 11/2/2021.
[79] ADI 3481, Rel. Min. Alexandre de Moraes, Tribunal Pleno, j. em 8/3/2021.
[80] TSE, Rp 0601530-54/DF, Rel. Min. Luis Felipe Salomão, *DJe* de 18/3/2021.
[81] TSE, RO-EL 2247-73 e 1251-75, Red. p/ Acórdão Min. Alexandre de Moraes.

Nesse cenário, a livre circulação de pensamentos, opiniões e críticas visam fortalecer o Estado Democrático de Direito e a democratização do debate no ambiente eleitoral, de modo que a intervenção da Justiça Eleitoral deverá ser excepcional, porém eficaz no sentido de coibir práticas abusivas, divulgação de notícias fraudulentas e discursos de ódio, a fim de proteger o regime democrático, a integridade das instituições e a honra dos candidatos e das candidatas, garantindo o livre exercício do voto e a plena liberdade de escolha dos eleitores e das eleitoras, sem a mácula da desinformação[82].

O tema da desinformação e liberdade de expressão, igualmente, precisou ser analisado pelo Poder Judiciário sob a perspectiva das imunidades parlamentares, tendo tanto o Supremo Tribunal Federal quanto o Tribunal Superior Eleitoral, em diversas ocasiões, reafirmado que a utilização de notícias fraudulentas e discursos antidemocráticos e de ódio pelos parlamentares não está abarcada pela referida imunidade, sob pena de grave atentado ao regime democrático e à integridade das instituições.

A previsão constitucional do Estado Democrático de Direito consagra a obrigatoriedade de o país ser regido por normas democráticas, com observância da Separação de Poderes, bem como vincula todos, especialmente as autoridades públicas, ao absoluto respeito aos direitos e às garantias fundamentais, com a finalidade de afastamento de qualquer tendência ao autoritarismo e à concentração de poder.

Na independência harmoniosa que rege o princípio da Separação de Poderes, as imunidades parlamentares são institutos de vital importância, haja vista buscarem, prioritariamente, a proteção dos parlamentares, no exercício de suas nobres funções, contra os abusos e as pressões dos demais poderes, constituindo-se, pois, um direito instrumental de garantia de liberdade de opiniões, palavras e votos dos membros do Poder Legislativo, bem como de sua proteção contra afastamentos ou prisões arbitrárias e processos temerários[83].

---

[82] TSE, REspe 0600025-25.2020 e AgR-AREspe 0600417-69, Rel. Min. Alexandre de Moraes.
[83] Conforme destaquei em inúmeros julgamentos no Supremo Tribunal Federal, entre eles: Inq. 4694/DF, Rel. Min. Marco Aurélio, j. em 11/09/2020; Ag. Reg. na PET 10.001/DF, Rel. Min.

Essas imunidades, como destacado por Paolo Biscaretti di Ruffia e Rui Barbosa, não dizem respeito à figura do parlamentar, mas à função por ele exercida, no intuito de resguardá-la da atuação do Executivo ou do Judiciário, consagrando-se como garantia de sua independência perante outros poderes constitucionais[84].

A imunidade parlamentar foi concebida para proteger a liberdade de expressão em favor dos direitos fundamentais, do Parlamento, e, a partir da evolução dos regimes democráticos, tornou-se um dos maiores instrumentos contra o arbítrio e a tirania.

Desinformação, notícias fraudulentas, discursos antidemocráticos ou de ódio, atentados ao Estado Democrático de Direito, instigação à tortura e ao arbítrio veiculados pelas redes sociais e pelos serviços de mensageria privada não se enquadram entre as hipóteses atrativas da incidência da imunidade parlamentar, pois é clarividente não serem manifestações que guardem conexão com o desempenho da função legislativa ou que sejam proferidas em razão desta[85].

A utilização da imunidade parlamentar é incompatível com a defesa de ditaduras, de violações aos direitos fundamentais, de proclamação a regimes de exceção, de aniquilação total ou parcial da independência do Poder Judiciário, uma das cláusulas pétreas da Constituição Federal brasileira. Efetivamente, nem sequer há *"nexo de implicação recíproca"* quando opiniões e palavras de ódio e antidemocráticas proferidas por parlamentar são externadas em local diverso da sua Casa Legislativa – como as redes sociais e os serviços de mensageria privada – e sem qualquer relação com o exercício do mandato parlamentar.

Dias Toffoli, Red. p/ Acórdão Min. Alexandre de Moraes, j. em 06/03/2023; RE 1.435.218/SP, Rel. Min. Alexandre de Moraes, j. em 26/05/2023; AP 1044/DF, Rel. Min. Alexandre de Moraes, j. em 20/04/2022.

[84] DI RUFFIA, Paolo Biscaretti. *Introduzione al diritto costituzionale comparato*. 2. ed. Milano: Giuffrè, 1970. p. 303-305; BARBOSA, Rui. *Comentários à Constituição Federal brasileira*. v. II. Saraiva: 1933. p. 41-42.

[85] Em um excelente estudo monográfico, José Levi Mello do Amaral Júnior discorre sobre as principais teorias referentes às imunidades parlamentares – *Blackstoniana* e a de Stuart Mill – e como balizaram as previsões de imunidades em diversos ordenamentos jurídicos (AMARAL JÚNIOR, José Levi Mello do. *Inviolabilidade parlamentar*. Tese (Livre-docência) – Faculdade de Direito da Universidade de São Paulo, São Paulo, 2018. p. 23-43).

Trata-se de posicionamento pacificado no Supremo Tribunal Federal[86] em defesa da Democracia, do Estado de Direito e do livre exercício dos Poderes da República e, devidamente, aplicado pela Justiça Eleitoral, em relação à prática de desinformação, notícias fraudulentas e discursos de ódio e antidemocráticos por parlamentares candidatos nas eleições de 2022.

O Tribunal Superior Eleitoral julgou irregular propaganda eleitoral realizada na internet com veiculação de desinformação e fatos manifestamente inverídicos, condenando o parlamentar a multa, além de determinar a remoção da publicação, destacando que:

> "1. O art. 57-D da Lei 9.504/1997 não restringe, de forma expressa, qualquer interpretação no sentido de limitar sua incidência aos casos de anonimato, de forma que é possível ajustar a exegese à sua finalidade de preservar a higidez das informações divulgadas na propaganda eleitoral, ou seja, alcançando a tutela de manifestações abusivas por meio da internet – incluindo-se a disseminação de fake news tendentes a vulnerar a honra de candidato adversário – que, longe de se inserirem na livre manifestação de pensamento, constituem evidente transgressão à normalidade do processo eleitoral. Precedente. 2. As manifestações, objeto desta Representação, por apresentarem nítida vinculação com o contexto da campanha eleitoral para o cargo de Presidente da República, revelam-se absolutamente alheias às funções inerentes aos mandatos eletivos desempenhados pelos Representados, não se encontrando abrangidas, por isso mesmo, pela inviolabilidade prevista no art. 53 da Constituição Federal. 3. A orientação jurisprudencial do Supremo Tribunal Federal, a respeito do alcance da imunidade parlamentar, firmou a compreensão no sentido de que 'Se não se quiser confundir a imunidade material com o privilégio de irresponsabilidade pessoal, é preciso o cuidado de distinguir entre a ação do congressista e ação do político. A pregação de ideias, o apoio e a crítica a atos dos governos, a qualificação positiva ou negativa de homens públicos são a matéria-prima do aliciamento e da mobilização de opiniões que constituem o empenho do cotidiano dos políticos, sejam eles mandatários ou não: estender a inviolabilidade ao que, nesse trabalho essencialmente competitivo, diga o político, que seja parlamentar fora do exercício do mandato e sem conexão com ele, é dar-lhe uma situação privilegiada em relação aos concorrentes, que briga com princípios fundamentais

---

[86] STF, AP 1.044/DF, Rel. Min. Alexandre de Moraes, Plenário, j. em 20/4/2022; AP 1.024/DF, Rel. Min. Luiz Fux, Primeira Turma, *DJe* de 21/10/2020.

da Constituição' (Inq 390-QO, Rel. Min. Sepúlveda Pertence, Pleno, *DJ* de 27/10/1989). 4. A Suprema Corte, recentemente, reafirmou o entendimento segundo o qual 'a garantia constitucional da imunidade parlamentar material somente incide no caso de as manifestações guardarem conexão com o desempenho da função legislativa ou que sejam proferidas em razão desta, não sendo possível utilizá-la como verdadeiro escudo protetivo para a prática de atividades ilícitas' (AP 1.044, Rel. Min. Alexandre de Moraes, Pleno, *DJe* de 23/6/2022)."[87]

A Constituição Federal, portanto, consagra as imunidades parlamentares para garantir o livre exercício do Legislativo em defesa e dentro dos limites do Estado Democrático de Direito, não sendo possível invocá-las quando as condutas praticadas propagam discursos de ódio e discursos antidemocráticos ou visam o cerceamento da liberdade de escolha dos eleitores e das eleitoras, com a divulgação de desinformação massiva e notícias fraudulentas pelas redes sociais e pelos serviços de mensageria privada.

Os excessos que a legislação eleitoral visa punir, sem qualquer restrição ao lícito exercício da liberdade dos candidatos, dizem respeito aos seguintes elementos: vedação ao discurso de ódio e discriminatório; atentados contra a Democracia e o Estado de Direito; uso de recursos públicos ou privados a fim de financiar campanhas elogiosas ou que tenham como objetivo ferir a imagem de candidatos; divulgação de notícias sabidamente inverídicas; veiculação de mensagens difamatórias, caluniosas ou injuriosas ou comprovado vínculo entre o meio de comunicação e o candidato.

A liberdade de expressão, portanto, não permite a propagação de discursos de ódio e ideias contrárias à ordem constitucional e ao Estado de Direito[88], inclusive pelos candidatos durante o período de propaganda eleitoral, uma vez que a liberdade do eleitor depende da tranquilidade e da confiança nas instituições democráticas e no processo eleitoral[89].

---

[87] Rec-Rp 060175620, Min. Alexandre de Moraes, *DJe* de 28/8/2023.
[88] STF, Pleno, AP 1.044, Rel. Min. Alexandre de Moraes.
[89] TSE, RO-EL 0603975-98, Rel. Min. Luis Felipe Salomão, *DJe* de 10/12/2021.

Em âmbito eleitoral, é inconstitucional e criminoso repassar, de maneira massiva ou com finalidade eleitoral, notícias fraudulentas ou mesmo qualquer boato, sem checagem, se o conteúdo pretende atentar contra as instituições democráticas e o Estado de Direito, cabendo à Justiça Eleitoral atuar firmemente antes, durante e após as eleições, como se verá em capítulo específico. A conduta de transmitir desinformação eleitoral, conforme analisado anteriormente, visa manipular a livre vontade do eleitorado e, consequentemente, acarreta a distorção do pleito eleitoral, caracterizando, inclusive, o delito previsto no art. 323 do Código Eleitoral.

Em defesa da efetiva liberdade de expressão consagrada historicamente pelas diversas declarações de direitos humanos e pela nossa Constituição Federal de 1988, são imprescindíveis a análise, o estudo e o combate à desinformação e às notícias fraudulentas como vetores de instabilidade e corrosão da Democracia.

Capítulo 3
A DESINFORMAÇÃO NAS REDES SOCIAIS E NOS SERVIÇOS DE MENSAGERIA PRIVADA COMO INSTRUMENTO DE CORROSÃO DA DEMOCRACIA

3.1. O PODER POLÍTICO DAS REDES SOCIAIS E DOS SERVIÇOS DE MENSAGERIA PRIVADA COMO O MAIS NOVO E EFICAZ INSTRUMENTO DE COMUNICAÇÃO DE MASSA

As recentes inovações em tecnologia da informação e acesso universal às redes sociais e aos serviços de mensageria privada, com o agigantamento das plataformas (*big techs*), transformaram as interações humanas em uma nova dimensão de velocidade, constância e ubiquidade, trazendo novas dificuldades para a compreensão da transposição dos limites da liberdade de expressão, decorrentes da necessidade de lidar com a desinformação premeditada e fraudulenta (*fake news*), com a ampliação dos discursos de ódio, da propagação dos atos antidemocráticos e da violência social e política, bem como do radicalismo e da polarização ideológica e religiosa.

Todo esse cenário está sendo constantemente amplificado com o aumento do uso de novos recursos tecnológicos, em especial a Inteligência Artificial (IA),[1] para não somente influenciar o debate público,

---

[1] Conferir a boa análise sobre utilização de IA para coibir discursos de ódio: SANTOS, Lorena Vieira G. dos; FERREIRA, Raniere Souza. Liberdade de expressão e censura: análise da

mas, lamentavelmente, influenciá-lo de maneira negativa, por meio da utilização de informações pessoais adquiridas pelo acesso das pessoas às redes sociais e aos serviços de mensageria privada e direcionamento de algoritmos para capturar fraudulentamente a vontade do eleitor e da eleitora, atingindo a liberdade de escolha em seu âmago[2].

Os limites que podem ser inferidos dessas referências doutrinárias e jurisprudenciais, que, ao longo do século XX, foram adaptando-se às novas tecnologias e formas de interação social, também inspiram a reflexão sobre os limites adequados para a regulação do desvio de finalidade na utilização da liberdade de expressão no ambiente virtual, pois, como adverte Wolfgang Hoffmann-Riem, *"é útil que as disposições sobre direitos fundamentais, mesmo que tenham uma longa tradição, sejam interpretadas dinamicamente ao longo do tempo, com o objetivo de garantia que suas premissas permaneçam relevantes diante de realidades em transformação"*[3].

Com o surgimento dessa nova e moderna forma de comunicação social – sem intermediários –, criou-se a expectativa de que o espaço virtual proporcionaria o meio perfeito para o debate público e a livre manifestação do pensamento e da expressão artística, uma vez que não dependeria de mediadores entre emissores e receptores de conteúdo, como as empresas de mídia, nem estaria suscetível ao controle do Poder Público. Seria, sob essa visão otimista, uma *Nova Ágora*, reformatação do espaço público, ambiente de radical liberdade e instrumento de cidadania, conforme seria demonstrado pelos primeiros exemplos de mobilização social contra os regimes políticos autoritários organizada a partir de redes sociais, com a Primavera Árabe de 2011. Ao comentar os riscos da

---

ampliação do controle dos conteúdos nas redes sociais frente ao crescimento do discurso de ódio on-line. *Revista Fórum de Direito Civil – RFDC*, Belo Horizonte, v. 12, n. 32, jan.-abr. 2023.

[2] Ana Frazão e Ana Rafaela Medeiros apontam que a interferência das plataformas no fluxo comunicativo "não se esgota apenas na definição do que pode ser publicado. A extração de dados privados, aliada ao uso intensivo de um intrincado sistema de algoritmos e de ferramentas de *Big Data* e de *Big Analytics*, permite às plataformas também controlar a difusão do conteúdo produzido por terceiros" (FRAZÃO, Ana; MEDEIROS, Ana Rafaela. Responsabilidade civil dos provedores de internet: a liberdade de expressão e o art. 19 do Marco Civil. *Migalhas*, 23 fev. 2021).

[3] HOFFMANN-RIEM, Wolfgang. *Teoria geral do direito digital*: transformação digital – desafios para o Direito. Trad. Italo Fuhrmann. Rio de Janeiro: Forense, 2020. p. 47.

Democracia na "era do narcisismo", Giuliano da Empoli aponta que o princípio fundamental da Democracia representativa, "a intermediação, contrasta de modo radical com o espírito do tempo e com as novas tecnologias que tornam possível a desintermediação em todos os domínios".[4]

As primeiras décadas do século XXI foram marcadas pelo surgimento e pela disseminação de novas tecnologias de comunicação e pela adesão generalizada às formas de vida e convívio no meio virtual. Desde os atos simples da vida civil – transações bancárias, estabelecimento de vínculos contratuais, interação com prestadores de serviço – até aqueles que envolvem a própria personalidade (identidade, afetividade, reputação, liberdade econômica), as redes sociais e os serviços de mensageria privada passaram a fazer parte imprescindível da vida humana.

A instrumentalização das redes sociais e dos serviços de mensageria privada para difusão de desinformação, notícias fraudulentas, discurso de ódio e ataques diretos à Democracia precisa ser entendida a partir de um breve retrospecto histórico iniciado na Primavera Árabe – que inaugurou a utilização das redes sociais na luta pela Democracia –, para podermos entender as causas e os reflexos da captura desse importante meio de comunicação social pelos extremistas, principalmente por uma extrema direita internacional avessa às regras democráticas, ao Estado de Direito e à consagração da igualdade e do respeito à diversidade.

A necessidade primordial de proteção e real efetividade aos direitos humanos ampliada com o final da Segunda Grande Guerra possibilitou, em âmbito internacional, o surgimento de um novo e autônomo ramo do Direito, cuja finalidade precípua consiste na concretização da plena eficácia dos direitos humanos fundamentais, por meio de normas gerais internacionais tuteladoras de bens da vida primordiais (dignidade, vida, segurança, liberdade, honra, moral, entre outros) e previsões de instrumentos políticos e jurídicos de implementação desses direitos em face de todos os Estados Soberanos.

---

[4] EMPOLI, Giuliano da. *Os engenheiros do caos*. Trad. Arnaldo Bloch. São Paulo: Vestígio, 2019. p. 167.

Os 75 anos do final da Segunda Guerra tornam a evolução histórica da proteção dos direitos humanos fundamentais em diplomas internacionais relativamente recentes, iniciando-se com importantes declarações sem caráter vinculativo, para posteriormente assumirem a forma de tratados internacionais, no intuito de obrigarem os países signatários ao cumprimento de suas normas; para, em uma nova e importante conquista, passarem a ser incorporados nos diversos ordenamentos jurídicos internos com status constitucional.

A Declaração Universal dos Direitos Humanos, assinada em Paris em 10 de dezembro de 1948, constituiu, à época, a mais importante conquista dos direitos humanos fundamentais em âmbito internacional, em virtude de seu ineditismo e sua adesão demonstrarem os níveis de preocupação e conscientização que os diversos países apreenderam com as atrocidades praticadas durante a Segunda Guerra Mundial.

Elaborada a partir da previsão da Carta da ONU de 1945, que, em seu art. 55, estabeleceu a necessidade de os Estados-partes promoverem a proteção dos direitos humanos, e da composição, por parte da Organização das Nações Unidas, de uma Comissão dos Direitos Humanos, presidida por Eleanor Roosevelt, a Declaração Universal dos Direitos Humanos afirmou que o reconhecimento da dignidade humana inerente a todos os membros da família humana e de seus direitos iguais e inalienáveis é o fundamento da liberdade, da justiça e da paz no mundo, bem como que o desprezo e o desrespeito pelos direitos da pessoa resultaram em atos bárbaros que ultrajaram a consciência da humanidade e que o advento de um mundo em que as pessoas gozem de liberdade de palavra, de crença e de liberdade de viverem a salvo do temor e da necessidade tem sido a mais alta aspiração do homem comum.

A Declaração Universal dos Direitos Humanos adotada e proclamada pela Resolução n. 217 A (III) da Assembleia Geral das Nações Unidas, em 10/12/1948, e assinada pelo Brasil nessa mesma data, reafirmou a crença dos povos das Nações Unidas nos direitos humanos fundamentais, na dignidade e no valor da pessoa humana e na igualdade de direitos do homem e da mulher, visando à promoção do progresso social e à melhoria das condições de vida em uma ampla liberdade. Anteriormente a essa proclamação, importante destacar, à Declaração Universal dos Direitos do Homem, nesse mesmo ano, em abril de 1948, a IX Conferência Internacional Americana, realizada em Bogotá, havia aprovado a Resolução XXX, consagrando a Declaração Americana dos Direitos e Deveres do Homem, que, com seus 38 artigos, trazia previsões muito semelhantes àquelas já narradas.

A partir desse momento, a proteção internacional dos direitos humanos passou a intensificar-se, com a aprovação de inúmeras declarações e tratados internacionais, dos quais o Brasil passou a ser signatário.

Em 09/12/1948, a Assembleia Geral das Nações Unidas aprovou a Resolução n. 260 A (III), ratificando a Convenção para a Prevenção e a Repressão do Crime de Genocídio; em 28/07/1951, foi adotada a Convenção relativa ao Estatuto dos Refugiados, aprovada pela Resolução n. 429 (V) da Assembleia Geral das Nações Unidas. Novamente e com a finalidade de proteção dos "refugiados", foi aprovado o Protocolo sobre o Estatuto dos Refugiados, em 16/12/1966, pela Resolução n. 2.198 da Assembleia Geral das Nações Unidas.

Nessa mesma data, foi adotado, pela Resolução n. 2.200-A (XXI) da Assembleia Geral das Nações Unidas, importante documento internacional garantidor de direitos fundamentais, denominado "Pacto Internacional dos Direitos Civis e Políticos", no qual foram previstos diversos direitos, tais como a autodeterminação dos povos, no sentido de livremente determinarem seu estatuto político e assegurarem livremente seu desenvolvimento econômico, social e cultural; o direito à vida; a proibição da tortura; a possibilidade de o condenado à morte ter o direito de pedir indulto ou comutação da pena; a escusa de consciência; o direito à liberdade; o acesso ao Judiciário; a excepcionalidade das prisões preventivas; a indenização por erro judiciário; o direito ao respeito e à dignidade humana; bem como os demais direitos já consagrados na Declaração Universal dos Direitos Humanos.

O Brasil, igualmente, é signatário da Declaração do Direito ao Desenvolvimento, de 04/12/1986; da Declaração e Programa de Ação de Viena, de 25/06/1993; e da Declaração de Pequim adotada pela IV Conferência Mundial sobre a Mulher, de 15/09/1995.

O rol dos Tratados Internacionais de Proteção aos Direitos Humanos assinados pela República Federativa do Brasil é completado por inúmeros e importantes documentos protetivos dos direitos humanos: Pacto Internacional dos Direitos Econômicos, Sociais e Culturais, de 16/12/1966; Convenção sobre a Eliminação de Todas as Formas de Discriminação Racial, de 21/12/1965; Convenção Americana sobre Direitos Humanos – Pacto de São José da Costa Rica, de 22/11/1969; Convenção sobre a Eliminação de Todas as Formas de Discriminação Contra a Mulher, de 18/12/1979; Convenção Contra a Tortura e Outros Tratamentos ou Penas Cruéis, Desumanas ou Degradantes, de 10/12/1984; Convenção Interamericana para Prevenir e Punir a Tortura, de 09/12/1985; Convenção sobre os Direitos da Criança, de 20/11/1989; Convenção Interamericana para Prevenir, Punir e Erradicar a Violência Contra a Mulher, de 06/06/1994, e ratificada pelo Brasil em 27/11/1995.

A História demonstra que as conquistas trazidas pelo regime democrático nos últimos 75 anos – em especial após a Segunda Grande Guerra e com o marco legislativo da Declaração Universal dos Direitos Humanos da ONU – superam todas as obtidas nos regimes anteriores, em todos os seus aspectos, seja no efetivo combate ao racismo e na proclamação de igualdade entre os gêneros, inclusive na participação política, seja na busca de universalização da saúde e da educação.

Todos os índices demonstram a melhoria de vida de toda a sociedade, da diminuição da mortalidade infantil ao aumento dos níveis de escolaridade.

A Democracia no mundo avançou na efetivação dos direitos fundamentais, principalmente na questão de universalização, na real tentativa de maior concretização da igualdade. Igualdade não só formal de direitos, mas igualdade material.

Com o final da Segunda Grande Guerra, sobretudo com a concretização, a expansão e o fortalecimento da jurisdição constitucional e de suas cortes constitucionais e supremas cortes, houve aumento progressivo na concretização dos direitos fundamentais para as denominadas minorias, ou seja, para as diversas parcelas da sociedade carecedoras de força política ou econômica para fazer valer todos os seus direitos.

O combate à discriminação e a busca da igualdade material se ampliaram. Tudo isso significou um avanço inigualável e incomparável com qualquer outro período histórico da humanidade e muito mais acentuado naqueles países que mantiveram, sem qualquer interrupção, o regime democrático.

As imensas conquistas obtidas pelos países onde o regime democrático imperava incentivaram as pessoas oprimidas por regimes autoritários a buscar novas formas de manifestações e organizações.

Em diversos regimes ditatoriais, onde a liberdade de imprensa, a liberdade de expressão e o direito de reunião não eram consagrados, a população encontrou nas redes sociais – ainda insípidas do ponto de vista de utilização política – um novo instrumento de mobilização social e político, que permitia a comunicação e a organização de manifestações sem censura dos meios oficiais e, principalmente, sem a possibilidade de futura identificação para represálias dos setores oficiais dos regimes de exceção.

Esses foram os instrumentos que permitiram as inúmeras organizações e manifestações sociais das chamadas "Primaveras Árabes", garantindo àqueles que não tinham seus direitos fundamentais de expressão e reunião consagrados nos textos legais exigir a Democracia de forma contundente e com repercussão mundial[5].

É muito importante que se reafirme que o nascedouro da utilização das redes sociais no campo político foi a favor da consagração da Democracia e da efetivação dos direitos consagrados há 75 anos pela declaração de direitos da ONU para todos os povos, em especial a livre manifestação

---

[5] Como salientado por Diego Rais: "Essa sociedade conectada tem levado às mais extraordinárias transformações sociais, culturais e políticas na história, refletindo não apenas no ambiente virtual (online), mas também no ambiente real (off-line). Surgiu, portanto, uma necessidade premente de se compreender essa sociedade conectada e, um passo nessa direção, é extraindo conhecimentos a partir dos dados gerados, postados e compartilhados no ambiente virtual. A compreensão desses dados nos permite, dentre outras coisas, formular políticas e resolver problemas como crises financeiras internacionais, revoltas e epidemias" (RAIS, Diego; CASTRO, L. N. A comunicação política em tempos de *big data* e a inteligência artificial: a campanha digital de Donald Trump e o futuro do marketing eleitoral brasileiro. In: FUX, Luiz; PEREIRA, Luiz Fernando Casagrande; AGRA, Walber de Moura (coord.); PECCININ, Luiz Eduardo (org.). *Tratado de direito eleitoral*. Belo Horizonte: Fórum, 2018. v. 4. p. 93).

do pensamento, o direito de reunião, o direito de participação política e, essencialmente, o direito ao voto livre e sigiloso para escolha de seus representantes.

A instrumentalização exitosa das redes sociais em defesa da Democracia e da efetivação da igualdade de direitos, bem como contra os regimes arbitrários e as diversas formas de discriminação, não passou despercebida pelos grandes conglomerados (*big techs*) e por grupos extremistas, que viram nessa experiência uma dupla possibilidade: aumentar exponencialmente seus lucros econômicos e capturar e manipular esse novo instrumento de propagação de ideias – inicialmente democráticas, libertárias e igualitárias – para obtenção de poder político.

A estratégia utilizada para atingir ambas as finalidades – obtenção de poder político e econômico – foi a mesma, a partir de estudos de inteligência artificial[6] com a manipulação de algoritmos que, capturando todas as informações existentes em bancos de dados –[7] oficiais e extraoficiais –, bem como aquelas fornecidas inocentemente pelos próprios usuários das redes sociais e dos serviços de mensageria privada em suas inúmeras conversas e inteirações, passaram a direcionar mensagens cientificamente preparadas para os diversos grupos[8]. Como lembra Ben Mezrich, muitos "empreendedores" descobriram que "havia uma rede infinita de cabos de fibra ótica atuando como veias abertas não apenas para carteiras e informações de pessoas desavisadas

---

[6] Conferir: CASTELLANOS CLARAMUNT, Jorge (org.). *Inteligencia artificial y democracia*: garantías, límites constitucionales y perspectiva ética ante la transformación digital. Barcelona: Atelier Libros Jurídicos, 2023.

[7] Luís Roberto Barroso aponta a necessidade de critérios públicos e transparentes, "sem margem à arbitrariedade e à seletividade" (BARROSO, Luís Roberto. Da caverna à internet: evolução e desafios da liberdade de expressão. *Publicum*, Rio de Janeiro, v. 6, n. 1, jan.-dez. 2020. p. 11). No mesmo sentido: RAIS, Diego; CASTRO, L. N. A comunicação política em tempos de *big data* e a inteligência artificial: a campanha digital de Donald Trump e o futuro do marketing eleitoral brasileiro. In: FUX, Luiz; PEREIRA, Luiz Fernando Casagrande; AGRA, Walber de Moura (coord.); PECCININ, Luiz Eduardo (org.). *Tratado de direito eleitoral*. Belo Horizonte: Fórum, 2018. v. 4. p. 97.

[8] WIENER, Norbert. *Cibernética y sociedad*. Buenos Aires: Editorial Sudamericana, 1979; BILBENY, Norbert. La inteligencia artificial e la ética. *Robótica, ética y política*: el impacto de la superinteligencia en el mundo de las personas. Barcelona: Icaria Editorial, 2022; LATORRE, José Ignacio. *Ética para máquinas*. Barcelona: Ariel, 2019.

– mas, de maneira ainda mais significativa, para suas opiniões, emoções e ideias"[9].

Ao analisar a utilização da tecnologia e dos algoritmos no sistema eleitoral, Maria Dolores Montero Caro reafirma que "a influência negativa que a inteligência artificial pode ter sobre a Democracia é notória"[10].

Trata-se de problema existente em todas as Democracias, pois, como destacado por Miguel Linera, "o estudo do Conselho da Europa sobre algoritmos e direitos humanos inclui uma parte sobre o direito à participação em eleições livres em que se começa dizendo que o funcionamento dos algoritmos e dos sistemas de recomendação automatizados pode criar 'bolhas de filtros' – câmaras de eco totalmente automatizadas nas quais os indivíduos somente têm acesso a peças de informação que confirmam suas próprias opiniões que coincidem com seu perfil – e isso pode ter efeitos transcendentais para os processos democráticos da sociedade".[11]

Do ponto de vista econômico e do consumidor, as *big techs* passaram a dirigir as mensagens/publicidades conforme as vontades previamente manifestadas pelos próprios usuários, a partir da interação nas redes sociais e nos serviços de mensageria privada. Os algoritmos já captavam a melhor forma de convencimento do interlocutor.

Os dados previamente conhecidos pelas *big techs* e lapidados por meio de inteligência artificial facilitavam a utilização de algoritmos para a

---

[9] O autor cita o caso da empresa de Fyodr, que instalou sua sede para vender serviços digitais de desinformação e fazendas de *trolls*, no Cazaquistão, por sugestão de contatos que havia feito na prisão enquanto esteve detido na Rússia, justamente por se tratar de uma região "menos policiada". Como observa Mezrich, "certamente algumas de suas campanhas mais controvertidas caíam de imediato na categoria de fraudes. Mas sendo um nacional da Rússia, operando de um lugar como o Cazaquistão, tinha suas vantagens" (MEZRICH, Ben. *Breaking Twitter*. New York: Grand Central, 2023. p. 116-117).

[10] CARO, Maria Dolores Montero. Sobre el control jurídico y democrático de la inteligencia artificial: herramientas y reflexiones acerca de la inserción incontrolada de mecanismos tecnológicos. In: CASTELLANOS CLARAMUNT, Jorge (org.). *Inteligencia artificial y democracia*: garantías, límites constitucionales y perspectiva ética ante la transformación digital. Barcelona: Atelier Libros Jurídicos, 2023.

[11] LINERA, Miguel Ángel Presno. *Derechos fundamentales e inteligencia artificial*. Madrid: Marcial Pons, 2022. p. 69.

escolha do "consumidor garantido" para determinado produto, tornando-as – as *big techs* – as maiores empresas de publicidade do mundo, em faturamento e acesso populacional, ainda que continuem sendo tratadas juridicamente como empresas de tecnologia.

Essa mesma estratégia foi utilizada por formuladores políticos populistas e extremistas – em especial da extrema direita –, que, manipulando os dados de milhões de usuários/eleitores das redes sociais e dos serviços de mensageria privada, puderam preparar, meticulosamente, toda uma programação política, que – por meio de algoritmos – trabalhasse temores, medos e anseios do destinatário final, mesmo que, para tanto, fosse necessária a produção de notícias fraudulentas.

Giuliano da Empoli salienta que, "para além da dimensão física, é no terreno virtual que a adesão aos movimentos nacional-populistas encontra sua realização mais completa. Lá, os algoritmos desenvolvidos e instaurados pelos engenheiros do caos dão a cada indivíduo a impressão de estar no coração de um levante histórico, e de, enfim, ser atos de uma história que ele achava que estaria condenado a suportar passivamente como figurante".[12]

Esse processo logo foi percebido e apropriado pelos novos populistas digitais extremistas. Eles perceberam que o importante era "cativar" seu consumidor/eleitor final, iniciando as interações com mensagens políticas e ideológicas próximas aos destinatários, para, na sequência, doutriná-los a partir de seus medos, temores e anseios, fidelizando-os em posicionamentos radicais, mesmo que, para isso, repita-se, fosse necessário o uso massivo de desinformação, com notícias fraudulentas produzidas de maneira cinematográfica.

A evolução dos métodos utilizados pelos regimes ditatoriais que chegaram ao poder no final do século XX, com aprimoramento na divulgação de notícias fraudulentas, com patente corrosão da linguagem, na substituição da razão pela emoção, no uso de "fatos alternativos", no ataque à imprensa e à Justiça – como se verá adiante – e, principalmente,

---

[12] EMPOLI, Giuliano da. *Os engenheiros do caos*. Trad. Arnaldo Bloch. São Paulo: Vestígio, 2019. p. 169.

na confusão entre o que é fato e ficção, foi captada e analisada por Michiko Kakutani em importante obra, *A morte da verdade*.

Michiko Kakutani inicia suas reflexões apontando que[13]:

> "Dois dos regimes mais abomináveis da história da humanidade chegaram ao poder no século XX, e ambos se estabeleceram com base na violação e no esfacelamento da verdade, cientes de que o cinismo, o cansaço e o medo podem tornar as pessoas suscetíveis a mentiras e falsas promessas de líderes determinados a alcançar o poder incondicional. Como Hannah Arendt escreveu em seu livro de 1951, *Origens do totalitarismo*: 'O súdito ideal do governo totalitário, não é o nazista convicto nem o comunista convicto, mas aquele para quem já não existe a diferença entre o fato e a ficção (isto é, a realidade da experiência) e a diferença entre o verdadeiro e o falso (isto é, os critérios do pensamento)'."

Na sequência, criticando um ainda incumbente Donald Trump, antes, portanto, dos trágicos acontecimentos, em Washington, em 6 de janeiro de 2021, a autora aponta como alarmante a atualidade das palavras supratranscritas de Hannah Arendt: "um mundo no qual as *fake news* e as mentiras são divulgadas em escala industrial por 'fábricas' de *trolls* russos, lançados num fluxo ininterrupto pela boca e pelo Twitter do presidente dos Estados Unidos, e espalhadas pelo mundo todo na velocidade da luz por perfis em redes sociais. O nacionalismo, o tribalismo, a sensação de estranhamento, o medo de mudanças sociais e o ódio aos estrangeiros estão novamente em ascensão à medida que as pessoas, trancadas nos seus grupos partidários e protegidas pelo filtro de suas bolhas, vêm perdendo a noção da realidade compartilhada e a habilidade de se comunicar com as diversas linhas sociais e sectárias".

Michiko Kakutani busca identificar "condições e atitudes" – ou "sinais de alerta" – "que tornam um povo suscetível à demagogia e à manipulação política, e transformam uma nação numa presa fácil para os aspirantes a autocratas. Quero examinar como o descaso pelos fatos, a substituição da razão pela emoção, e a corrosão da linguagem estão diminuindo o valor

---

[13] KAKUTANI, Michiko. *A morte da verdade*. Rio de Janeiro: Intrínseca, 2018. p. 9-10.

da verdade, e o que isso significa para os Estados Unidos e para o mundo", e, transcrevendo Hannah Arendt ("A mentira na política" in *Crises da República*), aponta que "Fatos necessitam de testemunhas para serem lembrados, e de testemunhas confiáveis para serem oficializados, de modo a encontrar um lugar seguro para habitar o domínio dos interesses humanos (...) O termo 'declínio da verdade' (...) entrou para o léxico da era da pós-verdade, que inclui expressões agora corriqueiras como *'fake news'* e 'fatos alternativos'. E não só as notícias são falsas: também existe a ciência falsa (produzida por negacionistas das mudanças climáticas e *anti-vaxxers*, os ativistas do movimento antivacina), a história falsa (promovida por revisionistas do Holocausto e supremacistas brancos), os perfis falsos de norte-americanos no Facebook (criados por *trolls* russos) e os seguidores e *'likes'* falsos nas redes sociais (gerados por *bots*)"[14].

Faz, então, síntese da utilização de desinformação na corrosão do sistema eleitoral, apontando mentiras do então presidente dos EUA:

> "Trump, o 45º presidente dos Estados Unidos, mente de forma tão prolífica e com tamanha velocidade que o *The Washington Post* calculou que ele fez 2.140 alegações falsas ou enganosas no seu primeiro ano de governo – uma média de quase 5,9 por dia. As mentiras dele – sobre absolutamente tudo, desde as investigações sobre a interferência russa nas eleições, passando por sua popularidade e suas conquistas, até o tempo que passa vendo TV – são apenas o mais espalhafatoso entre os vários sinais de alerta acerca de seus ataques às instituições democráticas e normas vigentes. Ele ataca rotineiramente a imprensa, o sistema de justiça, as agências de inteligência, o sistema eleitoral e os funcionários públicos responsáveis pelo bom funcionamento do governo norte-americano."

Do mesmo modo que "correntes democratizadoras atravessaram as fronteiras nacionais"[15], os inimigos da Democracia, lamentavelmente, também se mimetizam. A enumeração que Michiko Kakutani faz – ataques: (i) à imprensa; (ii) ao sistema de justiça; (iii) às agências de

---

[14] KAKUTANI, Michiko. *A morte da verdade*. Rio de Janeiro: Intrínseca, 2018. p. 11-12.
[15] MARKOFF, John. *Olas de democracia*: movimientos sociales y cambio político. Madrid: Tecnos, 1996. p. 15.

inteligência; (iv) ao sistema eleitoral; e (v) aos funcionários públicos responsáveis pelo bom funcionamento do Estado –, infelizmente, é reproduzida, adaptada por outros candidatos ou líderes autoritários, como se fosse um manual ou metodologia a replicar por uma rede mundial articulada de sátrapas.

Michiko Kakutani lembra atualíssima frase de falecido senador americano Daniel Patrick Moynihan: "Todo mundo tem o direito de ter suas próprias opiniões, mas não seus próprios fatos". E diz: "a polarização se tornou tão extrema nos Estados Unidos que os eleitores dos estados de maioria republicana e dos de maioria democrata estão tendo dificuldades para entrar em consenso sobre os mesmos fatos"[16].

Prossegue Michiko Kakutani:

> "A verdade é um dos pilares da Democracia. Como observou a ex-procuradora-geral interina Sally Yates, a verdade é uma das coisas que nos separam de uma autocracia: 'Nós podemos – e devemos – debater políticas e questões, mas esses debates devem se basear em fatos em comum, e não em apelações baratas à emoção e ao medo na forma de mentiras e de uma retórica polarizante (...). Não apenas existe uma verdade objetiva, como deixar de dizê-la é uma questão importante. Não temos como controlar se os agentes públicos mentem para nós. Mas temos como controlar se eles devem responder por essas mentiras ou se então, seja por exaustão ou para proteger nossos interesses políticos, vamos olhar para o outro lado e igualar a indiferença à verdade'."[17]

Michiko Kakutani lembra a metodologia desinformativa explícita de Vladimir Lênin, bem assim os seus objetivos[18]:

> "Quase um século após sua morte, o modelo de revolução proposto por Lênin se mostra assustadoramente longevo. Seus objetivos – não melhorar a máquina do Estado, mas destruí-la junto com todas as suas instituições – foram defendidos por muitos populistas do século

---

[16] KAKUTANI, Michiko. *A morte da verdade*. Rio de Janeiro: Intrínseca, 2018. p. 16.
[17] KAKUTANI, Michiko. *A morte da verdade*. Rio de Janeiro: Intrínseca, 2018. p. 19, citando Sally Yates.
[18] KAKUTANI, Michiko. *A morte da verdade*. Rio de Janeiro: Intrínseca, 2018. p. 170-175.

XXI. O mesmo aconteceu com várias de suas táticas, desde o uso do caos e da confusão como instrumentos de mobilização das massas até suas promessas utópicas simplistas (e sempre furadas), passando pela retórica violenta para atacar qualquer coisa que pudesse ser vista como parte do *status quo*.

Sobre sua linguagem incendiária, Lênin explicou certa vez que sua terminologia era 'calculada para provocar o ódio, a aversão e o desprezo' – esse tipo de palavreado era 'calculado não para convencer, mas para desmobilizar o adversário; não para corrigir o erro do inimigo, mas para destruí-lo, mas para varrê-lo da face da Terra. Na verdade, essa terminologia é dessa natureza justamente para evocar os piores pensamentos, os piores receios sobre o oponente.' Tudo isso se parece muito com uma espécie de molde para o tipo de linguagem usada por Trump e seus seguidores para atacar Hillary Clinton durante a campanha de 2016, com o tipo de linguagem empregada pelos defensores radicais da campanha do Vote Leave na Grã-Bretanha e com o tipo de linguagem cada vez mais adotado pelos movimentos populistas de direita em ambos os lados do Atlântico."

Por isso mesmo, Steve Bannon, então conselheiro de Trump atualmente afastado e ex-diretor-executivo do Breitbart News, certa vez descreveu a si mesmo para um jornalista como "um leninista".[19]

Nesse contexto de coisas, é bastante curioso observar que líderes autocratas atuais, ainda que se digam "contra o comunismo" (e abstraído o significado desse conceito, mas, de algum modo, evocando o "Império do Mal" soviético), sejam – inclusive explicitamente – tributários de Lênin.

Michiko Kakutani retorna à sua colocação inicial:

"Não surpreende que os dois países que dominaram o lado sujo da propaganda política no século XX tenham sido os estados totalitários da Alemanha nazista e da União Soviética. Suas técnicas de manipular e de promover sua ideologia de ódio alimentaram diversas gerações de autocratas e de demagogos ao redor do mundo. Lênin se especializou em fazer promessas que nunca cumpria."

---

[19] Também sobre Steve Bannon, consultar: EMPOLI, Giuliano da. *Os engenheiros do caos*. Trad. Arnaldo Bloch. São Paulo: Vestígio, 2019. p. 27 e ss.; e MELLO, Patrícia Campos. *A máquina do ódio*. São Paulo: Companhia das Letras, 2020. p. 131.

Tudo isso aumenta a importância da existência de fontes alternativas de informação ao alcance dos cidadãos. A propósito, ensina Robert Dahl:

> "Como a liberdade de expressão, diversos critérios democráticos básicos exigem que fontes de informação alternativas e relativamente independentes estejam disponíveis para as pessoas. Pense na necessidade de *compreensão esclarecida*. Como os cidadãos podem adquirir a informação de que precisam para entender as questões se o governo controla todas as fontes importantes de informação? Ou, por exemplo, se apenas um grupo goza do monopólio de fornecer a informação? Portanto, os cidadãos devem ter acesso a fontes de informação que não estejam sob o controle do governo ou que sejam dominadas por qualquer grupo ou ponto de vista."[20]

É curioso observar que as redes sociais e os serviços de mensageria privada, ao mesmo tempo que aumentam de modo exponencial o leque de fontes alternativas de informação, geram um sem-número de canais especializados na desinformação:

> "Num artigo de 2005, o falecido David Foster Wallace escreveu que a proliferação de veículos de comunicação – impressos, na TV e on-line – havia produzido 'um caleidoscópio de opções informativas'. Wallace observou que uma das ironias dessa estranha paisagem midiática, que deu origem a uma proliferação de veículos de comunicação com viés ideológico (incluindo vários de direita, como a Fox News e o Rush Limbaugh Show), foi que ela criou 'precisamente o tipo de relativismo que os conservadores culturais condenam, uma espécie de caos epistemológico em que 'a verdade' é totalmente uma questão de perspectiva e agenda política'."[21]

Esses aspectos analisados levantam pontos importantes sobre essa nova realidade e a necessidade de regulamentação e controle da desinformação – em especial em defesa da Democracia –, pois é preciso atentar para a circunstância de que as novas tecnologias são instrumentos conduzidos e manipulados por quem está no controle das plataformas

---

[20] DAHL, Robert. *Sobre a Democracia*. Brasília: Editora UnB, 2001. p. 111. A expressão destacada o foi pelo próprio Dahl e, no original, em inglês, lê-se *"enlightened understanding"* (DAHL, Robert. *On democracy*. New Haven: Yale University Press, 1998. p. 97).

[21] KAKUTANI, Michiko. *A morte da verdade*. Rio de Janeiro: Intrínseca, 2018. p. 51.

digitais ou por quem é capaz, tecnológica e economicamente, de instrumentalizar esses novos meios digitais de manipulação.

Safiya Umoja Noble, em lição aplicável à desinformação, aponta que, "embora nós frequentemente pensemos em termos como 'big data' e 'algoritmos' como sendo neutros, ou objetivos, ele são tudo menos isso. As pessoas que tomam essas decisões [das formulações matemáticas que irão direcionar decisões automatizadas] possuem todos os tipos de valores, muitos dos quais abertamente promovem (...) falsas noções de meritocracia, o que é bem documentado nos estudos do Vale do Silício"; assim, a "própria noção que tecnologias são neutras deve ser diretamente questionada, como um equívoco"[22].

Embora haja *"sentinelas informacionais"* para usar a expressão de Virginia Eubanks, "guardas da segurança digital que coletam informações sobre nós, fazem inferências sobre nosso comportamento e controlam acesso a recursos"[23], muitas vezes classificando pessoas como de risco ou, como ocorre frequentemente nos seguros, como suspeitos de fraudes, fazendo levantar bandeiras vermelhas que bloqueiam ou retardam direitos para essas pessoas, nesse "novo regime digital", percebemos que um tal rigor tecnológico não se verifica quando o problema é a desinformação.

3.2. A UTILIZAÇÃO DAS REDES SOCIAIS E DOS SERVIÇOS DE MENSAGERIA PRIVADA CONTRA A DEMOCRACIA

Apesar de a Democracia ter gerado o maior progresso social da história, obviamente não resolveu todos os problemas da humanidade, em especial a extrema concentração de renda, inclusive nos países consagradores do Estado Democrático de Direito[24].

Em adição a esse real e grave problema, outras duas falsas questões foram utilizadas para instrumentalizar as redes sociais e os serviços

---

[22] NOBLE, Safiya U. *Algorithms of oppression*: how search engines reinforce racism. New York: New York University Press, 2018. p. 1-2, tradução livre.

[23] EUBANKS, Virginia. *Automating inequality*: how high-tech tools profile, police, and punish the poor. New York: St. Martin's Press, 2018. p. 5.

[24] PIKETTY, Thomas. *Capital in the Twenty-First Century*. Transl. Arthur Goldhammer. Cambridge: Harvard University Press, 2014.

de mensageria privada e "fidelizar" inúmeros eleitores insatisfeitos no mundo todo contra a Democracia: (a) a universalização dos direitos fundamentais seria a causa das crises econômicas e, consequentemente, dos problemas financeiros de uma tradicional classe média, colocando o capitalismo em risco e fazendo surgir no horizonte novamente o "fantasma do comunismo" e o "risco à liberdade"; (b) a luta pela igualdade e o combate ao racismo, à misoginia e à homofobia, com o reconhecimento dos direitos às minorias, principalmente pelo Judiciário, estariam acarretando a perda dos "valores religiosos das famílias tradicionais", colocando em risco a cultura cristã do Ocidente.

A estratégia desse novo populismo digital extremista para obtenção do poder político permanente – independentemente das regras democráticas – passou a basear-se nestes dois pontos: (a) capitalismo/liberdade × comunismo; (b) risco à cultura cristã do Ocidente.

A operacionalidade efetiva dessa estratégia foi focada – não obstante a captura de alguns meios da mídia tradicional – basicamente na instrumentalização das redes sociais e dos serviços de mensageria privada, com utilização de inteligência artificial na programação de algoritmos nada transparentes para a captura da vontade de um eleitorado insatisfeito com os rumos atuais da Democracia, principalmente na questão da pauta de costumes.

A preocupação com a captura furtiva da vontade do eleitor é um problema atual discutido por todas as Democracias do mundo. Citando a *Directive sur la prise de décisions automatisée* canadense, de 1º de abril de 2019, Miguel Linera aponta a necessidade de maior transparência "em qualquer sistema automatizado de tomar decisões de maneira que sejam reduzidos os riscos para a cidadania e para as instituições governamentais", inclusive com a possibilidade de criação de "uma agência europeia para a robótica e IA"[25].

Algoritmos tanto podem tender a beneficiar, expandir ou privilegiar desinformação em virtude de mecanismos internos próprios, voltados

---

[25] LINERA, Miguel Ángel Presno. *Derechos fundamentales e inteligencia artificial*. Madrid: Marcial Pons, 2022. p. 91 e 131.

para aumento de audiência, como podem estar produzindo o exato resultado desejado por seus programadores.

No primeiro caso, temos um efeito colateral de algoritmos programados não para desinformar, mas para aumentar o lucro das plataformas digitais, inclusive pela desinformação.

No segundo caso, temos já a percepção, pelas plataformas ou por seus contratantes, de que a desinformação é relevante para seus negócios ou objetivos, e esta passa a ser inserida na programação do algoritmo, seja abertamente, seja pela indiferença em relação aos mecanismos de defesa contra a desinformação.

No primeiro ponto – "capitalismo/liberdade × comunismo" –, a extrema direita, entre outros absurdos, cultivou a desinformação em massa, com notícias fraudulentas, vídeos falsos, narrativas fantasiosas, como a culpa do desemprego dos "homens nacionais brancos do país" ser do maior acesso e igualdade de condições de concorrência dos negros, das mulheres ou dos imigrantes (o discurso é adequado conforme as condições do país), obtidos a partir de declarações de direitos e legislações "comunistas e socialistas", que pregavam o fim da liberdade de iniciativa e o empreendedorismo.

No segundo ponto – "risco à cultura cristã do Ocidente" –, a produção em massa de desinformação e notícias fraudulentas pelo novo populismo digital extremista atacava, principalmente, o Poder Judiciário por reconhecer "absurdos direitos" a grupos minoritários, especialmente à minoria LGBTQIA+, desrespeitando, dessa maneira, a tradição judaico-cristã do Ocidente, acarretando fortalecimento e endurecimento do discurso de ódio no mundo todo[26].

Como salientado por Ingo Sarlet, "o discurso de ódio (assim como o fenômeno – em parte correlato – das *fake news*, da desinformação) acirra sectarismos, instila a divisão social, gera níveis preocupantes de insta-

---

[26] Como destaca Patrícia Campos Mello: "Perguntei a Giuliano da Empoli, autor do livro *Os engenheiros do caos*, por que só políticos com ideias polarizadoras têm usado as mídias sociais de forma eficiente para manipular eleições. É simples, ele afirma: as redes sociais e o uso do *Big Data* funcionam melhor com mensagens e políticos de visões extremas" (MELLO, Patrícia Campos. *A máquina do ódio*. São Paulo: Companhia das Letras, 2020. p. 149).

bilidade política e mesmo representa, cada vez mais, ameaças concretas à Democracia"[27].

O novo populismo digital extremista, com publicações de desinformação em massa nas redes sociais e nos serviços de mensageria privada, pretendia fazer crer – e, lamentavelmente, conseguiu confundir milhões de eleitores e eleitoras – que o reconhecimento de direitos constitucionalmente previstos às minorias era contrário à legislação brasileira, atacando a "liberdade" e a "tradição cristã".

O debate em ambiente digital das redes sociais, como salientado por Lorena Santos e Raniere Ferreira, "favorece a normalização do discurso de ódio, principalmente em virtude da sensação de impunidade e pela falsa ideia de que a internet é terra sem lei"[28].

No Brasil, o novo populismo digital extremista, aproveitando esse ambiente digital das redes sociais que normaliza o discurso de ódio e as ideias preconceituosas contra as minorias, disseminou farta desinformação no sentido de atacar diretamente o Supremo Tribunal Federal.

Ignorando a interpretação lógica e teleológica de diversos dispositivos constitucionais protetivos de direitos e liberdades fundamentais de importantes grupos historicamente vulneráveis e discriminados, os grupos digitais extremistas veiculavam maciça desinformação na tentativa de negar a existência de verdadeiro padrão protetivo previsto constitucionalmente que vinha sendo implementado legislativamente pela atuação do Congresso Nacional, desde 1988, com a nítida finalidade de atacar a independência do Poder Judiciário, em especial do Supremo Tribunal Federal.

---

[27] SARLET, Ingo Wolfgang. Considerações acerca da liberdade de expressão e da regulação do discurso do ódio na internet à luz do exemplo do assim chamado *German Networkm Enforcement Act*. In: LEITE, George Salomão (coord.). *Curso de direitos fundamentais*: em homenagem ao Ministro Luís Roberto Barroso. São Paulo: Ed. RT, 2022. v. 2. p. 209-210.

[28] SANTOS, Lorena Vieira G. dos; FERREIRA, Raniere Souza. Liberdade de expressão e censura: análise da ampliação do controle dos conteúdos nas redes sociais frente ao crescimento do discurso de ódio on-line. *Revista Fórum de Direito Civil – RFDC*, Belo Horizonte, v. 12, n. 32, jan.-abr. 2023.

Em todos os comandos constitucionais obrigatórios dirigidos ao legislador, para punição a diversas formas de desrespeito de direitos e liberdades fundamentais, o Congresso Nacional, ao colmatar as lacunas constitucionais, entendeu necessária a edição de leis protetivas, inclusive penais.

O Congresso Nacional, como salientei em julgamento no Supremo Tribunal Federal[29], estabeleceu um verdadeiro padrão protetivo de implementação legislativa para a colmatação dos comandos constitucionais protetivos de direitos e garantias fundamentais de diversos e tradicionais grupos vulneráveis.

A Lei n. 7.716/1989 estabeleceu, em observância ao inciso XLII do art. 5º da CF, os tipos penais referentes à discriminação e ao preconceito de raça, cor, etnia, religião ou procedência nacional.

Assim também ocorreu em relação à implementação de medidas protetivas aos direitos e às garantias fundamentais das crianças e dos adolescentes, das pessoas idosas, das pessoas com deficiência e dos consumidores. A omissão legislativa, com o consequente estado de mora constitucional, persiste tão somente em relação às necessárias medidas normativas punitivas quanto às condutas discriminatórias por orientação sexual e identidade de gênero.

Ao disciplinar legislativamente a proteção integral à criança e ao adolescente, nos termos do *caput* do art. 227 da Constituição Federal, o Congresso Nacional editou o Estatuto da Criança e do Adolescente (Lei n. 8.069, de 13 de julho de 1990), dispondo, expressamente, em seu Título VII, Capítulo I, sobre crimes praticados contra a criança e o adolescente, por ação ou omissão, sem prejuízo do disposto na legislação penal. Foram criados, inicialmente, 17 (dezessete) tipos penais, acrescido de 1 (uma) infração penal pela Lei n. 9.975/2000. Alguns desses tipos penais foram aperfeiçoados pela Lei n. 11.829/2008, que, ainda, criou outros 5 (cinco) tipos penais, assim como pela Lei n. 12.015/2009, que acrescentou mais um ao rol de infrações penais destinadas àqueles que desrespeitam os direitos e as liberdades das crianças e dos adolescentes.

---

[29] Voto proferido na ADO 26, Rel. Min. Celso de Mello, Tribunal Pleno, j. em 13/06/2019.

Da mesma maneira, ao disciplinar o § 4º do art. 227 da CF (*"A lei punirá severamente o abuso, a violência e a exploração sexual da criança e do adolescente"*), o Congresso Nacional editou normas penais presentes na Lei n. 11.829/2008, que alterou o Estatuto da Criança e do Adolescente, para "aprimorar o combate à produção, venda e distribuição de pornografia infantil, bem como criminalizar a aquisição e a posse de tal material e outras condutas relacionadas à pedofilia na internet".

Não foi diferente a atuação do Congresso Nacional ao editar a Lei n. 7.853, de 24 de outubro de 1989, para estabelecer normas gerais que asseguram o pleno exercício dos direitos individuais e sociais das pessoas com deficiência, e sua efetiva integração social, nos termos do § 2º do art. 227 da CF (*"A lei disporá sobre normas de construção dos logradouros e dos edifícios de uso público e de fabricação de veículos de transporte coletivo, a fim de garantir acesso adequado às pessoas portadoras de deficiência"*). Além de medidas administrativas e civis, a lei criou crime punível com reclusão de 2 (dois) a 5 (cinco) anos e multa para condutas atentatórias aos direitos fundamentais das pessoas com deficiência.

O Poder Legislativo atuou de igual maneira para garantir a plena efetividade do § 8º do art. 226 da CF (*"O Estado assegurará a assistência à família na pessoa de cada um dos que a integram, criando mecanismos para coibir a violência no âmbito de suas relações"*), resultando na edição da Lei n. 11.340/2006, que criou mecanismos para coibir a violência doméstica e familiar contra a mulher, estabelecendo que "configura violência doméstica e familiar contra a mulher qualquer ação ou omissão baseada no gênero que lhe cause morte, lesão, sofrimento físico, sexual ou psicológico e dano moral ou patrimonial".

O mesmo padrão protetivo de implementação legislativa foi seguido quando o Congresso Nacional editou a necessária legislação para efetivar a proteção constitucional aos consumidores e colmatar a exigência do inciso XXXII do art. 5º da CF (*"o Estado promoverá, na forma da lei, a defesa do consumidor"*). Ao editar o Código de Defesa do Consumidor, o Congresso Nacional entendeu que a plena defesa do consumidor, exigida constitucionalmente, apenas estaria satisfatoriamente regulamentada com a previsão de medidas administrativas, civis e tipos penais específicos.

O art. 1º da Lei n. 8.078, de 11 de setembro de 1990, prescreve que "O presente código estabelece normas de proteção e defesa do consumidor, de ordem pública e interesse social, nos termos dos arts. 5º, inciso XXII, 170, inciso V, da Constituição Federal, e art. 48 de suas Disposições Transitórias", para, na sequência, disciplinar as sanções administrativas (Título I, Capítulo VII) e as infrações penais (Título II), com a previsão de 13 (treze) tipos penais específicos contra as relações de consumo, sem prejuízo do disposto no Código Penal e nas leis especiais.

Nos 35 (trinta e cinco) anos de vigência da Constituição Federal, o padrão protetivo de implementação legislativa adotado pelo Congresso Nacional, ao editar as leis necessárias para efetivar a proteção dos direitos e das liberdades fundamentais de grupos tradicionalmente vulneráveis, sempre se pautou pela necessidade de, além de normas administrativas e civis, incluir a criação de tipos penais específicos.

Aproveitando-se, porém, do julgamento da ADO 26 (criminalização da homofobia), o novo populismo digital extremista inundou as redes sociais e os serviços de mensageria privada de desinformação e discurso de ódio, acentuando os ataques à independência do Poder Judiciário e radicalizando os ideais da necessidade de "lutar contra o sistema" para manter a "tradição da família cristã".

Naquele julgamento, o Supremo Tribunal Federal decidiu pela necessidade de integral proteção aos direitos das minorias tradicionalmente discriminadas em virtude de sua orientação sexual, como bem salientou o relator, Ministro Celso de Mello[30]:

> "**Práticas homofóbicas e transfóbicas** *configuram atos delituosos* **passíveis** *de repressão penal,* **por efeito** *de mandados constitucionais de criminalização* **(CF, art. 5º, incisos XLI e XLII), por traduzirem expressões** *de racismo em sua dimensão social*
>
> – **Até que sobrevenha** lei emanada do Congresso Nacional **destinada a implementar** *os mandados de criminalização* **definidos nos incisos XLI e XLII do art. 5º da Constituição da República, as condutas** *homofóbicas* **e** *transfóbicas,* reais **ou** supostas, **que envolvem** *aversão odiosa*

---

[30] ADO 26, Rel. Min. Celso de Mello, Tribunal Pleno, j. em 13/06/2019.

à orientação sexual **ou** *à identidade de gênero* de alguém, **por traduzirem** expressões de racismo, **compreendido este** *em sua dimensão social*, **ajustam-se**, *por identidade de razão* **e** *mediante adequação típica*, **aos preceitos primários** de incriminação **definidos** na Lei nº 7.716, de 08/01/1989, **constituindo**, *também*, **na hipótese** de homicídio doloso, *circunstância que o qualifica*, **por configurar** motivo torpe (**Código Penal**, art. 121, § 2º, I, *'in fine'*).

Ninguém pode ser privado de direitos **nem sofrer quaisquer restrições** de ordem jurídica **por motivo** *de sua orientação sexual* **ou em razão** *de sua identidade de gênero*.

Os integrantes do grupo LGBTI+, como **qualquer** outra pessoa, **nascem iguais** em dignidade e direitos **e possuem** igual capacidade de autodeterminação **quanto** às suas escolhas pessoais *em matéria afetiva e amorosa*, **especialmente no que concerne** *à sua vivência homoerótica*.

Ninguém, *sob a égide de uma ordem democrática justa*, **pode ser privado** de seus direitos (**entre os quais** *o direito à busca da felicidade* **e** *o direito à igualdade de tratamento* que a Constituição e as leis da República **dispensam** às pessoas em geral) **ou sofrer** qualquer restrição em sua esfera jurídica **em razão** de sua orientação sexual **ou** de sua identidade de gênero!

Garantir aos integrantes *do grupo LGBTI+* **a posse** *da cidadania plena* **e o integral respeito** *tanto* à sua condição *quanto* às suas escolhas pessoais **pode significar**, *nestes tempos em que as liberdades fundamentais das pessoas* **sofrem ataques** *por parte de mentes sombrias e retrógradas*, **a diferença essencial** *entre civilização* **e** *barbárie.*"

Não havia, diferentemente do que propagado massivamente pela indústria de desinformação desse novo populismo digital extremista, qualquer razão constitucional ou lógica para que – em semelhante hipótese de exigência constitucional de edição legislativa para *punição de* qualquer discriminação atentatória dos direitos e das liberdades fundamentais, em virtude de orientação sexual ou identidade de gênero – se ignorasse a necessidade de edição de tipos penais; repita-se, padrão protetivo de implementação legislativa dos direitos e das garantias fundamentais de diversos grupos vulneráveis adotado pelo próprio Congresso Nacional nos últimos 30 (trinta) anos anteriores ao julgamento.

Dessa maneira, para a obtenção do poder político – independentemente das regras democráticas –, o novo populismo digital extremista, de um lado, a prometer o "retorno à liberdade de empreender", com promessas de nova distribuição de renda entre a "classe média prejudicada pelas minorias", reacendendo a ideia de luta de classes, porém sob o viés da classe dominante; e, de outro lado, acentuou a importância da pauta de costumes, a necessidade do "retorno à tradição", com o fim do que sempre considerou o "exagero de aquisição de direitos das minorias".

A conjugação das pautas econômica e de costumes com a instrumentalização das redes sociais e dos serviços de mensageria privada com a produção de uma quantidade de desinformação jamais existente no mundo foi um solo fértil para o fortalecimento dos discursos de ódio, antidemocráticos e contra o sistema – que, paradoxalmente, é mantido como existe, especialmente por inúmeros detentores de grandes fortunas, e defendido por considerável e ascendente extrema direita no mundo todo.

A estagnação da Democracia em avançar, principalmente em relação à distribuição de renda, e a grave crise da Democracia representativa – iniciada já no final do século XIX – foram o adubo necessário no solo fértil formado pela desinformação para o ressurgimento do violento, radical e preconceituoso populismo de extrema direita.

Maurice Duverger, em relação à representação política, afirmou que "o problema fundamental consiste em medir o grau de exatidão da representação, isto é, o grau de coincidência entre a opinião pública e a sua expressão parlamentar"[31].

Em um primeiro momento, os partidos políticos assumiram o papel principal de intermediação da representação popular. Como observado por Marcelo Rebelo de Sousa, "um dos tópicos essenciais do 'Estado de Partidos', corporificado após a II Grande Guerra reside no acolhimento expresso que as Constituições políticas elaboradas à saída do segundo conflito mundial efectuam da figura e do papel global do partido político", relembrando que "A primeira Constituição com as características de um Estado Social de Direito do pós-guerra a consagrar expressa e diretamente os partidos políticos é a brasileira de 1946"[32].

---

[31] DUVERGER, Maurice. *Os partidos políticos*. Rio de Janeiro: Zahar, 1970.
[32] SOUSA, Marcelo Rebelo de. *Os partidos políticos no direito constitucional português*. Braga: Livraria Cruz, 1983. p. 64 e 67-68.

O declínio do sistema representativo político fez que, inicialmente, surgissem diversos grupos de participação política que, juntamente com os partidos políticos[33], se tornam importantes atores da competição[34] e, posteriormente, possibilitou a instrumentalização das redes sociais e dos serviços de mensageria privada pelos novos populistas digitais extremistas.

Esse processo de *"fragmentação social"* foi exposto por Floriano de Azevedo Marques Neto, ao reconhecer que a "sociedade contemporânea passa, gradativamente, a assistir à aglutinação dos indivíduos em grupos de interesse que, com maior ou menos institucionalidade, passam a ser vistos pelos indivíduos como espaços legítimos de aglutinação dos seus interesses e instrumentos efetivos para atendimento de suas necessidades"[35].

O novo populismo digital extremista explorou o problema central da representação política e da crise da Democracia representativa acentuada no final do século XIX, que consistia na impossibilidade de aferir a real compatibilidade entre a vontade popular e a vontade expressa pela maioria parlamentar.

A extrema direita, principal e inicialmente a norte-americana, soube captar com extrema competência o potencial das redes sociais e dos serviços de mensageria privada em lidar com esses traumas[36] e temores resultantes da crise da Democracia representativa[37]. Alfonso Pinilla García faz uma detalhada análise sobre a relação do discurso de ódio e o surgi-

---

[33] FERREIRA FILHO, Manoel Gonçalves. *Os partidos políticos nas constituições democráticas*. Belo Horizonte: Edições da Revista Brasileira de Estudos Políticos, 1966 (Estudos Sociais e Políticos, 26).

[34] FRIEDRICH, Carl Joachim. *Gobierno constitucional y democracia*. Madrid: Instituto de Estudios Políticos, 1975. p. 16 e ss.

[35] MARQUES NETO, Floriano de Azevedo. *Regulação estatal e interesses públicos*. São Paulo: Malheiros Editores, 2002. p. 120-121.

[36] A exploração do ressentimento com o *establishment* também é analisada por Giuliano da Empoli (EMPOLI, Giuliano da. *Os engenheiros do caos*. Trad. Arnaldo Bloch. São Paulo: Vestígio, 2019. p. 46).

[37] REBOLLO, María Antonia Paz; SORIA, Ana Mayagoitia. El odio y los neopopulismos. In: JIMÉNEZ, Virginia Martín (ed.). *El discurso del odio como arma política*: del pasado al presente. Granada: Comares Comunicación, 2023. p. 117; TESO, Enrique del. *La propaganda de ultraderecha y cómo tratar con ella*. Asturias: Ediciones Trea, 2022. p. 29.

mento dos Estados totalitários na Europa no entreguerras, apontando características semelhantes nos diversos Estados e suas semelhanças em explorar o medo, o ódio e a violência[38].

Como lembram María Antonia Rebollo e Ana Soria, nas redes sociais "as políticas de medo, o enfrentamento e o ódio se expandem e alcançam dimensões antes jamais imaginadas"[39].

Esse fenômeno foi detectado pelo Ministro Benedito Gonçalves, em importante julgamento no TSE, que destacou que "pesquisas empíricas comprovam que o fenômeno das *fake news*, instalado nesse cenário, produziu efeitos políticos em larga escala. Notícias falsas possuem maior capacidade de intensificar o tráfego para sites, canais e perfis que as divulgam, e permitem promover engajamento político a partir não de pautas propositivas, mas da mobilização de paixões. Por suas características inflamáveis, essa mobilização acaba por direcionar um sentimento de inconformismo, nem sempre bem elaborado individualmente, para uma ação coletiva antissistema e antidemocrática. Seu uso foi rapidamente incorporado a ações estratégicas de grande impacto, como o Brexit, no Reino Unido"[40].

Os novos populistas digitais extremistas obtiveram, analisaram e estudaram todas as informações e dados dos eleitores existentes das redes sociais e dos serviços de mensageria privada, conseguiram captar suas insatisfações, seus traumas, medos e preconceitos do ponto de vista político e pessoal e prepararam uma vasta rede de comunicação social – por meio de programadores e algoritmos[41] – para, instrumentalizando

---

[38] GARCÍA, Alfonso Pinilla. El discurso del odio y el surgimiento de los totalitarismos en la Europa de entreguerras (1918-1939). In: JIMÉNEZ, Virginia Martín (ed.). *El discurso del odio como arma política*: del pasado al presente. Granada: Comares Comunicación, 2023. p. 3-17.

[39] REBOLLO, María Antonia Paz; SORIA, Ana Mayagoitia. El odio y los neopopulismos. In: JIMÉNEZ, Virginia Martín (ed.). *El discurso del odio como arma política*: del pasado al presente. Granada: Comares Comunicación, 2023. p. 120.

[40] Ação de Investigação Judicial Eleitoral n. 0600814-85.2022.6.00.0000, Rel. Min. Benedito Gonçalves, j. em 30/06/2023.

[41] LEAL, Luziane de Figueiredo Simão; MORAES FILHO, José Filomeno de. Inteligência artificial e democracia: os algoritmos podem influenciar uma campanha eleitoral? Uma análise do julgamento sobre o impulsionamento de propaganda eleitoral na internet do Tribunal Superior Eleitoral. *Direitos Fundamentais & Justiça*, Belo Horizonte, v. 13, n. 41, p. 343-356, jul.-dez. 2019.

as redes sociais e os serviços de mensageria privada, atingir o emocional desses milhões e milhões de eleitores e eleitoras no mundo todo para, sem atacar diretamente o regime democrático, corroê-lo por dentro com uma nova linhagem do populismo: o populismo digital.

Assim, como aponta Martin Wolf, "em vez de montar golpes ou iniciar revoluções, os supostos autocratas devoram a Democracia por dentro (...). O resultado tende a ser uma autocracia suave pelos padrões históricos do fascismo ou comunismo. Isso faz com que se torne menos repulsiva aos eleitores, mas é uma autocracia do mesmo jeito"[42].

Nadia Urbinati analisa como o populismo transforma a Democracia representativa, salientando que a trajetória de um líder populista começa com a realização de ataques contra o sistema, pois, quando chega ao poder, ignora as forças políticas para atacar as instituições e o próprio "sistema"[43].

3.3. A INSTRUMENTALIZAÇÃO DAS REDES SOCIAIS E DOS SERVIÇOS DE MENSAGERIA PRIVADA PELO NOVO POPULISMO DIGITAL EXTREMISTA

O novo populista digital extremista, negacionista na ciência e nos direitos fundamentais, no momento de organizar seu esquema mundial de comunicação social pelas redes sociais e pelos serviços de mensageria privada, foi extremamente metódico, técnico e científico. Por sua vez, as redes sociais e os serviços de mensageria privada passaram a ser utilizados exatamente como um instrumento de captação e coordenação dessa insatisfação de determinados segmentos da sociedade, os quais passaram a ser bombardeados com diversas informações a partir de algoritmos, bombardeados com informações deturpadas, fraudulentas, mas informações fraudulentas baseadas em dados de real interesse dos eleitores e eleitoras insatisfeitos com os rumos da Democracia representativa ou com determinadas pautas de costumes.

---

[42] WOLF, Martin. *The crisis of democratic capitalism*. New York: Penguin Press, 2023. p. 176.
[43] URBINATI, Nadia. *Yo, el Pueblo*: cómo el populismo transforma la democracia. Ciudad de México: Grano de Sal, 2020. p. 81.

María Antonia Rebollo e Ana Soria salientam que "os neopopulistas instauram uma política da pós-verdade na resposta emocional prevalecendo sobre a evidência fática e a análise razoável, chegando a modificar o significado de um fato ou de um acontecimento. As realidades são tratadas como algo secundário e as normas de civismo não existem"[44].

A instrumentalização das redes sociais e dos serviços de mensageria privada para fins políticos e eleitorais e conquista de poder por esse novo populismo digital apostou muito na ideia de pertencimento, que é muito importante nessas redes. Como bem observado por Giuliano da Empoli, "ao contrário dos outros animais, o homem nasce sem defesas e sem competências e continua assim por muitos anos. Desde o início, sua sobrevivência depende das relações que ele consegue estabelecer com os outros. o diabólico poder de atração das redes sociais se baseia nesse elemento primordial. Cada curtida é uma carícia maternal em nosso ego. A arquitetura do Facebook é toda sustentada sobre a necessidade de reconhecimento, como admite, tranquilamente, seu primeiro financiador Sean Parker"[45].

Inúmeras pessoas que se mantinham isoladas ou com poucas interações sociais, a partir das redes sociais e dos serviços de mensageria privada, passaram a se sentir parte de um grupo que – se não em todos os assuntos – em vários temas mostravam coincidências de pensamentos. Esse fenômeno de "pertencimento" foi explorado pelos extremistas na instrumentalização das redes sociais e dos serviços de mensageria privada, com absoluto sucesso.

Miguel Linera aponta que "o impacto das 'bolhas de filtros' e da desinformação seletiva na formação da opinião política é difícil de ser determinado com precisão, mas as câmaras de eco totalmente automatizadas geram o perigo de criar 'bolhas ideológicas' e isso pode ter efeitos cruciais, em particular no contexto dos processos eleitorais ou de

---

[44] REBOLLO, María Antonia Paz; SORIA, Ana Mayagoitia. El odio y los neopopulismos. In: JIMÉNEZ, Virginia Martín (ed.). *El discurso del odio como arma política*: del pasado al presente. Granada: Comares Comunicación, 2023. p. 121.

[45] EMPOLI, Giuliano da. *Os engenheiros do caos*. Trad. Arnaldo Bloch. São Paulo: Vestígio, 2019. p. 75.

referendo"[46]. Também Giuliano da Empoli afirma que "cada um marcha dentro de sua própria bolha, no interior da qual certas vozes se fazem ouvir mais do que outras e alguns fatos existem mais do que outros"[47].

O uso das mídias digitais, entretanto, não é suficiente para explicar o fenômeno do ataque à Democracia. Há um componente demagógico, uma ação que é, geralmente, apropriada e associada a uma liderança populista, que é o elo capaz de unir, forjar a ideia de pertencimento e, com isso, impulsionar as forças destinadas à criação e à difusão de desinformação com o objetivo de desqualificar e deslegitimar as instituições democráticas.

Também identificando a presença de um líder personalista, Enrique del Teso aponta as características principais nesse novo movimento extremista como sendo "propaganda intensa e propagação sistemática de mentira com máxima intoxicação informática, nacionalismo radical e excludente, sempre com emoção e simbólico e máxima polarização com ódio aos rivais políticos e um debate político expresso em linguagem bélica e de emergência"[48].

Gustavo Zagrebelsky havia proposto, em estudo publicado em 2012, que, nessa hipótese, o demagogo "opera a mais audaciosa identificação política: o povo no seu líder e o líder no seu povo. O líder é órgão do povo e o povo é órgão do líder". Por isso, o espaço para um símbolo externo, nesse ambiente demagógico, inexiste. "O líder ou chefe é o símbolo: o signo de todos os valores, as expectativas, as esperanças convergentes de seu povo". Assim, "o povo, em nome do qual o demagogo fala e age, é símbolo do líder, do qual é alimento, justificação e glorificação. O 'culto da personalidade' é um fato simbólico de duas faces. A 'personalidade' pode ser objeto de culto não porque esteja fora e acima do povo, como

---

[46] LINERA, Miguel Ángel Presno. *Derechos fundamentales e inteligencia artificial*. Madrid: Marcial Pons, 2022. p. 69.
[47] EMPOLI, Giuliano da. *Os engenheiros do caos*. Trad. Arnaldo Bloch. São Paulo: Vestígio, 2019. p. 175. Consultar, em relação à "fragmentação social": MARQUES NETO, Floriano de Azevedo. *Regulação estatal e interesses públicos*. São Paulo: Malheiros Editores, 2002. p. 120-121 e 128-129.
[48] TESO, Enrique del. *La propaganda de ultraderecha y cómo tratar con ella*. Asturias: Ediciones Trea, 2022. p. 18.

se fosse de direito divino, mas porque é identificada no povo. Quem se recusa a entrar nesse círculo simbólico é, por definição, o inimigo: inimigo do líder e inimigo do povo. O símbolo, agora, entra em cena em sua versão não de unidade, mas de divisão, na sua versão de guerra"[49].

Na demagogia, ainda na linha de Zagrebelsky, o líder é o símbolo, "que destrói qualquer outra dimensão da vida política e assim fagocita as instituições, leis e outros símbolos, ou seja, destrói aqueles instrumentos de convivência que os homens se deram uns aos outros para viverem em paz"[50]. Importante lembrar que, na classificação aristotélica, o "governo da multidão", cuja finalidade seria alcançar o interesse geral, foi definido como "Democracia", cujo exercício errôneo e viciado geraria a "demagogia". A "demagogia", portanto, é a forma de governo exercida com desvio de finalidade da "Democracia"[51].

Em sentido prático, como destacado por Martin Wolf, "Esses regimes reinstitucionalizam a política: eles a tornam pessoal. Este é o governo de formuladores arbitrários de regras e seus tribunais. Uma característica comum desses regimes inclui um pequeno círculo de servidores públicos de confiança, promoção de membros da família, uso de referendos como formas de justificar maiores poderes e a criação de serviços de segurança personalíssimos e leais ao 'grande líder'. (...) Bajuladores nas novas autocracias não sem frequência são carreiristas frustrados – frustrados porque são medíocres", para concluir que "Tal sistema combina os vícios do populismo com os perigos do despotismo. Os vícios do populismo são a visão a curto prazo, indiferença com a expertise e a priorização da

---

[49] ZAGREBELSKY, Gustavo. *Simboli al potere*: politica, fiducia, speranza. Torino: Giulio Einaudi, 2012. p. 46-47.

[50] ZAGREBELSKY, Gustavo. *Simboli al potere*: politica, fiducia, speranza. Torino: Giulio Einaudi, 2012. p. 46.

[51] Na lição de Aristóteles, "a tirania é uma monarquia que não tem outro objeto além do interesse do monarca; a oligarquia só enxerga o interesse dos ricos; a demagogia só enxerga os pobres. Nenhum desses governos se ocupa de interesse geral", *concluindo que* "a verdadeira diferença entre a Democracia e a oligarquia está na pobreza e na riqueza; é preciso que todas as vezes que a riqueza ocupa o poder, com ou sem maioria haja oligarquia; e Democracia quando os pobres é que ocupam o poder. Mas acontece, como dissemos, que geralmente os ricos constituem a minoria e os pobres a maioria; a opulência pertence a alguns, mas a liberdade pertence a todos. Tal é a causa das discórdias perpétuas entre uns e outros na questão do governo" (ARISTÓTELES. *A política*. 15. ed. Rio de Janeiro: Ediouro, 1988. p. 59-60).

política imediatista sobre considerações a longo prazo. Os males do despotismo são a corrupção e a arbitrariedade. As duas em conjunto criam a ineficiência econômica e o fracasso a longo termo"[52].

A lição não poderia ser mais atual, quando vivenciamos a instrumentalização das redes sociais e dos serviços de mensageria privada contra as instituições democráticas, por meio da desinformação, com os objetivos antidemocráticos mais amplos que com a desinformação pretendem ser realizados.

Nesse quadro de decadência promovida pelas redes digitais, todas as distinções entre o sujeito privado e as instituições públicas, que se construíram largamente no Direito Público moderno, como também adverte Zagrebelsky, esvaem-se[53].

A onda massiva de desinformação advém, certamente, dos mecanismos digitais, instrumentalizados por muitos, que compõem uma unidade de pensamento e ação capitaneada pelo demagogo, que exerce a sua função de unificação, orientação, exclusão e formação do inimigo. As redes, como nova forma de comunicação em sociedade, são instantaneamente instrumentalizadas, ainda que sem um comando tipicamente central orquestrado ou imposto formalmente, já que não é necessário nenhum tipo de coordenação aberta em virtude da suposta identificação entre voz do líder e voz do povo, especialmente na identificação de inimigos.

A desinformação, no ambiente digital, portanto, assume particularidades e dimensões muito próprias, a exigir um tratamento e uma resposta capazes de fazer frente a esse amplo contexto no qual se insere, e não apenas combater a face mais evidente do fenômeno, que é a circulação de desinformação. Mesmo assim, o mero combate à instrumentalização das redes e à circulação de desinformação pelas plataformas digitais tem se mostrado desafiador.

---

[52] WOLF, Martin. *The crisis of democratic capitalism*. New York: Penguin Press, 2023. p. 177, tradução livre.

[53] Nesse sentido: ZAGREBELSKY, Gustavo. *Simboli al potere*: politica, fiducia, speranza. Torino: Giulio Einaudi, 2012. p. 48.

A criminosa instrumentalização das redes sociais e dos serviços de mensageria privada com a maciça utilização de desinformação para fins políticos e eleitorais foi realizada, portanto, com extremo "profissionalismo", fazendo uma verdadeira "lavagem cerebral" em diversos segmentos da sociedade, pois, a partir de fatos, pensamentos e ideias captadas nas interações dos eleitores e das eleitoras, o novo populismo digital extremista produzia conclusões falsas, tendenciosas, induzindo e instigando o discurso de ódio, o antagonismo, a dissidência, o descrédito às instituições e a corrosão à Democracia[54].

María Antonia Rebollo e Ana Soria apontam nesse mesmo sentido, ao afirmarem que, nas redes sociais, grupos políticos específicos conseguem dominar a agenda midiática e a própria narrativa dos fatos, tendo "especial relevância as campanhas de desprestigio aos seus rivais políticos, citando-os como inimigos com nomes e apelidos que transformam a política em um terreno de crítica pessoal em que se emprega uma retórica agressiva"[55].

Por mais de uma década essa instrumentalização foi realizada pelos novos populistas digitais extremistas e por esse novo populismo digital sem que os democratas percebessem o potencial destrutivo existente, sem que as *big techs* se importassem com algo mais do que os lucros crescentes e exorbitantes e sem que o Legislativo providenciasse a necessária regulamentação existente para todos os demais meios de comunicação social.

O fortalecimento e o profissionalismo do populismo digital extremista somados à total inércia das instituições democráticas na regula-

---

[54] Giuliano da Empoli narra exemplo de desinformação e negacionismo pelas redes sociais (YouTube), no Brasil, em relação ao vírus Zika: "a partir de 2015, enquanto as autoridades médicas se esforçavam para distribuir as vacinas e os larvicidas que matam os mosquitos transmissores do vírus, os primeiros vídeos conspiracionistas fizeram sua aparição na rede. Alguns desses vídeos revelavam a suposta existência de um complô das ONGs para exterminar as populações mais pobres, enquanto outros atribuíam a essas mesmas vacinas e larvicidas a propagação do vírus. A popularidade desses filmes criou um clima de desconfiança que levou muitos pais e mães a recusar os procedimentos médicos imprescindíveis para a sobrevivência de seus filhos" (EMPOLI, Giuliano da. *Os engenheiros do caos*. Trad. Arnaldo Bloch. São Paulo: Vestígio, 2019. p. 80).

[55] REBOLLO, María Antonia Paz; SORIA, Ana Mayagoitia. El odio y los neopopulismos. In: JIMÉNEZ, Virginia Martín (ed.). *El discurso del odio como arma política*: del pasado al presente. Granada: Comares Comunicación, 2023. p. 121.

mentação das redes sociais e dos serviços de mensageria privada, como ocorre com todos os demais meios de comunicação social, possibilitaram que esse grupo avançasse no ataque à Democracia, focando seu ataque em seus três pilares básicos: a liberdade de imprensa; as eleições livres e periódicas, com voto secreto e universal; e a independência do Judiciário.

Como ressaltado por André Ramos Tavares, "não é apenas um processo de reforço do poder das grandes plataformas digitais. Há, ainda, um fenômeno de transgressão democrática explícita, de ataque aos pilares da Democracia como a conhecemos e praticamos"[56].

Observe-se que a desinformação é criada não como um fim em si, nem apenas para atingir a imagem de alguns concorrentes ou autoridades, mas como uma forma de alcançar um objetivo mais amplo, a deslegitimação das instituições democráticas, quer dizer, desacreditar a Democracia.

Russell Muirhead e Nancy Rosenblum fazem importante distinção entre deslegitimação e desconfiança. A desconfiança sempre existiu nas Democracias, como forma de mantermo-nos todos alertas e vigilantes contra eventuais abusos do poder. Já a deslegitimação, visada pelos conspiracionistas, é uma forma de assalto à Democracia. "A deslegitimação drena a autoridade das instituições e das práticas que fazem a Democracia funcionar"[57].

Em sua conhecida obra *Democracia hackeada*, Martin Moore narra o caso concreto das eleições alemãs para o Bundestag, em setembro de 2017, com a atuação digital do grupo de extremistas que pretendiam eleger a extrema direita (AfD)[58].

Em um canal privado e anônimo de internet, o grupo coordenou suas futuras ações com o objetivo de atacar a mídia tradicional e os políticos

---

[56] TAVARES, André Ramos. O poder digital na democracia. In: BELAUNDE, Domingo García; GOYBURU, Dante Paiva (coord.). *Derecho y docencia como vocación*: libro homenaje a José F. Palomino Manchego. Arequipa: Adrus Editores/Instituto Iberoamericano de Derecho Constitucional, 2022. p. 67.

[57] MUIRHEAD, Russell; ROSENBLUM, Nancy L. *A lot of people are saying*: the new conspiracism and the assault on Democracy. Princeton: Princeton University Press, 2019. p. 34-5, tradução livre.

[58] MOORE, Martin. *Democracy hacked*: political turmoil and information warfare in the digital era. London: Oneworld Publications, 2018. p. 3-4.

estabelecidos, assim como sincronizar ataques, normalizar a linguagem de ódio e preconceituosa. Nas eleições alemãs de 2017, a extrema direita conseguiu 13.3% dos votos, ficando em terceiro lugar, contra as pesquisas que a colocavam em quinto lugar, permitindo que um partido de extrema direita ingressasse no Bundestag pela primeira vez desde 1961.

Contudo, o primeiro caso a fazer uso completo do poder dessa mídia social foi, conforme Julio Teehankee e Mark Thompson, Rodrigo Duterte, nas eleições presidenciais das Filipinas em maio de 2016, que "impressionou o mundo com sua avassaladora vitória (...) ostentando um provocativo estilho macho"[59], com a "imagem de durão"[60].

A maior inimiga da desinformação em massa realizada pelo populismo digital nas redes sociais e nos serviços de mensageria privada é a notícia correta e com credibilidade fornecida pela imprensa livre, que constitui um dos pilares das Democracias ocidentais.

O tema toca diretamente a teoria clássica do Direito Constitucional, sobre o chamado "livre mercado de ideias", base da liberdade de expressão. Como lembra Sunstein, "a perspectiva otimista – de que o mercado de ideias é essencialmente confiável – teve importante papel no Direito Constitucional do século XX". Observe-se, porém, que, já na segunda década do século XXI, "mecanismos de propagação dos boatos, particularmente falsos, levantavam dúvidas sobre essa perspectiva. Mesmo quando a competição entre ideias é robusta, más ideias e falsidades podem adquirir ampla aceitação"[61].

No contexto eleitoral da Era Digital, entretanto, a desinformação ganha muito mais importância, pois pode prevalecer e causar um dano severo à liberdade dos eleitores e à Democracia[62].

---

[59] MOORE, Martin. *Democracy hacked*: political turmoil and information warfare in the digital era. London: Oneworld Publications, 2018. p. 108.

[60] TEEHANKEE, Julio C.; THOMPSON, Mark R. The vote in the Philippines: electing a strongman. *Journal of Democracy*, v. 27, n. 4, 2016. p. 125.

[61] SUNSTEIN, Cass R. *A verdade sobre os boatos*: como se espalham e por que acreditamos neles. Rio de Janeiro: Elsevier, 2010. p. 95.

[62] Como salientado por Giuliano da Empoli, "o fato de andar por aí com a verdade nos bolsos, na forma de um pequeno aparelho brilhante e colorido no qual basta apoiar o dedo para ter

Na polarização, Sunstein adverte que, "se as pessoas escutam umas às outras apenas seletivamente, e às vezes vivem em câmaras de ressonância, a aceitação generalizada de boatos falsos é inevitável"[63].

Para atingir seus objetivos, o novo populismo digital extremista organizou sua máquina de desinformação, basicamente – em que pese não exclusivamente –, para atuação nas redes sociais e nos serviços de mensageria privada.

3.4. O ATAQUE DO NOVO POPULISMO DIGITAL EXTREMISTA E DE SUAS "MILÍCIAS DIGITAIS" AOS PILARES DAS DEMOCRACIAS OCIDENTAIS

Os métodos de atuação do novo populismo digital extremista apontam a existência de uma verdadeira organização criminosa, de forte atuação digital e com núcleos de produção, publicação, financiamento e política com a nítida finalidade de atentar contra a Democracia e o Estado de Direito e desestabilizar as instituições democráticas, principalmente aquelas que possam contrapor-se de forma constitucionalmente prevista a atos ilegais ou inconstitucionais, em especial o Poder Judiciário, mas também lideranças do Poder Legislativo, e utilizam-se de uma rede virtual de apoiadores que atuam, de forma sistemática, para criar ou compartilhar mensagens – gerando um sistema paralelo de desinformação – que tem por mote final a derrubada da estrutura democrática.

Essas verdadeiras milícias digitais defendem a necessidade de exclusão dos Poderes Legislativo e Judiciário na tríade do sistema de freios e contrapesos da Constituição Federal, ora atacando seus integrantes, especialmente, no caso do Congresso Nacional, os presidentes da Câmara dos Deputados e do Senado Federal, e os ministros do Supremo Tribunal Federal e do Tribunal Superior Eleitoral, ora pregando a própria desnecessidade de tais instituições estruturais da Democracia brasileira.

---

todas as respostas do mundo, influencia inevitavelmente cada um de nós" (EMPOLI, Giuliano da. *Os engenheiros do caos*. Trad. Arnaldo Bloch. São Paulo: Vestígio, 2019. p. 74).

[63] SUNSTEIN, Cass R. *A verdade sobre os boatos*: como se espalham e por que acreditamos neles. Rio de Janeiro: Elsevier, 2010. p. 96-97.

Enrique del Teso também aponta a intervenção na imprensa, a anulação na separação de poderes, a ausência de controles do governo, a impossibilidade de alternância política de poder e a eliminação de direitos e liberdades como as fortes características desse novo movimento populista extremista[64].

O novo populista digital extremista prega de maneira direta o afastamento da Democracia representativa, com o retorno do Estado de Exceção – clamando por uma "intervenção federal" – a partir do fechamento do órgão de reunião de todos os representantes eleitos pelo voto popular para o Poder Legislativo, e a exclusão do órgão constitucionalmente incumbido da defesa da Constituição Federal, induzindo e instigando a extinção total ou parcial do Supremo Tribunal Federal, como representação máxima do Poder Judiciário.

Essa estrutura de divulgação de ataques organizados foca sua atuação, a partir da desinformação em larga escala, na convocação e organização de manifestações antidemocráticas, para a realização de ataques às instituições que possam, de qualquer maneira, exercer o sistema de freios e contrapesos previsto na Constituição Federal.

As milícias digitais – com seus núcleos de (a) produção do material, (b) publicitário ou de divulgação, (c) político e (d) financeiro – são a infantaria do novo populismo digital extremista e estão voltadas a desestabilizar as regras do jogo democrático, desacreditando a mídia tradicional, o procedimento eleitoral e o Poder Judiciário, com a insana lógica de prevalência absoluta de um único poder nas decisões do Estado, sem qualquer possibilidade de controle ou fiscalização, nos moldes constitucionais; pregando-se, portanto, a imposição de uma ditadura, em desrespeito total à ordem constitucional vigente, que consagra a Democracia e o Estado de Direito.

Há diversas estruturas de comunicação que atuam para a construção do discurso antidemocrático e a materialização de suas pretensões, seja por meio de ataques diretos a instituições e autoridades, seja por

---

[64] TESO, Enrique del. *La propaganda de ultraderecha y cómo tratar con ella*. Asturias: Ediciones Trea, 2022. p. 17.

uma efetiva estrutura empresarial extremamente lucrativa, a partir da monetização de conteúdo divulgado pela rede mundial de computadores.

Há coordenada atuação de empresas e grupos de pessoas na realização de condutas com o fim de desestabilizar as instituições democráticas, claramente a Justiça Eleitoral, por meio de ataques a agentes políticos específicos e disseminação de desinformação e discursos de ódio e antidemocráticos, com nítidas mensagens contrárias à Democracia e ao Estado de Direito.

As "milícias digitais" produzem amplo material divulgado com ataques aos Poderes de Estado e às instituições democráticas, seja por meio de ofensas diretas a agentes políticos que não sejam alinhados a sua ideologia e discurso ou que tenham em algum momento divergido do posicionamento político, seja por meio de ataques pessoais a parlamentares ou magistrados do STF e do TSE, pregando as suas destituições, além de mensagens pregando intervenção militar, inclusive em grupos fechados de aplicativos de mensagens, tais como WhatsApp e Telegram.

O núcleo básico da desinformação produzida e divulgada pelas "milícias digitais" é a defesa de uma ideologia autoritária – suposta e falsamente defensora da "liberdade" contra o "sistema corrupto"[65] – e o desrespeito à Constituição Federal e às instituições, em especial ao Poder Judiciário, tendo como conteúdo (a) formar pessoas capazes de atuar profissionalmente na mudança política e cultural – entende-se por profissionalismo a organização sistemática das ações políticas e culturais, principalmente de extrema direita e contrárias à Democracia e à Constituição Federal; (b) materializar os traumas, as críticas e os desapontamentos da população, inclusive com atuação ativa no sentido de organizar e realizar ataques a determinadas autoridades públicas que tenham como missão constitucional a defesa do Estado Democrático de Direito, transformando-os em verdadeira ira contra o sistema democrático, no sentido de substituí-lo por um regime dita-

---

[65] EMPOLI, Giuliano da. *Os engenheiros do caos*. Trad. Arnaldo Bloch. São Paulo: Vestígio, 2019. p. 170-171.

torial baseado na figura de um personagem populista e sem respeito à ordem constitucional[66].

A estratégia adotada pelas "milícias digitais" de atacar determinados agentes políticos, previamente escolhidos por conta de sua posição contrária ao ideário antidemocrático, com a divulgação de notícias fraudulentas e com farta desinformação e discurso de ódio pelas redes sociais e pelos serviços de mensageria privada, é figura-chave na tentativa de desacreditar as regras do jogo democrático.

Essa estratégia acaba por desafiar o arcabouço do sistema de direito eleitoral, uma vez que não só interfere na lisura do processo eleitoral, como também corrói as próprias bases do regime democrático sobre a qual o processo eleitoral se edifica. Tal fato constitui, nas Democracias ocidentais contemporâneas, um dos maiores desafios para o direito eleitoral, premido por oferecer soluções a desafios antes não cogitáveis que, lamentavelmente, aumentam de complexidade a cada novo pleito eleitoral.

No âmbito da Justiça Eleitoral, foram observados ataques coordenados e sistemáticos contra a comprovada higidez e confiança nas urnas eletrônicas, bem como contra os juízes do Tribunal Superior Eleitoral, todos ocorrendo no mesmo dia ou no dia seguinte, por uma série de perfis e páginas nas redes mundiais de computadores, sempre visando desacreditar as eleições.

O *modus operandi* desse novo populismo digital extremista é sempre o mesmo, sendo possível identificar o comportamento atípico dos ataques sistematizados, iniciando-se de forma concomitante e cessando a comando específico, indicando o uso das redes sociais e dos serviços de mensageria privada não como meio de liberdade de expressão, mas, sim, como instrumento de agressão, de propagação de discurso de ódio e de ruptura ao Estado Democrático de Direito.

Enrique del Teso salienta que "chama a atenção a infestação de notícias fraudulentas que a extrema direita injeta na vida pública", porém

---

[66] TESO, Enrique del. *La propaganda de ultraderecha y cómo tratar con ella*. Asturias: Ediciones Trea, 2022. p. 28.

com uma nova característica trazida pelas *fake news* nas redes sociais, qual seja, "a instalação de emoções negativas e agressivas, pois quando as pessoas estão enfurecidas, atacadas ou indignadas, não prestam atenção aos fatos, nem a verdade".[67]

A atuação das "milícias digitais" – conforme já mencionado, a verdadeira "infantaria do novo populismo extremista" – é complementada pelo envolvimento de agentes públicos e partidos políticos engajados na ruptura do sistema democrático, especialmente no que diz respeito à propagação de tais ataques específicos a instituições e seus integrantes com a clara finalidade de um rompimento institucional.

O "núcleo político" do populismo digital extremista atua no sentido de validar a desinformação produzida pelas milícias digitais, dando um verniz de "discussão política e ideológica" a diversas notícias fraudulentas e discursos de ódio e antidemocráticos produzidos e divulgados. Em outras palavras, o "núcleo político" tem a missão de transformar – aos olhos do eleitorado – toda a desinformação produzida para fins de ruptura do sistema democrático em supostos debates ideológicos. Trata-se da segunda fase da desinformação, ou seja, o "núcleo político" pretende, falsamente, transformar discursos de ódio e antidemocráticos em pautas "conservadoras" e em "defesa da liberdade"[68], tentando dar aparência de embate político aos atos preparatórios e executórios de um golpe de Estado, sendo comum, inclusive, as afirmações de *"necessidade de intervenção militar"*, que *"não há solução pela via democrática"*, *"que as eleições são fraudulentas"*, *"que a Justiça Eleitoral é tendenciosa"*, entre outras afirmações.

O novo populismo digital extremista possui também um "núcleo de financiamento", tanto privado quanto público, pois não é raro que obtenham financiamento com verbas públicas ou resultantes do fundo partidário e eleitoral para a propagação de ideias antidemocráticas e contra o regime democrático e o Estado de Direito.

---

[67] TESO, Enrique del. *La propaganda de ultraderecha y cómo tratar con ella*. Asturias: Ediciones Trea, 2022. p. 44 e 46.
[68] TESO, Enrique del. *La propaganda de ultraderecha y cómo tratar con ella*. Asturias: Ediciones Trea, 2022. p. 29.

Obviamente, a tentativa de subversão do Estado Democrático de Direito exige a criação de uma verdadeira *"rede financeira"* ao redor da produção e propagação do discurso de ódio, dos ataques aos Poderes de Estado e às instituições e da tentativa de rompimento da Democracia e do Estado de Direito, com movimentações atípicas e diversos recebimentos de valores por pagamentos diretos remetidos em conta mantida no exterior, e com, novamente, a instrumentalização das redes sociais e dos serviços de mensageria privada, por meio de monetização realizada pelas diversas empresas, por exemplo, Google, sem qualquer transparência ou possibilidade de controle.

O novo populismo digital extremista caracteriza-se, portanto, pela existência desses diversos grupos coordenados, que utilizam, de forma recorrente, redes sociais e serviços de mensageria privada e mídias alternativas como instrumentos para a concretização de atos de disseminação de notícias fraudulentas para atacar, imediatamente, a lisura das eleições e a Justiça Eleitoral e, mediatamente, o Estado de Direito, visando à ruptura da Democracia com a instalação de um regime de exceção.

O novo populismo digital extremista, após concretizar sua máquina de desinformação por meio das redes sociais e dos serviços de mensageria privada, passou a atacar a credibilidade da mídia tradicional, pretendendo anular, ou no mínimo mitigar, a força da liberdade de imprensa em uma Democracia[69].

Para tanto, era necessário desacreditá-la, convencendo os milhões e milhões de eleitores usuários das redes sociais e dos serviços de mensageria privada de que a liberdade de imprensa não existia, pois a mídia tradicional seria parte de um grande sistema corrupto, contra a liberdade, contra o capitalismo e contra os costumes tradicionais.

A já citada estratégia do novo populismo digital extremista para obtenção do poder político permanente, contra as regras do Estado Demo-

---

[69] Como salientado por Patrícia Campos Mello, "a diferença é que a mídia tradicional pelo menos tenta praticar um jornalismo imparcial. Seu objetivo é fazer uma cobertura sobre os fatos e as notícias, ouvido os dois lados, recorrendo a documentos e fontes (...) por mais utópico que seja, esses veículos ao menos buscam oferecer uma cobertura equilibrada" (MELLO, Patrícia Campos. *A máquina do ódio*. São Paulo: Companhia das Letras, 2020. p. 181).

crático de Direito – (a) capitalismo/liberdade × comunismo; (b) risco à cultura cristã do ocidente –, passou a ser utilizada para desacreditar e deslegitimar a mídia tradicional, a fim de confundir o eleitorado, afastando-o do verdadeiro "mercado livre de ideias", ou seja, convencendo-o a não checar a veracidade das notícias fraudulentas em uma mídia "corrupta, comunista e contra a tradicional família cristã".

A estratégia mostrou-se exitosa e auxiliada pela total ausência de regulamentação das redes sociais e dos serviços de mensageria privada e, em contraposição à responsabilidade existente na mídia tradicional, gerou um imenso embaralhamento sobre quais seriam as notícias reais e quais eram somente produto de massiva desinformação[70].

Uma grande parte do eleitorado deixou de checar a veracidade de notícias sem qualquer credibilidade veiculadas por supostos "especialistas" nas redes sociais e nos serviços de mensageria privada, pois, a partir de um bombardeamento contra a mídia tradicional, passou a desconfiar dos tradicionais meios de comunicação social.

A mídia tradicional, consagradora da liberdade de imprensa e sem vínculos com grupos políticos e ideológicos, passou a ser tratada por milhões de eleitores e eleitoras usuários de redes sociais e serviços de mensageria privada com descrédito e, consequentemente, abandonada.

Sob essa perspectiva, Moore[71] adverte que as "pessoas pelo Mundo se voltaram a seus aparelhos celulares e mídia social para obter suas notícias, então eles se tornaram ainda mais distantes dos jornais, especialmente dos locais. Particularmente para a geração mais nova, caminhar para uma loja para pagar por um jornal impresso para saber o que está acontecendo parece bizarro quando você simplesmente pode olhar em seu telefone".

---

[70] Como salientado por Luís Roberto Barroso, "cabe prioritariamente às próprias mídias sociais fazerem o controle, não de conteúdo, mas de comportamentos inaceitáveis" (BARROSO, Luís Roberto. Da caverna à internet: evolução e desafios da liberdade de expressão. *Publicum*, Rio de Janeiro, v. 6, n. 1, jan.-dez. 2020. p. 10).

[71] MOORE, Martin. *Democracy hacked*: political turmoil and information warfare in the digital era. London: Oneworld Publications, 2018. p. 178-180, tradução livre.

Com todo esse quadro, houve um declínio no número de jornalistas profissionais pelo mundo, que, nos EUA, por exemplo, acelerou a partir de 2007. Só isso, como bem pontua Moore, já representa uma perda significativa, cujas implicações democráticas só agora estão se tornando aparentes.

O novo populismo digital extremista, que havia capturado a vontade de grande parte do eleitorado, conseguiu, a partir de manipulações e desinformação, avançar mais um passo rumo à corrosão e à destruição da Democracia ao deslegitimar o papel da imprensa livre perante inúmeros eleitores e eleitoras, que, simplesmente, deixaram de conferir a veracidade da desinformação que lhes era prestada a partir de algoritmos dirigidos para fins políticos e eleitorais.

Jornalistas desenvolvem uma função democrática inestimável, e a sua substituição por notícias compartilhadas em redes sociais e serviços de mensageria privada, sem fontes, contribui para um ambiente propício para a disseminação de desinformação com a deslegitimação da imprensa[72].

As *big techs*, lamentavelmente, deixaram-se instrumentalizar, pois o descrédito da mídia tradicional e o aumento de sua audiência permitiram um aumento exponencial em seus lucros por meio de publicidades e monetização, embora continuem sendo tratadas como empresas de tecnologia, e não de comunicação social ou mídia.

Como salientado por André Ramos Tavares:

> "(...) essa captura liderada pelas grandes plataformas digitais é realizada em um processo oculto de tomada do poder, que envolve a manipulação das discussões, do livre mercado de ideias e das escolhas eleitorais."[73]

---

[72] Nesse sentido: MOORE, Martin. *Democracy hacked*: political turmoil and information warfare in the digital era. London: Oneworld Publications, 2018. p. 181, tradução livre.

[73] TAVARES, André Ramos. O poder digital na democracia. In: BELAUNDE, Domingo García; GOYBURU, Dante Paiva (coord.). *Derecho y docencia como vocación*: libro homenaje a José F. Palomino Manchego. Arequipa: Adrus Editores/Instituto Iberoamericano de Derecho Constitucional, 2022. p. 67.

Sob o falso argumento de que são meros depósitos de informações, notícias, vídeos e artigos, as *big techs* mantiveram-se irresponsáveis juridicamente da quantidade absurda de desinformação veiculada diariamente, inclusive com discursos de ódio e antidemocráticos.

Gilmar Ferreira Mendes analisa a dificuldade na fixação de regras de responsabilização apontando que "o primeiro paradigma de regulação das mídias sociais está relacionado à abordagem tradicional de irresponsabilidade do intermediário pelo conteúdo de terceiros. No contexto norte-americano, por exemplo, a Suprema Corte tradicionalmente tem adotado uma postura de exaltação do direito de liberdade de expressão consagrado na 1ª Emenda, estendendo a noção libertária de *'free marketplace of ideas'* como uma metáfora principiológica adequada para o tratamento da responsabilidade dos provedores de conteúdo. (...) Após reformas na legislação, a redação atual do § 230 do *Communication Decency Act* (CDA) passou a garantir mais explicitamente uma imunidade quase absoluta de intermediários *on-line* pela veiculação de conteúdo de terceiros, excepcionada somente nas situações de violação de direitos autorais. Ainda assim, porém, a Suprema Corte norte-americana tem se deparado com casos em que os limites da imunidade prevista na legislação são colocados à prova. (...) No Brasil, o sistema jurídico de responsabilidade de conteúdos *on-line* se estruturou em torno do art. 19 do Marco Civil da Internet. Esse dispositivo foi fruto de um frutífero debate legislativo com participação ativa de múltiplos *stakeholders* e de representantes na sociedade civil. (...) É possível afirmar que a doutrina nacional tem interpretado que o art. 19 MCI representou uma opção do legislador pelo modelo de responsabilização judicial, com o intuito de preservar a liberdade de expressão na Internet, ainda que em detrimento do controle absoluto do usuário sobre a informação. Essa escolha, porém, não significa necessariamente que o provedor esteja impedido de realizar a remoção do conteúdo na inexistência de ordem judicial"[74].

No mundo todo, a reação do Legislativo e do Judiciário vem sendo lenta e de eficácia reduzida, mesmo sendo possível aplicar às *big techs* e

---

[74] MENDES, Gilmar Ferreira. Liberdade de expressão, redes sociais e democracia. *Justiça & Cidadania*, v. 23, n. 272, p. 14-20, abr. 2023.

ao mundo virtual a mesma legislação e os mesmos preceitos aplicáveis ao mundo real[75].

É possível identificar, inclusive, uma tentativa de promover um "progressivo encolhimento das fronteiras do Direito"[76], como salientado por André Ramos Tavares, por forças e objetivos distintos. O ataque permanente do novo populismo digital extremista à Democracia por vezes converge para os interesses monetários do modelo de negócios das plataformas digitais, potencializando ainda mais esse novo fenômeno da deslegitimação democrática pela desinformação.

Inúmeras discussões foram e permanecem sendo realizadas no mundo todo sobre a necessidade de regulamentação das redes sociais e dos serviços de mensageria privada, tanto pela necessidade de prevenir e reprimir discursos de ódio e atos antidemocráticos quanto pela necessidade de proibir o aumento expressivo de ataques virtuais e bullying a crianças e adolescentes, mas é inegável que – enquanto não são aprovadas legislações específicas – bastaria, temporariamente, uma regra hermenêutica: *"o que é proibido no mundo real é proibido no mundo virtual"*[77].

Exatamente por isso não se trata, aqui, de retomar a discussão apontada apor Ian Rosenberg, dos teóricos de *cyberlaw* que tomaram lugar nos EUA, entre "excepcionalistas" e "não excepcionalistas", sendo os primeiros identificados com os que consideram que "a mídia social é de alguma maneira tão diferente que deveria ser tratada como algo excepcional, um tipo

---

[75] Conferir nesse sentido: GONÇALVES, Renata Moura. *Espaço físico e espaço virtual na liberdade de expressão*. Dissertação (Mestrado) – Universidade de São Paulo, São Paulo, 2013; BOTTON, Letícia Thomasi Jahnke; SENNA, Pedro Henrique Sccott de. O confronto entre o direito à liberdade de expressão e o direito à honra diante do Marco Civil da Internet. *Revista dos Tribunais*, [*s.l.*], v. 1.014, p. 127-143, abr. 2020.

[76] TAVARES, André Ramos. Constituição em rede. *Revista Brasileira de Estudos Constitucionais*, Belo Horizonte, v. 16, n. 50, jul.-dez. 2022. p. 54.

[77] SANTOS, Lorena Vieira G. dos; FERREIRA, Raniere Souza. Liberdade de expressão e censura: análise da ampliação do controle dos conteúdos nas redes sociais frente ao crescimento do discurso de ódio on-line. *Revista Fórum de Direito Civil – RFDC*, Belo Horizonte, v. 12, n. 32, jan.-abr. 2023; GONÇALVES, Renata Moura. *Espaço físico e espaço virtual na liberdade de expressão*. Dissertação (Mestrado) – Universidade de São Paulo, São Paulo, 2013.

de discurso que poderia ser mais diretamente reaumentado de maneira que a imprensa não é"[78].

Miguel Linera, após fazer uma análise sobre a inteligência artificial no Estado Democrático, aponta que o Parlamento Europeu está analisando a possibilidade de regulamentação dos requisitos, condições e restrições na utilização da inteligência artificial "com o objetivo de proteger o cérebro humano contra a ingerência, a manipulação e o controle por parte da neurotecnologia impulsionada pela inteligência artificial"[79] e cita a *Carta Portuguesa de Direitos Humanos na Era Digital* como um bom exemplo, especialmente ao estabelecer que "as decisões tomadas mediante algoritmos que tenham um impacto significativo nos destinatários devem ser comunicadas aos interessados"[80].

Os provedores de redes sociais defendem, basicamente, sua atuação como provedores de hospedagem, podendo, entretanto, ser caracterizados como provedores de conteúdo, quando disponibilizam informações de sua própria criação. Como destacado por Marcel Leonardi, "os denominados sites de relacionamento, como o Facebook e o Instagram, são enquadrados na categoria dos provedores de hospedagem, assim como os sites que têm como atividade a divulgação de vídeos ou imagens, como é caso do YouTube, todos atuando como intermediários entre o autor da informação e o público em geral. Tais provedores oferecem aos usuários espaço no próprio disco rígido, de modo a permitir a instalação de um site pessoal, realizando a manutenção técnica dessa página virtual, (...) a função exercida por provedores de redes sociais é, primordialmente,

---

[78] ROSENBERG, Ian. *The fight for free speech*: ten cases that define our First Amendment freedoms. New York: New York University Press, 2012. p. 194.

[79] Em 13 de junho de 2024, o Parlamento Europeu aprovou o Regulamento (UE) n. 2024/1689, estabelecendo um regime jurídico único na utilização dos sistemas de Inteligência Artificial (IA), "centrada no ser humano e de confiança, assegurando simultaneamente um elevado nível de proteção da saúde, da segurança, dos direitos fundamentais consagrados na Carta dos Direitos Fundamentais da União Europeia, nomeadamente a Democracia, o Estado de direito e a proteção do ambiente, a proteção contra os efeitos nocivos dos sistemas de IA na União, e de apoiar a inovação".

[80] LINERA, Miguel Ángel Presno. *Derechos fundamentales e inteligencia artificial*. Madrid: Marcial Pons, 2022. p. 86 e 88.

hospedar páginas ou arquivos disponibilizados por terceiros, possibilitando acesso aos demais internautas"[81].

Ressalte-se, entretanto, que, em importante precedente, o Superior Tribunal de Justiça fixou algumas balizas de responsabilização para a rede mundial composta do somatório de todos os servidores a ela conectados, especificando a forma como atuam os diversos fornecedores de serviços virtuais:

> "06. A *world wide web* (www) é uma rede mundial composta pelo somatório de todos os servidores a ela conectados. Esses servidores são bancos de dados que concentram toda a informação disponível na internet, divulgadas por intermédio das incontáveis páginas de acesso (*webpages*).
> 07. Os provedores de serviços de Internet são aqueles que fornecem serviços ligados ao funcionamento dessa rede mundial de computadores, ou por meio dela. Trata-se de gênero do qual são espécies as demais categorias, como: (i) provedores de *backbone* (espinha dorsal), que detêm estrutura de rede capaz de processar grandes volumes de informação. São os responsáveis pela conectividade da internet, oferecendo sua infraestrutura a terceiros, que repassam aos usuários finais acesso à rede; (ii) provedores de acesso, que adquirem a infraestrutura dos provedores *backbone* e revendem aos usuários finais, possibilitando a estes conexão com a Internet; (iii) provedores de hospedagem, que armazenam dados de terceiros, conferindo-lhes acesso remoto; (iv) provedores de informação, que produzem as informações divulgadas na internet; e (v) provedores de conteúdo, que disponibilizam na rede as informações criadas ou desenvolvidas pelos provedores de informação."[82]

A afirmação de que as *big techs* são empresas de tecnologia e, consequentemente, um "grande depósito de informações", sem qualquer responsabilidade pelo conteúdo delas, deve ser interpretada pelas mesmas regras dos "depósitos no mundo real".

No "mundo real", quando uma empresa aluga um depósito, somente terá responsabilidade pelos atos ilícitos praticados no local se tiver

---

[81] LEONARDI, Marcel. *Responsabilidade civil dos provedores de serviços de Internet*. São Paulo: Ed. Juarez de Oliveira, 2005. p. 4-5.
[82] REsp 1.406.448/RJ, Rel. Min. Nancy Andrighi, Terceira Turma, *DJe* de 21/10/2013. Conferir, ainda: STJ, REsp 1.193.764/SP, Rel. Min. Nancy Andrighi, *DJe* de 08/08/2011.

ciência. Mais grave ainda será sua responsabilidade se, além da ciência, a empresa locatária tirar proveito econômico com a utilização ilícita do depósito pela empresa locadora.

No "mundo virtual", é inaceitável que as *big techs* não sejam responsabilizadas quando – não só cientes do conteúdo ilícito da desinformação, do discurso de ódio, dos atos antidemocráticos – direcionem o usuário, preferencialmente, àquele conteúdo por meio de algoritmos ou ainda monetizem cada acesso realizado, tendo proveito econômico, principalmente por meio de publicidade realizada nas redes[83]. Mesmo a afirmação de serem meros hospedeiros, em caráter não oneroso, deve ser analisada com ressalva, pois, como adverte Hian Silva Colaço, "obviamente, essa gratuidade é apenas aparente, pois a publicidade veiculada na Internet representa vultosa remuneração indireta"[84].

Importante destacar que, atualmente, os maiores faturamentos em publicidade são realizados pelas *big techs*. Somente a título exemplificativo, a Meta (Facebook, Instagram e WhatsApp) gerou US$ 33,6 bilhões em receitas de publicidade no terceiro trimestre de 2023, valor superior a US$ 27,2 bilhões do ano passado, um aumento de 23%[85].

Observe-se, ainda, que, mesmo nas hipóteses em que as informações veiculadas na rede mundial de computadores sejam de produção e responsabilidade de terceiros, a relação jurídica estabelecida entre as *big techs* e o usuário contratante configura relação de consumo, nos termos do art. 7º, XIII, do Marco Civil da Internet,[86] como bem salientado pelo Superior Tribunal de Justiça ao decidir que *"a exploração comercial da internet sujeita as relações de consumo daí advindas à Lei nº 8.078/90. 2. O fato de o serviço prestado pelo provedor de serviço de internet ser gratuito não desvirtua a relação de consumo, pois o termo 'mediante remuneração' contido no*

---

[83] FRAZÃO, Ana; MEDEIROS, Ana Rafaela. Responsabilidade civil dos provedores de internet: a liberdade de expressão e o art. 19 do Marco Civil. *Migalhas*, 23 fev. 2021.
[84] COLAÇO, Hian Silva. Responsabilidade civil dos provedores de internet: diálogo entre a jurisprudência e o Marco Civil da Internet. *Revista dos Tribunais*, v. 957, 2015. p. 2.
[85] Informativo *Meio e Mensagem*, com informações do *Ad Age* e da *Bloomberg*, 31/10/2023.
[86] VASCONCELOS, Fernando Antônio de. *Internet*: responsabilidade do provedor pelos danos praticados. Curitiba: Juruá, 2004. p. 116.

art. 3º, § 2º, do CDC deve ser interpretado de forma ampla, de modo a incluir o ganho indireto do fornecedor"[87].

María Antonia Rebollo e Ana Soria analisam essa afirmação de as redes sociais serem "depósitos desinteressados" das mensagens, apontando a "falsa espontaneidade desinteressada das mensagens encaminhadas para cativar seus usuários que acabam cativados pelos discursos de 'originalidade, valentia, intrepidez, autenticidade, e outros atributos que coincidem com as estratégias discursivas do populismo"[88].

O novo populismo digital extremista aproveitou-se da total ausência de regulamentação das redes sociais para desvirtuá-las, transformando-as de instrumento democrático de acesso à livre manifestação de pensamento – surgido, como já analisado, principalmente nas famosas "Primaveras Democráticas" – em um território "selvagem", em "terra sem lei", onde a difusão massiva de desinformação, notícias fraudulentas e discursos de ódio e antidemocráticos passou a deslegitimar, em um primeiro momento, a imprensa tradicional, para, posteriormente, atacar os demais pilares dos regimes democráticos.

O novo populismo digital extremista atacou a mídia tradicional para, desacreditando-a, substituir o livre debate de ideias – garantido pela liberdade de expressão e pela liberdade de imprensa – por suas mentiras autoritárias e discriminatórias.

A instrumentalização das *big techs* para a divulgação de desinformação, notificações fraudulentas, discurso de ódio e atos antidemocráticos e a total ausência de regulamentação, portanto, permitiram que o ataque à legitimidade das mídias tradicionais tivesse sucesso, gerando a possibilidade de o novo populismo digital extremista avançar mais um passo contra os regimes democráticos, atacando seu segundo grande pilar: *eleições livres e periódicas, com voto secreto e universal.*

---

[87] Rcl 5.498, Rel. Min. Nancy Andrighi, j. 18/03/2011.
[88] REBOLLO, María Antonia Paz; SORIA, Ana Mayagoitia. El odio y los neopopulismos. In: JIMÉNEZ, Virginia Martín (ed.). *El discurso del odio como arma política: del pasado al presente.* Granada: Comares Comunicación, 2023. p. 120.

O novo populismo digital extremista, modernamente, não defende abertamente a extinção do Estado Democrático, mas, sim, inclusive durante o período eleitoral – subvertendo e instrumentalizando a utilização das redes sociais e dos serviços de mensageria privada –, difunde massivamente a "desinformação", os discursos de ódio e antidemocráticos, as notícias fraudulentas, as *fake news* – para deslegitimar as instituições e os princípios que regem a Democracia. Acaba, portanto, atuando como verdadeiro hospedeiro da implantação de regimes autocráticos, pois produz o ambiente perfeito para a instalação dos regimes antidemocráticos.

Sob o falso manto de proteção dos ideais democráticos de "defesa da liberdade e tradição", que teriam sido desvirtuados pela imprensa corrupta e tendenciosa e pelas instituições ligadas ao "sistema", o novo populismo digital extremista direciona seus ataques aos instrumentos que concretizam a Democracia, ou seja, aos instrumentos que permitem as eleições livres e periódicas, com o voto secreto e universal.

Em outras palavras, o novo populismo digital extremista manipula, nas redes sociais e nos serviços de mensageria privada, a ideia de Democracia, afirmando que a defende, porém que as instituições a corromperam por meio de fraudes nos instrumentos que possibilitam a realização de eleições, ou seja, veiculam massivamente a desinformação de que o método de escrutínio é fraudulento, que os resultados são errôneos e que as instituições são corruptas.

O ataque do novo populismo digital extremista, entretanto, é frontal ao sistema eleitoral, como instrumento essencial na concretização da Democracia, e vem sendo realizado de maneira mais intensa há mais de uma década em todo o mundo, mesmo que, como ocorre no Brasil, jamais tenha sido constatada qualquer ocorrência de fraude nas eleições realizadas por meio das urnas eletrônicas.

Na verdade, para o novo populismo digital extremista, pouco importa qual o método do escrutínio – por exemplo, possibilidade de voto por carta nos EUA ou urnas eletrônicas no Brasil –, pois a finalidade é gerar incerteza quanto ao resultado das eleições, para deslegitimá-las, desacreditar as instituições e subverter a Democracia.

A incerteza sobre a vitória eleitoral faz que o novo populismo digital extremista, preventivamente, use as redes sociais e os serviços de mensageria privada para desinformar grande parcela do eleitorado sobre a inexistente e falsa possibilidade de fraudes, para que, no caso de derrota, tenha a motivação para a não aceitação do resultado e, consequentemente, a possibilidade de atentar contra a própria Democracia e as instituições que a defendem.

Para os extremistas, portanto, não importa qual seja o mecanismo do sistema eleitoral – urnas eletrônicas, voto impresso, voto por carta –, pois o que pretendem, por meio da massiva desinformação pelas redes sociais e pelos serviços de mensageria privada, é, a partir do ataque aos instrumentos que concretizam o depósito do voto popular nas urnas, desacreditar a própria Democracia e as instituições que a compõem, substituindo-as por um regime de exceção, por uma Ditadura baseada em um líder populista.

No caso brasileiro, há uma grave peculiaridade, pois os ataques a dois dos três pilares da Democracia – *as eleições livres e periódicas, com voto secreto e universal, e a independência do Poder Judiciário* – foram concentrados no Poder Judiciário, uma vez que é a Justiça Eleitoral que organiza, administra, regulamenta e julga as questões referentes ao pleito eleitoral.

Compete, portanto, à Justiça Eleitoral atuar de maneira séria e firme no sentido de impedir que a massiva desinformação macule a liberdade de escolha das eleitoras e dos eleitores e corrompa a lisura do pleito eleitoral, pois a mais importante garantia da Democracia, conforme ressaltado diversas vezes, configura-se na liberdade no exercício do direito de voto e deve ser efetivada tanto com a observância do sigilo do voto – plenamente garantido, no Brasil, pelas urnas eletrônicas – quanto com a possibilidade de o eleitor receber todas as informações possíveis sobre os candidatos e as candidatas, suas opiniões e suas propostas durante a campanha eleitoral, sem o desvirtuamento corrosivo da desinformação produzida por algoritmos nas redes sociais.

A vocação pela Democracia e a coragem de combater aqueles que são contrários aos ideais constitucionais e aos valores republicanos de respeito à vontade popular são características marcantes nos 91 anos de

Justiça Eleitoral brasileira, que, continuamente, vem se aperfeiçoando, principalmente com a implementação e as melhorias das urnas eletrônicas, no sentido de concretizar a real vontade do eleitorado.[89]

O aperfeiçoamento é constante, sempre para garantir total segurança e transparência ao eleitorado nacional, como demonstrado, inclusive, pela implementação da biometria nas urnas eletrônicas – moderno método tecnológico – em 75,52% (setenta e cinco vírgula cinquenta e dois por cento) do eleitorado, em um total de 118.151.926 (cento e dezoito milhões cento e cinquenta e um mil novecentos e vinte e seis) eleitoras e eleitores. Para as eleições de 2022, a instalação da biometria somente não foi finalizada em virtude da trágica pandemia causada pela covid-19.

No Brasil, nas últimas eleições gerais, de 2022, foram 156.454.011 (cento e cinquenta e seis milhões quatrocentos e cinquenta e quatro mil e onze) eleitores e eleitoras aptos a votar, consagrando uma das maiores Democracias do mundo em termos de voto popular, estando entre as quatro maiores, juntamente com EUA, Índia e Indonésia.

O Brasil, entretanto, é a única Democracia do mundo que apura e divulga os resultados eleitorais no mesmo dia, com agilidade, segurança, competência e transparência. Para que isso tenha ocorrido nas sucessivas eleições e para que o Brasil possa comemorar o maior período de estabilidade democrática de sua história republicana, a Justiça Eleitoral conta com o Tribunal Superior Eleitoral, que atua em conjunto com os 27 Tribunais Regionais Eleitorais, com 2.637 juízes eleitorais e o mesmo número de promotores eleitorais, com aproximadamente 22 mil servidores e 2,2 milhões de mesários, verdadeiros agentes da cidadania.

O Tribunal Superior Eleitoral abriu suas portas para instituições e organismos nacionais e internacionais, ampliou os mecanismos de fiscalização e confiabilidade e possibilitou amplo acesso a todas as etapas do calendário eleitoral. Além disso, mais uma vez, como era de se

---

[89] Conforme destaquei em meu discurso de posse na Presidência do Tribunal Superior Eleitoral, em 16 de agosto de 2022.

esperar, ficou constatada a ausência de qualquer fraude, qualquer desvio ou mesmo qualquer problema.

Nas eleições gerais de 2022, o Brasil e a comunidade internacional não só reconheceram a regularidade da vitória da chapa democraticamente escolhida pela maioria do eleitorado nacional, mas também atestaram a vitória plena e incontestável da Democracia e do Estado de Direito contra os ataques antidemocráticos, a desinformação e o discurso de ódio proferidos por diversos grupos extremistas e organizados.

A Democracia se fortalece mediante a realização de eleições transparentes que permitam às eleitoras e aos eleitores a manifestação de maneira livre e soberana e garantam às instituições a proclamação dos vencedores, com encerramento de mais um ciclo democrático, com respeito à soberana vontade popular e à Constituição Federal.

A Justiça Eleitoral atuou com competência e transparência, honrando sua histórica vocação de concretizar a Democracia e a autêntica coragem para lutar contra as forças populistas e extremistas que não acreditam no Estado Democrático de Direito e pretendem, por meio de desinformação, notícias fraudulentas e discursos de ódio e antidemocráticos, capturar a vontade soberana do povo, desvirtuando os votos depositados nas urnas.

Dessa maneira, tanto a defesa do segundo grande pilar de um Estado Democrático de Direito – *as eleições livres e periódicas, com voto secreto e universal* – quanto a do terceiro pilar – *a independência do Poder Judiciário* – foram realizadas também pela Justiça Eleitoral, que, de forma transparente e pública, demonstrou a total lisura, confiabilidade e seriedade de nossas urnas eletrônicas e do Poder Judiciário.

Essa atuação da Justiça Eleitoral, entretanto, não impediu, durante as últimas três eleições, que esse terceiro e grande pilar da Democracia – *a independência do Poder Judiciário* – fosse atacado criminosamente, a partir, basicamente, do induzimento e da instigação do novo populismo digital extremista nas redes sociais e nos serviços de mensageria privada.

Assim, os ataques à Democracia e ao pleito eleitoral não se resumiram aos dois grandes pilares do Estado de Direito – *liberdade de imprensa e sistema eleitoral* –, concentrando-se também, de maneira vil e torpe, em ataques, ameaças e todo tipo de coação institucionais ao Poder Judiciário e pessoais aos seus membros, em especial no Supremo Tribunal Federal e naqueles, dessa Corte, que compõem o Tribunal Superior Eleitoral.

Vários órgãos judiciários no mundo sofrerão diversos tipos de ataque por parte do novo populismo digital extremista por defenderem as regras do Estado Democrático de Direito. No Brasil, conforme já apontado, isso foi mais visível pelo fato de a Justiça Eleitoral organizar, administrar, normatizar e julgar as eleições e também por três dos sete integrantes do Tribunal Superior Eleitoral serem membros do Supremo Tribunal Federal, inclusive o presidente e o vice-presidente da Corte Eleitoral.

Na impossibilidade de cooptar ou alterar a composição da Suprema Corte brasileira, o novo populismo digital extremista partiu para o confronto aberto e, a partir da massiva desinformação, pretendeu, por um lado, desacreditar e deslegitimar o Judiciário brasileiro perante a sociedade e, por outro, ameaçar física e virtualmente os integrantes do Supremo Tribunal Federal e do Tribunal Superior Eleitoral, na tentativa de amedrontar aqueles que deveriam zelar pela Democracia e pelo Estado de Direito.

O novo populismo digital extremista tem como um de seus objetivos principais deslegitimar o exercício da jurisdição constitucional por cortes e tribunais em todo o mundo, a fim de afastar esse efetivo método de controle contra o autoritarismo e o arbítrio.

O Constitucionalismo e a Ciência Política são unânimes em afirmar que, após a segunda grande guerra, numerosos países passaram a admitir um controle judiciário da constitucionalidade das leis mais efetivo, com a criação e o fortalecimento de cortes constitucionais e supremas cortes, como reação contra "os regimes que haviam escarnecidos dos princípios da Democracia e dos Direitos Humanos", como salientado por René David em obra clássica[90].

---

[90] DAVID, René. *Os grandes sistemas do direito contemporâneo*. São Paulo: Martins Fontes, 1998. p. 54.

O fundamento básico da legitimidade da Justiça Constitucional está na necessidade de consagração e efetivação de um rol de princípios constitucionais básicos e direitos fundamentais tendentes a limitar e controlar os abusos de poder do próprio Estado e de suas autoridades constituídas, além de consagração dos princípios básicos da igualdade e da legalidade como regentes do Estado moderno e contemporâneo[91].

No Brasil, a Constituição Federal concedeu importantes competências constitucionais ao Supremo Tribunal Federal para exercer essa grave missão de defensor do Estado de Direito, das regras democráticas e dos direitos fundamentais, assim como estabeleceu garantias de independência e imparcialidade a seus magistrados para protegerem e efetivarem a ordem constitucional.

Conforme bem destacado pelo Ministro Celso de Mello[92]:

"A jurisdição constitucional qualifica-se como importante fator de contenção de eventuais excessos, abusos ou omissões alegadamente transgressores do texto da Constituição da República, não importando a condição institucional que ostente o órgão estatal – por mais elevada que seja sua posição na estrutura institucional do Estado – de que emanem suas condutas."

A reafirmação da imprescindibilidade da jurisdição constitucional para a Democracia é importantíssima. Não há Democracia sem um Poder

---

[91] MORAES, Alexandre de. *Direito constitucional*. 39. ed. São Paulo: Atlas, 2023; MORAES, Alexandre de. *Jurisdição constitucional e tribunais constitucionais*. 3. ed. São Paulo: Atlas, 2019; MIRANDA, Jorge. Nos dez anos de funcionamento do tribunal constitucional. In: SOUSA E BRITO, José de et al. *Legitimidade e legitimação da justiça constitucional*. Coimbra: Coimbra Editora, 1995. p. 95; CANOTILHO, J. J. Gomes. *Direito constitucional e teoria da Constituição*. 2. ed. Coimbra: Almedina, 1998. p. 782; COOLEY, Thomas. *Princípios gerais de direito constitucional dos Estados Unidos da América do Norte*. 2. ed. São Paulo: Ed, RT, 1982. p. 142; SCHWARTZ, Bernard. *Direito constitucional americano*. Rio de Janeiro: Forense, 1966. p. 26-27; CAPPELLETTI, Mauro. Necesidad y legitimidad de la justicia constitucional. In: FAVOREU, Louis et al. *Tribunales constitucionales europeos y derechos fundamentales*. Madrid: Centro de Estudios Constitucionales, 1984. p. 612 e ss.; LUCHAIRE, François. El consejo constitucional francés. In: FAVOREU, Louis et al. *Tribunales constitucionales europeos y derechos fundamentales*. Madrid: Centro de Estudios Constitucionales, 1984. p. 19 e ss.; BON, Pierre. La légitimité du conseil constitutionnel français. In: SOUSA E BRITO, José de et al. *Legitimidade e legitimação da justiça constitucional*. Coimbra: Coimbra Editora, 1995. p. 143 e ss.; ROYO, Javier Pérez. *Tribunal constitucional y división de poderes*. Madrid: Tecnos, 1988. p. 24-25.

[92] Pleno, MS 27.931-1/DF, Rel. Min. Celso de Mello.

Judiciário independente e não há Poder Judiciário independente sem juízes altivos e seguros.

No entanto, seguindo a cartilha autoritária e extremista daqueles que, no mundo, não respeitam a Democracia e o Estado de Direito, também no Brasil, o novo populismo digital extremista atacou a independência do Poder Judiciário, disseminando desinformação e discurso de ódio contra seus membros e familiares, inclusive ameaçando-os verbal e fisicamente.

Coagir, atacar, constranger, ameaçar ou atentar contra o Supremo Tribunal Federal, o Poder Judiciário e seus membros é atentar contra a Constituição Federal, a Democracia, o Estado de Direito e a defesa intransigente dos direitos humanos fundamentais.

O desconhecimento da independência e da coragem do Judiciário brasileiro pelos novos populistas digitais extremistas, entretanto, demonstrou-se total, pois, com coragem, força, serenidade e altivez, manteve sua independência e imparcialidade, garantindo o respeito ao Estado de Direito e realizando eleições limpas, transparentes e seguras, concretizando mais uma etapa na construção de nossa Democracia.

Em virtude da inércia de inúmeras outras instituições e órgãos de controle na defesa da independência do Poder Judiciário, cláusula pétrea de nossa Constituição Federal, coube ao próprio Supremo Tribunal Federal acionar mecanismos constitucionais e regimentais para sua proteção e de todo o Poder Judiciário Nacional, com a finalidade de garantir a plena eficácia da Constituição Federal de 1988 e a manutenção do Estado Democrático de Direito.

No combate efetivo à desinformação, às notícias fraudulentas e aos discursos de ódio e antidemocráticos, coube ao Supremo Tribunal Federal exercer suas competências constitucionais em defesa do Estado Democrático de Direito, para responsabilizar os agentes do novo populismo digital extremista. Coube, portanto, ao próprio Supremo Tribunal Federal, por seu presidente, e em defesa da independência do Poder Judiciário como um dos pilares da Democracia, instaurar procedimento investigatório – conhecido, midiaticamente, como o Inquérito das *"Fake*

News" – para combater a desinformação, as notícias fraudulentas e os discursos de ódio e antidemocráticos contra o Poder Judiciário.

O Plenário do Supremo Tribunal Federal, mediante análise de arguição de descumprimento de preceito fundamental, declarou a constitucionalidade do exercício dessa competência constitucional e regimental, no momento de grave ataque à independência da Corte, permitindo a preservação de um dos pilares fundamentais da Democracia – independência do Poder Judiciário – e o combate efetivo ao novo populismo digital extremista que se fortaleceu nos anos seguintes ao julgamento da constitucionalidade do inquérito, afirmando[93]:

> "Arguição de descumprimento de preceito fundamental. ADPF. Portaria GP nº 69 de 2019. Preliminares superadas. Julgamento de medida cautelar convertido no mérito. Processo suficientemente instruído. Incitamento ao fechamento do STF. Ameaça de morte e prisão de seus membros. Desobediência. Pedido improcedente nas específicas e próprias circunstâncias de fato exclusivamente envolvidas com a portaria impugnada. Limites. Peça informativa. Acompanhamento pelo Ministério Público. Súmula Vinculante nº 14. Objeto limitado a manifestações que denotem risco efetivo à independência do Poder Judiciário. Proteção da liberdade de expressão e de imprensa.
> 1. Preliminarmente, trata-se de partido político com representação no Congresso Nacional e, portanto, legitimado universal apto à jurisdição do controle abstrato de constitucionalidade, e a procuração atende à 'descrição mínima do objeto digno de hostilização'. A alegação de descabimento pela ofensa reflexa é questão que se confunde com o mérito, uma vez que o autor sustenta que o ato impugnado ofendeu diretamente à Constituição. E, na esteira da jurisprudência desta Corte, compete ao Supremo Tribunal Federal o juízo acerca do que se há de compreender, no sistema constitucional brasileiro, como preceito fundamental e, diante da vocação da Constituição de 1988 de reinstaurar o Estado Democrático de Direito, fundado na 'dignidade da pessoa humana' (CR, art. 1º, III), a liberdade pessoal e a garantia do devido processo legal, e seus corolários, assim como o princípio do juiz natural, são preceitos fundamentais. Por fim, a subsidiariedade exigida para o cabimento da ADPF resigna-se com a ineficácia de outro meio e, aqui, nenhum outro parece, de fato, solver todas as alegadas violações decorrentes da instauração e das decisões subsequentes.

---

[93] ADPF 572, Rel. Min. Edson Fachin, j. em 18/06/2020.

2. Nos limites desse processo, diante de incitamento ao fechamento do STF, de ameaça de morte ou de prisão de seus membros, de apregoada desobediência a decisões judiciais, arguição de descumprimento de preceito fundamental julgada totalmente improcedente, nos termos expressos em que foi formulado o pedido ao final da petição inicial, para declarar a constitucionalidade da Portaria GP n. 69/2019 enquanto constitucional o art. 43 do RISTF, nas específicas e próprias circunstâncias de fato com esse ato exclusivamente envolvidas.

3. Resta assentado o sentido adequado do referido ato a fim de que o procedimento, no limite de uma peça informativa: (a) seja acompanhado pelo Ministério Público; (b) seja integralmente observada a Súmula Vinculante nº 14; (c) limite o objeto do inquérito a manifestações que, denotando risco efetivo à independência do Poder Judiciário (CRFB, art. 2º), pela via da ameaça aos membros do Supremo Tribunal Federal e a seus familiares, atentam contra os Poderes instituídos, contra o Estado de Direito e contra a Democracia; e (d) observe a proteção da liberdade de expressão e de imprensa nos termos da Constituição, excluindo do escopo do inquérito matérias jornalísticas e postagens, compartilhamentos ou outras manifestações (inclusive pessoais) na internet, feitas anonimamente ou não, desde que não integrem esquemas de financiamento e divulgação em massa nas redes sociais."

A Justiça Eleitoral soube, com o integral apoio de todo o Poder Judiciário, em especial do Supremo Tribunal Federal, garantir a estabilidade democrática e o integral respeito ao Estado de Direito, combatendo os intensos e criminosos ataques aos três grandes pilares de um Estado Constitucional: a liberdade de imprensa e a livre manifestação de pensamento; a integridade do sistema eleitoral; e a independência do Poder Judiciário.

Capítulo 4
A ATUAÇÃO DA JUSTIÇA ELEITORAL NO COMBATE À DESINFORMAÇÃO E AOS DISCURSOS DE ÓDIO E ANTIDEMOCRÁTICOS E NA PROTEÇÃO À LIBERDADE DE ESCOLHA DO ELEITORADO[1]

4.1. REDES SOCIAIS E SERVIÇOS DE MENSAGERIA PRIVADA E PROPAGANDA ELEITORAL

As novas tecnologias surgidas na vida contemporânea têm influenciado e modificado profundamente o relacionamento entre as pessoas e a busca por informações.

As plataformas digitais, desenvolvidas e popularizadas no início deste século, vêm ampliando o trato social e permitindo novas formas de comunicação. Atualmente, as redes sociais e os serviços de mensageria privada são fontes de informação primária para milhões de usuários em todo o mundo.

---

[1] Em 12 de março de 2024, na Presidência do Tribunal Superior Eleitoral, editei a Portaria n. 180, instituindo o Ciedde (Centro Integrado de Enfrentamento à Desinformação e Defesa da Democracia), com o objetivo de auxiliar na atuação coordenada da Justiça Eleitoral junto aos Poderes, órgãos da República e instituições públicas e privadas na promoção da educação em cidadania nos valores democráticos, nos direitos digitais e no combate à desinformação, bem como aos discursos de ódio, discriminatórios e antidemocráticos, no âmbito eleitoral.

As novas mídias sociais passaram a contribuir para o exercício da Democracia, uma vez que esse novo modelo de comunicação permite que pessoas publiquem suas impressões, crenças, interpretações de mundo sem a necessidade de intermediários.

Os indivíduos passam a criar seu próprio conteúdo, externando uma visão subjetiva de determinado assunto, de forma que candidatos não precisam mais disputar o espaço na mídia tradicional para angariar votos, pois as plataformas digitais permitem que, no período eleitoral, tenham voz ativa para difundir seus pensamentos e ideias para milhares de pessoas, posssibilitando uma rede infinita de interações.

Torna-se, portanto, absolutamente necessária a inclusão das redes sociais e dos serviços de mensageria privada virtuais no gênero *"meio de comunicação"*, uma vez que formam não apenas canais de ligação entre pessoas, mas verdadeiras cadeias multifacetadas de comunicação e informação.

No entanto, tais manifestações supramencionadas, quando feitas no âmbito das novas plataformas de mídia social – WhatsApp, Facebook, X (antigo Twitter), Instagram –, não estão acobertadas sob o manto da imunidade nem tuteladas sob o manto do anonimato, estando sujeitas, assim como os meios tradicionais de mídia – televisão, rádio, jornais e revistas –, ao binômio liberdade com responsabilidade[2]. Uma vez que ofendam, ou tentem desconstituir o regime democrático ou instigar discursos de ódio, essas plataformas devem ser responsabilizadas[3].

---

[2] Sobre a necessidade de ponderação na responsabilização, conferir: SARLET, Ingo Wolfgang. Considerações acerca da liberdade de expressão e da regulação do discurso do ódio na internet à luz do exemplo do assim chamado *German Networkm Enforcement Act*. In: LEITE, George Salomão (coord.). *Curso de direitos fundamentais*: em homenagem ao Ministro Luís Roberto Barroso. São Paulo: Ed. RT, 2022. v. 2.

[3] Renata Moura Gonçalves aponta a necessidade de regulação minimalista ao afirmar que: "em primeiro lugar, deve haver uma lei clara, com publicidade e transparência para regular a matéria. Em segundo lugar, apenas devem ser admitidas limitações à liberdade de expressão no que concerne à proteção da honra e do direito de terceiros e à tutela de assuntos de segurança nacional ou de interesse público" (GONÇALVES, Renata Moura. *Espaço físico e espaço virtual na liberdade de expressão*. Dissertação (Mestrado) – Universidade de São Paulo, São Paulo, 2013).

No cenário eleitoral, é permitida aos pré-candidatos, aos candidatos, aos apoiadores e aos meios de comunicação a opção por determinados posicionamentos e exteriorização de juízo de valor, bem como a realização de programas humorísticos e sátiras a partir de trucagem, montagem ou outro recurso de áudio e vídeo, como costumeiramente se realiza, não havendo justificativa constitucional razoável para a interrupção durante o período de campanha.

Por outro lado, a Constituição Federal não permite aos pré-candidatos, aos candidatos e aos seus apoiadores, inclusive em período de propaganda eleitoral, a propagação de discurso de ódio, ideias contrárias à ordem constitucional e ao Estado Democrático (CF, art. 5º, XLIV; e art. 34, III e IV), tampouco a realização de manifestações nas redes sociais e nos serviços de mensageria privada ou por meio de entrevistas públicas visando ao rompimento do Estado de Direito, com a extinção das cláusulas pétreas constitucionais – Separação de Poderes (CF, art. 60, § 4º), com a consequente instalação do arbítrio.

Adriana Fragalle Moreira salienta a relação entre liberdade de expressão e defesa da Democracia, apontando que, "por essa ótica, a liberdade de expressão é um direito em si. Pela justificação instrumental, a liberdade de expressão deve ser protegida porque traz benefícios à sociedade, decorrentes da livre troca de ideias. Por essa ótica, a liberdade de expressão é um meio para o aperfeiçoamento da Democracia, devendo ser protegida por razões funcionais e sociais"[4].

O sensacionalismo e a insensata disseminação de conteúdo inverídico objetivam incutir na população a crença errônea do comprometimento de todo o processo eleitoral e ferem valores, princípios e garantias constitucionalmente asseguradas, notadamente a liberdade do voto e o exercício da cidadania.

Dessa maneira, são inconstitucionais tanto as condutas e manifestações que tenham a nítida finalidade de controlar ou mesmo aniquilar

---

[4] MOREIRA, Adriana Fragalle. *Interpretação e âmbito de proteção do direito à liberdade de expressão*: reflexões sobre o "quem", "quando" e "o quê" na manifestação do pensamento. Dissertação (Mestrado) – Universidade de São Paulo, São Paulo, 2016. Item 12.

a força do pensamento crítico, indispensável ao regime democrático, quanto aquelas que pretendam enfraquecê-lo, juntamente com suas instituições republicanas, pregando a depreciação do processo democrático, com ataques à lisura do sistema de votação e à Justiça Eleitoral, sem um mínimo de provas que lastreiem a sua manifestação[5].

A emissão de discurso desprovido de qualquer substrato fático e tendente a criar narrativa artificial a partir de alusão a fatos descontextualizados e, inclusive, inverídicos não se insere nos limites da livre manifestação de pensamento e, de igual modo, mostra-se incompatível com qualquer pretensão legítima de promover debate institucional a respeito do sistema eletrônico de votação.

No Brasil, a atuação da Justiça Eleitoral[6] deve fazer cessar manifestações revestidas de ilicitude não inseridas no âmbito da liberdade de expressão, a qual não pode ser utilizada como verdadeiro escudo protetivo da prática de atividades ilícitas, tendo em vista a circunstância de que não há, no ordenamento jurídico, direito absoluto à manifestação de pensamento, ou seja, *"não há direito no abuso de direito"*, de modo que os abusos praticados devem sujeitar-se às punições legalmente previstas[7].

A lisura do pleito deve ser resguardada, sob pena de esvaziamento da tutela da propaganda eleitoral, e, portanto, as competências constitucionais da Corte Eleitoral, inclusive no tocante à fiscalização, são instrumentos necessários para garantir a Democracia e a obrigação constitucional de se resguardarem eleições livres e legítimas. Nesse cenário, a atuação da Justiça Eleitoral surge como forma de proteger a *"normalidade e legitimidade das eleições contra a influência do poder econômico ou o abuso do exercício de função, cargo ou emprego na administração direta ou indireta"*[8].

---

[5] Conferir: RAMOS, André de Carvalho. Liberdade de expressão e ideais antidemocráticos veiculados por partidos políticos – tolerância com os intolerantes. *Temas de Direito Eleitoral no Século XXI*. Brasília: Escola Superior do Ministério Público da União, 2012.

[6] Conferir: SILVEIRA, Marilda de Paula; LEAL, Amanda Fernandes. Restrição de conteúdo de impulsionamento: como a Justiça Eleitoral vem construindo sua estratégia de controle. *Revista Direito Público*, v. 18, p. 565-589, 1º set. 2021.

[7] ADPF 572, Rel. Min. Edson Fachin, Pleno, *DJe* de 07/05/2021.

[8] TSE, Representação 0601530-54/DF Rel. Min. Luis Felipe Salomão, *DJe* de 18/03/2021; TSE, RO-EL 2247-73 e 1251-75, Red. p/ Acórdão Min. Alexandre de Moraes.

No novo cenário digital, o papel da Justiça Eleitoral assumiu uma responsabilidade ainda maior com a manutenção da Democracia, das eleições livres e seguras e com a liberdade do eleitor. Essas novas demandas resultaram em diversos pronunciamentos inovadores, capazes de captar, de maneira atenta e precisa, as ameaças que surgiram com os novos instrumentos da vida digital.

A enorme capacidade de desestabilização democrática e a disseminação instantânea de desinformação com grande potencial para eliminar a real liberdade do eleitor e promover candidatos fraudadores ou demagogos são alguns dos piores problemas democráticos da atualidade, como visto anteriormente.

O respeito ao pacto social estabelecido na Constituição, aos direitos fundamentais e aos valores civilizatórios passou a depender muito mais da capacidade de um país em manter suas eleições efetivamente livres e seguras, como pressuposto para que as relações Estado-sociedade não se desnaturem a ponto de se implantarem ditaduras e governos arbitrários.

Quando as redes sociais e os serviços de mensageria privada digitais passaram a ser uma das principais fontes do eleitor e da eleitora, sendo a desinformação um elemento que tem se destacado nessas redes, era inevitável a ressignificação e o reforço do papel da Justiça Eleitoral para a Democracia no Brasil. As decisões adotadas desde que se passou a ter consciência dessa nova realidade digital e seus impactos bem demonstram isso.

Assim, uma das primeiras decisões que merece ser mencionada é a que considerou as *big techs* como perfeitamente enquadradas no conceito de "veículos ou meios de comunicação" previsto no art. 22, *caput*, da LC n. 64/1990, desde que demonstrada a *"exposição desproporcional de um candidato em detrimento dos demais"*[9].

No contexto de fatos praticados nas eleições de 2018, porém buscando pacificar seu entendimento e garantir segurança jurídica para as eleições de 2022, o TSE decidiu que *"o uso de aplicações digitais de mensagens instantâneas, visando promover disparos em massa, contendo desinformação e inverdades em prejuízo de adversários e em benefício de candidato, pode configurar*

---
[9] TSE, AgR-RO 0601586-22, Rel. Min. Alexandre de Moraes, *DJe* de 13/09/2021.

abuso de poder econômico e/ou uso indevido dos meios de comunicação social para os fins do art. 22, caput e XIV, da LC 64/90"[10].

Na mesma sessão de julgamento, a Corte Eleitoral cassou o diploma de deputado estadual eleito com declaração de inelegibilidade por oito anos, pelo uso indevido dos meios de comunicação social consubstanciado na utilização massiva e irregular da rede social Facebook durante o processo eleitoral, por intermédio da propagação de desinformação[11].

A Justiça Eleitoral examinou a matéria sob a ótica do impacto da internet e das redes sociais e dos serviços de mensageria privada nas campanhas eleitorais, de forma que: *"enquadram-se no conceito de 'veículos ou meios de comunicação social' a que alude o art. 22 da LC 64/90"*, tendo sido destacado pelo Min. Luis Felipe Salomão, Corregedor-Geral Eleitoral, que *"a Justiça Eleitoral não pode ignorar a realidade: é notório que as Eleições 2018 representaram novo marco na forma de realizar campanhas, com claras vantagens no uso da internet pelos atores do processo eleitoral, que podem se comunicar e angariar votos de forma mais econômica, com amplo alcance e de modo personalizado mediante interação direta com os eleitores"*.

A Corte Eleitoral decidiu, nesse mesmo sentido, em relação ao abuso de eventos virtuais (*lives*), mediante ostensivas demonstrações de apoio a candidato, com divulgação de imagem e de propaganda eleitoral, publicidade de empresas apoiadoras, marcas e produtos de patrocinadores e sorteio de brindes[12].

4.2. O PAPEL DA JUSTIÇA ELEITORAL EM DEFESA DA DEMOCRACIA NO COMBATE À DESINFORMAÇÃO, ÀS NOTÍCIAS FRAUDULENTAS E AOS DISCURSOS DE ÓDIO E ANTIDEMOCRÁTICOS NAS ELEIÇÕES DE 2022

O Tribunal Superior Eleitoral adotou sucessivas medidas para as eleições de 2022, visando ao combate à desinformação, ao discurso de

---

[10] O Tribunal enfrentou a temática pela primeira vez na sessão de 26/10/2021, nos autos da AIJE 060177128, de relatoria do Min. Luis Felipe Salomão, Corregedor-Geral Eleitoral, à época, *DJe* de 18/8/2022.
[11] RO 0603975-98.2018.6.16.0000, Rel. Min. Luis Felipe Salomão, *DJe* de 10/12/2021.
[12] AgR-REspe 060052897, Rel. Min. Sérgio Banhos, *DJe* de 24/03/2023.

ódio e aos ataques antidemocráticos, tendo como objetivo preservar as condições de normalidade do pleito, eliminando os riscos sociais associados à desinformação, a partir da disseminação generalizada de notícias falsas, prejudicando a aceitação pacífica dos resultados, em manifesta lesão à soberania popular (art. 1º, parágrafo único, c/c art. 14, *caput* e § 9º, da Constituição) e à estabilidade do processo democrático.

Do cenário pós-primeiro turno das eleições de 2022, tendo ficado evidente a produção de um conjunto de manifestações públicas sabidamente inverídicas, indutoras de ataques institucionais com teor incendiário e antidemocrático, realizadas por diferentes atores que poluem o debate público e alimentam o extremismo nas plataformas digitais, o Tribunal Superior Eleitoral consolidou a tese da possibilidade de aplicação da multa prevista no § 2º do art. 57-D da Lei n. 9.504, de 1997, a todos os casos de prática de notícias fraudulentas e discursos de ódio e antidemocráticas, e não somente na hipótese de "anonimato", uma vez que:

> "(...) o art. 57–D da Lei 9.504/1997 não restringe, de forma expressa, qualquer interpretação no sentido de limitar sua incidência aos casos de anonimato, de forma que é possível ajustar a exegese à sua finalidade de preservar a higidez das informações divulgadas na propaganda eleitoral, ou seja, alcançando a tutela de manifestações abusivas por meio da internet – incluindo-se a disseminação de fake news tendentes a vulnerar a honra de candidato adversário – que, longe de se inserirem na livre manifestação de pensamento, constituem evidente transgressão à normalidade do processo eleitoral."[13]

A nova interpretação da Justiça Eleitoral foi importantíssima para punir os responsáveis pela desinformação nas redes sociais e nos serviços de mensageria privada e evitar uma, ainda, maior proliferação de notícias fraudulentas e discursos de ódio e antidemocráticos.

O Tribunal Superior Eleitoral já havia estruturado e preparado toda a Justiça Eleitoral para coibir o aumento exponencial da veiculação de desinformação pelas "milícias digitais" durante o processo eleitoral, regulamentando o Código Eleitoral com a edição de uma nova redação

---

[13] Rp 060175450, Rel. Min. Alexandre de Moraes, *DJe* de 04/08/2023.

ao art. 9º da Resolução n. 23.610, de 18 de dezembro de 2019, depois complementada pelo art. 9º-A, acrescentado pela Resolução n. 23.671, de 14 de dezembro de 2021, com a seguinte redação[14]:

> "Art. 9º A utilização, na propaganda eleitoral, de qualquer modalidade de conteúdo, inclusive veiculado por terceiras(os), pressupõe que a candidata, o candidato, o partido, a federação ou a coligação tenha verificado a presença de elementos que permitam concluir, com razoável segurança, pela fidedignidade da informação, sujeitando-se as pessoas responsáveis ao disposto no art. 58 da Lei nº 9.504/1997, sem prejuízo de eventual responsabilidade penal.
>
> Art. 9º-A. É vedada a divulgação ou compartilhamento de fatos sabidamente inverídicos ou gravemente descontextualizados que atinjam a integridade do processo eleitoral, inclusive os processos de votação, apuração e totalização de votos, devendo o juízo eleitoral, a requerimento do Ministério Público, determinar a cessação do ilícito, sem prejuízo da apuração de responsabilidade penal, abuso de poder e uso indevido dos meios de comunicação."

Posteriormente, a amplificação de ataques de desinformação, notícias fraudulentas e discursos de ódio e antidemocráticos por parte das "milícias digitais" – realizando o já denominado trabalho de "infantaria" para o novo populismo digital extremista – levou o Tribunal Superior Eleitoral a editar, pela unanimidade de seu Plenário, uma nova resolução – a Resolução-TSE n. 23.714, de 20 de outubro de 2022.

A Resolução-TSE n. 23.714, de 2022, passou a regulamentar o "enfrentamento à desinformação atentatória à integridade do processo eleitoral"[15]. Embasada no Código Eleitoral, a Resolução passou a vedar "a divulgação ou compartilhamento de fatos sabidamente inverídicos ou gravemente descontextualizados que atinjam a integridade do processo eleitoral, inclusive os processos de votação, apuração e totalização de votos"[16].

No caso de violação dessa proibição, o Tribunal Superior Eleitoral estaria autorizado, em decisão fundamentada, a determinar às plataformas

---

[14] Posteriormente, em 27 de fevereiro de 2024, o Plenário do TSE aprovou a Res. 23.732/2024, incluindo os §§ 1º e 2º no art. 9º, bem como os arts. 9º-B e 9º-H (texto integral no Anexo).
[15] Cf. art. 1º da Resolução-TSE n. 23.714, de 2022.
[16] Cf. *caput* do art. 2º da Resolução-TSE n. 23.714, de 2022.

digitais a imediata remoção da postagem violadora, sob pena de multa de R$ 100 mil a R$ 150 mil por hora de descumprimento, a contar da 2ª hora após o recebimento da notificação[17], passando o termo inicial, entre a antevéspera e os três dias seguintes à realização do pleito, a ser a 1ª hora após o recebimento da notificação[18].

Essas medidas tornaram-se absolutamente necessárias para garantir, principalmente às vésperas do pleito eleitoral, que a vontade soberana do eleitorado não fosse maculada pela maciça e crescente desinformação, uma vez que as notícias fraudulentas e os discursos de ódio e antidemocráticos veiculados pelas "milícias digitais" são replicados de modo vertiginoso. Surgem em um perfil, geralmente falso e robotizado, sendo multiplicada para muitos outros perfis, autênticos ou não, da mesma e de muitas outras plataformas digitais, pelos seus vários núcleos de atuação, conforme anteriormente explicado.

Em sua atuação de garantir a lisura das eleições, coibindo tanto os ataques à Democracia quanto o abuso do poder econômico e político por meio da utilização da "desinformação em massa", não bastaria ao Tribunal Superior Eleitoral eliminar a postagem original, sendo necessário que suas replicações – de idêntico conteúdo – fossem abrangidas pela decisão judicial originária, o que muitas vezes sofre ou sofria resistência das plataformas digitais sob a alegação de que o conteúdo – não obstante idêntico – constava de perfil, conta ou plataforma diversa daquela que fora objeto de decisão judicial.

A Resolução do Tribunal Superior Eleitoral, portanto, autoriza a Presidência da Corte a estender a decisão colegiada proferida pelo Plenário do Tribunal sobre desinformação para outras situações com idênticos conteúdos, sob pena de aplicação da multa antes citada, nos termos de seu art. 3º:

> "Art. 3º A Presidência do Tribunal Superior Eleitoral poderá determinar a extensão de decisão colegiada proferida pelo Plenário do Tribunal sobre desinformação, para outras situações com idênticos conteúdos,

---

[17] Cf. § 1º do art. 2º da Resolução-TSE n. 23.714, de 2022.
[18] Cf. § 2º do art. 2º da Resolução-TSE n. 23.714, de 2022.

sob pena de aplicação da multa prevista no art. 2º, inclusive nos casos de sucessivas replicações pelo provedor de conteúdo ou de aplicações.

§ 1º Na hipótese do *caput*, a Presidência do Tribunal Superior Eleitoral apontará, em despacho, as URLs, URIs ou URNs com idêntico conteúdo que deverão ser removidos.

§ 2º A multa imposta em decisão complementar, proferida na forma deste artigo, não substitui a multa aplicada na decisão original."

A Resolução-TSE n. 23.714, de 22 de outubro de 2022, torna explícita, no âmbito da Justiça Eleitoral, providência permitida na legislação processual civil brasileira, que, no § 8º do art. 4º da Lei n. 8.437, de 30 de junho de 1992, acrescentado pela Medida Provisória n. 2.180-35, de 24 de agosto de 2001, estabelece que "As liminares cujo objeto seja idêntico poderão ser suspensas em uma única decisão, podendo o Presidente do Tribunal estender os efeitos da suspensão a liminares supervenientes, mediante simples aditamento do pedido original".

Entretanto, a Resolução do TSE, para garantir maior segurança jurídica ao pleito eleitoral, apresentava uma grande vantagem em relação à previsão processual genérica, qual seja, a exigência de uma decisão colegiada do Plenário da Corte Eleitoral.

A Resolução-TSE também tratou de perfis, contas ou canais dedicados à publicação sistemática, contumaz mesmo, de informações falsas ou descontextualizadas sobre o processo eleitoral, autorizando a suspensão temporária desses perfis, contas ou canais, estabelecendo, em seu art. 4º, que:

> "Art. 4º A produção sistemática de desinformação, caracterizada pela publicação contumaz de informações falsas ou descontextualizadas sobre o processo eleitoral, autoriza a determinação de suspensão temporária de perfis, contas ou canais mantidos em mídias sociais, observados, quanto aos requisitos, prazos e consequências, o disposto no art. 2º.
>
> Parágrafo único. A determinação a que se refere o *caput* compreenderá a suspensão de registro de novos perfis, contas ou canais pelos responsáveis ou sob seu controle, bem assim a utilização de perfis, contas ou canais contingenciais previamente registrados, sob pena de configuração do crime previsto no art. 347 da Lei nº 4.737, de 15 de julho de 1965 – Código Eleitoral."

No limite, em caso de "descumprimento reiterado de determinações baseadas nesta Resolução", o presidente do Tribunal Superior Eleitoral pode determinar a suspensão do acesso aos serviços da plataforma implicada, em número de horas proporcional à gravidade da infração, observado o limite máximo de vinte e quatro horas,[19] bem como estabelecer que, a cada descumprimento subsequente, seja duplicado o período de suspensão.[20]

Com a mesma finalidade de combater o aumento da maciça desinformação praticada pelas "milícias digitais", o Tribunal Superior Eleitoral regulamentou o art. 240 do Código Eleitoral, que veda, "desde quarenta e oito horas antes até vinte e quatro horas depois da eleição, qualquer propaganda política mediante radiodifusão, televisão, comícios ou reuniões públicas", somente permitindo propaganda eleitoral *veiculada gratuitamente* na internet, no sítio eleitoral, blog, sítio interativo ou social, ou outros meios eletrônicos de comunicação do candidato, ou no sítio do partido ou da coligação.

Dessa maneira, em seu art. 6º, a Resolução-TSE n. 23.714, de 2022, determinou ser igualmente vedada, desde quarenta e oito horas antes até vinte e quatro horas depois da eleição, a veiculação paga, inclusive por monetização, direta ou indireta, de propaganda eleitoral na internet, em sítio eleitoral, em blog, em sítio interativo ou social, ou em outros meios eletrônicos de comunicação da candidata ou do candidato, ou no sítio do partido, da federação ou da coligação (art. 7º da Lei n. 12.034, de 29 de setembro de 2009).

A Resolução, portanto, apenas explicitou a interpretação sistemática e teleológica da legislação eleitoral, deixando evidente – para garantia da segurança jurídica – que a proibição de propaganda eleitoral onerosa englobaria todos os meios de comunicação, inclusive as redes sociais e os serviços de mensageria.

Ressalte-se que, conforme verificado anteriormente, o art. 36º da DSA previu um mecanismo semelhante de enfrentamento de crise (*"Mecanismo de resposta em caso de crise"*), na hipótese de *"circunstâncias*

---

[19] Cf. *caput* do art. 5º da Resolução-TSE n. 23.714, de 2022.
[20] Cf. parágrafo único do art. 5º da Resolução-TSE n. 23.714, de 2022.

extraordinárias conduziram a uma ameaça grave para a segurança pública ou a saúde pública na União ou em partes significativas do seu território"[21]. Importa enfatizar que a DSA – assim como a Resolução-TSE n. 23.714, de 2022 – admite, expressamente, "*a rápida supressão de conteúdo*" ou até mesmo "*a rápida desativação do acesso*".

A regulamentação da DSA, no citado art. 36, também autoriza que o fornecedor do serviço possa ser obrigado a:

> (i) avaliar em que medida o serviço contribui ou pode contribuir para a ameaça;
>
> (ii) adaptar os seus serviços em face da ameaça, inclusive, "se for caso disso, a rápida supressão dos conteúdos notificados ou a rápida desativação do acesso aos mesmos, em especial no que respeita aos discursos ilegais de incitação ao ódio ou a ciberviolência, bem como a adaptação de todos os processos de tomada de decisão pertinentes e dos recursos consagrados à moderação de conteúdos"; e
>
> (iii) apresentar relatórios regulares sobre avaliações e medidas específicas levadas a efeito. As medidas deverão ser "estritamente necessárias, justificadas e proporcionais, tendo em conta, em particular, a gravidade da ameaça", e "são limitadas a um período não superior a três meses", admitida a prorrogação "por um período não superior a três meses".

As disciplinas da Resolução-TSE n. 23.714, de 20 de outubro de 2022, e da DSA guardam evidentes pontos de convergências, entretanto com três pontos favoráveis ao combate à desinformação, às notícias fraudulentas e aos discursos de ódio e antidemocráticos na disciplina eleitoral brasileira previstos na citada Resolução:

> (i) restringe-se a uma matéria eleitoral muitíssimo específica ("divulgação ou compartilhamento de fatos sabidamente inverídicos ou gravemente descontextualizados que atinjam a integridade do processo eleitoral, inclusive os processos de votação, apuração e totalização de votos")[22];
>
> (ii) limita-se, em sua versão mais gravosa, a um brevíssimo período ("Entre a antevéspera e os três dias seguintes à realização do pleito,

---

[21] Cf. § 2º do art. 36º da DSA.
[22] Cf. art. 2º da Resolução-TSE n. 23.714, de 2022.

a multa do § 1º incidirá a partir do término da primeira hora após o recebimento da notificação)"[23]; e

(iii) pressupõe decisão fundamentada de uma Corte ou de uma autoridade judiciária, não de um órgão ou de uma autoridade governamental doméstica ou, muito menos, supranacional[24].

Desse modo, a aprovação dessa norma específica autorizou medidas céleres de remoção de conteúdos ilícitos, assim já considerados por decisão colegiada do Tribunal Superior Eleitoral.

Para tanto, foram referendadas 178 (cento e setenta e oito) ações que discutiam propaganda eleitoral, entre representações e direito de resposta.

A nova resolução, Res.-TSE 23.714/2022, permitiu o julgamento de mais 76 (setenta e seis) processos, com vistas a agilizar a retirada de conteúdo desinformativo das plataformas digitais.

O parâmetro jurisprudencial adotado pela Corte foi de que "os excessos que a legislação eleitoral visa a punir, sem qualquer restrição ao lícito exercício da liberdade dos pré-candidatos, candidatos e seus apoiadores, dizem respeito aos seguintes elementos: a vedação ao discurso de ódio e discriminatório; atentados contra a Democracia e o Estado de Direito; o uso de recursos públicos ou privados a fim de financiar campanhas elogiosas ou que tenham como objetivo difamar a imagem de candidatos; a divulgação de notícias sabidamente inverídicas; a veiculação de mensagens difamatórias, caluniosas ou injuriosas ou o comprovado vínculo entre o meio de comunicação e o candidato"[25].

Com a proximidade do segundo turno das eleições brasileiras de 2022, as "milícias digitais" ampliaram sua atuação, amplificando a desinformação com maciços ataques de notícias fraudulentas e discursos de ódio e antidemocráticos, inclusive contra a higidez das urnas eletrônicas e a imparcialidade da Justiça Eleitoral.

---

[23] Cf. § 2º do art. 2º da Resolução-TSE n. 23.714, de 2022.
[24] Cf. § 1º do art. 2º (decisão colegiada) ou *caput* do art. 3º (decisão monocrática que pressupõe "situações com idênticos conteúdos"), ambos da Resolução-TSE n. 23.714, de 2022.
[25] Rp 0601551-88, Rel. Min. Alexandre de Moraes, *DJe* de 28/10/2022.

Um caso gravíssimo ocorreu em 24 de outubro de 2022 – exatamente 5 dias antes da realização do 2º turno das eleições – quando uma das campanhas produziu uma das mais graves notícias fraudulentas das eleições e, na sequência, as "milícias digitais" inundaram as redes sociais e os serviços de mensageria privada com maciça desinformação com a nítida finalidade de desacreditar e deslegitimar o pleito eleitoral.

Alguns dos responsáveis por uma das campanhas presidenciais peticionaram ao Tribunal Superior Eleitoral, alegando que teriam sofrido supressão massiva de inserções de propaganda eleitoral gratuita em rádios brasileiras[26].

A Coligação "Pelo Bem do Brasil", com base no art. 80, § 2º, da Resolução-TSE n. 23.610, de 2019, requereu a imediata suspensão da propaganda de rádio de sua adversária, Coligação Brasil da Esperança, em todo o território nacional, com a retirada e o bloqueio do respectivo conteúdo do *pool* de emissoras, bem como a notificação individualizada das emissoras de rádio envolvidas, até que se atingisse o número de inserções usurpadas, e solicitou a apuração administrativa do fato, por meio da instauração do respectivo processo administrativo, com vistas à responsabilização dos envolvidos.

O absurdo do pedido, sem qualquer fundamento e claramente com a intenção de criar desinformação contrária à Justiça Eleitoral – no sentido de que uma das Coligações estaria sendo prejudicada em sua propaganda eleitoral – foi imediatamente divulgada pelas "milícias digitais", inundando as redes sociais e os serviços de mensageria privada, inclusive com pedidos de adiamento das eleições por quebra na paridade da disputa.

O pedido não apresentava prova alguma, tendo sido determinado pelo Tribunal Superior Eleitoral que, no prazo de 24 (vinte e quatro) horas, a coligação requerente aditasse a petição inicial com a juntada de provas e/ou documentos sérios que comprovem a sua alegação, sob pena de indeferimento da petição inicial por inépcia e determinação

---

[26] TSE, Petição Cível 0601696-47.2022.6.00.0000.

de instauração de inquérito para apuração de crime eleitoral praticado pelos autores.

Obviamente, nenhuma prova ou meros indícios foram apresentados, pois as alegações eram totalmente falsas e tinham, conforme já afirmado, a única finalidade de *adiar* as eleições, deslegitimando a atuação da Justiça Eleitoral.

Exemplo notável do uso de fake news, com a produção massiva de desinformação pelas redes sociais e pelos serviços de mensageria privada atacando a Justiça Eleitoral e a lisura do pleito eleitoral que ocorreria dali a 5 dias e pretendendo deslegitimar o processo democrático.

A rápida atuação do Tribunal Superior Eleitoral, demonstrando a falsidade das alegações, impediu que a desinformação acabasse por prejudicar ou mesmo evitar o 2º turno das eleições, pois se constatou rapidamente que o suposto laudo juntado nas 24 (vinte e quatro) horas concedidas pela Corte havia acompanhado a programação via streaming, canal que não tem obrigação legal de veicular propaganda eleitoral. Ademais, a amostragem acabou por envolver quantidade ínfima de rádios brasileiras[27]. Em 26 de outubro de 2022, a petição inicial foi indeferida, em razão de sua inépcia, com a consequente extinção do processo sem resolução do mérito.

Em face da relevância da decisão da Justiça Eleitoral para a manutenção da legitimidade das eleições, é importante a transcrição de alguns trechos[28]:

> "Inicialmente, importante apresentar resumo dos principais pontos na aplicação prática do horário eleitoral gratuito no rádio e televisão, a partir da regulamentação existente, constante no próprio site da ABERT (...)
> Constata-se, pois que (i) após a geração do sinal para captação via satélite, alternativamente as emissoras também poderão, (ii) captar

---

[27] "No aditamento da inicial, como já ressaltado, não obstante apontem 'a existência de cerca de 5.000 (cinco mil) rádios no Brasil', os autores abandonaram o pedido inicial e passaram a indicar uma 'pequena amostragem de oito rádios', o que representa 0,16% (zero vírgula dezesseis porcento) do universo estatístico apontado" (conforme consta da decisão que indeferiu a petição inicial).

[28] TSE, Petição Cível 0601696-47.2022.6.00.0000, Rel. Min. Alexandre de Moraes, 26/10/2022.

as inserções de rádio pelo sinal da Voz do Brasil (RádioSat EBC), (iii) captar o sinal da Rádio Câmara, via satélite e, (iv) terão acesso aos arquivos das inserções, que são disponibilizadas no sítio do TSE. O referido *pool* é sediado no TSE, que não possui qualquer atribuição de fiscalização nesse procedimento. A responsabilidade da referida distribuição é exclusiva das emissoras, constituídas em pool. Cabe à referida atribuição de fiscalização aos Partidos, Coligações, Candidatos, Federações e Ministério Público Eleitoral. Nesse exato sentido, Nota Técnica do *Pool* de Emissoras de Rádio deste *Tribunal Superior Eleitoral*, cuja juntada aos autos determino, esclarece que:

(...) os *spots* e os respectivos mapas de mídia são disponibilizados no sítio do TSE, *cumprindo às emissoras de rádio*, por obrigação normativa, acessar o respectivo link de veiculação, tanto do programa em bloco, quanto das inserções e baixar os conteúdos para a devida veiculação em sua programação, de acordo com os mapas de mídia encaminhados pelas Coligações, a quem cumpre a fiscalização da transmissão. Assim sendo, em estrito cumprimento ao que determina a Resolução de Mídias, o *Pool* de Emissoras sediado no TSE, disponibilizou, desde o início da campanha eleitoral, *todos os spots* encaminhados pelas *duas coligações*, de suas inserções, igualitariamente e com total transparência às emissoras de rádio, com os conteúdos a serem veiculados, de acordo com o procedimento mencionado nos artigos 13 a 15 da Resolução TSE nº 23.706/2022. Cumpre esclarecer que o horário eleitoral gratuito é veiculado, obrigatoriamente, na programação das emissoras via sinais de radiodifusão (*broadcast*), não sendo obrigatória, pela legislação de regência, sua transmissão via internet (*streaming*). Vale dizer: as rádios que mantêm programação na internet não estão sujeitas à transmissão obrigatória do horário eleitoral (Processo SEI nº 2022.00.000015368-6 – doc. 2257297).

Portanto, da Nota Técnica – e da disciplina normativa em que se fundamenta – decorrem três dados importantíssimos: primeiro, no caso de propaganda eleitoral de rádio a que se refere a Nota, o conteúdo a ser veiculado é colocado à disposição das emissoras de rádio, cabendo às emissoras proceder ao download dos conteúdos para a devida veiculação; segundo, é dos partidos políticos, coligações ou federações partidárias a responsabilidade de fiscalizar a efetiva veiculação dos conteúdos em causa; terceiro, a disciplina normativa pertinente não abrange a programação transmitida via Internet (streaming), por não ser obrigatória, nos termos da legislação. A fiscalização da efetiva veiculação de suas inserções nas emissoras de rádio, portanto, sempre foi de responsabilidade da própria Coligação representante, que, constatando alguma irregularidade, poderia, a qualquer momento, ter provocado a Justiça Eleitoral, indicando especificamente qual a rádio descumpridora de sua obrigação e qual a inserção não veiculada. A necessidade de específica e detalhada provocação da Justiça Eleitoral, pelos legitimados, é prevista pelos artigos 80 e 81 da Resolução TSE n. 23.610, de 2019, que estabelecem em caso de eventual não exibição da propaganda eleitoral gratuita no rádio e na televisão, o seguinte procedimento:

Art. 80. As emissoras que sejam obrigadas por lei a transmitir a propaganda eleitoral não poderão deixar de fazê-lo sob a alegação de desconhecer as informações relativas à captação do sinal e à veiculação da propaganda eleitoral.

(...)

§ 2º Não sendo transmitida a propaganda eleitoral, a Justiça Eleitoral, a requerimento dos partidos políticos, das coligações, das federações, das candidatas, dos candidatos ou do Ministério Público, poderá determinar a intimação pessoal da pessoa representante da emissora para que obedeçam, imediatamente, às disposições legais vigentes e transmitam a propaganda eleitoral gratuita, sem prejuízo do ajuizamento da ação cabível para a apuração de responsabilidade ou de eventual abuso, a qual, observados o contraditório e a ampla defesa, será decidida, com a aplicação das devidas sanções.

(...)

Art. 81. A requerimento do Ministério Público, de partido político, coligação, federação, candidata ou candidato, a Justiça Eleitoral poderá determinar a suspensão, por 24 (vinte e quatro) horas, da programação normal de emissora que deixar de cumprir as disposições desta Resolução.

A legislação é clara, estabelecendo a necessidade de provocação por um dos legitimados, a indicação da emissora específica que deixou de veicular a inserção e a data e horário da inserção. Ocorre, entretanto, que os fatos narrados na petição inicial, bem como no seu aditamento (id 15822623) não cumpriram essas exigências, tendo sido extremamente genéricos e sem qualquer comprovação. A incerteza e indefinição do pedido são patentes, pois, os autores, inicialmente, na petição inicial, afirmaram a 'ausência de cumprimento da legislação, por parte das emissoras de rádio em diversas cidades brasileiras, espalhadas por todas as regiões', mas somente apresentaram dados genéricos e indeterminados, desprovidos de lastro probatório mínimo, relativamente a apenas duas regiões: Norte e Nordeste. Observe-se, ainda, que os autores foram alterando suas alegações, chegando a *expressamente admitir a existência de pedido incerto e não definido*, ao afirmarem que 'o total dos dados somente poderá ser apresentado e checado totalmente ao fim das investigações judiciais' (item 15 da petição de aditamento).

No aditamento da inicial, não obstante apontem 'a existência de cerca de 5.000 (cinco mil) rádios no Brasil', indicaram, em suas próprias palavras, uma 'pequena amostragem de oito rádios', o que representa 0,16% (zero vírgula dezesseis porcento) do universo estatístico apontado. Não bastasse essa alternância de pedidos genéricos, incertos e não definidos, os requerentes não trouxeram qualquer documento suficiente a comprovar suas alegações, pois somente juntaram documento denominado de 'relatório de veiculações em Rádio', gerado por uma empresa – 'Audiency Brasil Tecnologia' – não especializada em auditoria e cuja metodologia não oferece as condições necessárias de segurança para as conclusões apontadas pelos autores, conforme se verificará adiante. Nem a petição inicial aditada nem o citado relatório indicam, de modo circunstanciado e analítico, quais seriam as emissoras de rádio, os dias e os horários em que não teriam sido veiculadas as inserções de rádio para a Coligação requerente, o que impede qualquer verificação séria. Dessa maneira, o pedido é deduzido de maneira totalmente vaga e genérica, buscando uma tutela final, a rigor, indeterminada; sem, contudo se fazer acompanhar das provas necessárias à demonstração do quanto alegado. Os requerentes limitaram-se a apresentar, de modo exemplificativo – 'uma análise ponderativa de dados recolhidos da fonte matriz, alcançando os resultados referidos na tabela abaixo' (doc ID 158292623) –, descumprindo a obrigação prevista no art. 80, da Resolução-TSE n. 23.610, de 2019. No caso dos autos, conforme enfatizado, os autores nem sequer indicaram de forma precisa quais as emissoras que estariam supostamente descumprindo a legislação eleitoral, limitando-se a coligir relatórios ou listagens de cunho absolutamente genérico e indeterminado.

Repita-se que a empresa responsável pelo Relatório apresentado nos autos, conforme documentação acostada pelos próprios autores, não tem atuação na área de auditoria. A ausência de comprovação probatória dos fatos alegados e da observância dos requisitos mínimos para o ajuizamento da representação é ressaltada quando os requerentes – de maneira inusitada – indiquem link de drive virtual para que o *Tribunal Superior Eleitoral* tenha acesso a 'dados referentes à veiculação de inserções de rádio, que balizaram o estudo técnico apresentado' que, porém, o próprio autor deveria ter conferido e auditado para comprovar suas alegações. Pasmem, ainda, que do exame dos arquivos juntados pelos autores não se extraem os dados apontados como aptos a amparar as razões apresentadas. Ao contrário disso, apenas são encontradas planilhas, a rigor esparsas, com dados aleatórios e parciais, que tornam impossível chegar à conclusão sustentada pelos requerentes. Os próprios autores reconhecem a ausência de provas, pois expressamente alegam que 'estão em andamento tratativas negociais concernentes à contratação de uma terceira auditoria técnica especializada, para a cabal confirmação dos dados originários, já apresentados à Corte' (ID 158292623, p. 8-9). O mais grave, porém, diz respeito à metodologia adotada pela empresa contratada pelos autores que, lamentavelmente, não se coaduna com os meios necessários para a comprovação do que alegado na petição inicial. Intimados para esclarecer a metodologia ou fundamentação adotada pela empresa contratada, os autores informaram no item '26' do aditamento, que em 'declaração ora anexada, devidamente assinada pelo representante legal da empresa Audiency Brasil Tecnologia Ltda, *verbis: descrição do processo tecnológico da Audiency Brasil Tecnologia LTDA*. A empresa foi criada em 2020, a partir de conhecimento técnico de seus precursores, desenvolvendo sua base de operações assim resumidas: Criação de um algoritmo código, que captura o áudio emitido em Tempo Real pelo streaming público das emissoras, transformando-os em dados binários comparando-os com áudios cadastrados no bando de dados da plataforma por espelhamento'. A metodologia indicada pelos autores, portanto, conforme expressamente por eles reconhecido, adota o acompanhamento de programação de rádio captada pela Internet (streaming), modalidade de transmissão que, como é sabido, não necessariamente veicula propaganda institucional obrigatória (*vide* o conhecido caso do programa A Voz do Brasil), o que também vale para a propaganda de natureza partidária e eleitoral. O autor não aponta, nem tão pouco comprova que a programação transmitida por ondas de rádio pelas diversas emissora coincide, exatamente, com a programação transmitida pelo streaming; nem tampouco, o autor aponta ou comprova que todas as rádios possuem transmissão integral por streaming. Não bastasse isso, a metodologia apontada dificilmente captaria sinais de emissoras de rádio que eventualmente ainda não estejam na Internet; ou ainda, que o sinal de rádio não estivesse online ou o sinal de internet não fosse consistente.

No aditamento da inicial, como já ressaltado, não obstante apontem 'a existência de cerca de 5.000 (cinco mil) rádios no Brasil', os autores abandonaram o pedido inicial e passaram a indicar uma 'pequena amostragem de oito rádios', o que representa 0,16% (zero vírgula dezesseis por cento) do universo estatístico apontado. O problema metodológico permanece nessa 'pequena amostragem de oito rádios', havendo um relatório exemplificado por algumas das tabelas lançadas pelos autores em um link de sua petição, link este externo ao PJe e no qual constam diversos documentos sem nenhuma descrição e com graves inconsistências; que não corroboram as afirmações feitas pelos autores. Os erros e inconsistências apresentados nessa 'pequena amostragem de oito rádios' são patentes, tanto que constatados rapidamente em estudo realizado por Miguel Freitas, engenheiro professor do departamento de Telecomunicações da PUC/RJ, em 26/10/2022, ao analisar as inserções em uma das rádios apontada pelos autores, como adiante se verifica:

(...)

A conclusão dessa análise é direta e certeira: 'Há no entanto, uma clara confusão sobre a possibilidade de se utilizar um recurso dessa natureza, sem nenhuma verificação adicional de consistência, como se fosse uma ferramenta de auditoria. Diante de discrepâncias tão gritantes, esses dados jamais poderiam ser chamados de 'prova' ou 'auditoria''. Não restam dúvidas de que os autores – que deveriam ter realizado sua atribuição de fiscalizar as inserções de rádio e televisão de sua campanha – apontaram uma suposta fraude eleitoral às vésperas do segundo turno do pleito sem base documental crível, ausente, portanto, qualquer indício mínimo de prova, em manifesta afronta à Lei n. 9.504, de 1997, segundo a qual as reclamações e representações relativas ao seu descumprimento devem relatar fatos, indicando provas, indícios e circunstâncias (§ 1º do art. 96). A jurisprudência consolidada desse Tribunal Superior Eleitoral refere à imprescindibilidade de que, nas representações ajuizadas com lastro no art. 96 da Lei das Eleições, a parte autora bem instrua a inicial, sendo pacífico o entendimento deste Tribunal Superior quanto à impossibilidade de afirmar a propaganda irregular baseando-se em simples presunção. Nesse sentido, confira-se: Rp n. 490, Relator o Ministro Caputo Bastos, PSESS 23.09.2002; AI n. 793, Relator o Ministro Eduardo Ribeiro, *DJ* 14.05.1999; RESPE n. 15449, Relator o Ministro Maurício Corrêa, *DJ* 30.10.1998. Assim, o que se tem é uma petição inicial manifestamente inepta, pois nem sequer identifica dias, horários e canais de rádio em que se teria descumprido a norma eleitoral – com a não veiculação da publicidade eleitoral –, conforme exige a jurisprudência dessa Corte Eleitoral (Recurso Ordinário Eleitoral n. 163228, Relator o Ministro Luís Roberto Barroso, *DJe* de 15.04.2021; e AgR-RESPE n. 69694, Relator o Ministro Gilmar Mendes, *DJe* de 09.11.2016).

Diante de todo o exposto, nos termos do RiTSE, art. 36, § 6º, indefiro a petição inicial, em razão de sua inépcia, com a consequente extinção do processo sem resolução do mérito (CPC, art. 330, § 1º, c/c art. 485, I). Considerando ainda possível cometimento de crime eleitoral com a finalidade de tumultuar o segundo turno do pleito em sua última semana, *determino* a expedição de ofício ao Procurador-Geral Eleitoral, a teor do disposto nos arts. 5º e 6º da Resolução TSE n. 23.640, de 2021. Oficie-se, ainda, a Corregedoria-Geral Eleitoral, para instauração de procedimento administrativo e apuração de responsabilidade, em eventual desvio de finalidade na utilização de recursos do Fundo Partidário dos autores. Determino, por fim, a extração integral de cópias e sua imediata remessa para o Inquérito 4874, no Supremo Tribunal Federal. Publique-se. Intime-se. Brasília, 26 de outubro de 2022."

Logo depois da decisão do TSE, em 28 de outubro de 2022, houve pedido público de desculpas pelos responsáveis pelo requerimento, uma vez patente a alegação infundada[29].

As "milícias digitais", entretanto, continuaram a propagar falsas notícias sobre um inexistente prejuízo da coligação requerente, matéria que passou a ser investigada pela Polícia Federal.

A importância da rápida e eficaz atuação da Justiça Eleitoral – mantendo a continuidade da campanha e a realização do 2º turno das eleições, que ocorreu 5 dias após a vexatória petição – demonstrou a necessidade de existência de instrumentos legais e judiciários para combater as notícias fraudulentas seguidas de massiva desinformação pelas redes sociais e pelos serviços de mensageria privada.

No entanto, o novo populismo digital extremista, inconformado com o democrático resultado das urnas e com a escolha soberana da maioria do eleitorado brasileiro, não esperou a diplomação da chapa eleita para Presidência e Vice-Presidência da República e – novamente, baseado em notícias fraudulentas e com a clara intenção de estimular a atividade criminosa de suas "milícias digitais" no ataque à Justiça Eleitoral – impugnou a lisura e legitimidade das eleições.

Em sua petição inicial, o partido político do candidato derrotado nas eleições presidenciais trazia à tona, mais uma vez, notícias fraudulentas e acusações infundadas sobre fraude nas urnas eletrônicas.

Em seu requerimento, o partido político do candidato derrotado nas eleições presidenciais apontou a ocorrência de falhas no sistema eletrônico de votação que teriam viciado apenas o segundo turno das eleições presidenciais de 2022, tanto assim que pretendia expressamente "que fossem invalidados os votos decorrentes das urnas em que comprovadas

---

[29] Confira-se, por exemplo, a seguinte matéria jornalística: SOARES, Jussara. Fábio Faria diz que se "arrependeu" por levantar suspeitas sobre inserções em rádios: "Quando escalou, eu saí". *O Globo*, 28 out. 2022. Disponível em: https://oglobo.globo.com/politica/eleicoes-2022/noticia/2022/10/fabio-faria-diz-que-se-arrependeu-por-levantar-suspeitas-sobre-insercoes-em-radios-quando-escalou-eu-sai.ghtml. Acesso em: 30 dez. 2023.

as desconformidades irreparáveis de mau funcionamento (modelos UE2009, UE2010, UE2011, UE2013 e UE2015), sendo determinadas as consequências práticas e jurídicas devidas com relação ao resultado do Segundo Turno das Eleições de 2022".

A Presidência do TSE[30], em 22 de novembro de 2022, determinou ao requerente o aditamento de sua petição inicial, pois "as urnas eletrônicas apontadas na petição inicial foram utilizadas tanto no primeiro turno, quanto no segundo turno das eleições de 2022. Assim, sob pena de indeferimento da inicial, deve a autora aditar a petição inicial para que o pedido abranja ambos os turnos das eleições, no prazo de 24 (vinte e quatro) horas. Publique-se com urgência".

A coligação autora, grande vencedora nas eleições para a Câmara dos Deputados no 1º turno, logicamente, não iria impugnar sua própria vitória, demonstrando cabalmente o desvio de finalidade com seu requerimento e a flagrante prática de notícias fraudulentas e desinformação perante o eleitorado.

A atitude antidemocrática ficou escancarada pela negativa da coligação autora em complementar seu pedido inicial, como se afirmasse que "as mesmas urnas utilizadas no 1º e 2º turnos somente eram imprestáveis quando não lhes garantisse a vitória", como foi destacado na decisão:

"O aditamento determinado não foi cumprido. Do ponto de vista apenas processual, bastaria isso para o pronto indeferimento da inicial por advertida e chapada inépcia. Ora, as mesmas urnas eletrônicas, de todos os modelos em uso, foram empregadas por igual tanto no Primeiro Turno como no Segundo Turno das Eleições 2022, sendo impossível dissociar ambos dos períodos de um mesmo pleito eleitoral. Assim, o aditamento era absolutamente necessário por uma questão evidente de coerência, com todas as consequências processuais que daí adviriam, inclusive, e no mínimo, a citação de candidaturas outras como litisconsortes passivos necessários. Ademais, ainda que – por hipótese – a discussão pudesse ficar restrita ao Segundo Turno das Eleições 2022, não haveria nenhuma razão para que o alegado vício ou suposto mau funcionamento de urnas eletrônicas – se existisse – fosse

---

30 Petição Cível 0601958-94.2022.6.00.0000 (PJe), Rel. Min. Alexandre de Moraes.

discutido apenas no que toca às eleições para Presidente da República. No mínimo, do ponto de vista rigorosamente processual, se fosse para discutir de modo específico o Segundo Turno, a Requerente também haveria de controverter as eleições de Governadores que igualmente ocorreram em segunda volta e nas mesmíssimas urnas.

Tudo isso é elementar e conduz, de modo absoluto, à inépcia da inicial. A total má-fé da requerente em seu esdrúxulo e ilícito pedido – ostensivamente atentatório ao Estado Democrático de Direito e realizado de maneira inconsequente com a finalidade de incentivar movimentos criminosos e antidemocráticos que, inclusive com graves ameaças e violência, vem obstruindo diversas rodovias e vias públicas em todo o Brasil – ficou comprovada, tanto pela negativa em aditar-se a petição inicial quanto pela total ausência de quaisquer indícios de irregularidades e a existência de uma narrativa totalmente fraudulenta dos fatos. Conforme se depreende de modo cristalino da documentação técnica acostada aos presentes autos, as urnas eletrônicas, de todos os modelos, são perfeitamente passíveis de plena, segura e clara identificação individual, uma a uma. As urnas eletrônicas possuem variados mecanismos físicos e eletrônicos de identificação. Esses mecanismos são coexistentes, ou seja, são múltiplos e redundantes para garantia e resguardo da identificação individual das urnas.

Aliás, também é assim para proteger e resguardar os próprios votos sigilosos depositados nas urnas eletrônicas. Como bem destacado pelo Secretário de Tecnologia de Informação do Tribunal Superior Eleitoral, 'é descabida qualquer afirmação de que todas as urnas possuem o mesmo número ou que não possuem patrimônio que as diferencie umas das outras', uma vez que 'cada urna possui um número interno identificador único que permite a identificação do equipamento em si'. Somente ignorância – o que não parece ser o caso – ou evidente má-fé da requerente poderia apontar que 'as urnas dos modelos 2009, 2010, 2011, 2013 e 2015 possuem o mesmo número de identificação e que a rastreabilidade do equipamento físico que gerou os resultados estaria prejudicada'. As explicações técnicas da STI-TSE, inclusive acompanhadas de fotos, não deixam qualquer dúvida de que 'uma urna eletrônica pode ser identificada fisicamente e logicamente. Do ponto de vista físico, urnas eletrônicas possuem identificação com seus respectivos números patrimoniais, já que fazem parte dos conjuntos patrimoniais dos tribunais da Justiça Eleitoral. (...) Do ponto de vista lógico, as urnas utilizadas nas eleições 'recebem uma carga de dados e programas. Isso ocorre em cerimônia pública (Res.-TSE 23.669, artigos 83 a 90). Essa carga gera um código que identifica que a urna em questão foi preparada para uma determinada seção eleitoral naquela cerimônia específica. Esse código de carga é o que identifica não somente a urna eletrônica, como também o momento de sua preparação e a seção em que recebeu votos. (...) Esse código de identificação da carga se repete no log e nos demais arquivos gerados e impressos pela urna. (...) O número identificador da urna é a base para se criar o código de carga que é gravado no log e o vincula ao resultado de maneira inequívoca. (...) Assim, de posse do log, é possível, por meio do Código de carga, encontrar o número interno da urna eletrônica. Assim, é perfeitamente possível identificar o exato equipamento que gerou um determinado arquivo de log'.

Saliente-se, ainda, o destacado pela STI-TSE quanto ao detalhamento técnico do mecanismo citado: 'Todas as urnas eletrônicas (aproximadamente 500 mil) são patrimoniadas fisicamente; Todas as urnas eletrônicas, de todos os modelos, possuem registrado em seu hardware um 'número interno', também chamado de 'código de identificação da urna' ou 'ID Urna'. Esse identificador é único para cada equipamento; A cada eleição, a urna pode assumir 3 papéis distintos: urna de votação, urna de contingência ou urna de justificativa eleitoral. O papel da urna é definido no momento da carga; Após a carga, é publicada no site do TSE, a 'tabela de correspondência esperada', contendo a associação da urna com o município/zona/seção e o 'código de carga'; O 'código da carga' é um número gerado a partir do 'código de identificação da urna', da identificação da seção, da data e hora da carga da urna, do identificador do conjunto de dados e de um número aleatório; O 'código da carga' é o elemento que efetivamente identifica uma urna no processo eleitoral e permite a total rastreabilidade dos resultados produzidos pelo equipamento. Esse código é gravado no arquivo de log da urna eletrônica; O 'código da carga' e o 'ID Urna' são partes integrantes dos Boletins de Urna. Logo, é descabida a afirmação de 'incerteza' quanto à autenticidade do resultado, pois os arquivos estão explicitamente associados; Para o boletim de urna (BU) e o registro digital do voto (RDV), o 'código de identificação da urna' integra a correspondência da urna. A correspondência é justamente a identificação inequívoca da preparação de uma urna para a eleição, associando o equipamento a uma seção eleitoral do país e um conjunto de dados de eleitores e candidatos'; concluindo que, 'independentemente do 'número interno' no log das urnas antigas, o 'código de carga', perfeitamente registrado em todos os equipamentos, é – hoje – o instrumento adequado para a rastreabilidade de tudo que é produzido pela urna. Por tal mecanismo, é possível, caso se deseje, verificar o correto valor do 'código de identificação da urna' junto ao BU e ao RDV'.

Não bastasse isso, ficou totalmente demonstrado que 'outro elemento de rastreabilidade dos arquivos produzidos pelas urnas é a assinatura digital. Todas as urnas utilizadas na Eleições 2022 assinam digitalmente os resultados com chaves privativas de cada equipamento. Essas assinaturas são acompanhadas dos certificados digitais únicos de cada urna. Portanto, a partir da assinatura digital é possível rastrear de forma inequívoca a origem dos arquivos produzidos pelas urnas. Essas assinaturas também foram publicadas pelo TSE na internet e estão disponíveis em conjunto com os arquivos de log das urnas. Não há, portanto, qualquer desvio que possa desacreditar os arquivos de log das urnas antigas'; bem como que 'adicionalmente, os arquivos gerados pelas urnas contêm outros dados que podem identificar cada urna univocamente, garantindo total rastreabilidade, quais sejam: o código da correspondência (no qual o ID da urna é um dos componentes usados para o cálculo) e os identificadores das mídias de carga e de votação utilizados na respectiva urna. As informações de correspondência e do identificador da mídia de carga são encontradas também na zerésima e no BU impressos, assim como no BU e no RDV disponibilizados na internet (*vide* imagens a seguir). Tais informações podem ser rastreadas desde a geração das mídias (o que também pode ser feito para as mídias de votação) Essas informações, somadas a assinatura digital de cada urna com chave própria e exclusiva nos arquivos, garantem que uma análise individualizada de cada arquivo de log permitirá identificar sua origem de forma inequívoca, fatos desconsiderados pelo requerente (...) Assim, de posse de uma zerésima, de um boletim de urna ou de um RDV, é possível, por meio do Código de carga, encontrar o número interno da urna eletrônica. Desta forma, é perfeitamente possível identificar o exato equipamento que gerou uma determinada zerésima, um determinado boletim de urna ou um RDV específico'.

Os argumentos da requerente, portanto, são absolutamente falsos, pois é totalmente possível a rastreabilidade das urnas eletrônicas de modelos antigos.

Igualmente fraudulento é o argumento de que ocorreu violação do sigilo do voto a partir do registo de nomes de eleitores nos logs, como bem demonstrado no parecer técnico da STI-TSE, ao afirmar que 'o Software de Votação (Vota) não registra no log qualquer tipo de identificação do eleitor, tampouco o voto que foi depositado na urna. Nenhum tipo de digitação ou mensagem no LCD quando da habilitação do eleitor é registrado de modo a permitir a identificação do eleitor ou do voto dado'. Da mesma maneira, pueril e falso o argumento de que a discrepância de votação dada a candidatos à Presidência da República quando comparadas as votações somente em urnas 2020 com urnas de modelos anteriores poderia representar indício de fraude, pois 'a parte autora baseia-se no princípio de que há uma distribuição homogênea de urnas no território nacional. Assim, teoricamente, poder-se-ia extrapolar o resultado esperado da eleição a partir do resultado obtido em um dado modelo de urna. Ocorre que, no caso concreto em análise, esse princípio não se confirma, pois os tribunais regionais eleitorais, em regra, distribuíram as urnas novas conforme conveniência logística, sem misturá-las a outros modelos dentro dos mesmos municípios. Isso foi feito levando-se em consideração incompatibilidade entre as urnas para fins de contingência, caso alguma urna viesse a apresentar falha durante a votação. Há exceções em algumas unidades da Federação, nas quais houve mistura de urnas do modelo 2020 e outros modelos dentro de um mesmo município. Ressalvadas essas exceções, a grande maioria dos tribunais concentrou suas urnas 2020 em municípios específicos, conforme critérios de logística. A preocupação que norteou essa decisão foi a necessidade de concentrar os equipamentos para facilitar eventuais manutenções em equipamentos novos, que ainda não tinham sido submetidos a uma eleição. Assim, sem distribuição homogênea, qualquer inferência sobre extrapolação de resultados obtidos nas urnas do modelo 2020 para outros modelos de urna não encontra respaldo estatístico. Isso se dá porque, circunscritas a municípios ou áreas específicas, as votações nessas urnas foram moduladas por preferências regionais, baseadas em diferenças socioculturais'.

Dessa maneira, *ausentes os requisitos essenciais* para a realização de 'verificação extraordinária após o pleito', previstos no artigo 51, *caput*, da Resolução-TSE n. 23.673, de 14 de dezembro de 2021, pois ausentes quaisquer indícios e circunstâncias que justifiquem sua instauração. Diante de todo o exposto, *indefiro liminarmente a petição inicial, tanto em razão de sua* inépcia (CPC, art. 330, § 1º, c/c art. 485, I), *como pela ausência de quaisquer indícios e circunstâncias que justifiquem a instauração de uma verificação extraordinária* (artigo 51, *caput*, da Resolução TSE n. 23.673, de 14 de dezembro de 2021)."

Entretanto, não bastava simplesmente escancarar a flagrante e ilícita utilização de notícias fraudulentas para tentar deslegitimar a atuação da Justiça Eleitoral e induzir parcela do eleitorado contra o resultado das eleições.

Era necessário dar um basta à constante desinformação gerada por dirigentes de partidos políticos e representantes da coligação vencida nas eleições presidenciais. A mesma coligação, ressalte-se, que, utilizando-se de outra notícia fraudulenta já analisada, pretendia adiar o 2º turno das eleições sob a falsa alegação de supressão irregular de tempo de rádio para propaganda eleitoral.

Era necessário responsabilizar civil e criminalmente os idealizadores e propagadores de desinformação contra a Justiça Eleitoral, para que ficasse cristalino que o Poder Judiciário não iria aceitar a continuidade dos ataques antidemocráticos por meio de desinformação e notícias fraudulentas.

Na mesma decisão em que a Presidência do Tribunal Superior Eleitoral indeferiu a petição inicial, houve a responsabilização civil do partido político requerente ao pagamento de multa de R$ 22.991.544,60 (vinte e dois milhões novecentos e noventa e um mil quinhentos e quarenta e quatro reais e sessenta centavos), correspondente a 2% (dois por cento) do valor da causa arbitrado, por litigância de má-fé, e a determinação de que seu presidente fosse investigado pela Polícia Federal no inquérito dos atos antidemocráticos no âmbito do Supremo Tribunal Federal, da seguinte maneira:

> "A conduta da requerente exige, entretanto, a condenação por litigância de má-fé. A Justiça Eleitoral, conforme tenho reiteradamente afirmado, continuará atuando com competência e transparência, honrando sua histórica vocação de concretizar a Democracia e a autêntica coragem para lutar contra todas as forças que não acreditam no Estado Democrático de Direito. A Democracia não é um caminho fácil, exato ou previsível, mas é o único caminho e o Poder Judiciário não tolerará manifestações criminosas e antidemocráticas atentatórias ao pleito eleitoral. A Democracia é uma construção coletiva daqueles que acreditam na liberdade, daqueles que acreditam na paz, que acreditam no desenvolvimento, na dignidade da pessoa humana, no pleno emprego, no fim da fome, na redução das desigualdades, na prevalência da educação e na garantia da saúde de todos os brasileiros e brasileiras.
>
> Os Partidos Políticos, financiados basicamente por recursos públicos, são autônomos e instrumentos da Democracia, sendo inconcebível e inconstitucional que sejam utilizados para satisfação de interesses pessoais antidemocráticos e atentatórios ao Estado de Direito, à Justiça Eleitoral e a soberana vontade popular de 156.454.011 (cento e cinquenta e seis milhões, quatrocentos e cinquenta e quatro mil e onze) eleitoras e eleitores aptos a votar. Nos termos do § 3º do art. 292 do CPC, arbitro o valor da causa no valor de R$ 1.149.577.230,10 (um bilhão, cento e quarenta e nove milhões, quinhentos e setenta e sete mil, duzentos e trinta reais e dez centavos), que é, exatamente, o valor resultante do número de urnas impugnadas, ou seja, todas aquelas diferentes do modelo UE2020 havido no parque de urnas do TSE e utilizadas no 2º Turno (279.383) multiplicado pelo custo unitário das últimas urnas eletrônicas adquiridas pelo TSE (R$ 4.114,70). Assim,

nos termos do art. 81, *caput*, do CPC, *condeno a autora por litigância de má-fé, à multa de R$ 22.991.544,60* (vinte e dois milhões, novecentos e noventa e um mil, quinhentos e quarenta e quatro reais e sessenta centavos), correspondentes a 2% (dois por cento) do valor da causa aqui arbitrado. *Determino*, ainda, à Secretaria Judiciária e à Coordenadoria de Execução Orçamentária e Financeira, ambas desse *Tribunal Superior Eleitoral, os imediatos bloqueios e suspensões dos fundos partidários dos partidos da coligação requerente* até efetivo pagamento da multa imposta, com depósito dos respectivos valores em conta judicial considerando ainda o possível cometimento de crimes comuns e eleitorais com a finalidade de tumultuar o próprio regime democrático brasileiro, *determino* seja oficiada a Corregedoria-Geral Eleitoral, para instauração de procedimento administrativo e apuração de responsabilidade, em eventual desvio de finalidade na utilização da estrutura partidária, inclusive de Fundo Partidário, em especial no que se refere às condutas de *Valdemar da Costa Neto* e *Carlos César Moretzsohn Rocha*. *Determino*, por fim, a extração integral de cópias e sua imediata remessa para o Inquérito n. 4.874/DF, em curso no *Supremo Tribunal Federal*, para investigação de Valdemar da Costa Neto e Carlos César Moretzsohn Rocha. Publique-se e intime-se. Brasília, 23 de novembro de 2022."

Os condenados recorreram ao Plenário do Tribunal Superior Eleitoral, que, em decisão de 15 de dezembro de 2022, manteve por unanimidade e integralmente a decisão monocrática da Presidência, somente havendo uma divergência no tocante ao valor da multa aplicada, que foi referendada por 6 (seis) dos 7 (sete) Ministros da Corte, tendo sido destacado na ementa que:

"6. A ausência de quaisquer indícios e circunstâncias que justifiquem a instauração da verificação extraordinária prevista no art. 51, *caput*, da Res.-TSE 23.673/2021 aliada à conduta ostensivamente atentatória ao Estado Democrático de Direito autorizam a aplicação de multa por litigância de má-fé, assim justificada: a) valor da causa no total de R$ 1.149.577.230,10 (um bilhão, cento e quarenta e nove milhões, quinhentos e setenta e sete mil, duzentos e trinta reais e dez centavos), equivalente ao somatório dos respectivos custos individuais das urnas impugnadas; e b) multa no percentual de 2% do valor da causa, conforme prevê o art. 81, *caput*, do CPC. 7. Recurso administrativo desprovido."

Nos debates ocorridos durante o julgamento, salientei que "a ampla liberdade de atuação dos partidos políticos, obviamente, não existe para atentar contra o Estado Democrático de Direito. É importante, para quem nos ouve, lembrar que o partido será investigado tanto pelo eminente Corregedor, porque houve ofício, quanto no inquérito do qual sou relator; porque não é possível que partidos políticos financiados basicamente por recursos públicos atentem contra a Democracia. Isso é um desvio de finalidade que, inclusive, pode acabar com a extinção do próprio partido".

A Justiça Eleitoral chegava ao final de 2022 demonstrando que, em todas as próximas eleições, não seria tolerada a prática de desinformação nem a divulgação de notícias fraudulentas, discursos de ódio e atos antidemocráticos, pois a tolerância com tais condutas é corrosiva e maléfica à própria Democracia.

Encerrado o pleito eleitoral de 2022, com a diplomação e posse do novo presidente da República eleito, o TSE passou a debater os principais e graves acontecimentos daquela campanha, agora sob a ótica do abuso de poder político e econômico, envolvendo a utilização massiva de desinformação e a divulgação de notícias fraudulentas e atentatórias ao Estado Democrático de Direito.

Em 5 (cinco) sessões Plenárias (dias 20, 22, 27, 29 e 30 de junho de 2023), o Tribunal Superior Eleitoral julgou Ação de Investigação Judicial Eleitoral (AIJE) para apurar ocorrência de abuso de poder político e uso indevido de meios de comunicação, em virtude de reunião realizada em 18/07/2022, no Palácio da Alvorada, com a presença do então presidente da República e candidato à reeleição e de embaixadores de países estrangeiros.

A reunião consistiu em uma apresentação do então presidente da República sobre o sistema eletrônico de votação e a governança eleitoral brasileira, na qual todas as notícias fraudulentas referentes às urnas eletrônicas – notícias essas que alimentaram a massiva desinformação nas redes sociais e nos serviços de mensageria privada durante os três anos anteriores – foram repetidas, com transmissão pela TV Brasil (canal oficial) e pelas redes sociais do palestrante.

Conforme a descrição feita pelo Ministro Benedito Gonçalves, "no discurso proferido em 18/07/2022, o primeiro investigado, de forma expressa, declarou falsamente que as Eleições 2018 foram marcadas pela manipulação de votos, que havia risco de que o fato se repetisse em 2022 e que era interesse do TSE manter um sistema sujeito a fraudes e inauditável, a fim de permitir a adulteração do resultado em favor de candidato adversário. Houve, ainda, expresso desencorajamento ao envio de missões de observação internacional e hiperdimensionamento da participação das Forças Armadas para integrar Comissão de Transparência do TSE", prosseguindo na análise do discurso que "adotou explícita antagonização com o TSE, incentivando o descrédito a informações oficiais oriundas do Tribunal. Para tanto, valeu-se de afirmações insidiosas sobre Ministros desta Corte e atacou a competência do seu corpo técnico, afirmando falsamente que uma investigação em curso na Polícia Federal conteria prova da prática de fraude eleitoral e da desídia dos servidores. A análise do IPL nº 135/2019 demonstra que o primeiro investigado não tinha em seu poder elemento mínimo relacionado à manipulação de votos ou a qualquer tipo de fraude eleitoral. A investigação versava sobre usual ataque a redes informatizadas, aos moldes dos que sofrem diversas instituições".

Na sequência, o Ministro Benedito Gonçalves apontou a patente presença de massiva desinformação, afirmando que, "conforme a dinâmica própria às fake news, essa mensagem mobiliza sentimentos negativos capazes de produzir engajamento consistente na internet. Dispara-se um gatilho de urgência, no sentido de que algo precisa ser feito para impedir que o risco venha a se consumar. Esse pensamento intrusivo deixou latente a indagação sobre 'o que fazer'. O primeiro investigado não deu uma resposta explícita a essa pergunta. Mas desenhou um cenário desolador que estreitava o leque de alternativas".

O relator da AIJE conclui que *"o exame minucioso do discurso de 18/07/2022, em seu contexto, demonstra que a fala teve conotação eleitoral, sob tríplice dimensão: a) tratou-se de risco de fraude nas Eleições 2022; b) houve promoção pessoal e do governo do primeiro investigado, identificado com valores do povo brasileiro, em contraponto ao 'outro lado', associado a retrocessos e reputado como desprovido de apoio popular; c) narrou-se uma imaginária conspiração de Ministros do TSE para fazer com que um iminente adversário, já à época favorito em pesquisas pré-eleitorais, fosse eleito Presidente da República"*; bem como que, *"os fatos apurados demonstram que um pensamento conspiratório, segundo o qual uma fraude seria engendrada pelo próprio TSE para entregar resultados eleitorais inautênticos, foi sendo normalizada pelo primeiro investigado e por seu entorno, com forte influência sobre o eleitorado. O então Presidente da República não fez qualquer gesto público que refletisse a pessoal aceitação dos resultados eleitorais de 2022 como legítimos. Manteve ativado, assim, o prognóstico trágico sobre o risco de fraude, que havia apresentado à comunidade eleitoral e ao eleitorado em 18/07/2022, em um perigoso flerte com o golpismo!".*

O Tribunal Superior Eleitoral concluiu o julgamento no sentido de que o discurso proferido pelo então presidente da República no Palácio da Alvorada:

> "(...) demonstra que foi disseminada severa desordem informacional a respeito do sistema eletrônico de votação e graves ataques a Ministros do TSE, com vistas a abalar a confiabilidade na governança eleitoral brasileira; a reunião teve nítida finalidade eleitoral, mirando influenciar o eleitorado e a opinião pública nacional e internacional; a prática discursiva converge com a adotada na campanha, que explorou os ataques à credibilidade das urnas eletrônicas e do TSE para mobilizar bases eleitorais; comprovou-se, com riqueza de detalhes, que a estrutura pública da Presidência e as prerrogativas do cargo de Presidente da República foram direcionadas em favor da candidatura; os números relativos ao alcance do vídeo na internet não deixam dúvidas de que a transmissão pela TV Brasil e pelas redes sociais potencializou a difusão do discurso de 18/07/2022 e, com isso, da desinformação divulgada; e que é possível concluir com a segurança necessária que a estratégia de descredibilização das urnas eletrônicas e os ataques à Justiça Eleitoral contribuíram significativamente para fomentar um ambiente de não aceitação dos resultados das Eleições 2022."

Dessa maneira, a Corte Eleitoral concluiu pela ocorrência de abuso de poder político e uso indevido de meios de comunicação pela potencialização dos efeitos da massiva desinformação a respeito das eleições brasileiras apresentada à comunidade internacional e ao eleitorado e julgou procedente a AIJE, declarando a inelegibilidade do ex-presidente da República e candidato à reeleição pelos 8 (oito) anos seguintes ao pleito de 2022, por entender "estar configurado o uso indevido de meios de comunicação, perpetrado pessoalmente pelo primeiro investigado mediante difusão massiva de gravíssima desordem informacional sobre o sistema eletrônico de votação e a governança eleitoral brasileira, na reunião de 18/07/2022 no Palácio da Alvorada, que foi convocada e protagonizada pelo então Presidente da República e pré-candidato à reeleição, transmitida em suas redes sociais e pela TV Brasil".

Esse importante julgamento, em que o Tribunal Superior Eleitoral – que reiterou a aplicação de teses fixadas em precedentes anteriores, que reconheceram que *(a) "o uso de aplicações digitais de mensagens instantâneas, visando promover disparos em massa, contendo desinformação e inverdades em prejuízo de adversários e em benefício de candidato, pode configurar abuso de poder econômico e/ou uso indevido dos meios de comunicação social para os fins do art. 22, caput e XIV, da LC 64/90"*, e *(b) "a transmissão ao vivo de conteúdo em rede social, no dia da eleição, contendo divulgação de notícia falsa e ofensiva por parlamentar federal, em prol de seu partido e de candidato, configura abuso de poder de autoridade e uso indevido de meio de comunicação, sendo grave a afronta à legitimidade e normalidade do prélio eleitoral"* – reconheceu que o abuso de poder midiático e político é configurado mediante a divulgação de informações falsas sobre o sistema eletrônico de votação, feita por detentor de mandato eletivo, apta a produzir impactos sobre pleito específico, representa um marco judicial histórico no combate à desinformação e às notícias fraudulentas no âmbito eleitoral.

Na sessão de 19/10/2023, o TSE julgou improcedente a ação de investigação judicial eleitoral que discutia a realização de *lives* no interior do Palácio do Planalto.

Na oportunidade, as condutas examinadas somente não extrapolaram para o abuso de poder devido à atuação célere da Justiça Eleitoral, que garantiu a isonomia do pleito ao impedir a realização de novos eventos no interior da residência oficial. A liminar referendada pelo Plenário do TSE em 27/09/2022 asseverou, em linhas gerais, que, "na atualidade, a internet ganhou enorme relevância como meio de divulgar projetos eleitorais. Nesse cenário, mostra-se legítima a utilização de lives para atrair eleitores e potencializar o alcance da propaganda, estratégia que leva para o mundo virtual os tradicionais comícios, com ganhos de audiência e redução de custos de deslocamento".

Entretanto, não se pode admitir o uso desmedido desses meios, havendo vedação aos agentes públicos, em especial quanto ao uso de bens públicos para essa finalidade.

O TSE determinou liminarmente, e depois confirmou no mérito, que o candidato à reeleição se abstivesse de realizar *lives* em dependências de bens públicos e utilizando-se de serviços a que tinha acesso em função de seu cargo. Em outras palavras, se naquele momento a Justiça Eleitoral não tivesse atuado de forma altiva e necessária, certamente ficaria comprovado o abuso, pelo amplo pedido de voto – inclusive para terceiros, pela reiteração da conduta, com o desvirtuamento das *lives* – e pela atuação do candidato à reeleição durante período crítico da campanha.

Novamente, o uso da internet foi objeto de apreciação pela Justiça Eleitoral, sob a ótica do abuso, do excesso, condição que ensejou nova fixação de tese que se presta como uma advertência aos *players* das eleições vindouras, em especial aos candidatos à reeleição de Chefe de Governo:

> "Somente é lícito à pessoa ocupante de cargos de Prefeito, Governador e Presidente da República fazer uso de cômodo da residência oficial para realizar e transmitir *live* eleitoral, se: a) tratar-se de ambiente neutro, desprovido de símbolos, insígnias, objetos, decoração ou outros elementos associados ao Poder Público ou ao cargo ocupado; b) a participação for restrita à pessoa detentora do cargo; c) o conteúdo divulgado se referir exclusivamente à sua candidatura; d) não forem utilizados recursos materiais e serviços públicos, nem aproveitados servidoras, servidores, empregadas e empregados da Administração Pública direta e indireta; e houver devido registro, na prestação de contas, de todos os gastos efetuados e das doações estimáveis relativas à live eleitoral, inclusive relativos a recursos e serviços de acessibilidade."

Na sessão de 19/10/2023, o debate consistiu no emprego de recursos financeiros para impulsionamento de propaganda eleitoral. Firme no posicionamento, o TSE julgou improcedente a ação, pois o uso indevido dos meios de comunicação, entre outros requisitos, pressupõe a censurabilidade da conduta. O impulsionamento em sítio de busca, priorizando o acesso a determinado conteúdo, não se mostrou ilícito, tampouco obstou o acesso do usuário aos mais diversos conteúdos veiculados na internet envolvendo o mesmo assunto. A conclusão foi pela fragilidade da tese desenvolvida pelos investigantes, uma vez que esse tipo de impulsionamento já foi examinado pelo TSE, não havendo qualquer ilicitude nele.

Ressalte-se, ainda, não ter sido constatada a veiculação de desinformação ou inverdade nem mesmo dimensão suficiente a impactar o equilíbrio do processo eleitoral, razão pela qual destacadas as situações díspares que envolvem a temática: (i) o impulsionamento direcionado a determinado candidato, a partir da busca pelo nome de adversário; (ii) o impulsionamento negativo de determinado candidato pago por seu adversário; e (iii) o impulsionamento positivo de determinado candidato pago por ele, mas que constitui desinformação.

O TSE também analisou a prática de abuso de poder, que evidenciou a velocidade de propagação das mídias, ainda que tradicionais. A Justiça Eleitoral reforçou que a conduta abusiva se consubstancia no desequilíbrio da exposição, fixando que as redes sociais e os serviços de mensageria privada, como meio de comunicação de muitos para muitos, "em geral benéfica ao debate democrático, deve também ser levado em conta para se aferir a ocorrência de ilícitos eleitorais".

Na sessão de 31/10/2023, o TSE entendeu que, embora a rede social não tenha sido o principal vértice da condenação pela prática de abuso de poder político e econômico nas eleições de 2022, ficou constatado que as plataformas digitais serviram de ambiente propício à exponencial convocação do eleitorado para os eventos considerados abusivos.

4.3. A CONSTITUCIONALIDADE DA RESOLUÇÃO-TSE N. 23.714, DE 20 DE OUTUBRO DE 2022, EDITADA PARA O COMBATE À DESINFORMAÇÃO E EM DEFESA DA DEMOCRACIA

A Resolução-TSE n. 23.714, de 20 de outubro de 2022, foi impugnada na Ação Direta de Inconstitucionalidade 7.261/DF, ajuizada pelo então Procurador-Geral da República perante o Supremo Tribunal Federal em 21 de outubro de 2022.

A medida liminar requerida foi indeferida pelo relator, Ministro Edson Fachin, em 22 de outubro de 2022. Após agravo regimental, interposto pelo requerente da ação direta, a decisão foi referendada em sessão virtual extraordinária do Plenário da Suprema Corte, realizada em 25 de outubro de 2022, por ampla maioria de 9 Ministros, vencidos o Ministro Nunes Marques e, parcialmente, o Ministro André Mendonça.

O julgamento de mérito da ação direta aconteceu em sessão virtual realizada de 8 a 18 de dezembro de 2023, tendo sido julgada improcedente, com a declaração da plena constitucionalidade da Resolução-TSE n. 23.714, de 2022, pela ampla maioria de 9 Ministros, vencido, em parte, apenas o Ministro André Mendonça.

O relator da ADI, Ministro Edson Fachin, ressaltou que "o Tribunal Superior Eleitoral não exorbitou o âmbito da sua competência normativa, conformando a atuação do seu legítimo poder de polícia incidente sobre a propaganda eleitoral", afirmando que "a norma impugnada recai sobre a disseminação de informações falsas através de mídias virtuais e internet, não se tratando de quadro normativo cujas pretensões sejam as de reger a mídia tradicional e outros veículos de comunicação".

Analisando a tensão existente entre a liberdade de expressão e a veiculação maciça de desinformação no período eleitoral, tema tratado em capítulo anterior, o relator afirmou que "a liberdade de expressão não pode ser a expressão do fim da liberdade. Não se trata de proteger interesses de um estado, organização ou indivíduos, e sim de resguardar o pacto fundante da sociedade brasileira: a Democracia por meio de eleições livres, verdadeiramente livres", tendo o especial cuidado de dimensionar o volume de desinformação eleitoral, reportando as seguintes informações prestadas pelo Tribunal Superior Eleitoral:

> "a) crescimento de 1.671% (mil seiscentos e setenta e um por cento) no volume de denúncias de desinformação encaminhadas às plataformas digitais, em comparação com as eleições de 2020, sendo que cerca de 47% (quarenta e sete por cento) dos apontamentos surgiram no breve período de doze dias após o final de semana das eleições; b) necessidade de publicação mais de 130 (cento e trinta) novas matérias com desmentidos e esclarecimentos sobre casos de desinformação grave que ganharam ampla visibilidade após o primeiro turno de votação; e c) recebimento de uma média diária de 506 denúncias de desinformação contra as eleições, o que corresponde a um aumento de 992% na

taxa de apontamentos normalmente tratada no âmbito da Assessoria Especial de Enfrentamento à Desinformação."

Colacionando diversos precedentes do TSE e do STF, o Ministro Edson Fachin ressaltou que "o TSE não inovou na esfera jurídica ao punir quem deliberadamente utiliza-se do recurso às fake news", expondo que "o fundamento normativo para a atuação do TSE na regulação das fake news está no art. 22, I, 'b' e 'c', e III, da Lei Complementar nº 64/90. Não se trata de discurso de campanha ou de simples propaganda irregular, para os quais há direito de resposta previsto na LGE, mas sim de verdadeiro abuso de poder, que pode ser acionado de modo massivo e anonimizado, ao arrepio da fiscalização eleitoral", para concluir:

> "Não há – nem poderia haver – imposição de censura ou restrição a nenhum meio de comunicação ou a linha editorial da mídia imprensa e eletrônica. O que se busca coibir é a utilização de persona virtual, a ocultação através de redes sociais, de modo a que este lócus sirva para a disseminação de informações falsas que podem impactar as eleições e a integridade do processo eleitoral."

O relator, Ministro Edson Fachin, ainda e expressamente, exclui inconstitucionalidade no que toca à possibilidade de a Presidência do TSE decidir casos idênticos, apontando que a Resolução "em nada viola as prerrogativas do Ministério Público, porquanto a Resolução preserva a inércia da jurisdição, facultando e não impondo, que o Ministério Público fiscalize práticas de desinformação".

No Supremo Tribunal Federal, ao votar pela constitucionalidade da Resolução-TSE, reiterei o que repetidas vezes venho afirmando: "ao fundamento da liberdade de expressão, o que tem ocorrido tanto no Brasil quando no mundo é uma disseminação de informações sabidamente falsas com o intuito de afetar a higidez do processo eleitoral", tendo salientado:

> "Sobre esse ponto, tenho insistentemente repetido que liberdade de expressão não é liberdade de agressão a pessoas ou a instituições democráticas. Portanto, não é possível defender, por exemplo, a volta de um ato institucional número cinco, o AI-5, que garantia tortura de pessoas, morte de pessoas e o fechamento do Congresso Nacional e do Poder Judiciário. Nós não estamos em uma selva! (...)

Com efeito, não se deve confundir o livre debate público de ideias e a livre disputa eleitoral com a autorização para disseminar desinformação, preconceitos e ataques ao sistema eletrônico de votação, ao regular andamento do processo eleitoral, ao livre exercício da soberania popular e à Democracia. (...) A liberdade de expressão não ampara a disseminação de informações falsas por redes sociais e na internet. Nesse exato sentido, a resolução aprovada pelo Plenário do Tribunal Superior Eleitoral, por unanimidade, tem como objetivo prestigiar a segurança jurídica, conferindo coerência, bem assim efetividade e agilidade a decisões colegiadas já proferidas sobre determinados conteúdos – idênticos – que se replicam em diferentes endereços eletrônicos, característica peculiar da Internet e das mídias sociais. Se um determinado conteúdo já veio a merecer glosa e remoção por força de decisão colegiada do Tribunal Superior Eleitoral, a sua eventual replicação em endereços eletrônicos outros – para além daquele em que originalmente veiculado – é natural que outros endereços que venham a hospedar o conteúdo em causa, contemporâneos ou não à decisão, podem e devem ser abrangidos pelo julgado, ainda que por força de decisão complementar extensiva de efeitos. Garante-se, dentro da absoluta razoabilidade, a necessária segurança jurídica e a obrigatória igualdade. Insista-se, trata-se de elementar questão de segurança jurídica, de coerência, de efetividade e de celeridade, máxime em meio a campanhas eleitorais de modo a assegurar paridade de armas e a própria higidez do processo. A desinformação – entendida como uma ação comunicativa fraudulenta, baseada na propagação de afirmações falsas ou descontextualizadas com objetivos destrutivos – conflita com valores básicos da normativa eleitoral, na medida em que impõe sérios obstáculos à liberdade de escolha dos eleitores e, adicionalmente, à tomada de decisões conscientes. Compromete, portanto, a normalidade do processo político, dada a intenção deliberada de suprimir a verdade, gerando desconfiança, com consequente perda de credibilidade e fé nas instituições da Democracia representativa. Dentro desse panorama, a Resolução TSE veio para preservar as condições de normalidade do pleito, eliminando os riscos sociais associados à desinformação, a partir da disseminação generalizada de notícias falsas, prejudicando a aceitação pacífica dos resultados, em manifesta lesão à soberania popular (art. 1º, parágrafo único, c/c art. 14, *caput* e § 9º, da Constituição) e à estabilidade do processo democrático. Assim, a divulgação consciente e deliberada de informações falsas sobre a atuação da Justiça Eleitoral ou das autoridades ou servidores que a compõem, atribuindo-lhes, direta ou indiretamente, comportamento imoral ou ilícito, implica a promoção de desordem informativa que prejudica, substancialmente, a Democracia, atraindo, por exemplo, em tese, a prática do crime previsto no art. 296 do Código Eleitoral.

> Consequentemente, abrange toda e qualquer espécie de desordem informativa que tenha aptidão para dificultar, com base na propagação de informações distorcidas, a missão da *Justiça Eleitoral* de organizar eleições regulares, com resultados bem absorvidos pela população. Do cenário pós-primeiro turno, é evidente a produção de um conjunto de manifestações públicas sabidamente inverídicas, indutoras de ataques institucionais com teor incendiário, realizadas por diferentes atores que poluem o debate público e alimentam o extremismo nas plataformas digitais. A propagação generalizada de impressões falseadas de natureza grave e antidemocrática, que objetivam hackear a opinião pública, malferem o direito fundamental a informações verdadeiras e induzem o eleitor a erro, cultivando um cenário de instabilidade que extrapola os limites da liberdade de fala, colocando sob suspeita o canal de expressão da cidadania. Nesse cenário, o Estado deve reagir de modo efetivo e construtivo contra os efeitos nefastos da desinformação. A resolução, portanto, tratou da sistematização de soluções respaldadas pelo ordenamento e que cumprem, na linha do que já fora feito pelo inciso IV do § 5º do art. 39 da Lei nº 9.504, de 1997 – que proíbe, taxativamente, a publicação ou impulsionamento de conteúdos eleitorais na data do pleito –, para compatibilizar os ideais de justiça e liberdade também no ambiente digital."

A decisão Plenária do Supremo Tribunal Federal não apenas confirmou a constitucionalidade de uma importante Resolução do Tribunal Superior Eleitoral, mas, principalmente, reafirmou as competências e responsabilidades da Justiça Eleitoral na promoção das eleições e no efetivo combate à desinformação. Além disso, a resposta da Justiça Eleitoral confirmou a fé na Democracia, no Estado de Direito e no grau de repulsa ao degradante populismo, renascido a partir das chamas dos discursos de ódio, dos discursos antidemocráticos, dos discursos que propagam a infame desinformação – desinformação produzida e, a partir da produção, divulgada por verdadeiros milicianos digitais, em todo o mundo.

A compreensão adotada pelo Tribunal Superior Eleitoral, conforme já citado anteriormente, teve como uma das premissas a exposição massiva do candidato, inclusive nas redes sociais e nos serviços de mensageria privada (*"as práticas ilícitas e sua forma de aferição ganham novos contornos no atual paradigma comunicacional, que é o da comunicação em rede (muitos para muitos). O aumento do tráfego de informações a partir de fontes múltiplas traz aspectos positivos, mas também faz crescer os ruídos e a dificuldade de checagem da veracidade de dados factuais. A expansão do discurso de ódio e da desinformação e a monetização de conteúdos falsos a serem consumidos por bolhas cativas são exemplos de fatores que podem degradar o debate público"*).

Desde as eleições de 2020, portanto, o discurso direcionado a todos os participantes foi uníssono no sentido de que a Justiça Eleitoral não admitiria extremismo criminoso e atentatório aos Poderes de Estado, notícias fraudulentas, desinformação, na tentativa de ludibriar eleitores.

A atuação da Justiça Eleitoral no combate à desinformação com a plena garantia de segurança jurídica em defesa da liberdade de escolha do eleitorado fixou os parâmetros para se evitar a prática de ilícitos eleitorais dessa natureza:

> (a) "ataques ao sistema eletrônico de votação e à Democracia, disseminando fatos inverídicos e gerando incertezas acerca da lisura do pleito, em benefício de candidato, podem configurar abuso de poder político ou de autoridade – quando utilizada essa prerrogativa para tal propósito – e/ou uso indevido dos meios de comunicação quando redes sociais são usadas para esse fim";
>
> (b) a internet, incluídas as aplicações tecnológicas de mensagens instantâneas, e todas as redes sociais se enquadram no conceito de veículos ou meios de comunicação social a que alude o art. 22 da Lei Complementar n. 64/1990.

CONCLUSÃO

A nova realidade na instrumentalização das redes sociais e dos serviços de mensageria privada pelos novos populistas digitais extremistas, com maciça divulgação de discursos de ódio e mensagens antidemocráticas e utilização da desinformação para corroer os pilares da Democracia e do Estado de Direito, exige uma análise consentânea com os princípios, objetivos e direitos fundamentais da República, em especial os definidos nos arts. 1º, 2º, 3º e 5º da Constituição Federal.

Posteriormente à tentativa golpista de 8 de janeiro de 2023, foi discutido, na Presidência do Tribunal Superior Eleitoral, em 1º de março, com a presença do Google, do YouTube, do X (antigo Twitter), do Facebook Brasil, do Kwai, do TikTok, da Twitch e do Telegram Messenger, o real perigo dessa instrumentalização ilícita e perigosa dos provedores de redes sociais e de serviços de mensageria privada e a necessidade de formação de um grupo de trabalho para a apresentação de propostas de autorregulação e regulamentação legislativa.

Com a constituição do Grupo de Trabalho pela Portaria-TSE n. 173, de 10 de março de 2023, as empresas participaram de outras 5 (cinco) reuniões no Tribunal Superior Eleitoral, em 06/03/2023, 14/03/2023, 21/03/2023, 29/03/2023 e 04/04/2023.

Não é crível, portanto, e especialmente após as eleições de 2022 e a tentativa golpista de 08/01/2023, que os provedores de redes sociais e de serviços de mensageria privada não tenham total consciência de sua instrumentalização por diversas milícias digitais – a serviço do novo populismo digital extremista – para divulgar, propagar e ampliar inúmeras práticas ilícitas nas redes sociais, inclusive no gravíssimo atentado ao Estado Democrático de Direito e na tentativa de destruição do Poder Judiciário, em especial do Supremo Tribunal Federal, do Congresso Nacional e do Palácio do Planalto.

Ressalte-se, pela importância, que essa nova realidade exige a imediata regulamentação e controle da desinformação, não só em defesa da Democracia, mas também em proteção à dignidade da pessoa humana, pois é preciso atentar para a circunstância de que as novas tecnologias são instrumentos que podem ser conduzidos e manipulados por quem está no controle das plataformas digitais ou por quem é capaz, tecnológica, política e economicamente, de instrumentalizar esses novos meios digitais de manipulação.

As condutas dos provedores de redes sociais e de serviços de mensageria privada e dos seus dirigentes precisam ser devidamente regulamentadas e responsabilizadas, pois são remuneradas por impulsionamentos e monetização, bem como há o direcionamento dos assuntos pelos algoritmos, podendo configurar responsabilidade civil e administrativa das empresas e penal de seus representantes legais.

A Constituição Federal não permite, inclusive aos provedores de redes sociais e de serviços de mensageria privada, a propagação de discursos e práticas terroristas, nazistas, fascistas, homofóbicos, de violência contra mulher, de crimes contra crianças e adolescentes, ou qualquer outra forma de discurso de ódio e discriminatório, bem como repele, integralmente, a divulgação de ideias contrárias à ordem constitucional e ao Estado Democrático de Direito e as manifestações visando ao rompimento do Estado de Direito, com a extinção das cláusulas pétreas constitucionais – Separação de Poderes (CF, art. 60, § 4º), com a consequente instalação do arbítrio.

Efetivamente, os provedores de redes sociais e de serviços de mensageria privada não devem ter nem mais nem menos responsabilidade do que os demais meios de mídia, comunicação e publicidade, principalmente quando direcionam ou monetizam dados, informações e notícias veiculadas em suas plataformas, auferindo receitas.

Os provedores de redes sociais e de serviços de mensageria privada devem absoluto respeito à Constituição Federal, à lei e à jurisdição Brasileira.

A dignidade da pessoa humana, a proteção à vida de crianças e adolescentes e a manutenção do Estado Democrático de Direito estão acima dos interesses financeiros dos provedores de redes sociais e de serviços de mensageria privada. A regra básica de responsabilização deve ser *"o que não é permitido no mundo real não é permitido no mundo virtual"*, pois, como costumo sempre afirmar: *"as redes sociais não são terra sem Lei! As redes sociais não são terra de ninguém"*.

A análise dos capítulos anteriores aponta a urgente necessidade de neutralizar um dos mais graves e perigosos elementos de corrosão da Democracia, a instrumentalização das redes sociais e dos serviços de mensageria privada pelo novo populismo digital extremista que, utilizando-se da proliferação massiva de desinformação, notícias fraudulentas e discursos de ódio e antidemocráticos, vem realizando ataques sucessivos à Democracia.

As recentes inovações em tecnologia da informação e acesso universal às redes sociais e aos serviços de mensageria privada, com o agigantamento das plataformas (*big techs*), amplificado, em especial, com o uso de Inteligência Artificial (IA), potencializaram a desinformação premeditada e fraudulenta com a amplificação dos discursos de ódio e antidemocráticos e tornaram urgente e essencial a necessidade da edição de uma moderna regulamentação que, preservando a liberdade de expressão, impeça os ataques massivos aos pilares da Democracia, como vem sendo discutido no mundo democrático e já realizado, por exemplo, na União Europeia.

O agigantamento do poder político e da capacidade de influenciar e induzir a vontade do eleitorado obtido pelos provedores das redes sociais e de serviços de mensageria privada com a utilização das novas tecnologias, sem quaisquer limites legais e éticos, tornou-se grande risco durante as campanhas eleitorais, sendo perigoso fator de corrosão do princípio democrático.

O novo populismo digital extremista evoluiu na utilização dos métodos usados pelos regimes ditatoriais que chegaram ao poder no início do século XX – regimes nazista e fascista –, com aprimoramento na divulgação de notícias fraudulentas, com patente corrosão da linguagem, na substituição da razão pela emoção, no uso de massiva desinformação, no ataque à imprensa livre e à independência do Poder Judiciário.

Tendo por finalidade a "fidelização" do eleitor, com a comprovada utilização, nas campanhas eleitorais, de algoritmos no direcionamento e na priorização de determinados assuntos e de inteligência artificial para produção de notícias fraudulentas nas redes sociais e nos serviços de mensageria privada, os novos populistas digitais extremistas vêm conseguindo desvirtuar a livre e consciente liberdade de escolha, fundamento essencial na Democracia.

Os novos populistas digitais extremistas, com a forte atuação de suas "milícias digitais" – verdadeira *infantaria virtual antidemocrática* – e com a conivência passiva dos provedores das redes sociais e dos serviços de mensageria privada, extrapolam ilicitamente todos os limites razoáveis e constitucionais da liberdade de expressão, pois dificultam, e não raras vezes impedem, o livre acesso a informações sérias e verdadeiras, com reflexos diretos na liberdade de escolha dos eleitores e das eleitoras, colocando em risco a higidez da Democracia.

Trata-se de patente desrespeito ao espírito da ideia do "mercado livre de ideias" no campo político que não protege as informações deliberadamente falsas, fraudulentas e os discursos de ódio e antidemocráticos ("dano injusto" e "princípio do dano"), mas, sim, pretende possibilitar aos eleitores o livre acesso a todas as informações, por mais críticas e antagônicas que sejam, com o objetivo de gerar a melhor escolha possível dos governantes.

Como tenho constantemente afirmado: Liberdade de expressão não é Liberdade de agressão! Liberdade de expressão não é Liberdade de destruição da Democracia, das instituições e da dignidade e honra alheias! Liberdade de expressão não é Liberdade de propagação de discursos de ódio e preconceituosos!

CONCLUSÃO | 187

Por mais de uma década, essa instrumentalização foi realizada sem que as instituições e a imprensa livre percebessem o potencial destrutivo existente para a Democracia e, consequentemente, sem que houvesse discussão séria sobre a necessária regulamentação, como, inclusive, já existe para todos os demais meios de comunicação social.

Conforme analisado, das informações coletadas em 188 países dos 195 reconhecidos pela ONU, somente 35 têm leis específicas, e 27 destes países pertencem à União Europeia, que recentemente aprovou dois diplomas normativos comunitários – Lei dos Serviços Digitais (*Digital Services Act* – DSA) e Lei dos Mercados Digitais (*Digital Markets Act* – DMA) –, com a finalidade de *"mudar o cenário digital na EU"*, garantindo *"um ambiente digital mais seguro, justo e transparente"* e exigindo dos provedores das redes sociais transparência nos critérios de sugestão ou induzimento de determinado conteúdo aos usuários.

Os novos populistas digitais extremistas, inimigos da Democracia e do Estado de Direito, conseguiram instrumentalizar as redes sociais e os serviços de mensageria privada e, para atingirem seus objetivos, aproveitaram-se da total inércia das instituições democráticas e organizaram sua máquina de desinformação, que vem atuando sem restrições com a divulgação de notícias fraudulentas e discursos de ódio e antidemocráticos direcionados para "bolhas específicas", por meio de algoritmos que, alimentados pelos dados obtidos dos usuários nas próprias redes, são preparados para captar a melhor forma de convencimento dos eleitores, induzindo-os a determinados comportamentos.

As informações e os dados dos eleitores, obtidos previamente nas próprias redes sociais, são analisados e preparados tecnicamente, com o auxílio de mecanismos de inteligência artificial, para gerar a produção de notícias fraudulentas específicas, que, por sua vez, são programadas para atingir determinados grupos de eleitores, trabalhando seus traumas, temores, medos e anseios com a finalidade de fidelização política.

Esse processo de fragmentação social é otimizado por intermédio da disseminação de massiva desinformação nas redes sociais e nos serviços de mensageria privada e, utilizando-se de algoritmos, direciona determinadas notícias fraudulentas a grupos específicos e previamente analisados por mecanismos de inteligência artificial, gerando maior polarização política. As redes sociais e os serviços de mensageira privada, então, promovem e exploram ao limite essa fragmentação, transformando-a em sectarismo digital regiamente remunerado.

A transmissão de mensagens, dados e informações e os debates políticos eleitorais nas redes sociais baseiam-se, principalmente, nos sentimentos de "amor" e "ódio", possibilitando a criação de narrativas falsas e alternativas, sem qualquer vinculação com a realidade, mas absorvidas pelos eleitores em virtude de suas próprias emoções.

Trata-se da substituição da razão pela emoção; da discussão política pela polarização; do adversário político pelo inimigo mortal; da política pelo ódio. Ademais, trata-se da consequente tentativa de substituição da Democracia pela ditadura do novo populismo digital extremista.

Essa captação furtiva da vontade dos eleitores pela nociva instrumentalização das redes sociais e dos serviços de mensageria privada pelo novo populismo digital extremista é, atualmente, um dos mais graves e perigosos instrumentos de corrosão da Democracia.

Os provedores das redes sociais e dos serviços de mensageria privada, por sua vez, buscando o lucro, nada fizeram para impedir sua própria instrumentalização. Pelo contrário, beneficiaram-se dos discursos de ódio e antidemocráticos, inclusive criando mecanismos de monetização, pois a substituição da "razão" pela "emoção" nos debates e nas mensagens das redes sociais e dos serviços de mensageria privada significou exponencial aumento de audiência e interações, com forte e crescente reflexo econômico.

A constatação da transformação das redes sociais e dos serviços de mensageria privada nos mais eficazes e abrangentes instrumentos de comunicação de massa e a omissão deliberada na autorregulação exigem, portanto, a atuação do Poder Legislativo na edição de regras mínimas, tanto de *caráter preventivo* – que garantam o respeito à igualdade de condições eleitorais e protejam a livre e consciente vontade do eleitorado no momento de sua escolha – quanto de *caráter repressivo* – com a previsão de punições eleitorais, civis e penais aos candidatos e aos provedores das redes sociais e dos serviços de mensageria privada.

CONCLUSÃO | 189

A previsão legal das regras procedimentais adotadas na Resolução-TSE n. 23.714, de 20 de outubro de 2022, com o acréscimo das proposições a seguir expostas, seria extremamente importante para a defesa da legalidade e segurança jurídica das eleições e para o efetivo combate à desinformação, às notícias fraudulentas e aos discursos de ódio e antidemocráticos durante o período eleitoral[1], com a finalidade de concretizar a plena garantia de liberdade de escolha do eleitorado.

Inicialmente, os provedores das redes sociais e dos serviços de mensageria privada devem ser legalmente equiparados aos demais meios de comunicação, pois, assim como estes, exercem atividade de desenvolvimento de informações, mediante sons, imagens e textos, e atuam no sentido de permitir a transmissão de ideias e informações a outros sujeitos, notadamente a disseminação de conteúdo a destinatários indeterminados.

Desse modo, aos provedores de redes sociais e serviços de mensageria privada aplica-se, integralmente, a garantia constitucional de liberdade de comunicação social, prevista no art. 220 da Constituição Federal, corolário da previsão do art. 5º, IX, que consagra a liberdade de expressão da atividade intelectual, artística, científica e de comunicação, independentemente de censura ou licença.

Ambas as previsões constitucionais – garantia constitucional da liberdade de comunicação social e livre manifestação de pensamento – devem ser interpretadas em conjunto com o princípio democrático (CF, art. 1º, parágrafo único), a dignidade da pessoa humana (CF, art. 1º, III), a vedação a qualquer forma de discriminação (CF, art. 3º, IV), a inviolabilidade à honra e à vida privada (CF, art. 5º, X), bem como com a proteção à imagem (CF, art. 5º, XXVIII, *a*), sob pena de responsabilização do agente divulgador por danos materiais e morais (CF, art. 5º, V e X), não sendo, dessa maneira, possível a propagação de desinformação, notícias fraudulentas e discursos de ódio e antidemocráticos sem responsabilização posterior dos provedores das redes sociais e dos serviços de mensageria privada.

---

[1] As principais teses propostas nesta obra foram adotadas nas resoluções editadas pelo Plenário do Tribunal Superior Eleitoral para regulamentar as eleições municipais de 2024 (Anexo).

Nesses termos, os provedores de redes sociais e de serviços de mensageria privada, portanto, devem ser solidariamente responsáveis, civil e administrativamente: (a) por conteúdos direcionados por algoritmos, impulsionados e publicitários cuja distribuição tenha sido realizada mediante pagamento ao provedor de redes sociais; (b) por contas inautênticas e redes de distribuição artificial; e (c) pela não indisponibilização imediata de conteúdos e contas com conteúdo de ódio e antidemocrático.

Medidas preventivas importantes foram aprovadas pelo Senado Federal (Projeto de Lei n. 2.630, de 2020) e devem constar na regulamentação brasileira, no sentido da vedação, em regra, a *"contas inautênticas"* e *"contas automatizadas não identificadas como tal"*, bem assim exige a identificação de *"todos os conteúdos impulsionados e publicitários cuja distribuição tenha sido realizada mediante pagamento ao provedor de redes sociais"*. Outra importante previsão já consta no art. 14 do PL aprovado pelo Senado Federal, no sentido de que os provedores de redes sociais devem identificar todos os conteúdos impulsionados e publicitários, de modo que: (I) identifique a conta responsável pelo impulsionamento ou anunciante; (II) permita ao usuário acessar informações de contato da conta responsável pelo impulsionamento ou anunciante.

De *caráter preventivo*, há também a necessidade do estabelecimento de obrigação aos provedores das redes sociais de grande dimensão – na definição da legislação europeia, são aqueles com mais de 45 milhões de usuários mensais, resultando dezessete VLOPs e duas VLOSEs – identificarem e avaliarem os riscos sistêmicos à Democracia decorrentes da utilização de seus sistemas de algoritmos e inteligência artificial, apontando-os às autoridades competentes e tomando providências de autorregulação nas hipóteses de verificação de efeitos negativos reais ou previsíveis aos princípios democráticos e ao pleito eleitoral. Esse acompanhamento periódico possivelmente teria auxiliado a evitar o induzimento, a instigação e a propagação pelas redes sociais da "Festa da Selma" (convocação para o ato golpista de 08/01/2023).

A legislação deve adotar o *"dever de transparência algorítmica"*, no sentido da necessidade do estabelecimento de critérios mínimos de transparência em relação à aleatoriedade e ao viés cognitivo dos algoritmos que, obviamente, respeitados a propriedade intelectual e o segredo industrial, possibilitem o entendimento de seu processo decisório, tanto pela possibilidade de inspeção do código-fonte – que especifica o método de *machine learning* – como pela indicação da metodologia utilizada para o direcionamento das decisões, que deve ser pautada pela legalidade, moralidade e ética.

A nova legislação deve, ainda, estabelecer a obrigatoriedade de fornecimento de informações claras e objetivas nas hipóteses de utilização de inteligência artificial, principalmente na manipulação de áudios e vídeos. Essas previsões são essenciais e imprescindíveis para a normalidade do processo político e eleitoral e para a garantia de segurança jurídica das eleições.

A integridade e a manutenção da Democracia dependerão, igualmente, da regulamentação da utilização de inteligência artificial durante o processo eleitoral.

Há necessidade de estabelecer regramentos para as duas espécies de utilização de IA. A hipótese de utilização de IA para propaganda negativa deve ser proibida de maneira absoluta, devendo ser vedada a produção, a edição, a distribuição, a manipulação e a transmissão virtual de mídias de áudio ou visual materialmente enganosas, destinadas a manipular informações e difundir a crença em fato falso relacionado a candidatas e candidatos ou à disputa eleitoral.

A utilização de IA para propaganda negativa com a finalidade de induzir o eleitor a erro é tão grave ao pleito eleitoral e ao regime democrático que a sanção deve ser proporcional, acarretando cassação do registro do candidato ou de seu mandato, caso tenha sido eleito, bem como inelegibilidade, a ser prevista por lei complementar nos termos do § 9º do art. 14 da Constituição Federal, para os próximos 8 (oito) anos, nos mesmos termos previstos em outras hipóteses na Lei da Ficha Limpa.

No caso de utilização de IA para propaganda positiva para fins eleitorais, ou seja, favorável a determinada candidatura, o conteúdo fabricado ou manipulado, parcial ou integralmente, por meio de tecnologias digitais, para produzir, substituir, omitir, mesclar, alterar a velocidade, ou sobrepor imagens ou sons, deve ser obrigatoriamente acompanhado de rotulagem explícita e facilmente identificável, que detalhe se o referido conteúdo foi fabricado ou manipulado, devendo ainda ser indicada a sua procedência e identificada a tecnologia utilizada em tal processo.

Ademais, na hipótese de propaganda positiva com utilização de IA, o descumprimento das regras deverá acarretar imediata remoção e sanções proporcionais à gravidade dos danos causados ao equilíbrio do pleito ou à integridade do processo eleitoral, que deverão ser de multa a cassação do registro ou mandato com inelegibilidade.

Os provedores de redes sociais devem exigir e fiscalizar o cumprimento das formas de rotulagem e, caso não realizem a remoção imediata dos conteúdos veiculados com IA em desrespeito aos requisitos supraexpostos, serão responsabilizados civil e administrativamente, assim como seus representantes legais, que inclusive, poderão responder penalmente no caso de conduta dolosa.

Em seu *caráter repressivo*, a utilização de redes sociais e de serviços de mensageria privada em benefício dos candidatos para disseminar desinformação, notícias fraudulentas e discursos de ódio e antidemocráticos, inclusive ataques ao sistema de votação e à lisura do pleito eleitoral, além de caracterizar abuso de poder político, econômico e uso indevido dos meios de comunicação – acarretando remoção das mensagens e pagamento de multa e, nos casos mais graves, cassação do registro ou do próprio mandato –, deve gerar inelegibilidades e responsabilidade civil e penal.

Em relação aos conteúdos, a nova legislação deve coibir a divulgação de discursos de ódio e antidemocráticos, da mesma maneira que a Lei dos Serviços Digitais (*Digital Services Act* – DSA) dispõe que "a utilização de dados sensíveis, tais como a orientação sexual, a religião ou a etnia, não será permitida", pois "concentra-se na criação de um espaço digital mais seguro para utilizadores digitais e empresas, protegendo os direitos fundamentais online", com disposições destinadas a coibir "sistemas algorítmicos que amplificam a disseminação da desinformação".

No tocante aos procedimentos de moderação, a possibilidade de remoção pelos próprios provedores – se verificarem ou se existir dúvida fundada de risco, inclusive com dispensa de notificação dos usuários em casos específicos, prevista pelo PL n. 2.630/2020 – deve ser direcionada também ao conteúdo antidemocrático. A redação aprovada pelo Senado Federal prevê que os provedores dispensarão a notificação aos usuários se verificarem risco: (a) de dano imediato de difícil reparação; (b) para a segurança da informação ou do usuário; (c) de violação a direitos de crianças e adolescentes; (d) de crimes tipificados na Lei n. 7.716, de 5 de janeiro de 1989; e (e) de grave comprometimento da usabilidade, integridade ou estabilidade da aplicação.

Na garantia de segurança e normalidade das eleições, os provedores de redes sociais e serviços de mensageria privada deverão, sob pena de responsabilidade civil e administrativa, indisponibilizar imediatamente conteúdo e contas, com dispensa de notificação aos usuários, garantindo-se direito de recurso:

> (a) condutas, informações e atos antidemocráticos caracterizadores de violação aos arts. 286, parágrafo único, 359-L, 359-M, 359-P e 359-R do Código Penal;
>
> (b) divulgação ou compartilhamento de fatos sabidamente inverídicos ou gravemente descontextualizados que atinjam a integridade do processo eleitoral, inclusive os processos de votação, apuração e totalização de votos;
>
> (c) grave ameaça, direta e imediata, de violência ou incitação à violência contra a integridade física de funcionários públicos ou contra a infraestrutura física do Estado para restringir ou impedir o exercício dos poderes constitucionais ou a abolição violenta do Estado Democrático de Direito; e
>
> (d) comportamento ou discurso de ódio, inclusive promoção de racismo, homofobia, ideologias nazistas, fascistas ou odiosas contra uma pessoa ou grupo mediante preconceito de origem, raça, sexo, cor, idade e quaisquer outras formas de discriminação.

Da mesma maneira, a omissão ou negligência dos provedores das redes sociais e dos serviços de mensageria privada deverá acarretar sanções civis, solidariamente, às pessoas jurídicas e físicas responsáveis, que, no caso de conduta dolosa comissiva ou omissiva, também deverão responder penalmente pelas condutas ilícitas praticadas.

Os Poderes de Estado e as instituições não podem continuar a ignorar essa dura realidade sobre a constante, progressiva e alarmante corrosão que vem sofrendo a Democracia pelo novo populismo digital extremista, sendo necessário o estabelecimento de uma nova e específica legislação que preveja mecanismos de detecção de eventuais arbitrariedades e seletividades negativas no direcionamento de mensagens e que permita o efetivo combate aos ataques massivos de desinformação, notícias fraudulentas e discursos de ódio e antidemocráticos instrumentalizados pelas redes sociais e pelos serviços de mensageria privada.

É essencial a criação de um novo paradigma de proteção legislativa, nos termos propostos, para que o Direito Eleitoral possa atuar de maneira mais eficiente em defesa do sistema eleitoral e da própria Democracia.

Esse novo paradigma do Direito Eleitoral permitirá maior efetividade na atuação da Justiça Eleitoral, em defesa da legitimidade das eleições e da garantia de plena liberdade de escolha dos eleitores, e, consequentemente, na preservação do regime democrático.

O combate efetivo – *preventivo* e *repressivo* – da instrumentalização das redes sociais e dos serviços de mensageria privada pelos novos populistas digitais extremistas, impedindo a massiva divulgação de discursos de ódio e mensagens antidemocráticas e a utilização da desinformação para corroer os pilares da Democracia e do Estado de Direito, é essencial para o fortalecimento do país.

A Democracia somente se constrói, solidifica-se, prospera e fortalece uma nação quando a discussão de ideias é mais importante que a imposição obtusa de obsessões, quando as ofensas e discriminações cedem lugar ao diálogo e à temperança, quando o ódio perde seu lugar no coração das pessoas para a esperança, o respeito e a união.

A atividade política deve ser realizada sem ódio, sem discriminação e sem violência. A consequência do ódio e da violência é "o vazio e a mágoa", como alertou Martin Luther King em seu famoso discurso "O nascimento de uma nova Nação", proferido em Montgomery, em abril de 1957, festejando que "a consequência da não violência é a criação de uma comunidade querida. A consequência da não violência é a redenção. A consequência da não violência é a reconciliação".

CONCLUSÃO

A Democracia existe exatamente para garantir a todas as eleitoras e todos os eleitores a possibilidade de periodicamente escolher seus representantes. Por sua vez, a Justiça Eleitoral existe para aplicar a Constituição Federal e o Direito Eleitoral, garantindo que o exercício da Democracia seja realizado de maneira segura, transparente e confiável.

O Direito Eleitoral é um instrumento constitucional para o exercício seguro e transparente das escolhas democráticas realizadas pelas eleitoras e pelos eleitores, em respeito à soberana vontade popular, valor estruturante essencial e imprescindível na construção e no fortalecimento de uma Democracia estável, justa, igualitária e solidária.

BIBLIOGRAFIA

AMARAL JÚNIOR, José Levi Mello do. *Inviolabilidade parlamentar*. Tese (Livre--docência) – Faculdade de Direito da Universidade de São Paulo, São Paulo, 2018.

ARIEL DOTTI, René. A liberdade e o direito à intimidade. *Revista de Informação Legislativa*, Brasília, v. 17, n. 66, p. 125-152, abr.-jun. 1980.

ARISTÓTELES. *A política*. 15. ed. Rio de Janeiro: Ediouro, 1988.

BARACHO, José Alfredo de Oliveira. *Teoria geral da cidadania*. São Paulo: Saraiva, 1995.

BARBOSA, Rui. *Comentários à Constituição Federal brasileira*. v. II. Saraiva: 1933.

BARBOSA, Rui. *A imprensa e o dever da verdade*. São Paulo: Hunter Books, 2016.

BARCELLOS, Ana Paula de; TERRA, Felipe Mendonça. Liberdade de expressão e manifestações nas redes sociais. In: *Constituição da República 30 anos depois*: uma análise prática da eficiência dos direitos fundamentais – estudos em homenagem ao Ministro Luiz Fux. Belo Horizonte: Fórum, 2019.

BARROSO, Luís Roberto. Da caverna à internet: evolução e desafios da liberdade de expressão. *Publicum*, Rio de Janeiro, v. 6, n. 1, p. 1-12, jan.-dez. 2020.

BARROSO, Luís Roberto. Liberdade de expressão, imprensa e mídias sociais: jurisprudência, direito comparado e novos desafios. *Revista Jurídica da Presidência*, Brasília, v. 25. n. 135, p. 20-48, jan.-abr. 2023.

BARROSO, Luna van Brussel. Mentiras, equívocos e liberdade de expressão. *Jota*, 29 maio 2020.

BERLIN, Isaiah. Introdução. *Quatro ensaios sobre a liberdade*. Trad. Wamberto Hudson Ferreira. Brasília: Editora Universidade de Brasília, 1981.

BILBENY, Norbert. La inteligencia artificial y la ética. *Robótica, ética y política*: el impacto de la superinteligencia en el mundo de las personas. Barcelona: Icaria Editorial, 2022.

BON, Pierre. La légitimité du conseil constitutionnel français. In: SOUSA E BRITO, José de et al. *Legitimidade e legitimação da justiça constitucional*. Coimbra: Coimbra Editora, 1995.

BONAVIDES, Paulo. *Ciência Política*. 10. ed. São Paulo: Malheiros Editores, 2000.

BOSTROM, Nick. *Superinteligencia*: caminos, peligros, estrategias. Madrid: Tell, 2016.

BOTTON, Letícia Thomasi Jahnke; SENNA, Pedro Henrique Sccott de. O confronto entre o direito à liberdade de expressão e o direito à honra diante do Marco Civil da Internet. *Revista dos Tribunais*, [s.l.], v. 1.014, p. 127-143, abr. 2020.

BUENO, José Antonio Pimenta. *Direito público brasileiro e análise da Constituição do Império*. Rio de Janeiro: Nova Edição, 1958.

CANOTILHO, J. J. Gomes. *Direito constitucional e teoria da Constituição*. 2. ed. Coimbra: Almedina, 1998.

CANOTILHO, J. J. Gomes; MOREIRA, Vital. *Fundamentos da Constituição*. Coimbra: Coimbra Editora, 1991.

CAPPELLETTI, Mauro. Necesidad y legitimidad de la justicia constitucional. In: FAVOREU, Louis et al. *Tribunales constitucionales europeos y derechos fundamentales*. Madrid: Centro de Estudios Constitucionales, 1984.

CARO, Maria Dolores Montero. Sobre el control jurídico y democrático de la inteligencia artificial: herramientas y reflexiones acerca de la inserción incontrolada de mecanismos tecnológicos. In: CASTELLANOS CLARAMUNT, Jorge (org.). *Inteligencia artificial y democracia*: garantías, límites constitucionales y perspectiva ética ante la transformación digital. Barcelona: Atelier Libros Jurídicos, 2023.

CARRÉ DE MALBERG, R. *Contribution à la théorie générale de l'État*. Paris: Centre National de la Recherche Scientifique, 1920.

CASTELLANOS CLARAMUNT, Jorge (org.). *Inteligencia artificial y democracia*: garantías, límites constitucionales y perspectiva ética ante la transformación digital. Barcelona: Atelier Libros Jurídicos, 2023.

CELESTE, Edoardo. Digital Constitutionalism: a New Systematic Theorization. *International Review of Law, Computers & Technology*, v. 33, n. 1, p. 76-99, 2019.

COLAÇO, Hian Silva. Responsabilidade civil dos provedores de internet: diálogo entre a jurisprudência e o Marco Civil da Internet. *Revista dos Tribunais*, v. 957, 2015.

COOLEY, Thomas. *Princípios gerais de direito constitucional dos Estados Unidos da América do Norte*. 2. ed. São Paulo: Ed, RT, 1982.

DAHL, Robert. *On democracy*. New Haven: Yale University Press, 1998.

DAHL, Robert. *Sobre a democracia*. Brasília: Editora UnB, 2001.

DAHL, Robert. *Quanto è democratica la Costituzione americana?*. Roma-Bari: Laterza, 2003.

DALLARI, Dalmo de Abreu. *O renascer do direito*. 2. ed. São Paulo: Saraiva, 1996.

DALLARI, Dalmo de Abreu. *Elementos de teoria geral do Estado*. 22. ed. São Paulo: Saraiva, 2001.

DALY, Tom Gerald. *The alchemists*. Cambridge: Cambridge Press, 2017.

DAVID, René. *Os grandes sistemas do direito contemporâneo*. São Paulo: Martins Fontes, 1998.

DE VERGOTTINI, Giuseppe. *Diritto costituzionale*. 2. ed. Padua: Cedam, 2000.

DIAMOND, Larry; MORLINO, Leonardo. The quality of democracy: an overview. *Journal of Democracy*, v. 15, n. 4, p. 20-31, Oct. 2004.

DINIZ, Iara. Mapa interativo – Só 35 países do mundo têm leis específicas contra desinformação, aponta LupaMundi. *Lupa UOL*, 6 nov. 2023. Disponível em: https://lupa.uol.com.br/jornalismo/2023/11/06/so-35-paises-tem-leis-especificas-contra-desinformacao-aponta-lupamundi. Acesso em: 28 dez. 2023.

DI RUFFIA, Paolo Biscaretti. *Introduzione al diritto costituzionale comparato*. 2. ed. Milano: Giuffrè, 1970.

D'OLIVO, Maurício. O direito à intimidade na Constituição Federal. *Cadernos de Direito Constitucional e Ciência Política*, São Paulo, v. 4, n. 15, p. 184-203, abr.-jun. 1996.

DUGUIT, Léon. *Fundamentos do direito*. São Paulo: Ícone, 1996.

DUVERGER, Maurice. *Os partidos políticos*. Rio de Janeiro: Zahar, 1970.

DWORKIN, Ronald. *O direito da liberdade*: a leitura moral da Constituição norte-americana. São Paulo: Martins Fontes, 2006.

EKMEKDJIAN, Miguel Ángel. *Tratado de derecho constitucional*. Buenos Aires: Depalma, 1993. t. 1.

EMPOLI, Giuliano da. *Os engenheiros do caos*. Trad. Arnaldo Bloch. São Paulo: Vestígio, 2019.

Eubanks, Virginia. *Automating inequality*: how high-tech tools profile, police, and punish the poor. New York: St. Martin's Press, 2018.

FERRAZ JR., Tércio Sampaio. Sigilo de dados: o direito à privacidade e os limites à função fiscalizadora do Estado. *Cadernos de Direito Constitucional e Ciência Política*, São Paulo, n. 1, p. 77-90, out.-dez. 1992.

FERREIRA FILHO, Manoel Gonçalves. *Os partidos políticos nas constituições democráticas*. Belo Horizonte: Edições da Revista Brasileira de Estudos Políticos, 1966 (Estudos Sociais e Políticos, 26).

FINCHER, Ernest Barksdale. *The president of the United States*. New York: Abelard-Schuman, 1955.

FRAZÃO, Ana; MEDEIROS, Ana Rafaela. Responsabilidade civil dos provedores de internet: a liberdade de expressão e o art. 19 do Marco Civil. *Migalhas*, 23 fev. 2021.

FRIEDRICH, Carl Joachim. *Gobierno constitucional y democracia*. Madrid: Instituto de Estudios Políticos, 1975.

GARCÍA, Alfonso Pinilla. El discurso del odio y el surgimiento de los totalitarismos en la Europa de entreguerras (1918-1939). In: JIMÉNEZ, Virginia Martín (ed.). *El discurso del odio como arma política*: del pasado al presente. Granada: Comares Comunicación, 2023.

GARCÍA, Sergio Arce. Discursos y campañas de odio en la era digital: su construcción e impacto social. In: JIMÉNEZ, Virginia Martín (ed.). *El discurso del odio como arma política*: del pasado al presente. Granada: Comares Comunicación, 2023.

GIANNOTTI, Edoardo. *A tutela constitucional da intimidade*. 1983. Dissertação (Mestrado) – Faculdade de Direito da Universidade de São Paulo, São Paulo, 1983.

GILL, Lex; REDEKER, Dennis; GASSER, Urs. Towards Digital Constitutionalism? Mapping Attempts to Craft an Internet Bill of Rights. *Berkman Klein Center for Internet & Society Research Publication*, 2015.

GONÇALVES, Renata Moura. *Espaço físico e espaço virtual na liberdade de expressão*. Dissertação (Mestrado) – Universidade de São Paulo, São Paulo, 2013.

GRAY, John. *Mill on liberty*: a defense. 2. ed. London: Routledge, 1996.

HAURIOU, Maurice. *Derecho público y constitucional*. Trad. Carlos Ruiz del Castillo. 2. ed. Madrid: Editorial Reus, 1927.

HOFFMANN-RIEM, Wolfgang. *Teoria geral do direito digital*: transformação digital – desafios para o Direito. Trad. Italo Fuhrmann. Rio de Janeiro: Forense, 2020.

JELLINEK, Georg. *Teoría general del Estado*. Ciudad de México: Fondo de Cultura Económica, 2000.

JESUS, Damásio de; MILAGRE, José Antonio. *Marco Civil da Internet*: comentários à Lei n. 12.965/14. São Paulo: Saraiva, 2014.

JIMÉNEZ, Virginia Martín (ed.). *El discurso del odio como arma política*: del pasado al presente. Granada: Comares Comunicación, 2023.

JOBIM, Nelson. *Relatoria da revisão constitucional*: pareceres produzidos – histórico n. 1 a 28. Brasília: Senado Federal, Subsecretaria de Edições Técnicas, 1994. t. 1.

KAKUTANI, Michiko. *A morte da verdade*. Rio de Janeiro: Intrínseca, 2018.

KALVEN JR., Harry. *The New York Times* case: a note on "the central meaning of the First Amendment in Constitutional Law". In: LOVELAND, Ian. *Constitutional Law*: a critical introduction. 2. ed. Boston: Butterworths, 2000.

KURLAND, Philip B. The rise and fall of the "doctrine" of separation of powers. *Michigan Law Review*, Ann Arbor, v. 85, n. 3, p. 592-613, Dec. 1986.

LAFER, Celso. *Ensaios liberais*. São Paulo: Siciliano, 1991.

LATORRE, José Ignacio. *Ética para máquinas*. Barcelona: Ariel, 2019.

LAUX, Francisco de Mesquita. Supremo debate o artigo 19 do Marco Civil da Internet (parte 2). *Conjur*, 11 nov. 2019. Disponível em: https://www.conjur.com.br/2019-nov-11/direito-civil-atual-supremo-debate-artigo-19-marco--civil-internet-parte. Acesso em: 19 nov. 2019.

LEAL, Luziane de Figueiredo Simão; MORAES FILHO, José Filomeno de. Inteligência artificial e democracia: os algoritmos podem influenciar uma campanha eleitoral? Uma análise do julgamento sobre o impulsionamento de propaganda eleitoral na internet do Tribunal Superior Eleitoral. *Direitos Fundamentais & Justiça*, Belo Horizonte, v. 13, n. 41, p. 343-356, jul.-dez. 2019.

LEONARDI, Marcel. *Responsabilidade civil dos provedores de serviços de internet*. São Paulo: Ed. Juarez de Oliveira, 2005.

LEONHARD, Gerd. *Tecnologia* versus *humanidade*: o confronto futuro entre a máquina e o homem. Trad. Florbela Marques. Zurique: The Futures Agency, 2018 (e-book).

LINERA, Miguel Ángel Presno. *Derechos fundamentales e inteligencia artificial*. Madrid: Marcial Pons, 2022.

LUCHAIRE, François. El consejo constitucional francés. In: FAVOREU, Louis et al. *Tribunales constitucionales europeos y derechos fundamentales*. Madrid: Centro de Estudios Constitucionales, 1984.

MACHADO, Jónatas E. M. *Liberdade de expressão*: dimensões constitucionais da esfera pública no sistema social. Coimbra: Coimbra Editora, 2002.

MADISON, James; HAMILTON, Alexander; JAY, John Jay. *Os artigos federalistas*: 1787-1788. Edição integral. São Paulo: Nova Fronteira, 1998.

MANSFIELD JR., Harvey C. *A ordem constitucional americana*. Rio de Janeiro: Forense Universitária, 1987.

MARKOFF, John. *Olas de democracia*: movimientos sociales y cambio político. Madrid: Tecnos, 1996.

MARTINS, Leonardo (org.). *Cinquenta anos de jurisprudência do Tribunal Constitucional Federal alemão*. Montevidéu: Fundação Konrad-Adenauer, 2005.

MAXIMILIANO, Carlos. *Comentários à Constituição brasileira de 1891*. Brasília: Senado Federal, Conselho Editorial, 2005.

MELLO, Patrícia Campos. *A máquina do ódio*. São Paulo: Companhia das Letras, 2020.

MENDES, Gilmar Ferreira. Liberdade de expressão, redes sociais e democracia. *Justiça & Cidadania*, v. 23, n. 272, p. 14-20, abr. 2023.

MEZRICH, Ben. *Breaking Twitter*. New York: Grand Central, 2023.

MILL, John Stuart. *A liberdade/utilitarismo*. Trad. Eunice Ostrensky. São Paulo: Martins Fontes, 2000.

MIRANDA, Jorge. *Manual de direito constitucional*. Coimbra: Coimbra Editora, 1990. 4 t.

MIRANDA, Jorge. Nos dez anos de funcionamento do tribunal constitucional. In: SOUSA E BRITO, José de et al. *Legitimidade e legitimação da justiça constitucional*. Coimbra: Coimbra Editora, 1995.

MONTESQUIEU. *O espírito das leis*. Trad. Pedro Vieira Mota. 3. ed. São Paulo: Saraiva, 1994.

MOORE, Martin. *Democracy hacked*: political turmoil and information warfare in the digital era. London: Oneworld Publications, 2018.

MORAES, Alexandre de. *Presidencialismo*. 2. ed. São Paulo: Atlas, 2018.

MORAES, Alexandre de. *Jurisdição constitucional e tribunais constitucionais*. 3. ed. São Paulo: Atlas, 2019.

MORAES, Alexandre de. A liberdade do candidato e o respeito ao Estado Democrático de Direito e à dignidade da pessoa humana. In: COÊLHO, Marcus Vinicius Furtado, BOTTINI, Pierpaolo (coord.). *Liberdades*. Rio de Janeiro: Editora JC, 2022. v. 1.

MORAES, Alexandre de. *Direito constitucional*. 39. ed. São Paulo: Atlas, 2023.

MORAVEC, Hans. *Mind children*: the future of robot and human intelligence. Cambridge: Harvard University Press, 1988.

MOREIRA, Adriana Fragalle. *Interpretação e âmbito de proteção do direito à liberdade de expressão*: reflexões sobre o "quem", "quando" e "o quê" na manifestação do pensamento. Dissertação (Mestrado) – Universidade de São Paulo, São Paulo, 2016.

MUIRHEAD, Russell; ROSENBLUM, Nancy L. *A lot of people are saying*: the new conspiracism and the assault on Democracy. Princeton: Princeton University Press, 2019.

MARQUES NETO, Floriano de Azevedo. *Regulação estatal e interesses públicos*. São Paulo: Malheiros Editores, 2002.

NOBLE, Safiya U. *Algorithms of oppression*: how search engines reinforce racism. New York: New York University Press, 2018.

OLIVIER, Ihl; GUGLIELMI, Gilles J. (dir.). *El voto electrónico*. Trad. Maria Valeria Di Battista. Madrid: Centro de Estudios Políticos Y Constitucionales, 2017.

PIKETTY, Thomas. *Capital in the Twenty-First Century*. Transl. Arthur Goldhammer. Cambridge: Harvard University Press, 2014.

PLATÃO. *República*. Bauru: Edipro, 1994.

QUEIROZ, João Quinelato de. *Responsabilidade civil na rede*: danos e liberdade à luz do Marco Civil da Internet. Rio de Janeiro: Editora Processo, 2019.

QUEIROZ, Rafael Mafei Rabelo. Liberdade de expressão na internet: a concepção restrita de anonimato e a opção pela intervenção de menor intensidade.

Suprema – Revista de Estudos Constitucionais, Brasília, v. 1, n. 1, p. 241-266, jan.-jun. 2021.

RAIS, Diego; CASTRO, L. N. A comunicação política em tempos de *big data* e a inteligência artificial: a campanha digital de Donald Trump e o futuro do marketing eleitoral brasileiro. In: FUX, Luiz; PEREIRA, Luiz Fernando Casagrande; AGRA, Walber de Moura (coord.); PECCININ, Luiz Eduardo (org.). *Tratado de direito eleitoral*. Belo Horizonte: Fórum, 2018. v. 4.

RAMOS, André de Carvalho. Liberdade de expressão e ideais antidemocráticos veiculados por partidos políticos – tolerância com os intolerantes. *Temas de Direito Eleitoral no Século XXI*. Brasília: Escola Superior do Ministério Público da União, 2012.

REBOLLO, María Antonia Paz; SORIA, Ana Mayagoitia. El odio y los neopopulismos. In: JIMÉNEZ, Virginia Martín (ed.). *El discurso del odio como arma política*: del pasado al presente. Granada: Comares Comunicación, 2023.

ROSSETTO, Guilherme Ferreira; ANDRADE, Henrique dos Santos; BENATTO, Pedro Henrique Abreu. A responsabilidade dos provedores de aplicações no Marco Civil da Internet: reflexões sobre a viabilidade da medida com foco nos problemas que assolam o Poder Judiciário. *Revista de Direito Privado*, São Paulo, v. 17, n. 69, p. 47-67, set. 2016.

REVEL, Jean-François. *El conocimiento inútil*. Barcelona: Planeta, 1989.

ROBINSON, Donald L. *"To the best of my ability"*: the Presidency and the Constitution. New York: W. W. Norton & Company, 1987.

ROSENBERG, Ian. *The fight for free speech*: ten cases that define our First Amendment freedoms. New York: New York University Press, 2012.

ROYO, Javier Pérez. *Tribunal constitucional y división de poderes*. Madrid: Tecnos, 1988.

SABINE, George Holland. *História das ideias políticas*. Trad. Ruy Jungmann. Rio de Janeiro: Fundo de Cultura, 1964. v. 2.

SANTOS, Lorena Vieira G. dos; FERREIRA, Raniere Souza. Liberdade de expressão e censura: análise da ampliação do controle dos conteúdos nas redes sociais frente ao crescimento do discurso de ódio on-line. *Revista Fórum de Direito Civil – RFDC*, Belo Horizonte, v. 12, n. 32, jan.-abr. 2023.

SARLET, Ingo Wolfgang. Considerações acerca da liberdade de expressão e da regulação do discurso do ódio na internet à luz do exemplo do assim chamado *German Networkm Enforcement Act*. In: LEITE, George Salomão (coord.). *Curso de direitos fundamentais*: em homenagem ao Ministro Luís Roberto Barroso. São Paulo: Ed. RT, 2022. v. 2.

SARTORI, Giovanni. *Homo videns*: televisão e pós-pensamento. Bauru: Edusc, 2001.

SCHREIBER, Anderson. Marco Civil da Internet: avanço ou retrocesso? A responsabilidade civil por danos derivado do conteúdo gerado por terceiro. In: LUCCA, Newton de; SIMÃO FILHO, Adalberto; LIMA, Cíntia Rosa Pereira de. *Direito e internet III*: Marco Civil da Internet – Lei n. 12.965/2014. São Paulo: Quartier Latin, 2015. p. 277-305.

SCHWARTZ, Bernard. *Direito constitucional americano*. Rio de Janeiro: Forense, 1966.

SHAPIRO, Ian. *Os fundamentos morais da política*. Trad. Fernando Santos. São Paulo: Martins Fontes, 2006.

SIEGAN, Bernard H. Separation of powers: economic liberties. *Notre Dame Law Review*, Notre Dame, v. 70, n. 3, p. 415-488, 1995.

SILVA, José Afonso da. *Curso de direito constitucional positivo*. 32. ed. São Paulo: Malheiros Editores, 2009.

SILVEIRA, Marilda de Paula; LEAL, Amanda Fernandes. Restrição de conteúdo de impulsionamento: como a Justiça Eleitoral vem construindo sua estratégia de controle. *Revista Direito Público*, v. 18, p. 565-589, 1º set. 2021.

SOUSA, Marcelo Rebelo de. *Os partidos políticos no direito constitucional português*. Braga: Livraria Cruz, 1983.

SUNSTEIN, Cass R. *A verdade sobre os boatos*: como se espalham e por que acreditamos neles. Rio de Janeiro: Elsevier, 2010.

TAVARES, André Ramos. Constituição em rede. *Revista Brasileira de Estudos Constitucionais*, Belo Horizonte, v. 16, n. 50, p. 53-70, jul.-dez. 2022.

TAVARES, André Ramos. O poder digital na democracia. In: BELAUNDE, Domingo García; GOYBURU, Dante Paiva (coord.). *Derecho y docencia como vocación*: libro homenaje a José F. Palomino Manchego. Arequipa: Adrus Editores/Instituto Iberoamericano de Derecho Constitucional, 2022.

TEEHANKEE, Julio C.; THOMPSON, Mark R. The vote in the Philippines: electing a strongman. *Journal of Democracy*, v. 27, n. 4, p. 124-134, 2016.

TESO, Enrique del. *La propaganda de ultraderecha y cómo tratar con ella*. Asturias: Ediciones Trea, 2022.

TOCQUEVILLE, Alexis de. *Democracia na América*: leis e costumes. São Paulo: Martins Fontes, 1998.

URBINATI, Nadia. *Yo, el Pueblo*: cómo el populismo transforma la democracia. Ciudad de México: Grano de Sal, 2020.

VASCONCELOS, Fernando Antônio de. *Internet*: responsabilidade do provedor pelos danos praticados. Curitiba: Juruá, 2004.

VASCONCELOS, Pedro Carlos Bacelar de. *A separação dos poderes na Constituição americana*. Coimbra: Coimbra Editora, 1994.

WIENER, Norbert. *Cibernética y sociedad*. Buenos Aires: Editorial Sudamericana, 1979.

WILLIAMS, George. Engineers is dead, long live the engineers. In: LOVELAND, Ian. *Constitutional Law*: a critical introduction. 2. ed. Boston: Butterworths, 2000.

WOLF, Martin. *The crisis of democratic capitalism*. New York: Penguin Press, 2023.

ZAGREBELSKY, Gustavo. *Simboli al potere*: politica, fiducia, speranza. Torino: Giulio Einaudi, 2012.

Anexo
LEGISLAÇÃO ELEITORAL

RESOLUÇÃO TSE N. 23.727, DE 27 DE FEVEREIRO DE 2024

Altera a Resolução-TSE n. 23.600, de 12 de dezembro de 2019, que dispõe sobre as pesquisas eleitorais.

O Tribunal Superior Eleitoral, no uso das atribuições que lhe conferem o inciso IX do art. 23 do Código Eleitoral e o art. 105 da Lei n. 9.504, de 30 de setembro de 1997, resolve:

Art. 1º A Res.-TSE n. 23.600/2019, passa a vigorar com as seguintes alterações:

"Art. 1º (...)

Parágrafo único. O controle judicial de pesquisa eleitoral depende de provocação do Ministério Público Eleitoral, de partido político, federação, coligação, candidata ou candidato, observados os limites da lei e desta Resolução." (NR)

"Art. 2º (...)

§ 6º O registro de pesquisas e a complementação de informações no PesqEle poderão ser efetivados a qualquer hora do dia, independente do horário de expediente da Justiça Eleitoral.

§ 7º-A. No prazo do § 7º, a empresa ou o instituto deverá enviar o relatório completo com os resultados da pesquisa, contendo:

I – o período de realização da pesquisa;

II – o tamanho da amostra;

III – a margem de erro;

IV – o nível de confiança;

V – o público-alvo;

VI – a fonte pública dos dados utilizados para elaboração da amostra;

VII – a metodologia; e

VIII – o contratante da pesquisa e a origem dos recursos.

§ 7º-B. A publicização dos relatórios completos com os resultados de pesquisa a que se refere o parágrafo anterior ocorrerá, salvo determinação contrária da Justiça Eleitoral, depois das eleições.

(...)

§ 11. Em caso de pesquisa realizada com recursos próprios:

a) para os fins dos incisos I e VII do *caput* deste artigo, deverão ser informados os dados da própria entidade ou empresa que realizar a pesquisa;

b) é obrigatório informar valor e origem dos recursos despendidos, nos termos do inciso II do *caput* deste artigo; e

c) para os fins do inciso VIII do *caput* deste artigo, deverá ser apresentado o Demonstrativo do Resultado do Exercício do ano anterior ao da realização das eleições." (NR)

"Art. 12. A divulgação de levantamento de intenção de voto efetivado no dia das eleições somente poderá ocorrer a partir das 17h (dezessete horas) do horário de Brasília." (NR)

"Art. 13. (...)

§ 3º O requerimento de que trata o *caput* tramitará obrigatoriamente no Sistema Processo Judicial Eletrônico (PJe), devendo ser autuado na classe Petição Cível (PetCív), com indicação do número de identificação da pesquisa e direcionado:

(...)" (NR)

"Art. 16. (...)

§ 1º Demonstrados a plausibilidade do direito e o perigo de dano, pode ser deferida liminar para suspender a divulgação dos resultados da pesquisa impugnada ou para determinar que sejam incluídos esclarecimentos na divulgação de seus resultados, cominando-se multa em caso de descumprimento da tutela.

§ 1º-A. É ônus da(do) impugnante indicar, com objetividade e precisão, o requisito faltante, a deficiência técnica ou o indício de manipulação que fundamente pedido de não divulgação da pesquisa, sob pena de não conhecimento.

§ 1º-B. Se for alegada deficiência técnica ou indício de manipulação da pesquisa, a petição inicial deverá ser instruída com elementos que demonstrem o fato ou conter requerimento de prazo para produção de prova técnica, às custas da parte autora, sob pena de não conhecimento, observado o disposto no art. 91 do Código de Processo Civil, no caso do Ministério Público Eleitoral.

§ 1º-C. O não conhecimento da impugnação, fundamentado nos §§ 1º-A e 1º-B deste artigo ou em outras hipóteses de conduta temerária ou de má-fé, acarretará a remessa de informações ao Ministério Público Eleitoral, para apuração de eventual prática de crimes ou ilícitos eleitorais.

(...)" (NR)

"Art. 23. (...)

§ 1º Entende-se por enquete ou sondagem o levantamento de opiniões sem plano amostral, que dependa da participação espontânea da parte interessada ou importe viés cognitivo de autosseleção e que não utilize método científico para sua realização, quando apresentados resultados que possibilitem à eleitora ou ao eleitor inferir a ordem das candidatas e dos candidatos na disputa.

(...)" (NR)

Art. 2º Ficam revogados os incisos I e II do art. 12 da Res.-TSE n. 23.600/2019.

Art. 3º Esta Resolução entra em vigor na data de sua publicação oficial.

Brasília, 27 de fevereiro de 2024.

Ministra Cármen Lúcia – Relatora

RESOLUÇÃO TSE N. 23.728, DE 27 DE FEVEREIRO DE 2024

Altera a Resolução-TSE n. 23.673, de 14 de dezembro de 2021, que dispõe sobre os procedimentos de fiscalização e auditoria do sistema eletrônico de votação.

O Tribunal Superior Eleitoral, no uso das atribuições que lhe conferem o inciso IX do art. 23 do Código Eleitoral e o art. 105 da Lei n. 9.504, de 30 de setembro de 1997, resolve:

Art. 1º A Res.-TSE n. 23.673/2021 passa a vigorar com as seguintes alterações:

"Art. 3º (...)

VII – Votação, Apuração da Urna Eletrônica e demais aplicativos da urna eletrônica (Ecossistema da Urna): conjunto de programas executados na urna eletrônica que permite a escolha do voto, a justificativa de não comparecimento para votar, a apuração de resultados da seção eleitoral, entre outras funcionalidades;

(...)

XIV – SAVP-Sorteio: aplicativo de apoio ao processo de sorteio de seções para diversas modalidades de auditoria previstas nesta Resolução;

XV – SAVP-Votação: aplicativo de apoio ao teste de integridade, que auxilia na verificação dos votos registrados durante a auditoria." (NR)

"Art. 4º (...)

IV – Verificador Pré/Pós-Eleição (VPP): destinado à verificação da integridade dos sistemas instalados na urna e da autenticidade dos dados; à demonstração da votação; à visualização das informações de candidatas e candidatos e de eventos de log da urna; e à impressão do BU, Justificativa Eleitoral (RJE) e RDV.

(...)

Parágrafo único. É vedada a utilização, pelos órgãos da Justiça Eleitoral, de qualquer outro sistema em substituição ou com finalidade similar aos desenvolvidos ou autorizados pelo TSE." (NR)

"Art. 5º (...)

V – durante os procedimentos preparatórios para realização dos testes de integridade e de autenticidade e no dia da votação:

(...)

VII – durante o Teste de Autenticidade dos Sistemas Eleitorais:

(...)

c) verificação da integridade e da autenticidade dos programas instalados na urna eletrônica; e

(...)" (NR)

"Art. 9º É garantido, às entidades fiscalizadoras, a partir de 12 (doze) meses antes do primeiro turno das eleições, até a compilação dos sistemas, prevista no art. 19 desta Resolução, o acesso antecipado aos sistemas eleitorais desenvolvidos pelo Tribunal Superior Eleitoral e o acompanhamento dos trabalhos para sua especificação e seu desenvolvimento, para fins de fiscalização e auditoria, em ambiente específico e sob a supervisão do Tribunal.

(...)" (NR)

"Art. 10. (...)

§ 3º No período de acompanhamento da especificação e do desenvolvimento dos sistemas, poderão ser disponibilizadas múltiplas versões dos sistemas abertos para análise, as quais estarão disponíveis no ambiente descrito no *caput* para comparação das mudanças efetuadas pelas equipes de desenvolvimento." (NR)

"Art. 12. (...)

§ 3º As pessoas representantes das entidades fiscalizadoras poderão apenas consultar os resultados dos testes e dados estatísticos obtidos com o respectivo programa de análise de código apresentado, não sendo permitida sua extração, impressão ou reprodução por nenhuma forma, sendo autorizado seu compartilhamento às demais entidades e instituições legitimadas, desde que se restrinja ao ambiente de verificação dos códigos-fonte." (NR)

"Art. 15. (...)

Parágrafo único. O Tribunal Superior Eleitoral, por sua Secretaria de Tecnologia da Informação, requisitará à entidade fiscalizadora as licenças de uso das ferramentas de desenvolvimento empregadas na construção do programa, se não as possuir, para uso e guarda até a realização das eleições."(NR)

"Art. 17. (...)

Parágrafo único. Os programas de verificação desenvolvidos poderão ser cedidos a qualquer entidade fiscalizadora." (NR)

"Art. 37. (...)

§ 1º A verificação por amostragem será realizada em até 6% (seis por cento) das urnas preparadas para cada zona eleitoral, escolhidas pelos representantes das entidades fiscalizadoras, de forma aleatória, entre as urnas de votação e as de contingência.

(...)" (NR)

"Art. 43. Até a antevéspera do dia das eleições, a juíza ou o juiz eleitoral realizará audiência destinada à verificação da integridade e autenticidade dos sistemas Transportador e JEConnect, instalados nos microcomputadores.

(...)" (NR)

"Art. 46. (...)

VI – relatório Resultado da Totalização emitido pelo Sistema de Gerenciamento da Totalização (SISTOT), incluindo a relação das seções em que o boletim de urna tenha sido gerado em urna substituta;

(...)" (NR)

"Art. 48. (...)

Parágrafo único. Os arquivos de dados listados nesta seção ficarão disponíveis pelo prazo estabelecido no Plano de Classificação, Avaliação e Destinação das Informações e dos Documentos.

(...)" (NR)

"Art. 50. Se for necessário, a pessoa requerente deverá fornecer as mídias para a gravação dos arquivos, contando-se o prazo previsto no art. 49 desta Resolução a partir da data em que fornecê-las." (NR)

"Art. 51. As entidades fiscalizadoras poderão solicitar verificação após o pleito, desde que sejam relatados fatos e apresentados indícios e circunstâncias que a justifiquem, sob pena de indeferimento liminar.

(...)

§ 2º A solicitação, acompanhada de plano de trabalho, será dirigida ao tribunal eleitoral competente, que decidirá sobre o pedido.

(...)" (NR)

"Art. 53-C. (...)

I – (...)

b) instaladas necessariamente em todas as capitais dos Estados e no Distrito Federal; e

(...)" (NR)

"Art. 55. Para a organização e a condução dos trabalhos mencionados nos capítulos V e VI desta Resolução, será designada pelos tribunais regionais eleitorais, em sessão pública, até 60 (sessenta) dias antes das eleições, Comissão de Auditoria da Votação Eletrônica composta por:

(...)" (NR)

"Art. 57. A Comissão de Auditoria da Votação Eletrônica promoverá, entre as 7 horas e as 12 horas, do dia anterior às eleições, no primeiro e no segundo turno, em local e horário previamente divulgados, a definição das seções eleitorais que serão submetidas às auditorias a que se referem os capítulos V e VI desta Resolução.

(...)" (NR)

"Art. 58. (...)

§ 2º Não poderá ser escolhida ou sorteada mais de 1 (uma) seção por zona eleitoral, salvo nas hipóteses em que o número de zonas eleitorais vinculadas ao Tribunal Regional seja inferior ao exigido para atender ao quantitativo previsto neste artigo." (NR)

"Art. 59. (...)

§ 5º Se o número de zonas eleitorais dos Municípios da unidade da federação onde houver segundo turno for inferior aos quantitativos previstos nos incisos I, II e III, o teste de autenticidade será realizado em urnas equivalentes ao número de zonas eleitorais." (NR)

"Art. 60. A Comissão de Auditoria da Votação Eletrônica poderá, de comum acordo com representantes das entidades fiscalizadoras:

I – dividir os Municípios da unidade da federação em grupos, a fim de assegurar a representatividade regional das seções eleitorais escolhidas ou sorteadas para a realização do teste de integridade das urnas eletrônicas;

II – excluir do sorteio ou da escolha as seções eleitorais instaladas em localidades de difícil acesso, onde seja inviável recolher a urna em tempo hábil para a realização do teste." (NR)

"Art. 61. (...)

§ 1º O juízo eleitoral providenciará o imediato transporte, para o local indicado pela Comissão de Auditoria da Votação Eletrônica, da urna, devidamente acondicionada em sua caixa, e de cópias da ata da cerimônia de carga e do extrato de carga, o qual deverá mostrar a numeração da cartela de lacres utilizada.

(...)" (NR)

"Art. 63. (...)

§ 1º Na ausência de representantes dos partidos políticos, das federações e das coligações, a Comissão de Auditoria da Votação Eletrônica providenciará o preenchimento das cédulas por terceiras pessoas, excluídas as que servem à Justiça Eleitoral, podendo ser chamadas as servidoras e os servidores nomeados nos termos do § 2º do art. 67 desta Resolução e previamente convocados para a cerimônia.

§ 2º Cada participante definirá os números utilizados para preenchimento da cédula, podendo optar por voto nominal, voto de legenda ou voto em branco.

§ 3º Se o número utilizado para preencher a cédula não corresponder à candidatura registrada ou à legenda habilitada na eleição, o voto será considerado nulo."

"Art. 65. (...)

§ 1º A fiscalização será realizada, em todas as fases dos trabalhos da auditoria de funcionamento das urnas eletrônicas, nos Tribunais Regionais Eleitorais, com exceção da coleta e do transporte desses equipamentos, por representante das instituições conveniadas ou das empresas previamente credenciadas pelo TSE.

(...)" (NR)

"Art. 66. A instituição conveniada ou a empresa de auditoria encaminhará ao Tribunal Superior Eleitoral, em até 5 (cinco) dias úteis após cada turno, relatório conclusivo da fiscalização realizada na auditoria de funcionamento das urnas eletrônicas.

(...)

§ 2º Os relatórios individuais de auditoria de cada Tribunal Regional Eleitoral e o relatório consolidado conclusivo, elaborados pela instituição pública de fiscalização ou pela empresa especializada em auditoria contratada, serão publicados no sítio eletrônico da Justiça Eleitoral em até 30 (trinta) dias após o segundo turno." (NR)

"Art. 72. (...)

§ 3º As urnas e os equipamentos utilizados na auditoria de funcionamento das urnas eletrônicas, como os computadores utilizados com o SAVP, permanecerão armazenados e lacrados pelo mesmo tempo estabelecido no Calendário Eleitoral para as demais urnas de votação, sendo observado, no que couber, o previsto no Capítulo VII desta Resolução." (NR)

"Art. 76. (...)

a) cópia do extrato de carga, com a identificação do conjunto de lacres relativo à urna da seção eleitoral escolhida ou sorteada, para apresentá-lo à fiscalização durante os procedimentos de auditoria no dia da votação;

(...)" (NR)

"Art. 78. (...)

I – exame do extrato de carga, para verificar que se trata da urna da seção eleitoral escolhida ou sorteada;

(...)" (NR)

"Art. 81. (...)

Parágrafo único. Após a data mencionada no *caput*, os pedidos de auditoria que tenham por objeto computadores e mídias formatados ficarão prejudicados, sendo possível o acesso somente às cópias dos arquivos armazenados pela Justiça Eleitoral." (NR)

"Art. 83. A Justiça Eleitoral preservará a integridade dos arquivos de log gerados durante o processo de envio, recebimento e processamento dos boletins de urna até a data estabelecida no Calendário Eleitoral." (NR)

"Art. 85-A. O procedimento administrativo não previsto nesta Resolução e a ação judicial que questionarem o funcionamento dos sistemas de votação ou de apuração somente serão admitidos se apresentados indícios substanciais de anomalia técnica atestados sob responsabilidade de profissional habilitado.

§ 1º O procedimento administrativo disciplinado no *caput* será dirigido ao Tribunal Eleitoral competente.

§ 2º A(o) requerente, a autora ou o autor responderão em caso de atuação temerária ou de litigância de má-fé, devendo ser aplicada multa proporcional à gravidade na conduta e, se for ocaso, adotadas as providências para apuração de infração ético-disciplinar e ilícitos penais." (NR)

"Art. 86. Admitida a petição apresentada nos termos do *caput* do art. 85-A, a autoridade judiciária designará dia e hora para realização de audiência pública, intimando o partido, a coligação ou a federação reclamante, o Ministério Público, a Ordem dos Advogados do Brasil e as demais pessoas interessadas, sendo então escolhida e separada uma amostra das urnas eletrônicas questionadas na ação.

(...)

§ 6º Até o encerramento do processo de auditoria a que se refere o *caput* deste artigo, os cartões de memória de carga permanecerão lacrados e as mídias de resultado com os dados das respectivas urnas escolhidas e os computadores utilizados para a geração das mídias serão preservados.

(...)" (NR)

"Art. 87. No dia das eleições, o horário oficial de Brasília será observado em todas as unidades da federação, desde a instalação das seções eleitorais até a divulgação de resultados." (NR)

Art. 2º Ficam revogados:

I – o parágrafo único do art. 3º da Res.-TSE n. 23.673/2021; e

II – o parágrafo único do art. 52 da Res.-TSE n. 23.673/2021.

Art. 3º Os incisos I, II, III, IV e V do parágrafo único do art. 3º da Res.-TSE n. 23.673/2021 serão renumerados, respectivamente, como incisos IX, X, XI, XII e XIII do *caput* do mesmo artigo.

Art. 4º Esta Resolução entra em vigor na data de sua publicação oficial.

Brasília, 27 de fevereiro de 2024.

Ministra Cármen Lúcia – Relatora

RESOLUÇÃO TSE N. 23.729, DE 27 DE FEVEREIRO DE 2024

Altera a Resolução-TSE n. 23.609, de 18 de dezembro de 2019, que dispõe sobre a escolha e o registro de candidatas e candidatos para as eleições.

O Tribunal Superior Eleitoral, no uso das atribuições que lhe conferem o inciso IX do art. 23 do Código Eleitoral e o art. 105 da Lei n. 9.504, de 30 de setembro de 1997, resolve:

Art. 1º A Res.-TSE n. 23.609/2019 passa a vigorar com as seguintes alterações:

"Art. 6º (...)

§ 6º-A. Para a federação, a chave de acesso será emitida em nome desta e poderá ser obtida, no SGIP:

I – por partido(s) político(s) definido(s) pelo diretório nacional da federação, mediante comunicação em formulário disponibilizado pela Justiça Eleitoral, a ser remetida ao Tribunal Superior Eleitoral, impreterivelmente, até 30 (trinta) dias antes do início do período legal de convenções partidárias para que seja inibida a concessão da chave aos demais partidos federados; ou

II – na ausência da comunicação mencionada no inciso I deste parágrafo, por qualquer dos partidos federados, aos quais caberá, em cada instância eleitoral, deliberar sobre seu uso para a prática de atos em nome da federação.

(...)

§ 6º-B. (...)

IV – recusa de órgão municipal, estadual ou nacional em fornecer a chave de acesso, nos casos de divergência interna quanto à definição de pessoas legitimadas a realizar convenção partidária e a registrar candidaturas em nome da agremiação ou da federação. (Incluído pela Resolução n. 23.675/2021)

(...)" (NR)

"Art. 9º-A. A(O) militar alistável é elegível, atendidas as seguintes condições (Constituição Federal, art. 14, § 8º):

I – se contar menos de 10 (dez) anos de serviço, deverá afastar-se da atividade, por demissão ou licenciamento *ex officio* (Constituição Federal, art. 14, § 8º; Lei n. 6.880/1980, art. 52, *a*);

II – se contar mais de 10 (dez) anos de serviço, será agregada(o) pela autoridade superior, afastando-se do serviço ativo, pelo benefício da licença para tratar de assunto particular (Constituição Federal, art. 14, § 8º; Lei n. 6.880/1980, art. 82, inciso XIV e § 4º, e art. 52, parágrafo único, *b*, parte inicial).

§ 1º A elegibilidade de militar que exerce função de comando condiciona-se à desincompatibilização no prazo legal (Lei Complementar n. 64/1990, art. 1º, inciso II, *a*, 2, 4, 6 e 7, inciso III, *a* e *b*, 1 e 2, inciso IV, *a* e *c*, inciso V, *a* e *b*, incisos VI e VII).

§ 2º Não se aplica a militares que não exercem função de comando, incluídos policiais e bombeiras(os), o prazo de desincompatibilização previsto para servidores públicos, estabelecido na alínea *l* do inciso II do art. 1º da Lei Complementar n. 64/1990.

§ 3º A(O) militar elegível que não exerce função de comando deve se afastar da atividade ou ser agregada(o) até a data de seu pedido de registro de candidatura, garantida a realização de atos de campanha nas mesmas condições das demais pessoas candidatas (Consulta n. 0601066-64/DF).

§ 4º Requerido registro de candidatura por militar, a autoridade competente para o exame do pedido comunicará o fato à corporação respectiva para controle do cumprimento do disposto neste artigo." (NR)

"Art. 10. (...)

§ 5º A pessoa que, nos termos do inciso I do art. 9º-A desta Resolução, se desligar do serviço militar para ser candidata deverá, na data do pedido de registro de candidatura, estar filiada ao partido político pelo qual concorre.

§ 6º A(O) militar agregada(o) nos termos do inciso II do art. 9º-A desta Resolução, embora necessariamente registrada(o) candidata(o) por partido político, federação ou coligação, concorrerá sem a filiação a partido político (Constituição Federal, art. 142, inciso V)." (NR)

"Art. 17. (...)

§ 3º-A. O partido ou a federação que disputar eleição proporcional deverá apresentar lista com ao menos uma candidatura feminina e uma masculina para cumprimento da obrigação legal do percentual mínimo de candidatura por gênero.

(...)

§ 4º-A. No caso de federação, o disposto nos §§ 2º, 3º e 4º deste artigo aplica-se à lista de candidaturas globalmente considerada e às indicações feitas por partido para compor a lista. (Incluído pela Resolução n. 23.675/2021)

(...)" (NR)

"Art. 20. (...)

§ 1º O formulário assinado manual ou eletronicamente ficará sob a guarda do partido político, da federação ou, se for o caso, da(o) representante da coligação até o término do prazo decadencial para propositura das ações eleitorais, mantendo-se essa obrigação em caso de ajuizamento de ação sobre a validade do DRAP, a veracidade das candidaturas e das informações sobre raça ou cor ou outros fatos havidos na convenção partidária, até o respectivo trânsito em julgado.

§ 1º-A. É responsabilidade de candidatas, candidatos, dirigentes partidários e representantes de federações e coligações zelar pelo correto preenchimento dos campos dos formulários de que trata o *caput* deste artigo, respondendo, nos limites de sua responsabilidade, pelo lançamento de informações falsas ou que contribuam para a consecução de ilícitos eleitorais e de crimes.

§ 1º-B. A mera retificação de informações incorretas e a substituição da candidatura a que se referem não impedem a apuração da responsabilidade nos termos do § 1º deste artigo nos casos em que estiverem presentes indícios de conduta ilícita.

(...)" (NR)

"Art. 24. (...)

I – dados pessoais: inscrição eleitoral, nome civil ou, se houver, nome social declarado no Cadastro Eleitoral, data de nascimento, unidade da Federação e Município de nascimento, nacionalidade, gênero, identidade de gênero, cor ou raça, etnia indígena ou pertencimento a comunidade quilombola, se pessoa com necessidade especial ou deficiência e qual o tipo, estado civil, ocupação, grau de instrução, indicação de ocupação de cargo em comissão ou função comissionada na Administração Pública, número da carteira de identidade com o órgão expedidor e a unidade da Federação, número de registro no Cadastro de Pessoa Física (CPF);

(...)

IX – declaração de ciência da candidata ou do candidato de que as informações prestadas quanto a nome social, identidade de gênero, gênero, cor ou raça, etnia indígena, pertencimento a comunidade quilombola, deficiência, estado civil, ocupação e dados para contato serão utilizados para atualização dos seus dados no Cadastro Eleitoral.

§ 1º O formulário RRC pode ser subscrito por procuradora ou procurador constituída(o) por instrumento particular, com poder específico para o ato (Acórdão no REspe n. 2765-24.2014.6.26.0000).

§ 2º Sempre que forem equivalentes, os campos do formulário RRC refletirão as opções apresentadas no Cadastro Eleitoral.

§ 3º A declaração de nome social por candidata ou candidato transgênero no Cadastro Eleitoral ou no registro de candidatura inibirá a divulgação do nome civil nas informações do DivulgaCandContas.

§ 4º Havendo divergência entre os dados do Cadastro Eleitoral e os do registro de candidatura quanto à identidade de gênero, nome social, raça ou cor, etnia indígena e pertencimento a comunidade quilombola, será observado o procedimento previsto nos §§ 5º-A e 5º-B do art. 17 desta Resolução, salvo na hipótese do parágrafo seguinte.

§ 5º No caso de ser declarada, no registro de candidatura, cor preta ou parda em divergência com informação do Cadastro Eleitoral ou com anterior pedido de registro, a pessoa candidata e o partido, a federação ou a coligação serão intimados para confirmar a alteração da declaração racial.

§ 6º Se a pessoa candidata ou o partido, a federação ou a coligação pela qual concorre admitir ter havido erro na declaração racial, ou se o prazo transcorrer sem manifestação, a informação sobre cor ou raça será ajustada para refletir o dado constante do Cadastro Eleitoral ou de anterior registro de candidatura e ficará vedado repassar à pessoa candidata recursos públicos reservados a candidaturas negras.

§ 7º O órgão do Ministério Público Eleitoral será cientificado das declarações prestadas nos termos do § 5º deste artigo e do seu processamento, para acompanhamento e, se for o caso, adoção de providências relativas à fiscalização de repasses de recursos públicos reservados para as candidaturas de pessoas negras e à apuração de eventuais ilícitos.

§ 8º Associações, coletivos e movimentos da sociedade civil poderão requerer relação nominal de candidatas e candidatos que tenham apresentado declaração racial nos termos do § 5º deste artigo, ficando as pessoas e as entidades requerentes obrigadas, sob as penas da legislação de regência, a assegurar a utilização dos dados para a finalidade específica de fiscalização dos repasses de recursos públicos a candidaturas negras.

§ 9º O partido político, a federação e a coligação poderão, como meio para promover a fidedignidade das informações sobre as candidaturas de pessoas negras, criar comissão de heteroidentificação para análise dos elementos fenotípicos de suas candidatas e de seus candidatos que pretendam declarar, no registro de candidatura, cor preta ou parda.

§ 10º As candidatas e os candidatos poderão manifestar interesse em que sua orientação sexual seja divulgada nas informações públicas relativas ao registro de candidatura, caso em que será disponibilizado campo próprio para coleta do dado e para autorização de sua divulgação." (NR)

"Art. 29. (...)

§ 1º O RRCI, instruído com as informações e os documentos previstos nos arts. 27 e 28 desta Resolução, deverá ser elaborado no Sistema CANDex e, até as 19h (dezenove horas) do último dia do prazo mencionado no *caput* deste artigo, deverá ser transmitido via internet, ou, na impossibilidade de transmissão, entregue na Justiça Eleitoral.

§ 1º-A. Para elaborar o RRCI no CANDex, a candidata ou o candidato deverá requerer a chave de acesso ao sistema diretamente ao juízo ou ao tribunal eleitoral competente para o exame de seu registro de candidatura.

(...)" (NR)

"Art. 32. (...)

§ 1º O DRAP e os documentos que o acompanham formarão os autos do processo dos pedidos de habilitação de cada partido político, federação ou coligação.

(...)

§ 3º Os DRAPs serão distribuídos por sorteio, na ordem em que forem protocolizados no PJe, ressalvada a existência de DRAP do qual conste o mesmo partido ou a mesma federação, para o mesmo cargo ou para cargo diverso, proporcional ou majoritário, distribuído anteriormente, hipótese em que estará preventa(o) a juíza, o juiz, a relatora ou o relator que tiver recebido o primeiro processo.

§ 4º (...)

III – os processos de candidatas e candidatos registradas(os) em vagas remanescentes, em relação ao DRAP do partido ou da federação a que se referem, cabendo ao juízo competente examinar se o requerimento respeita o número máximo de candidaturas e a cota de gênero, antes de apreciar os requisitos da candidatura;

IV – o processo de candidata ou candidato registrada(o) em substituição, em relação ao registro de candidatura substituído.

§ 5º É vedado aos tribunais regionais eleitorais estabelecer regras de distribuição de processos de registro de candidatura que contrariem as disposições deste artigo." (NR)

"Art. 33. Após o recebimento dos pedidos, a Justiça Eleitoral validará os dados e encaminhará aqueles que forem necessários:

(...)

§ 1º A divulgação de dados no DivulgaCandContas observará os princípios do art. 6º da Lei n. 13.709/2018. (Incluído pela Resolução n. 23.675/2021)

§ 2º Os endereços informados para atribuição de CNPJ, comunicações processuais e do Comitê Central de Campanha, telefone pessoal, e-mail pessoal, número do CPF e o documento pessoal de identificação não serão divulgados no DivulgaCandContas e serão juntados como documento sigiloso no processo de registro de candidatura no PJe." (NR)

"Art. 35. (...)

I – no processo do partido político, federação ou coligação (DRAP):

(...)

II – (...)

d) a regularidade do nome e do número com o qual concorre, do cargo, do partido político e do gênero;

e) a qualidade técnica da fotografia, de acordo com o que dispõe o inciso II do art. 27." (NR)

"Art. 35-A Entre o julgamento dos pedidos de registro e o fechamento do sistema CAND, as candidatas e os candidatos deverão validar seus dados que constarão da urna eletrônica, em sistema desenvolvido pela Justiça Eleitoral e que somente poderá ser acessado com a confirmação biométrica da identidade no aplicativo e-Título.

§ 1º Se a pessoa candidata não tiver cadastro biométrico na Justiça Eleitoral ou, por outro motivo, não puder acessar o sistema mencionado no *caput* deste artigo, poderá solicitar à(ao) representante do partido político, da federação ou da coligação que tiver cadastro biométrico que realize a validação de dados, pelo mesmo sistema.

§ 2º A validação por representante de partido político, federação ou coligação dependerá de confirmação biométrica da identidade no aplicativo e-Título e do uso da chave de acesso gerada nos termos dos §§ 6º e 6º-A do art. 6º desta Resolução.

§ 3º A validação de que trata este artigo não dispensa a conferência dos dados pela Justiça Eleitoral antes de serem inseridos nas urnas eletrônicas." (NR)

"Art. 38. (...)

§ 7º A intimação pessoal do Ministério Público Eleitoral, nos processos de registro de candidatura, será feita exclusivamente por expediente no Processo Judicial Eletrônico (PJe), com abertura automática e imediata do prazo processual, mesmo após o término do período eleitoral.

(...)" (NR)

"Art. 47. O DRAP será julgado antes das candidaturas que lhe são vinculadas, devendo o resultado daquele julgamento ser certificado nos autos dos processos das candidatas e dos candidatos." (NR)

"Art. 52. As condições de elegibilidade e as causas de inelegibilidade serão aferidas no momento da formalização do pedido de registro de candidatura, ressalvadas as alterações, fáticas ou jurídicas, supervenientes ao registro, que afastem a inelegibilidade e ocorram até a data do primeiro turno da eleição. (Lei n. 9.504/1997, art. 11, § 10; Súmula n. 43/TSE; ADI n. 7.197/DF).

Parágrafo único. Os prazos de inelegibilidade, cujo marco inicial seja a eleição, contam-se a partir do primeiro turno do pleito respectivo, terminando no dia de igual número do seu início (Código Civil, art. 132, § 3º; ADI n. 7.197/DF)." (NR)

"Art. 74. O processo de pedido de registro e as informações e os documentos que o instruem, à exceção do previsto no § 2º do art. 33, são públicos e podem ser livremente consultados pelas(os) interessadas(os) no PJe ou na página de divulgação de candidatas e candidatos do TSE (Lei n. 9.504/1997, art. 11, § 6º).

§ 1º A divulgação de dados pessoais no PJe ou na página de divulgação de candidaturas do TSE será restringida, nos termos da Lei Geral de Proteção de Dados Pessoais, ao mínimo necessário para o atingimento da finalidade legal (Lei n. 13.709/2018, art. 6º). (Incluído pela Resolução n. 23.675/2021)

§ 2º Para garantir a transparência, a consistência das informações e a fidedignidade das estatísticas da Justiça Eleitoral, não se conhecerá de pedido de exclusão, do Divulga-CandContas, de candidaturas requeridas e do resultado do seu julgamento, independente do período transcorrido desde a eleição". (NR)

Art. 2º Ficam revogados:

I – o § 3º-A do art. 20 da Res.-TSE n. 23.609/2019;

II – o § 2º do art. 29 da Res.-TSE n. 23.609/2019;

III – o inciso I do § 4º do art. 32 da Res.-TSE n. 23.609/2019; e

IV – o parágrafo único do art. 35.

Art. 3º Esta Resolução entra em vigor na data de sua publicação oficial.

Brasília, 27 de fevereiro de 2024.

Ministra Cármen Lúcia – Relatora

RESOLUÇÃO TSE N. 23.730, DE 27 DE FEVEREIRO DE 2024

Altera a Resolução-TSE n. 23.605, de 17 de dezembro de 2019, que estabelece diretrizes gerais para a gestão e distribuição dos recursos do Fundo Especial de Financiamento de Campanha (FEFC).

O Tribunal Superior Eleitoral, no uso das atribuições que lhe conferem o inciso IX do art. 23 do Código Eleitoral e o art. 105 da Lei n. 9.504, de 30 de setembro de 1997, resolve:

Art. 1º A Res.-TSE n. 23.605/2019 passa a vigorar com as seguintes alterações:

"Art. 6º (...)

§ 4º Após a reunião da executiva nacional que deliberar sobre os critérios de distribuição do FEFC, os diretórios nacionais dos partidos políticos devem encaminhar petição pelo Processo Judicial eletrônico (PJe) à presidência do TSE, indicando os critérios fixados para distribuição do FEFC, acompanhado de:

(...)

§ 6º Após o recebimento dos recursos financeiros do FEFC, o diretório nacional do partido político deverá providenciar imediatamente a divulgação, em sua página de internet, do valor total do FEFC e os critérios de distribuição desses recursos aos seus candidatos."

Art. 2º Esta Resolução entra em vigor na data de sua publicação oficial.

Brasília, 27 de Fevereiro de 2024.

Ministra Cármen Lúcia – Relatora

RESOLUÇÃO TSE N. 23.731, DE 27 DE FEVEREIRO DE 2024

Altera a Resolução-TSE n. 23.607, de 17 de dezembro de 2019, que dispõe sobre a arrecadação e os gastos de recursos por partidos políticos e candidatas ou candidatos e sobre a prestação de contas nas eleições.

O Tribunal Superior Eleitoral, no uso das atribuições que lhe conferem o inciso IX do art. 23 do Código Eleitoral e o art. 105 da Lei n. 9.504, de 30 de setembro de 1997, resolve:

Art. 1º A Res.-TSE n. 23.607/2019 passa a vigorar com as seguintes alterações:

"Art. 8º (...)

§ 1º A conta bancária deve ser aberta em agências bancárias, postos de atendimento bancário ou por meios eletrônicos, sendo permitida, a critério da instituição financeira, abertura da conta também por meios eletrônicos, com a utilização de:

a) assinatura eletrônica que utiliza certificados não emitidos pela ICP-Brasil, desde que admitido pelas partes como válido ou aceito pela pessoa a quem for aposto o documento, nos termos do § 2º do art. 10 da Medida Provisória n. 2.200-2/2001;

b) assinatura avançada ou qualificada, utilizando por analogia, no que couber, a Lei n. 14.063/2020; e

c) confrontação de informações de identificação e qualificação dos titulares de conta com as disponíveis em bancos de dados de caráter público ou privado.

(...)

II – os partidos que não abriram a conta bancária "doações para campanha" até o dia 15 de agosto de 2022, poderão fazê-lo até 15 de agosto do ano das eleições. (Vide, para as eleições de 2020, Res.-TSE n. 23.624/2020, art. 7º, inciso III)

(...)

§ 4º (...)

II – cuja candidata ou cujo candidato expressamente renunciou ao registro, desistiu da candidatura, teve o registro indeferido ou foi substituída(o) antes do fim do prazo de 10 (dez) dias a contar da emissão do CNPJ de campanha, desde que não haja indícios de arrecadação de recursos e realização de gastos eleitorais; e

III – cuja candidata ou cujo candidato tenha o registro de sua candidatura não conhecido pela Justiça Eleitoral a qualquer tempo.

(...)" (NR)

"Art. 10. As contas bancárias devem ser abertas com a apresentação e a devida conferência, pela instituição financeira, dos seguintes documentos:

(...)

§ 1º Na ausência e/ou inconsistência dos documentos obrigatórios apresentados por candidatas ou candidatos ou partidos políticos, a instituição financeira poderá exigir, antes da abertura da conta, a apresentação de documentação faltante e/ou de correção ou substituição de documentação apresentada, conforme o caso.

§ 1º-A. As contas bancárias específicas de campanha eleitoral devem ser identificadas pelos partidos políticos e pelas candidatas ou pelos candidatos de acordo com o nome constante do CNPJ fornecido pela Secretaria da Receita Federal do Brasil.

(...)

§ 5º Poderá a instituição financeira dispensar a apresentação dos documentos previstos neste artigo na hipótese de abertura de nova conta bancária exclusivamente para campanha eleitoral na mesma agência bancária na qual foi aberta a conta originária ou, ainda, se esses documentos ou informações puderem ser obtidos em sites oficiais, inclusive via interface sistêmica (API).

(...)" (NR)

"Art. 12. (...)

IV – encerrar as contas bancárias da candidata ou do candidato e do partido político destinadas à movimentação de recursos do Fundo Especial de Financiamento de Campanha (FEFC) no fim do ano da eleição, transferindo, de forma unificada, a totalidade do saldo existente para o Tesouro Nacional, na forma prevista no art. 52 desta Resolução, e informar o fato à Justiça Eleitoral.

(...)" (NR)

"Art. 17. (...)

§ 1º Inexistindo candidatura própria do partido ou da federação por ele integrada ou em coligação na circunscrição, é vedado o repasse dos recursos do Fundo Especial de Financiamento de Campanha (FEFC) para outros partidos políticos ou candidaturas desses mesmos partidos.

§ 2º (...)

I – não pertencentes à mesma federação ou coligação; e/ou

II – não federados ou coligados.

(...)

§ 4º (...)

III – os percentuais de candidaturas femininas e de candidaturas de pessoas negras serão obtidos pela razão dessas candidaturas em relação ao total de candidaturas do partido em âmbito nacional, sendo os percentuais apurados pelo Tribunal Superior Eleitoral ao término do registro de candidatura, observado o calendário eleitoral, e divulgados na página sua página da internet.

§ 5º-A. A regularidade da aplicação mínima dos percentuais mencionados nos incisos I e II do § 4º deste artigo será apurada na prestação de contas do diretório nacional do partido político, que deverá abrir contas bancárias específicas para comprovar a regularidade da destinação dos recursos.

(...)

§ 10. Os recursos correspondentes aos percentuais previstos no § 4º deste artigo devem ser distribuídos pelos partidos até 30 de agosto do ano eleitoral.

(...)" (NR)

"Art. 19. (...)

§ 3º (...)

III – os percentuais de candidaturas femininas e de candidaturas de pessoas negras serão obtidos pela razão dessas candidaturas em relação ao total de candidaturas do partido em âmbito nacional, sendo os percentuais apurados pelo Tribunal Superior Eleitoral ao término do registro de candidatura, observado o calendário eleitoral, e divulgados na página sua página da internet.

(...)

§ 6º-A. Inexistindo candidatura própria do partido ou da federação por ele integrada ou em coligação na circunscrição, é vedado o repasse dos recursos do Fundo Especial de Financiamento de Campanha (FEFC) para outros partidos políticos ou candidaturas desses partidos.

§ 7º (...)

I – não pertencentes à mesma federação ou coligação; e/ou

II – não federados ou coligados.

(...)

§ 10. Os recursos correspondentes aos percentuais previstos no § 3º deste artigo devem ser distribuídos pelos partidos até 30 de agosto no ano das eleições.

(...)" (NR)

"Art. 21. (...)

IV – Pix.

(...)

§ 7º A realização de procedimento interno da instituição bancária, devidamente comprovado, não representa violação às formas de doação previstas no presente artigo e não importa em sanções diretamente ao prestador de contas.

(...)" (NR)

"Art. 27. (...)

§ 5º (...)

II – após a consolidação das informações sobre os valores doados e apurados, o Tribunal Superior Eleitoral as encaminhará à Secretaria da Receita Federal do Brasil até 30 de julho do ano seguinte ao da apuração (Lei n. 9.504/1997, art. 24-C, § 2º);

(...)" (NR)

"Art. 31. (...)

§ 9º A devolução dos recursos de fonte vedada ou o seu recolhimento durante a campanha ou, ainda, a determinação de seu recolhimento ao Tesouro Nacional não impede, se for o caso, a desaprovação das contas, quando constatado que a candidata ou o candidato tenha se beneficiado, ainda que temporariamente, dos recursos ilícitos recebidos, assim como a apuração do fato na forma do art. 30-A da Lei n. 9.504/1997, do art. 22 da Lei Complementar n. 64/1990 e do § 10 do art. 14 da Constituição Federal.

§ 10. O comprovante de devolução ou de recolhimento, conforme o caso, poderá ser apresentado em qualquer fase da prestação de contas ou após o trânsito em julgado da decisão que julgar as contas de campanha e deverá observar os procedimentos fixados na Res.-TSE n. 23.709/2022.

(...)" (NR)

"Art. 32. (...)

§ 2º O comprovante de devolução ou de recolhimento, conforme o caso, poderá ser apresentado em qualquer fase da prestação de contas ou após o trânsito em julgado da decisão que julgar as contas de campanha e, no caso de recolhimento ao Tesouro Nacional, deverá observar o disposto na Res.-TSE n. 23.709/2022.

(...)

§ 7º A devolução dos recursos de origem não identificada ou o seu recolhimento durante a campanha ou, ainda, a determinação de seu recolhimento ao Tesouro Nacional não impede, se for o caso, a desaprovação das contas, quando constatado que a candidata ou o candidato tenha se beneficiado, ainda que temporariamente, dos recursos ilícitos recebidos, e a apuração do fato na forma do art. 30-A da Lei n. 9.504/1997, do art. 22 da Lei Complementar n. 64/1990 e do § 10 do art. 14 da Constituição Federal." (NR)

"Art. 35. (...)

§ 11 (...)

III – geradores de energia, decorrentes da locação ou cessão temporária devidamente comprovada na prestação de contas, com a apresentação de relatório final do qual conste o volume e valor dos combustíveis adquiridos na campanha para este fim.

(...)

§ 11-A. Os atos de campanha a que se refere o inciso I do § 11 deste artigo devem ser informados à Justiça Eleitoral até 24 (vinte e quatro) horas antes de sua realização, sob pena de os gastos com combustíveis para essa finalidade serem considerados irregulares.

(...)" (NR)

"Art. 38. (...)

V – Pix.

(...)" (NR)

§ 2º É vedado o pagamento de gastos eleitorais com moedas virtuais e cartões pré-pagos geridos por empresa intermediadora.

§ 3º A realização de procedimento interno da instituição bancária, devidamente comprovado, não representa violação às formas de gasto previstas no presente artigo e não importa em sanções diretamente ao prestador de contas.

"Art. 45. (...)

§ 6º A candidata ou o candidato que expressamente renunciar à candidatura, dela desistir, for substituída(o) ou tiver o registro indeferido pela Justiça Eleitoral deve prestar contas sobre o período em que tenha participado do processo eleitoral, mesmo que não tenha realizado campanha.

(...)" (NR)

"Art. 51. (...)

II – os bancos devem efetuar a transferência do saldo financeiro para o órgão diretivo do partido político da circunscrição da eleição, que será o exclusivo responsável pela identificação desses recursos, sua utilização, contabilização e respectiva prestação de contas à Justiça Eleitoral;

(...)" (NR)

"Art. 55. (...)

§ 2º O recibo de entrega da prestação de contas somente será emitido após o recebimento da mídia eletrônica com os documentos a que se refere o inciso II do art. 53 desta Resolução, observado o disposto no art. 101.

(...)" (NR)

"Art. 60. (...)

§ 1º (...)

IV – Guia de Recolhimento do FGTS, informações do Sistema de Escrituração Digital de Obrigações Fiscais, Previdenciárias e Trabalhistas (eSocial), da Declaração de Débitos e Créditos Tributários Federais Previdenciários e de Outras Entidades e Fundos (DCTFWeb) e da Escrituração Fiscal Digital de Retenções e Outras Informações Fiscais (EFD-Reinf).

(...)

§ 3º Havendo dúvida sobre a idoneidade do documento ou sobre a execução do objeto, a Justiça Eleitoral poderá exigir a apresentação de elementos probatórios adicionais que comprovem a entrega dos produtos contratados ou a efetiva prestação dos serviços declarados.

(...)" (NR)

§ 9º A comprovação do gasto com fretamento de aeronaves, quando permitido, deverá ser realizada por meio de contratos contendo o tempo de voo, as beneficiárias ou os beneficiários, as datas e os itinerários.

"Art. 69. (...)

§ 7º Encerrado o processo eleitoral, o prazo para cumprimento de diligências previsto no § 1º poderá ser excepcionalmente dilatado pela apresentação de justo motivo nos autos do processo de prestação de contas, submetidas à deliberação da autoridade judicial". (NR)

"Art. 70. (...)

Parágrafo único. A apresentação de plano de amostragem para autorização prévia da autoridade judicial a que se refere o *caput* deste artigo é dispensada quando utilizadas exclusivamente as amostras geradas de forma automática e padronizada pelo Sistema de Prestação de Contas Eleitorais (SPCE)." (NR)

"Art. 71. (...)

I – na hipótese de cumprimento de diligência que importar na alteração das informações inicialmente apresentadas;

(...)

§ 1º Em qualquer hipótese dos incisos I e II do *caput*, a retificação das contas obriga a prestadora ou o prestador de contas, observado o que dispõe o § 4º deste artigo, a:

(...)

§ 2º Iniciado o prazo para apresentação das contas finais, não é admitida a retificação das contas parciais e qualquer alteração deve ser feita por retificação das contas finais, com apresentação de nota explicativa.

(...)" (NR)

"Art. 74. (...)

§ 3º-A. A ausência de instrumento de mandato outorgado a advogada ou advogado não acarreta, automaticamente, o julgamento das contas como não prestadas e não obsta a análise da documentação apresentada, na forma do art. 68 e seguintes desta Resolução.

§ 3º-B. Se não for saneada a representação processual na instância ordinária, por ocasião do seu julgamento, as contas deverão ser julgadas não prestadas.

(...)" (NR)

"Art. 79. (...)

§ 1º Ausente a comprovação da utilização dos recursos do Fundo Partidário (FP) e/ou do Fundo Especial de Financiamento de Campanha (FEFC) ou comprovada a utilização indevida, a execução da decisão que julgar as contas, após o seu trânsito em julgado, determinará a devolução do valor correspondente na forma estabelecida pela Res.-TSE n. 23.709/2022.

(...)" (NR)

"Art. 92-A. Os Poderes Executivos Federal, Estadual, Distrital e Municipal encaminharão ao Tribunal Superior Eleitoral, pela internet, arquivo eletrônico com identificação dos permissionários de serviço público (Lei n. 9.504/1997, art. 94-A, inciso I), nos seguintes prazos:

I – até o 15º (décimo quinto) dia do mês de outubro do ano eleitoral, no que se refere às permissões concedidas até o dia da eleição; e

II – até o 10º (décimo) dia do mês de novembro do ano eleitoral, o arquivo complementar, contendo as permissões concedidas do dia imediatamente posterior à eleição até o último dia do mês de outubro do mesmo ano.

§ 1º Para fins do previsto no *caput* deste artigo:

I – a(o) presidente do Tribunal Superior Eleitoral requisitará, por ofício, ao Poder Executivo Federal;

II – as(os) presidentes dos tribunais regionais eleitorais requisitarão, por ofício, aos Poderes Executivos Estadual, Distrital e Municipal.

§ 2º Os ofícios de que trata o § 1º deste artigo deverão:

I – ser entregues até o 1º (primeiro) dia do mês de setembro do ano eleitoral; e

II – fazer referência à determinação desta Resolução.

§ 3º Para o envio das informações requeridas nos termos do § 1º deste artigo, deverá ser observado o leiaute padrão fixado pela Justiça Eleitoral e o validador e transmissor de dados disponíveis na página do Tribunal Superior Eleitoral na internet.

§ 4º Somente serão recebidos na base de dados da Justiça Eleitoral os arquivos eletrônicos aprovados pelo validador a que se refere o § 3º deste artigo."

Art. 2º Fica revogado o inciso I do art. 51 da Res.-TSE n. 23.607/2019.

Art. 3º Esta Resolução entra em vigor na data de sua publicação oficial.

Brasília, 27 de fevereiro de 2024.

Ministra Cármen Lúcia – Relator

RESOLUÇÃO TSE N. 23.732, DE 27 DE FEVEREIRO DE 2024

Altera a Res.-TSE n. 23.610, de 18 de dezembro de 2019, dispondo sobre a propaganda eleitoral.

O Tribunal Superior Eleitoral, no uso das atribuições que lhe conferem o inciso IX do art. 23 do Código Eleitoral e os arts. 57-J e 105 da Lei n. 9.504, de 30 de setembro de 1997,

resolve:

Art. 1º A Res.-TSE n. 23.610/2019 passa a vigorar com as seguintes alterações:

"Art. 1º Esta Resolução dispõe sobre a propaganda eleitoral". (NR)

"Art. 3º (...)

V – a divulgação de posicionamento pessoal sobre questões políticas, inclusive em shows, apresentações e performances artísticas, redes sociais, blogs, sítios eletrônicos pessoais e aplicativos (apps);

(...)

§ 5º Exclui-se do disposto no inciso V deste artigo a contratação ou a remuneração de pessoas naturais ou jurídicas com a finalidade específica de divulgar conteúdos político-eleitorais em favor de terceiros.

§ 6º Os atos mencionados no *caput* deste artigo e em seus incisos poderão ser realizados em *live* exclusivamente nos perfis e canais de pré-candidatas, pré-candidatos, partidos políticos e coligações, vedada a transmissão ou retransmissão por emissora de rádio, por emissora de televisão ou em site, perfil ou canal pertencente a pessoa jurídica.

(...)" (NR)

"Art. 3º-A. (...)

Parágrafo único. O pedido explícito de voto não se limita ao uso da locução "vote em", podendo ser inferido de termos e expressões que transmitam o mesmo conteúdo." (NR)

"Art. 3º-B. O impulsionamento pago de conteúdo político-eleitoral relacionado aos atos previstos no *caput* e nos incisos do art. 3º desta Resolução somente é permitido durante a pré-campanha quando cumpridos cumulativamente os seguintes requisitos:

I – o serviço seja contratado por partido político ou pela pessoa natural que pretenda se candidatar diretamente com o provedor de aplicação;

II – não haja pedido explícito de voto;

III – os gastos sejam moderados, proporcionais e transparentes;

IV – sejam observadas as regras aplicáveis ao impulsionamento durante a campanha." (NR)

"Art. 3º-C. A veiculação de conteúdo político-eleitoral em período que não seja o de campanha eleitoral se sujeita às regras de transparência previstas no art. 27-A desta Resolução e de uso de tecnologias digitais previstas nos arts. 9º-B, *caput* e parágrafos, e 9º-C desta Resolução, que deverão ser cumpridas, no que lhes couber, pelos provedores de aplicação e pelas pessoas e entidades responsáveis pela criação e divulgação do conteúdo." (NR)

"Art. 7º (...)

§ 3º O disposto neste artigo se refere ao poder de polícia sobre propaganda eleitoral específica, relacionada às candidaturas e ao contexto da disputa, mantida a competência judicial para a adoção de medidas necessárias para assegurar a eficácia das decisões do Tribunal Superior Eleitoral, na forma do art. 9º-F desta Resolução." (NR)

"Art. 9º (...)

§ 1º A classificação de conteúdos pelas agências de verificação de fatos, que tenham firmado termo de cooperação com o Tribunal Superior Eleitoral, será feita de forma independente e sob responsabilidade daquelas.

§ 2º As checagens realizadas pelas agências que tenham firmado termo de cooperação serão disponibilizadas no sítio eletrônico da Justiça Eleitoral e outras fontes fidedignas poderão ser utilizadas como parâmetro para aferição de violação ao dever de diligência e presteza atribuído a candidata, candidato, partido político, federação e coligação, nos termos do *caput* deste artigo." (NR)

"Art. 9º-B. A utilização na propaganda eleitoral, em qualquer modalidade, de conteúdo sintético multimídia gerado por meio de inteligência artificial para criar, substituir, omitir, mesclar ou alterar a velocidade ou sobrepor imagens ou sons impõe ao responsável pela propaganda o dever de informar, de modo explícito, destacado e acessível que o conteúdo foi fabricado ou manipulado e a tecnologia utilizada.

§ 1º As informações mencionadas no *caput* deste artigo devem ser feitas em formato compatível com o tipo de veiculação e serem apresentadas:

I – no início das peças ou da comunicação feitas por áudio;

II – por rótulo (marca-d'água) e na audiodescrição, nas peças que consistam em imagens estáticas;

III – na forma dos incisos I e II desse parágrafo, nas peças ou comunicações feitas por vídeo ou áudio e vídeo;

IV – em cada página ou face de material impresso em que utilizado o conteúdo produzido por inteligência artificial.

§ 2º O disposto no *caput* e no § 1º deste artigo não se aplica:

I – aos ajustes destinados a melhorar a qualidade de imagem ou de som;

II – à produção de elementos gráficos de identidade visual, vinhetas e logomarcas;

III – a recursos de marketing de uso costumeiro em campanhas, como a montagem de imagens em que pessoas candidatas e apoiadoras aparentam figurar em registro fotográfico único utilizado na confecção de material impresso e digital de propaganda.

§ 3º O uso de *chatbots*, avatares e conteúdos sintéticos como artifício para intermediar a comunicação de campanha com pessoas naturais submete-se ao disposto no *caput* deste artigo, vedada qualquer simulação de interlocução com a pessoa candidata ou outra pessoa real.

§ 4º O descumprimento das regras previstas no *caput* e no § 3º deste artigo impõe a imediata remoção do conteúdo ou indisponibilidade do serviço de comunicação, por iniciativa do provedor de aplicação ou determinação judicial, sem prejuízo de apuração nos termos do § 2º do art. 9º-C desta Resolução." (NR)

"Art. 9º-C. É vedada a utilização, na propaganda eleitoral, qualquer que seja sua forma ou modalidade, de conteúdo fabricado ou manipulado para difundir fatos notoriamente inverídicos ou descontextualizados com potencial para causar danos ao equilíbrio do pleito ou à integridade do processo eleitoral.

§ 1º É proibido o uso, para prejudicar ou para favorecer candidatura, de conteúdo sintético em formato de áudio, vídeo ou combinação de ambos, que tenha sido gerado ou manipulado digitalmente, ainda que mediante autorização, para criar, substituir ou alterar imagem ou voz de pessoa viva, falecida ou fictícia (*deepfake*).

§ 2º O descumprimento do previsto no *caput* e no § 1º deste artigo configura abuso do poder político e uso indevido dos meios de comunicação social, acarretando a cassação do registro ou do mandato, e impõe apuração das responsabilidades nos termos do § 1º do art. 323 do Código Eleitoral, sem prejuízo de aplicação de outras medidas cabíveis quanto à irregularidade da propaganda e à ilicitude do conteúdo." (NR)

"Art. 9º-D. É dever do provedor de aplicação de internet, que permita a veiculação de conteúdo político-eleitoral, a adoção e a publicização de medidas para impedir ou diminuir a circulação de fatos notoriamente inverídicos ou gravemente descontextualizados que possam atingir a integridade do processo eleitoral, incluindo:

I – a elaboração e a aplicação de termos de uso e de políticas de conteúdo compatíveis com esse objetivo;

II – a implementação de instrumentos eficazes de notificação e de canais de denúncia, acessíveis às pessoas usuárias e a instituições e entidades públicas e privadas;

III – o planejamento e a execução de ações corretivas e preventivas, incluindo o aprimoramento de seus sistemas de recomendação de conteúdo;

IV – a transparência dos resultados alcançados pelas ações mencionadas no inciso III do *caput* deste artigo;

V – a elaboração, em ano eleitoral, de avaliação de impacto de seus serviços sobre a integridade do processo eleitoral, a fim de implementar medidas eficazes e proporcionais para mitigar os riscos identificados, incluindo quanto à violência política de gênero, e a implementação das medidas previstas neste artigo.

VI – o aprimoramento de suas capacidades tecnológicas e operacionais, com priorização de ferramentas e funcionalidades que contribuam para o alcance do objetivo previsto no *caput* deste artigo.

§ 1º É vedado ao provedor de aplicação, que comercialize qualquer modalidade de impulsionamento de conteúdo, inclusive sob a forma de priorização de resultado de busca, disponibilizar esse serviço para veiculação de fato notoriamente inverídico ou gravemente descontextualizado que possa atingir a integridade do processo eleitoral.

§ 2º O provedor de aplicação, que detectar conteúdo ilícito de que trata o *caput* deste artigo ou for notificado de sua circulação pelas pessoas usuárias, deverá adotar providências imediatas e eficazes para fazer cessar o impulsionamento, a monetização e o acesso ao conteúdo e promoverá a apuração interna do fato e de perfis e contas envolvidos para impedir nova circulação do conteúdo e inibir comportamentos ilícitos, inclusive pela indisponibilização de serviço de impulsionamento ou monetização.

§ 3º A Justiça Eleitoral poderá determinar que o provedor de aplicação veicule, por impulsionamento e sem custos, o conteúdo informativo que elucide fato notoriamente inverídico ou gravemente descontextualizado antes impulsionado de forma irregular, nos mesmos moldes e alcance da contratação.

§ 4º As providências mencionadas no *caput* e nos § 1º e 2º deste artigo decorrem da função social e do dever de cuidado dos provedores de aplicação, que orientam seus termos de uso e a prevenção para evitar ou minimizar o uso de seus serviços na prática de ilícitos eleitorais, e não dependem de notificação da autoridade judicial.

§ 5º As ordens para remoção de conteúdo, suspensão de perfis, fornecimento de dados ou outras medidas determinadas pelas autoridades judiciárias, no exercício do poder de polícia ou nas ações eleitorais, observarão o disposto nesta Resolução e na Res.--TSE n. 23.608/2019, cabendo aos provedores de aplicação cumpri-las e, se o integral atendimento da ordem depender de dados complementares, informar, com objetividade, no prazo de cumprimento, quais dados devem ser fornecidos." (NR)

"Art. 9º-E. Os provedores de aplicação serão solidariamente responsáveis, civil e administrativamente, quando não promoverem a indisponibilização imediata de conteúdos e contas, durante o período eleitoral, nos seguintes casos de risco:

I – de condutas, informações e atos antidemocráticos caracterizadores de violação aos artigos 296, parágrafo único; 359-L, 359- M, 359-N, 359-P e 359-R do Código Penal;

II – de divulgação ou compartilhamento de fatos notoriamente inverídicos ou gravemente descontextualizados que atinjam a integridade do processo eleitoral, inclusive os processos de votação, apuração e totalização de votos;

III – de grave ameaça, direta e imediata, de violência ou incitação à violência contra a integridade física de membros e servidores da Justiça eleitoral e Ministério Público eleitoral ou contra a infraestrutura física do Poder Judiciário para restringir ou impedir o exercício dos poderes constitucionais ou a abolição violenta do Estado Democrático de Direito;

IV – de comportamento ou discurso de ódio, inclusive promoção de racismo, homofobia, ideologias nazistas, fascistas ou odiosas contra uma pessoa ou grupo por preconceito de origem, raça, sexo, cor, idade, religião e quaisquer outras formas de discriminação;

V – de divulgação ou compartilhamento de conteúdo fabricado ou manipulado, parcial ou integralmente, por tecnologias digitais, incluindo inteligência artificial, em desacordo com as formas de rotulagem trazidas na presente Resolução."

"Art. 9º-F. No caso de a propaganda eleitoral na internet veicular fatos notoriamente inverídicos ou gravemente descontextualizados sobre o sistema eletrônico de votação, o processo eleitoral ou a Justiça Eleitoral, as juízas e os juízes mencionados no art. 8º desta Resolução ficarão vinculados, no exercício do poder de polícia e nas representações, às decisões colegiadas do Tribunal Superior Eleitoral sobre a mesma matéria, nas quais tenha sido determinada a remoção ou a manutenção de conteúdos idênticos.

§ 1º Aplica-se o disposto no *caput* deste artigo aos casos em que, a despeito de edição, reestruturação, alterações de palavras ou outros artifícios, métodos ou técnicas para burlar sistemas automáticos de detecção de conteúdo duplicado ou para dificultar a verificação humana, haja similitude substancial entre o conteúdo removido por determinação do Tribunal Superior Eleitoral e o veiculado na propaganda regional ou municipal.

§ 2º Para o cumprimento ao disposto no *caput* deste artigo, as juízas e os juízes eleitorais deverão consultar repositório de decisões colegiadas, que será disponibilizado pelo Tribunal Superior Eleitoral pelo sistema de que trata o art. 9º-G desta Resolução.

§ 3º A ordem de remoção de conteúdo expedida nos termos deste artigo poderá estabelecer prazo inferior a 24 (vinte e quatro) horas para cumprimento da decisão, considerando a gravidade da veiculação e as peculiaridades do processo eleitoral e da eleição em curso ou a se realizar, e observará os demais requisitos constantes do § 4º do art. 38 desta Resolução.

§ 4º O exercício do poder de polícia que contrarie ou exorbite o previsto no § 1º deste artigo permitirá o uso da reclamação administrativa eleitoral, observado o disposto nos arts. 29 e 30 da Res.-TSE n º 23.608/2019." (NR)

"Art. 9º-G. As decisões do Tribunal Superior Eleitoral que determinem a remoção de conteúdos que veiculem fatos notoriamente inverídicos ou gravemente descontextualizados que atinjam a integridade do processo eleitoral serão incluídas em repositório disponibilizado para consulta pública.

§ 1º O repositório conterá o número do processo e a íntegra da decisão, da qual serão destacados, para inclusão em campo próprio a cargo da Secretaria Judiciária, o endereço eletrônico em que hospedado o conteúdo a ser removido e a descrição de seus elementos essenciais.

§ 2º As ordens de remoção de que trata este artigo serão dirigidas aos provedores de aplicação, que, no prazo designado para cumprimento, deverão, por meio de acesso identificado no sistema, informar o cumprimento da ordem e, desde que determinado, alimentar o repositório com:

I – o arquivo de texto, imagem, áudio ou vídeo objeto da ordem de remoção;

II – capturas de tela contendo todos os comentários disponíveis no local de hospedagem do conteúdo, se existentes;

III – os metadados relativos ao acesso, como IP, porta, data e horário da publicação;

IV – os metadados relativos ao engajamento da publicação no momento de sua remoção.

§ 3º As informações relativas ao número do processo, ao teor das decisões do Tribunal Superior Eleitoral, à data de remoção, à descrição dos elementos essenciais e aos metadados mencionados no inciso IV do § 2º deste artigo ficarão disponíveis para consulta pública, ressalvadas as hipóteses legais de sigilo.

§ 4º Os dados mencionados nos incisos I a III do § 2º deste artigo serão mantidos sob sigilo, sendo seu acesso restrito às juízas e aos juízes eleitorais e às servidoras e aos servidores autorizadas(os) e feito mediante registro de atividades.

§ 5º É dever das juízas e dos juízes eleitorais acompanhar a atualização do repositório de decisões, para assegurar o devido cumprimento do disposto no art. 9º-E desta Resolução.

§ 6º Os dados sigilosos constantes do repositório poderão ser compartilhados por decisão fundamentada:

I – de ofício ou mediante requerimento da autoridade competente, para instaurar ou instruir investigação criminal, administrativa ou eleitoral;

II – mediante requerimento da pessoa autora do conteúdo ou por ela atingido, quando necessários ao exercício do direito de defesa ou de ação;

III – nas demais hipóteses legais.

§ 7º O compartilhamento ou a publicização indevida dos dados mencionados nos incisos II e III do § 2º deste artigo sujeita a pessoa responsável às sanções pela divulgação de fatos notoriamente inverídicos ou gravemente descontextualizados sobre o sistema eletrônico de votação, o processo eleitoral ou a atuação da Justiça Eleitoral, sem prejuízo da apuração da conduta criminal correspondente ao vazamento de dados sigilosos ou outras relativas ao caso.

§ 8º O repositório também conterá as decisões do Tribunal Superior Eleitoral que indeferiram a remoção de conteúdos, hipótese na qual caberá à Secretaria Judiciária incluir, em campo próprio, o endereço eletrônico da publicação." (NR)

"Art. 9º-H. A remoção de conteúdos que violem o disposto no *caput* do art. 9º e no *caput* e no § 1º do art. 9º-C não impede a aplicação da multa prevista no art. 57-D da Lei n. 9.504/1997 por decisão judicial em representação." (NR)

"Art. 10. (...)

§ 1º-A. A vedação prevista no *caput* deste artigo incide sobre o uso de ferramentas tecnológicas para adulterar ou fabricar áudios, imagens, vídeos, representações ou outras mídias destinadas a difundir fato falso ou gravemente descontextualizado sobre candidatas, candidatos ou sobre o processo eleitoral.

(...)

§ 6º-A. Os partidos políticos, as federações e as coligações poderão centralizar o canal de comunicação e a contratação de encarregado de dados, em porte compatível com as demandas relacionadas às candidaturas atendidas, distribuindo-se os custos, sob a forma de doação estimável, de modo proporcional entre as candidatas e os candidatos que se utilizem dos serviços contratados para cumprir as obrigações definidas nos §§ 5º e 6º deste artigo.

§ 6º-B. Nas eleições municipais em Municípios com menos de 200.000 eleitores, os partidos políticos, as federações, as coligações, as candidatas, os candidatos serão considerados agentes de tratamento de pequeno porte, aplicando-se, no que couber, o disposto na Resolução CD/ANPD n. 2 de 2022, em especial:

I – a dispensa de indicar encarregado pelo tratamento de dados pessoais, mantida a obrigação de disponibilizar canal de comunicação (art. 11, Resolução CD/ANPD n. 2 de 2022);

II – a faculdade de estabelecer política simplificada de segurança da informação, que deverá contemplar requisitos essenciais e necessários para o tratamento de dados pessoais, com o objetivo de protegê-los de acessos não autorizados e de situações acidentais ou ilícitas de destruição, perda, alteração, comunicação ou qualquer forma de tratamento inadequado ou ilícito (art. 13, Resolução CD/ANPD n. 2 de 2022).

(...)

§ 8º O canal de comunicação e o nome do encarregado de tratamento de dados pessoais informados nos termos do § 5º deste artigo serão divulgados pela Justiça Eleitoral junto às informações da candidatura." (NR)

"Art. 13. (...)

§ 3º As carreatas, os desfiles em veículos automotivos e outros atos de campanha que envolvam custeio de combustível por partido político, federação, coligação, candidata ou candidato deverão ser comunicados à Justiça Eleitoral com, no mínimo, 24 (vinte e quatro) horas de antecedência, para fins de controle dos respectivos gastos eleitorais." (NR)

"Art. 17. (...)

§ 2º Nos eventos de arrecadação mencionados no inciso II do § 1º deste artigo, é livre a manifestação de opinião política e preferência eleitoral pelas(os) artistas que se apresentarem e a realização de discursos por candidatas, candidatos, apoiadoras e apoiadores." (NR)

"Art. 23-A. A autora ou o autor de obra artística ou audiovisual utilizada sem autorização para a produção de jingle, ainda que sob forma de paródia, ou de outra peça de propaganda eleitoral poderá requerer a cessação da conduta, por petição dirigida às juízas e aos juízes mencionados no art. 8º desta Resolução.

§ 1º A candidata ou o candidato será imediatamente notificado para se manifestar no prazo de dois dias (Lei n. 9.504/1997, art. 96, § 5º).

§ 2º Para o deferimento do pedido, é suficiente a ausência de autorização expressa para uso eleitoral da obra artística ou audiovisual, sendo irrelevante a demonstração da ocorrência de dano ou a existência de culpa ou dolo (Código de Processo Civil, art. 497, parágrafo único).

§ 3º A tutela poderá abranger a proibição de divulgação de material ainda não veiculado, a ordem de remoção de conteúdo já divulgado e a proibição de reiteração do uso desautorizado da obra artística (Código de Processo Civil, art. 497, parágrafo único).

§ 4º Demonstrada a plausibilidade do direito e o risco de dano, é cabível a antecipação da tutela, podendo a eficácia da decisão ser assegurada por meios coercitivos, inclusive cominação de multa processual."

"Art. 27-A. O provedor de aplicação que preste serviço de impulsionamento de conteúdos político-eleitorais, inclusive sob a forma de priorização de resultado de busca, deverá:

I – manter repositório desses anúncios para acompanhamento, em tempo real, do conteúdo, dos valores, dos responsáveis pelo pagamento e das características dos grupos populacionais que compõem a audiência (perfilamento) da publicidade contratada;

II – disponibilizar ferramenta de consulta, acessível e de fácil manejo, que permita realizar busca avançada nos dados do repositório que contenha, no mínimo:

a) buscas de anúncios a partir de palavras-chave, termos de interesse e nomes de anunciantes;

b) acesso a informações precisas sobre os valores despendidos, o período do impulsionamento, a quantidade de pessoas atingidas e os critérios de segmentação definidos pela(o) anunciante no momento da veiculação do anúncio;

c) coletas sistemáticas, por meio de interface dedicada (*application programming interface* – API), de dados de anúncios, incluindo seu conteúdo, gasto, alcance, público atingido e responsáveis pelo pagamento.

§ 1º Para os fins desse artigo, caracteriza conteúdo político-eleitoral, independente da classificação feita pela plataforma, aquele que versar sobre eleições, partidos políticos, federações e coligações, cargos eletivos, pessoas detentoras de cargos eletivos, pessoas candidatas, propostas de governo, projetos de lei, exercício do direito ao voto e de outros direitos políticos ou matérias relacionadas ao processo eleitoral.

§ 2º As medidas previstas nos incisos do *caput* deste artigo deverão ser implementadas:

I – em até 60 (sessenta) dias, a contar da entrada em vigor desta norma, no caso de provedor de aplicação que já ofereça serviço de impulsionamento no Brasil;

II – a partir do início da prestação do serviço de impulsionamento no Brasil, no caso de provedor de aplicação que passe a oferecê-lo após a entrada em vigor desta norma.

§ 3º As medidas previstas no *caput* deste artigo são de cumprimento permanente, inclusive em anos não eleitorais e períodos pré e pós-eleições.

§ 4º O cumprimento do disposto neste artigo é requisito para o credenciamento, na Justiça Eleitoral, do provedor de aplicação que pretenda, nos termos dos §§ 3º e 9º do art. 29 desta Resolução, prestar serviço de impulsionamento de propaganda eleitoral." (NR)

"Art. 28. (...)

IV. (...)

b) pessoa natural, vedada:

1. a contratação de impulsionamento e de disparo em massa de conteúdo nos termos do art. 34 desta Resolução (Lei n. 9.504/1997, art. 57-J);

2. a remuneração, a monetização ou a concessão de outra vantagem econômica como retribuição à pessoa titular do canal ou perfil, paga pelas(os) beneficiárias(os) da propaganda ou por terceiros.

§ 1º Os endereços eletrônicos das aplicações de que trata este artigo, incluídos os canais publicamente acessíveis em aplicativos de mensagens, fóruns online e plataformas digitais, salvo aqueles de iniciativa de pessoa natural, deverão ser comunicados à Justiça Eleitoral impreterivelmente:

I – no RRC ou no DRAP, se pré-existentes, podendo ser mantidos durante todo o período eleitoral os mesmos endereços eletrônicos em uso antes do início da propaganda eleitoral (Lei n. 9.504/1997, art. 57-B, § 1º);

II – no prazo de 24 (vinte e quatro) horas a contar de sua criação, se ocorrer no curso da campanha.

§ 1º-A. Os provedores de aplicação que utilizarem sistema de recomendação a usuárias e usuários deverão excluir dos resultados os canais e perfis informados à Justiça Eleitoral nos termos do § 1º deste artigo e, com exceção das hipóteses legais de impulsionamento pago, os conteúdos neles postados.

(...)

§ 6º-A. Observado o disposto no § 6º e nos itens 1 e 2 da alínea *b* do inciso IV do *caput* deste artigo, é lícita a veiculação de propaganda eleitoral em canais e perfis de pessoas naturais que:

I – alcancem grande audiência na internet;

II – ou participem de atos de mobilização nas redes para ampliar o alcance orgânico da mensagem, como o compartilhamento simultâneo de material distribuído aos participantes, a convocação para eventos virtuais e presenciais e a utilização de hashtags.

§ 6º-B. Não se aplica o disposto no inciso II do § 6º-A deste artigo para fins ilícitos, sob pena de responsabilização das pessoas organizadoras, das criadoras do conteúdo, das distribuidoras e das participantes, na proporção de suas condutas, pelos ilícitos eleitorais e penais.

(...)

§ 7º-A. O impulsionamento de conteúdo em provedor de aplicação de internet somente poderá ser utilizado para promover ou beneficiar candidatura, partido político ou federação que o contrate, sendo vedado o uso do impulsionamento para propaganda negativa.

§ 7º-B. É vedada a priorização paga de conteúdos em aplicações de busca na internet que:

I – promova propaganda negativa;

II – utilize como palavra-chave nome, sigla, alcunha ou apelido de partido, federação, coligação, candidata ou candidato adversário, mesmo com a finalidade de promover propaganda positiva do responsável pelo impulsionamento;

III – ou difunda dados falsos, notícias fraudulentas ou fatos notoriamente inverídicos ou gravemente descontextualizados, ainda que benéficas à usuária ou a usuário responsável pelo impulsionamento.

§ 7º-C. Sem prejuízo da aplicação do disposto no § 5º deste artigo, as condutas que violarem os §§ 7º-A e 7º-B poderão ser objeto de ações em que se apure a prática de abuso de poder.

(...)" (NR)

"Art. 29. (...)

§ 11. É vedada, desde 48 (quarenta e oito) horas antes até 24 (vinte e quatro) horas depois da eleição, a circulação paga ou impulsionada de propaganda eleitoral na internet, mesmo se a contratação tiver sido realizada antes desse prazo, cabendo ao provedor de aplicação, que comercializa o impulsionamento, realizar o desligamento da veiculação de propaganda eleitoral." (NR)

"Art. 29-A. A *live* eleitoral, entendida como transmissão em meio digital, realizada por candidata ou candidato, com ou sem a participação de terceiros, com o objetivo de promover candidaturas e conquistar a preferência do eleitorado, mesmo sem pedido explícito de voto, constitui ato de campanha eleitoral de natureza pública.

§ 1º A partir de 16 de agosto do ano das eleições, a utilização de *live* por pessoa candidata para promoção pessoal ou de atos referentes a exercício de mandato, mesmo sem menção ao pleito, equivale à promoção de candidatura, nos termos do *caput* deste artigo.

§ 2º É vedada a transmissão ou retransmissão de *live* eleitoral:

I – em site, perfil ou canal de internet pertencente à pessoa jurídica, à exceção do partido político, da federação ou da coligação a que a candidatura seja vinculada (art. 29, § 1º, I, desta Resolução);

II – por emissora de rádio e de televisão (art. 43, II, desta Resolução).

§ 3º A cobertura jornalística da *live* eleitoral deve respeitar os limites legais aplicáveis à programação normal de rádio e televisão, cabendo às emissoras zelar para que a exibição de trechos não configure tratamento privilegiado ou exploração econômica de ato de campanha (art. 43, I e § 1º, desta Resolução)." (NR)

"Art. 31. (...)

§ 1º É proibida às pessoas jurídicas e às pessoas naturais a venda de cadastro de endereços eletrônicos e banco de dados pessoais, nos termos do § 1º do art. 57- E da Lei n. 9.504/1997.

(...)

§ 1º-B. O cadastro de dados pessoais de contato, detido de forma legítima por pessoa natural, poderá ser cedido gratuitamente a partido político, federação, coligação, candidata ou candidato, condicionando-se o uso lícito na campanha à obtenção prévia de consentimento expresso e informado das(os) destinatárias(os) no primeiro contato por mensagem ou outro meio." (NR)

"Art. 33. (...)

§ 3º A mensagem eletrônica mencionada no *caput* deste artigo deverá conter a informação sobre o canal de comunicação disponibilizado nos termos do § 5º do art. 10 desta Resolução e explicar, em linguagem simples e acessível, a finalidade do canal.

"Art. 33-B. Cabe aos provedores de aplicação, aos partidos políticos, às federações, às coligações, às candidatas ou aos candidatos, quando realizarem tratamento de dados pessoais para fins de propaganda eleitoral:

I – garantir o acesso facilitado às informações sobre o tratamento de dados, previsto no art. 9º da Lei n. 13.709/2018, em especial quanto aos dados utilizados para realizar perfilamento de usuárias e usuários com vistas ao microdirecionamento da propaganda eleitoral;

II – garantir o cumprimento dos direitos previstos nos arts. 17 a 20 da Lei n. 13.709/2018;

III – adotar as medidas necessárias para a proteção contra a discriminação ilícita e abusiva, nos termos do inciso IX do art. 6º da Lei n. 13.709/2018;

IV – usar os dados exclusivamente para as finalidades explicitadas e consentidas pela pessoa titular, respeitando os princípios da finalidade, da necessidade e da adequação;

V – implementar medidas de segurança técnica e administrativa para proteger os dados pessoais de acessos não autorizados e de situações acidentais ou ilícitas que possam levar à destruição, perda, alteração, comunicação ou difusão dos dados, nos termos do art. 46 da Lei n. 13.709/2018;

VI – notificar, em caso de incidentes de segurança que possam acarretar riscos ou danos relevantes às(aos) titulares dos dados, a autoridade nacional e às(aos) titulares afetadas(os), nos termos do art. 48 da Lei n. 13.709/2018.

§ 1º Na propaganda eleitoral, o tratamento de dados pessoais sensíveis ou de dados pessoais que possam revelar dados pessoais sensíveis exige, além do disposto nos incisos do *caput* deste artigo, o consentimento específico, expresso e destacado do titular.

§ 2º No caso de dados pessoais sensíveis a que a candidata ou o candidato tenha acesso pessoalmente em decorrência de seu núcleo familiar, de suas relações sociais e de seus vínculos comunitários, como a participação em grupos religiosos, associações e movimentos, o consentimento específico, expresso e destacado de que trata o § 1º deste artigo somente será exigido para a transferência a terceiros, respondendo o cedente por divulgação ou vazamento.

§ 3º É dever de partidos políticos, federações, coligações, candidatas e candidatos exigir e fiscalizar o cumprimento do disposto neste artigo pelas pessoas e empresas contratadas por suas campanhas.

§ 4º O descumprimento do disposto neste artigo e no § 1º do art. 31 desta Resolução acarretará a remoção do conteúdo veiculado e a comunicação do fato à Autoridade Nacional da Proteção de Dados, a quem compete avaliar a aplicação das sanções previstas no art. 52 da Lei n. 13.702/2018, sem prejuízo da eventual apuração de ilícitos eleitorais ou crimes." (NR)

"Art. 33-C. Para os fins previstos nesta Resolução, os partidos políticos, as federações, as coligações, as candidatas e os candidatos devem manter o registro das operações de tratamento de dados pessoais, nele contendo, ao menos:

I – o tipo do dado e a sua origem;

II – as categorias de titulares;

III – a descrição do processo e da finalidade;

IV – o fundamento legal;

V – a duração prevista para o tratamento, nos termos da Lei n. 13.709/2018;

VI – o período de armazenamento dos dados pessoais;

VII – a descrição do fluxo de compartilhamento de dados pessoais, se couber;

VIII – os instrumentos contratuais que especifiquem o papel e as responsabilidades de controladores e operadores;

IX – as medidas de segurança utilizadas, incluindo boas práticas e políticas de governança.

§ 1º A Justiça Eleitoral disponibilizará modelo para o registro de operações simplificado de que trata o *caput* deste artigo.

§ 2º O registro de operações deverá ser conservado pelas pessoas mencionadas no *caput* deste artigo durante o período eleitoral, permanecendo a obrigação em caso de ajuizamento de ação na qual se apure irregularidade ou ilicitude no tratamento de dados pelas campanhas.

§ 3º Nas ações mencionadas no § 2º deste artigo, a autoridade eleitoral poderá determinar a exibição do registro de operações e de documentos que o corroborem." (NR)

"Art. 33-D. Nas eleições para os cargos de Presidente da República, Governador, Senador e Prefeito das capitais dos Estados, a Justiça Eleitoral poderá determinar a elaboração de relatório de impacto à proteção de dados nos casos em que o tratamento representa alto risco.

§ 1º Considera-se de alto risco o tratamento de dados pessoais que, cumulativamente:

I – seja realizado em larga escala, assim caracterizado quando abranger número de titulares equivalente a, no mínimo, 10% (dez por cento) do eleitorado apto da circunscrição;

II – envolva o uso de dados pessoais sensíveis ou de tecnologias inovadoras ou emergentes para perfilamento de eleitoras e eleitores com vistas ao microdirecionamento da propaganda eleitoral e da comunicação da campanha.

§ 2º A autoridade eleitoral que concluir necessários os relatórios de impacto na circunscrição expedirá, até o dia 16 de agosto do ano das eleições, ofício dirigido a todos os partidos políticos, federações e coligações que registrarem candidaturas para os cargos mencionados no *caput* deste artigo, informando o prazo em que deverá ser atendida a requisição.

§ 3º Nas eleições gerais, a análise de necessidade do relatório de impacto e a expedição de ofício caberá à(ao) presidente do Tribunal da circunscrição.

§ 4º O relatório de impacto será elaborado sob responsabilidade conjunta da candidata ou do candidato e do partido político, da federação ou da coligação pela qual concorre, devendo conter, no mínimo:

I – a descrição dos tipos de dados pessoais coletados e tratados;

II – os riscos identificados;

III – a metodologia usada para o tratamento e para a garantia de segurança das informações;

IV – as medidas, salvaguardas e instrumentos adotados para mitigação de riscos.

§ 5º As campanhas que não realizarem tratamento de alto risco deverão informar, no prazo de resposta ao ofício, o(s) requisito(s) do § 1º deste artigo que não preenchem.

§ 6º Os relatórios recebidos e as informações prestadas nos termos do § 5º deste artigo serão disponibilizados no site da Justiça Eleitoral para consulta pública.

§ 7º O disposto neste artigo não exclui o exercício simultâneo da competência da Autoridade Nacional de Proteção de Dados prevista no art. 38 da Lei n. 13.709/2018." (NR)

"Art. 37. (...)

XXI – disparo em massa: estratégia coordenada de envio, compartilhamento ou encaminhamento de um mesmo conteúdo, ou de suas variações, para grande número de destinatárias e destinatários, por qualquer meio de comunicação interpessoal;

(...)

XXX – operador: pessoa natural ou jurídica, de direito público ou privado, que realiza o tratamento de dados pessoais em nome do controlador;

XXXI – encarregado: pessoa indicada pelo controlador para intermediar a comunicação com a Autoridade Nacional de Proteção de Dados, orientar o pessoal de campanha sobre as práticas a serem adotadas em relação à proteção de dados pessoais e prestar esclarecimentos e tomar providências sobre as reclamações e comunicações formuladas pelos titulares;

XXXII – perfilamento: tratamento de múltiplos tipos de dados de pessoa natural, identificada ou identificável, em geral realizado de modo automatizado, com o objetivo de formar perfis baseados em padrões de comportamento, gostos, hábitos e preferências e de classificar esses perfis em grupos e setores, utilizando-os para análises ou previsões de movimentos e tendências de interesse político-eleitoral;

XXXIII – microdirecionamento: estratégia de segmentação da propaganda eleitoral ou da comunicação de campanha que consiste em selecionar pessoas, grupos ou setores, classificados por meio de perfilamento, como público-alvo ou audiência de mensagens, ações e conteúdos político-eleitorais desenvolvidos com base nos interesses perfilados, visando ampliar a influência sobre seu comportamento;

XXXIV – inteligência artificial (IA): sistema computacional desenvolvido com base em lógica, em representação do conhecimento ou em aprendizagem de máquina, obtendo arquitetura que o habilita a utilizar dados de entrada provenientes de máquinas ou seres humanos para, com maior ou menor grau de autonomia, produzir conteúdos sintéticos, previsões, recomendações ou decisões que atendam a um conjunto de objetivos previamente definidos e sejam aptos a influenciar ambientes virtuais ou reais.

XXXV – conteúdo sintético: imagem, vídeo, áudio, texto ou objeto virtual gerado ou significativamente modificado por tecnologia digital, incluída a inteligência artificial." (NR)

"Art. 38. (...)

§ 7º As ordens judiciais de remoção de conteúdo da internet terão seus efeitos mantidos, mesmo após o período eleitoral, salvo se houver decisão judicial que declare a perda do objeto ou afaste a conclusão de irregularidade.

§ 8º A perda de objeto das ordens judiciais de remoção de conteúdo da internet relacionadas a candidatas ou candidatos que disputam o segundo turno somente poderá ser declarada após sua realização.

§ 8º-A. A realização do pleito não acarreta a perda de objeto dos procedimentos em que se apure anonimato ou manifestação abusiva na propaganda eleitoral na internet, inclusive a disseminação de fato notoriamente inverídico ou gravemente descontextualizado tendente a atingir a honra ou a imagem de candidata ou candidato.

(...)" (NR)

"Art. 43. (...)

III – dar tratamento privilegiado a candidata, candidato, partido político, federação ou coligação, inclusive sob a forma de retransmissão de *live* eleitoral de que trata o art. 29-A desta Resolução;

IV – veicular ou divulgar filmes, novelas, minisséries ou qualquer outro programa com alusão ou crítica voltada especificamente a candidata, candidato, partido político, federação ou coligação, mesmo que dissimuladamente, exceto programas jornalísticos ou debates políticos;

(...)" (NR)

"Art. 55. (...)

§ 1º Para os fins deste artigo, a representação de cada partido na Câmara dos Deputados é a resultante da última eleição, consideradas as novas totalizações do resultado que ocorrerem até:

I – 20 de julho do ano da eleição, no caso de eleições ordinárias;

II – ou 50 (cinquenta) dias antes da data designada para a eleição, se forem convocadas novas eleições.

(...)" (NR)

"Art. 65. (...)

§ 1º-A. Na reunião para elaboração do plano de mídia, as emissoras, os partidos políticos, as federações e as coligações poderão se manifestar sobre as especificações técnicas de cada tipo de mídia, as tecnologias compatíveis com o envio dos arquivos, a forma de entrega do material (se física, eletrônica ou ambas) e outros aspectos que entenderem relevantes para o bom funcionamento do horário eleitoral gratuito, a fim de que a deliberação considere os diferentes pontos de vista.

(...)" (NR)

"Art. 68. Os arquivos com as peças de propaganda eleitoral serão entregues às emissoras conforme deliberado na reunião para elaboração do plano de mídia, acompanhados do formulário do Anexo IV desta Resolução, no qual constará campo para que seja informado o percentual do programa destinado a candidatas mulheres, a candidatas negras e a candidatos negros, nos termos do § 1º do art. 77 desta Resolução.

§ 1º Se for eletrônica a entrega, os arquivos mencionados no *caput* deste artigo deverão estar acompanhados de todas as informações indicadas no formulário do Anexo IV desta Resolução e o procedimento deverá observar:

(...)" (NR)

"Art. 77. (...)

§ 4º Os parâmetros previstos nos incisos do § 1º deste artigo deverão ser observados tanto globalmente quanto se separando o tempo no rádio e na televisão e, em cada um desses meios, nos blocos e nas inserções.

§ 5º A aferição do disposto no § 4º deste artigo será feita no período total de campanha e em cada ciclo semanal da propaganda.

§ 6º Comprovado o não atingimento dos percentuais destinados às candidaturas de mulheres e de pessoas negras em um ciclo semanal de propaganda eleitoral gratuita, o tempo faltante deverá ser compensado nas semanas seguintes, pelo período necessário para assegurar o cumprimento da proporcionalidade até o fim da campanha.

§ 7º As candidatas e os candidatos prejudicadas(os) pelo descumprimento do disposto nos §§ 1º a 6º deste artigo poderão requerer judicialmente a compensação do tempo de propaganda a que têm direito, observado o procedimento previsto no art. 96 da Lei n. 9.504/1997.

§ 8º Para assegurar a eficácia da decisão judicial que determine a compensação de tempo, poderão ser adotadas medidas coercitivas, incluída a cominação de multa processual até seu efetivo cumprimento.

§ 9º Para possibilitar o controle das regras previstas neste artigo, os tribunais eleitorais disponibilizarão, em suas páginas na internet, a informação sobre o tempo de propaganda gratuita destinado às candidaturas de mulheres e de pessoas negras, que será extraída dos dados fornecidos pelos partidos políticos, federações e coligações pelos formulários dos Anexos III e IV desta Resolução." (NR)

Art. 2º Revogam-se, na Res.-TSE n. 23.610/2019:

I – os §§ 9º e 10 do art. 28;

II – o § 2º do art. 33-A;

III – o Capítulo IX – Das condutas vedadas a agentes públicos em campanha eleitoral;

IV – os arts. 109, 123 e 124.

Art. 3º Fica renumerado o parágrafo único do art. 17 da Res.-TSE n. 23.610/2019 como § 1º do mesmo artigo.

Art. 4º A ementa da Res.-TSE n. 23.610/2019 passa a vigorar com o teor "Dispõe sobre a propaganda eleitoral".

Art. 5º O Capítulo IV da Res.-TSE n. 23.610/2019 passa a vigorar com o nome "Dos Conteúdos Político-Eleitorais e da Propaganda Eleitoral na Internet".

Art. 6º Esta Resolução entra em vigor na data de sua publicação oficial.

Brasília, 27 de fevereiro de 2024.

Ministra Cármen Lúcia – Relatora

RESOLUÇÃO TSE N. 23.733, DE 27 DE FEVEREIRO DE 2024

Altera a Resolução-TSE n. 23.608, de 18 de dezembro de 2019, que dispõe sobre representações, reclamações e pedidos de direito de resposta previstos na Lei n. 9.504, de 30 de setembro de 1997, para as eleições.

O Tribunal Superior Eleitoral, no uso das atribuições que lhe conferem o inciso IX do art. 23 do Código Eleitoral e o art. 105 da Lei n. 9.504, de 30 de setembro de 1997,

resolve:

Art. 1º A Res.-TSE n. 23.608, de 18 de dezembro de 2019, passa a vigorar com as seguintes alterações:

"Art. 27. (...)

§ 6º Da decisão proferida nos termos dos incisos I a III deste artigo caberá agravo interno, no prazo de 3 (três) dia, assegurado a apresentação de contrarrazões, em igual prazo.

§ 7º Os embargos de declaração serão opostos no prazo de 3 (três) dia, nos autos da representação, no PJe, com indicação do erro, obscuridade, contradição ou omissão, facultado o oferecimento de contrarrazões em igual prazo." (NR)

"Art. 29. A reclamação administrativa eleitoral é cabível se juíza ou juiz eleitoral ou integrante de tribunal descumprir disposições legais e regulamentares que lhe impõem a prática de atos e a observância de procedimentos para a preparação, organização e realização das eleições e das fases seguintes até a diplomação.

§ 1º A autoridade reclamada deverá se manifestar em 1 (um) dia a contar do recebimento da notificação (Lei n. 9.504/1997, art. 97, *caput*).

§ 2º O Tribunal ordenará a observância de procedimento que explicitar, sob pena de a juíza ou o juiz incorrer em desobediência (Lei n. 9.504/1997, art. 97, *caput*).

§ 3º A reclamação prevista neste artigo poderá ser apresentada contra ato de poder de polícia que contrarie ou exorbite decisões do Tribunal Superior Eleitoral sobre a remoção de conteúdos desinformativos que comprometam a integridade do processo eleitoral (Res.-TSE n. 23.610/2019, art. 9º-E).

§ 4º Aplica-se à legitimidade para apresentar a reclamação administrativa eleitoral o disposto no artigo 3º desta Resolução." (NR)

"Art. 30. É competente para apreciar a reclamação administrativa eleitoral:

I – o Tribunal Regional Eleitoral, em caso de reclamação contra juíza ou juiz eleitoral que lhe seja vinculada(o) (Lei n. 9.504/1997, art. 97, *caput*); e

II – o Tribunal Superior Eleitoral, em caso de reclamação contra integrante ou órgão de Tribunal Regional Eleitoral (Lei n. 9.504/1997, art. 97, § 2º).

§ 1º O Tribunal Superior Eleitoral poderá avocar a competência para apreciar a reclamação proposta nos termos do § 3º do art. 29 desta Resolução em caso de demora injustificada da atuação do Tribunal Regional Eleitoral.

§ 2º Se a autoridade competente para o exame da reclamação administrativa eleitoral concluir haver indícios de falta funcional, comunicará o fato à corregedoria do Tribunal para instauração de reclamação disciplinar, sindicância ou processo administrativo disciplinar." (NR)

"Art. 44. Nas representações cuja causa de pedir seja uma das hipóteses previstas nos arts. 23, 30-A, 41-A, 45, inciso VI e § 1º, 73, 74, 75 e 77 da Lei n. 9.504/1997, será observado o procedimento do art. 22 da Lei Complementar n. 64/1990 e, supletiva e subsidiariamente, o Código de Processo Civil." (NR)

"Art. 46. (...)

Parágrafo único. O Juízo da 1ª Zona Eleitoral do Exterior, com sede em Brasília/DF, é competente para examinar representação por doação acima do limite legal oferecida contra doadora ou doador residente fora do Brasil (Tribunal Superior Eleitoral, CC n. 0601978-27/DF, *DJe* 9/4/2019)." (NR)

"Art. 46-A. A intimação relativa à concessão de tutela provisória ou à determinação de outras medidas urgentes se fará pelo meio mais célere, que assegure a máxima efetividade da decisão judicial.

§ 1º No período de 15 de agosto a 19 de dezembro do ano eleitoral, a intimação a que se refere o *caput* deste artigo, quando dirigida a parte ainda não citada, poderá ser feita por mensagem instantânea ou por e-mail, observado o disposto no inciso II do § 2º do art. 12 desta Resolução.

§ 2º Após 19 de dezembro do ano eleitoral, os meios mencionados no § 1º deste artigo poderão ser utilizados para intimar a parte ainda não citada de que foi concedida tutela provisória, ficando dependente a validade da comunicação à confirmação de leitura.

§ 3º As intimações dirigidas às pessoas jurídicas indicadas no art. 10 desta Resolução serão feitas na forma daquele dispositivo, a qualquer tempo.

§ 4º O prazo para a adoção das providências materiais a cargo das pessoas intimadas na forma dos §§ 1º a 3º deste artigo conta-se do dia e horário em que realizada a intimação.

§ 5º A intimação realizada na forma deste artigo não substitui a citação, que deverá ser efetuada com observância ao previsto no Código de Processo Civil, salvo se a representada ou o representado comparecer de forma espontânea, fluindo a partir dessa data o prazo para apresentar contestação (Código de Processo Civil, art. 239)." (NR)

"Art. 47-A. Se, na contestação, forem suscitadas preliminares ou juntados documentos, a autoridade judiciária concederá à parte autora prazo de 2 (dois) dias para réplica (Código de Processo Civil, art. 437).

Parágrafo único. No mesmo prazo previsto no *caput* deste artigo, as partes poderão ser intimadas para prestar esclarecimentos sobre os requerimentos de prova que formularam." (NR)

"Art. 47-B. Ao final da fase postulatória, a autoridade judiciária competente definirá a providência compatível com o estado do processo, entre as seguintes:

I – extinção do processo sem resolução do mérito, quando constatar falhas processuais não sanadas e que inviabilizam o prosseguimento da ação, ou homologação da desistência da ação (Código de Processo Civil, art. 354, primeira parte);

II – extinção do processo com resolução do mérito, em caso de decadência (Código de Processo Civil, art. 354, segunda parte);

III – declaração de desnecessidade da abertura de instrução e imediata intimação do Ministério Público Eleitoral para apresentação de parecer, no prazo de 2 (dois) dias, quando constatar que não há requerimento ou necessidade de produção de outras provas (Código de Processo Civil, art. 355, inciso I); ou

IV – decisão de saneamento e organização do processo, se houver necessidade de abertura da instrução (Código de Processo Civil, art. 357).

Parágrafo único. Proferida decisão nos termos do inciso IV do *caput* deste artigo, o Ministério Público Eleitoral, se não for parte, será ouvido, no prazo de 2 (dois) dias, para, sem prejuízo do parecer a ser apresentado ao final da instrução, manifestar-se sobre as questões que considere demandar imediata apreciação da autoridade judiciária." (NR)

"Art. 47-C. Na análise dos requerimentos de prova, será avaliado se o fato que se pretende provar é relevante para a solução da controvérsia e se o meio de prova é adequado ao objetivo.

§ 1º A autoridade judiciária indeferirá, em decisão fundamentada, as diligências inúteis ou protelatórias (Código de Processo Civil, art. 370).

§ 2º Requerida a prova pericial e não sendo o caso de indeferi-la, será avaliada a possibilidade de substituição por prova técnica simplificada, consistente na inquirição de especialista, ou por pareceres técnicos ou documentos elucidativos a serem apresentados pelas partes (Código de Processo Civil, arts. 464 e 472).

§ 3º Deferida a prova pericial, a parte que a requereu deverá arcar com os custos e sua realização deverá ocorrer antes da audiência, a fim de possibilitar a oitiva de peritas(os) e assistentes técnicas(os), preferencialmente antes das testemunhas (Código de Processo Civil, art. 361)." (NR)

"Art. 47-D. A audiência de instrução será realizada na sede do juízo competente ou na do juízo a que for deprecada ou em outras instalações judiciárias cedidas para esse fim, devendo a magistrada ou o magistrado que a presidir e a pessoa que secretariar os trabalhos estarem obrigatoriamente presentes no local.

§ 1º Caberá à autoridade judicial determinar se o ato será realizado de forma exclusivamente presencial ou de forma híbrida.

§ 2º A opção para prestar depoimento por videoconferência supre a prerrogativa das autoridades arroladas no art. 454 do Código de Processo Civil de serem inquiridas em sua residência ou onde exercem sua função, não se impondo a magistradas, magistrados, servidoras, servidores, advogadas, advogados e representantes do Ministério Público Eleitoral o deslocamento para aqueles locais.

§ 3º Não se aplicam às representações especiais os §§ 1º a 3º do art. 454 do Código de Processo Civil, devendo o juízo competente designar data para a oitiva da testemunha, determinar que seja comunicada pelo meio mais célere e assinalar prazo para que, em caso de incompatibilidade de agenda, seja por ela indicada a primeira data disponível para a oitiva." (NR)

"Art. 47-E. A representada ou o representado não poderá ser compelida(o) a prestar depoimento pessoal, mas tem o direito de ser ouvida(o) em juízo, se requerer na contestação ou intimada(o) sem que seja cominada pena de confissão, compareça de forma voluntária para se manifestar sobre pontos que entender relevantes para a defesa." (NR)

"Art. 47-F. A autoridade judiciária competente poderá determinar, de ofício, diligências complementares às requeridas pelas partes e pelo Ministério Público Eleitoral, a fim de elucidar circunstâncias ou fatos relevantes para o julgamento (Lei Complementar n. 64/1990, arts. 22, inciso VI, e 23; Supremo Tribunal Federal, ADI n. 1.082/DF, *DJ* 4/11/1994; Tribunal Superior Eleitoral, AIJE n. 0600814-85, *DJe* 1º/8/2023).

§ 1º Concluídas as diligências mencionadas no *caput* deste artigo, as partes e o Ministério Público serão ouvidos no prazo comum de 2 (dois) dias.

§ 2º Será também assegurado o prazo comum de 2 (dois) dias para manifestação dos demais participantes sobre documentos juntados, no curso da instrução, por uma das partes ou pelo Ministério Público Eleitoral." (NR)

"Art. 47-G. Encerrada a instrução, as partes serão intimadas para apresentar alegações finais no prazo comum de 2 (dois) dias (Lei Complementar n. 64/1990, art. 22, inciso X)." (NR)

"Art. 49-A. Nas representações de competência originária dos Tribunais que forem redistribuídas aos membros titulares após 19 de dezembro do ano em que se realizarem eleições gerais, a relatora ou o relator apresentará relatório nos autos, com pedido de inclusão em pauta." (NR)

Art. 2º Ficam revogados:

I – os incisos I e II e o parágrafo único do art. 29 da Res.-TSE n. 23.608/2019;

II – o parágrafo único do art. 30 da Res.-TSE n. 23.608/2019; e

III – os §§ 2º a 4º do art. 44 da Res.-TSE n. 23.608/2019.

Art. 3º Esta Resolução entra em vigor na data de sua publicação oficial.

Brasília, 27 de fevereiro de 2024.

Ministra Cármen Lúcia – Relatora

RESOLUÇÃO TSE N. 23.734, DE 27 DE FEVEREIRO DE 2024

Altera a Resolução-TSE n. 23.677, de 16 de dezembro de 2021, que dispõe sobre os sistemas eleitorais, a destinação dos votos na totalização, a proclamação dos resultados, a diplomação e as ações decorrentes do processo eleitoral nas eleições gerais e municipais.

O Tribunal Superior Eleitoral, no uso das atribuições que lhe conferem o inciso IX do art. 23 do Código Eleitoral e o art. 105 da Lei n. 9.504, de 30 de setembro de 1997, resolve:

Art. 1º A ementa da Res.-TSE n. 23.677/2021 passa a vigorar com as seguintes alterações:

"Dispõe sobre os sistemas eleitorais majoritário e proporcional, a destinação dos votos na totalização, a proclamação dos resultados, a diplomação e as ações decorrentes do processo eleitoral nas eleições gerais e municipais." (NR)

Art. 2º A Res.-TSE n. 23.677/2021 passa a vigorar com as seguintes alterações:

"Art. 2º As eleições para os cargos de presidente e vice-presidente da República, governador e vice-governador de Estado e do Distrito Federal, prefeito e vice-prefeito, senador, deputado federal, deputado estadual, deputado distrital e vereador dar-se-ão, em todo o país, no primeiro domingo de outubro do ano respectivo, por sufrágio universal e voto direto e secreto, com valor igual para todas e todos (Constituição Federal, arts. 14, *caput*, 28, *caput*, 29, incisos I e II, 32, § 3º, e 77; Lei n. 9.504/1997, art. 1º, *caput*; e Código Eleitoral, art. 82).

Parágrafo único. Serão realizadas simultaneamente as eleições, no ano anterior ao do término de suas antecessoras e seus antecessores (Constituição Federal, arts. 28, *caput* e 29, II; Código Eleitoral, art. 85; e Lei n. 9.504/1997, art. 1º, parágrafo único):

(...)" (NR)

"Art. 5º Obedecerão ao princípio majoritário as eleições para os cargos de (Constituição Federal, arts. 29, inciso II, 46 e 77; Lei n. 9.504/1997, arts. 2º e 3º; e Código Eleitoral, art. 83):

(...)

§ 2º Serão eleitas(os) as candidatas e os candidatos aos cargos de presidente da República, de governador de Estado e do Distrito Federal e de prefeito que obtiverem a maioria de votos, não computados os votos em branco e os votos nulos (Constituição Federal, art. 29, inciso II, e art. 77, § 2º; e Lei n. 9.504/1997, arts. 2º, *caput*, e 3º).

§ 3º Para o cargo de senador, serão eleitas(os), alternadamente, a cada 4 (quatro) anos, as candidatas ou os candidatos mais votadas(os), não computados os votos em branco e os nulos, com suas(seus) respectivas(os) suplentes, da seguinte forma (Constituição Federal, art. 46):

(...)

II – 2 (duas/dois) titulares e 2 (duas/dois) respectivas(os) suplentes, na renovação de 2/3 (dois terços) do Senado Federal.

(...)" (NR)

"Art. 6º (...)

§ 1º Nos Municípios com mais de 200.000 (duzentos mil) eleitoras e eleitores, aplicam-se, nas eleições para prefeito e vice-prefeito, as mesmas regras estabelecidas no *caput* deste artigo (Constituição Federal, art. 29, inciso II; Lei n. 9.504/1997, art. 3º, § 2º).

§ 2º Se, antes de realizado o segundo turno, ocorrer morte, desistência ou impedimento legal de candidata ou de candidato, deverá ser convocada(o), entre as(os) remanescentes, a candidata ou o candidato de maior votação (Constituição Federal, arts. 29, inciso II, e 77, § 4º; e Lei n. 9.504/1997, art. 2º, § 2º, e art. 3º, § 2º)." (NR)

"Art. 8º Nas eleições proporcionais, estarão eleitas(os), entre as(os) registradas(os) por partido político ou federação, as candidatas e os candidatos que tenham obtido votos em número igual ou superior a 10% (dez por cento) do quociente eleitoral, tantos quantos o respectivo quociente partidário indicar, na ordem da votação nominal que cada uma(um) tenha recebido (Código Eleitoral, art. 108; e Lei n. 9.504, art. 6º-A)." (NR)

"Art. 10. O quociente partidário é determinado pela divisão da quantidade de votos válidos dados sob o mesmo partido político ou federação pelo quociente eleitoral, desprezada a fração (Código Eleitoral, art. 107; e Lei n. 9.504, art. 6º-A)." (NR)

"Art. 11. As vagas não preenchidas com a aplicação do quociente partidário e a exigência de votação nominal mínima, a que se refere o art. 8º desta Resolução, serão distribuídas pelo cálculo da média, observando-se o seguinte (Código Eleitoral, art. 109; Supremo Tribunal Federal, Ação Direta de Inconstitucionalidade 7.228):

(...)

§ 2º Ao partido político ou federação que apresentar a maior média cabe uma das vagas a preencher, desde que tenha atingido 80% do quociente eleitoral e tenha em sua lista candidata ou candidato que atenda à exigência de votação nominal mínima de 20% do quociente eleitoral (Código Eleitoral, art. 109, I e § 2º).

(...)

§ 4º Quando não houver mais partidos políticos ou federações que tenham alcançado votação de 80% do quociente eleitoral e que tenham em suas listas candidatas ou candidatos com votação mínima de 20% desse quociente, todos os partidos políticos, federações, candidatas e candidatos participarão da distribuição das cadeiras remanescentes, aplicando-se o critério das maiores médias (Código Eleitoral, art. 109, III; Supremo Tribunal Federal, Ação Direta de Inconstitucionalidade 7.228).

(...)" (NR)

"Art. 12-A. Se nenhum partido político ou federação alcançar o quociente eleitoral, a distribuição de todas as cadeiras da eleição proporcional observará as regras previstas no art. 11 desta Resolução, de modo que, calculadas as maiores médias (ADI 7228):

I – As cadeiras serão distribuídas primeiramente entre os partidos políticos e federações que tenha atingido 80% do quociente eleitoral e tenha em sua lista candidata ou candidato que atenda à exigência de votação nominal mínima de 20% do quociente eleitoral;

II – Na sequência, as cadeiras restantes serão distribuídas entre todos os partidos políticos e federações que participaram da eleição e as cadeiras serão ocupadas independente de votação mínima da candidata ou do candidato." (NR)

"Art. 14. Serão consideradas(os) suplentes dos partidos políticos e das federações que obtiveram vaga as(os) mais votadas(os) sob a mesma legenda ou federação e que não foram efetivamente eleitas(os) (Código Eleitoral, art. 112, inciso I, e Lei n. 9.504, art. 6º-A).

(...)" (NR).

"Art. 16. (...)

III – chapa que tenha candidata ou candidato cujo pedido de registro ainda não tenha sido apreciado pela Justiça Eleitoral, inclusive em decorrência de substituição da candidatura ou anulação de convenção, desde que o Demonstrativo de Regularidade dos Atos Partidários (DRAP) respectivo ou o registro do(a) outro(a) componente da chapa não esteja indeferido, cancelado ou não conhecido.

(...)

§ 2º Considera-se chapa deferida a situação resultante do deferimento do registro do Demonstrativo de Regularidade dos Atos Partidários (DRAP), assim como dos respectivos Requerimentos de Registro de Candidatura (RRCs) das(os) componentes da chapa majoritária.

(...)" (NR)

"Art. 17. (...)

III – irregular, em decorrência da não indicação de substituta ou substituto para candidata ou candidato falecida(o) ou renunciante no prazo e na forma legais." (NR)

"Art. 21. Serão computados como nulos os votos dados a candidata ou candidato que, embora constando da urna eletrônica, dela deva ser considerada(o) excluída(o), por ter seu registro, entre o fechamento do CAND e o dia da eleição, em uma das seguintes situações:

(...)

III – falecida(o) ou com renúncia homologada.

Parágrafo único. O indeferimento do DRAP nos termos do inciso I do *caput* deste artigo é suficiente para acarretar a nulidade da votação de todas as candidatas e de todos os candidatos a ele vinculadas(os)." (NR)

"Art. 22. (...)

§ 2º O indeferimento do DRAP nos termos do *caput* deste artigo é suficiente para acarretar a anulação, em caráter *sub judice*, da votação de todos os candidatos e de todas as candidatas a ele vinculados(as).

(...)" (NR)

"Art. 25. (...)

I – à junta eleitoral responsável pela totalização do resultado, no âmbito do respectivo Município, a proclamação das eleitas e dos eleitos aos cargos de prefeito, vice-prefeito, vereador e respectivos (as) suplentes dos partidos políticos e federações;

II – ao Tribunal Regional Eleitoral (TRE), no âmbito de sua Unidade da Federação (UF), a proclamação das eleitas e dos eleitos aos cargos de governador, vice-governador, senador e suplentes, deputado federal ou distrital, deputado estadual, assim como as(os) respectivas(os) suplentes dos partidos políticos e das federações aos cargos proporcionais;

III – ao TSE a proclamação das eleitas(os) à presidência e vice-presidência da República." (NR)

"Art. 26. Nas eleições majoritárias, devem ser proclamadas(os) eleitas(os) as candidatas e os candidatos das chapas que obtiverem a maior votação válida, salvo se houver votos anulados, ainda em caráter *sub judice*, atribuídos a:

(...)

§ 3º Tornada definitiva a anulação dos votos, será observado o disposto no art. 30 desta Resolução." (NR)

"Art. 29. Havendo alteração na situação jurídica do partido político, da federação, da coligação, da candidata ou do candidato que acarrete alteração de resultado, será obrigatoriamente realizada nova totalização dos votos, observado, no que couber, o disposto nesta Resolução, inclusive quanto à realização de novas eleições.

(...)

§ 3º Havendo reprocessamento que altere a composição da Câmara dos Deputados, os tribunais regionais eleitorais deverão comunicar imediatamente o Tribunal Superior Eleitoral para recálculo do tempo da propaganda partidária e eleitoral, das cotas do Fundo Partidário (FP) e do Fundo Especial de Financiamento de Campanha (FEFC), considerando a nova representatividade do partido ou da federação.

§ 4º A nova composição da Câmara dos Deputados também balizará a distribuição do tempo de propaganda no rádio e na TV de eventuais eleições suplementares municipais, estaduais ou federais, observada a data-base para o cálculo da representatividade estabelecida no § 1º do art. 55 da Res.-TSE n. 23.610/2019." (NR)

"Art. 30. (...)

a) 6 (seis) meses do final do mandato da governadora ou do governador, ou da prefeita ou do prefeito;

(...)" (NR)

"Art. 31. (...)

§ 1º Dos diplomas deverão constar o nome da candidata ou do candidato, a indicação da legenda do partido político, da federação ou da coligação pela qual concorreu, o cargo para o qual foi eleita ou eleito ou a sua classificação como suplente e, facultativamente, outros dados a critério da Justiça Eleitoral (Código Eleitoral, art. 215, parágrafo único).

§ 2º Quando informado no Cadastro Eleitoral ou no registro de candidatura, o nome social será utilizado no diploma, sem menção ao nome civil." (NR)

"Art. 31-A. A eleição de militar da ativa será comunicada, pela autoridade eleitoral competente para a emissão do diploma, à corporação respectiva, para adoção das providências previstas na parte final do inciso II do § 8º do art. 14 da Constituição Federal e na parte final da alínea *b* do parágrafo único do art. 52 da Lei n. 6.880/1980 (Código Eleitoral, art. 218)." (NR)

"Art. 32. Não poderá ser diplomada(o), nas eleições majoritárias ou proporcionais, a candidata ou o candidato que estiver com o registro indeferido, ainda que *sub judice*.

Parágrafo único. Nas eleições majoritárias, na data da respectiva posse, se não houver candidata ou candidato diplomada(o), caberá à(ao) presidente do Poder Legislativo assumir e exercer o cargo até que sobrevenha decisão favorável no processo de registro ou haja nova eleição." (NR)

"Art. 33. As situações descritas nos incisos II e III do art. 16 e nos incisos II e III do art. 20 desta Resolução, não impedem a diplomação da candidata ou do candidato, caso venha a ser eleita(o)." (NR)

"Art. 36. (...)

III – quando realizada em dia, hora ou local diferentes do designado ou encerrada antes das 17h (dezessete horas);

(...)

V – quando o local da seção eleitoral pertencer a candidata ou candidato, a integrante de diretório ou delegada(o) de partido político ou de federação, a autoridade policial ou às(aos) respectivas(os) cônjuges e parentes, consanguíneas(os) ou afins, até o segundo grau, inclusive se for fazenda, sítio ou propriedade rural privada, mesmo se no local funcionar órgão ou serviço público.

(...)." (NR)

"Art. 40. No dia das eleições, o horário oficial de Brasília será observado em todas as unidades da federação, desde a instalação das seções eleitorais até a divulgação de resultados." (NR)

Art. 3º Revoga-se o art. 13 da Res.-TSE n. 23.677, de 16 de dezembro de 2021 (Supremo Tribunal Federal, Ação Direta de Inconstitucionalidade 7.228).

Art. 4º Esta Resolução entra em vigor na data de sua publicação oficial.

Brasília, 27 de fevereiro de 2024.
Ministra Cármen Lúcia – Relatora

RESOLUÇÃO TSE N. 23.735, DE 27 DE FEVEREIRO DE 2024

Dispõe sobre os ilícitos eleitorais.

O Tribunal Superior Eleitoral, no uso das atribuições que lhe conferem o inciso IX do art. 23 do Código Eleitoral e o art. 105 da Lei n. 9.504, de 30 de setembro de 1997,

resolve:

Art. 1º Esta Resolução dispõe sobre os seguintes ilícitos eleitorais:

I – abuso de poder (Constituição Federal, art. 14, § 10; Lei Complementar n. 64/1990);

II – fraude (Constituição Federal, art. 14, § 10);

III – corrupção (Constituição Federal, art. 14, § 10);

IV – arrecadação e gasto ilícito de recursos de campanha (Lei n. 9.504/ 1997, art. 30-A);

V – captação ilícita de sufrágio (Lei n. 9.504/1997, art. 41-A); e

VI – condutas vedadas às(aos) agentes públicas(os) em campanha (Lei n. 9.504/1997, arts. 73 a 76).

Art. 2º O controle da desinformação que compromete a integridade do processo eleitoral será feito nos termos da legislação de regência e de resolução deste Tribunal Superior.

Capítulo I
Da Competência

Art. 3º A competência originária para a apuração dos ilícitos de que trata esta Resolução é definida pela circunscrição do cargo em disputa pela(o) beneficiária(o) e será:

I – do Tribunal Superior Eleitoral, nas eleições presidenciais;

II – dos Tribunais Regionais Eleitorais, nas eleições estaduais, federais e distritais; e

III – dos juízos eleitorais, nas eleições municipais.

Parágrafo único. Cada órgão competente observará as regras relativas à competência funcional:

a) dos membros titulares dos Tribunais;

b) das corregedorias eleitorais;

c) das juízas e dos juízes designadas(os) pelos tribunais, nos termos do § 1º do art. 41 da Lei n. 9.504/1997; e

d) das zonas eleitorais designadas pelo tribunal regional, nos municípios em que houver mais de uma.

Art. 4º As ações eleitorais relativas às condutas ilícitas mencionadas no art. 1º desta Resolução, quando versarem sobre o mesmo fato e forem propostas por partes diversas ou com capitulação jurídica distinta, poderão ser reunidas sob a mesma relatoria ou no mesmo juízo para julgamento conjunto (Lei n. 9.504/1997, art. 96-B).

§ 1º As ações não serão reunidas quando:

a) uma delas já tiver sido julgada (Código de Processo Civil, art. 55, § 1º; Superior Tribunal de Justiça, Súmula n. 235); e

b) a celeridade, a duração razoável do processo, o bom andamento do trâmite processual, o contraditório, a ampla defesa, a organicidade dos julgamentos e o relevante interesse público buscado recomendarem a manutenção da separação (Supremo Tribunal Federal, ADI n. 5.507/DF, *DJe* 3/10/2022).

§ 2º Nos Tribunais, caberá à Presidência a decisão sobre a necessidade da redistribuição de ações sobre os mesmos fatos, observado o disposto no respectivo regimento interno.

§ 3º Se for determinada, a reunião das ações será no juízo que tiver recebido a primeira delas, salvo se alguma for de competência de corregedoria, hipótese na qual essa unidade receberá as ações (Código de Processo Civil, art. 58; Lei Complementar n. 64/1990, arts. 19, *caput*, e 24).

§ 4º A reunião de ações de que trata este artigo não prejudica a iniciativa probatória de cada parte e o exame das particularidades de cada caso, cabendo ao juízo competente, para maior eficiência da instrução, determinar os atos que serão praticados de forma conjunta e avaliar o compartilhamento de provas.

§ 5º A tramitação separada de ações sobre os mesmos fatos não é causa de nulidade, devendo o tribunal zelar pela coerência de suas decisões.

§ 6º É válida a decisão fundamentada em provas que, mesmo não produzidas na primeira ação, instruam outra ação e permitam chegar a conclusão jurídica distinta sobre a matéria fática (Lei n. 9.504/1997, art. 96-B, § 3º).

§ 7º Nas ações em que aplicáveis as sanções de cassação do registro, do diploma ou do mandato, a unidade judiciária competente certificará, no momento da autuação:

I – o percentual de votos que poderá ser anulado em caso de procedência do pedido;

II – a pendência de outras ações que versarem sobre o mesmo fato e forem propostas por partes diversas ou com capitulação jurídica distinta.

§ 8º O percentual de votos mencionado no inciso I do § 7º deste artigo será calculado sobre todos os votos atribuídos a candidata, candidato ou legenda, ainda que estejam anulados ou anulados *sub judice*.

Art. 5º O juízo competente para a apuração do ilícito eleitoral poderá, em decisão liminar, antecipar a tutela específica destinada a inibir a prática, a reiteração ou a continuação do ilícito, ou a sua remoção, quando demonstrada a plausibilidade do direito e o perigo de dano a bens jurídicos eleitorais (Código de Processo Civil, arts. 300 e 497, parágrafo único; Lei Complementar n. 64/1990, art. 22, inciso I, b; Lei n. 9.504/1997, art. 73, § 4º).

§ 1º A plausibilidade do direito será evidenciada por elementos que preencham o núcleo típico da conduta proibida pela legislação eleitoral, sendo irrelevante a demonstração de culpa ou dolo (Código de Processo Civil, art. 497, parágrafo único).

§ 2º Na análise do perigo de dano, será apontado o bem jurídico passível de ser afetado pela conduta, não se exigindo a demonstração da efetiva ocorrência de dano (Código de Processo Civil, art. 497, parágrafo único).

§ 3º O exercício da competência de que trata este artigo será orientado pela mínima intervenção e pela preservação do equilíbrio da disputa eleitoral.

§ 4º A concessão da tutela inibitória no curso da ação não prejudica o exame da gravidade da conduta, no julgamento de mérito, para fins da condenação ou da dosimetria das sanções.

Capítulo II
Do Abuso de Poder, da Fraude e da Corrupção

Art. 6º A apuração de abuso de poder em ações eleitorais exige a indicação de modalidade prevista em lei, sendo vedada a definição jurisprudencial de outras categorias ilícitas autônomas.

§ 1º O abuso do poder político evidenciado em ato que tenha expressão econômica pode ser examinado também como abuso do poder econômico.

§ 2º A fraude à lei pode ser examinada como abuso de poder, desde que subsumida a uma das modalidades do ilícito previstas no sistema.

§ 3º O uso de aplicações digitais de mensagens instantâneas visando promover disparos em massa, com desinformação, falsidade, inverdade ou montagem, em prejuízo de adversária(o) ou em benefício de candidata(o) configura abuso do poder econômico e uso indevido dos meios de comunicação social (Tribunal Superior Eleitoral, AIJEs n. 0601968-80 e n. 0601771-28, julgadas em 28/10/2021).

§ 4º A utilização da internet, inclusive serviços de mensageria, para difundir informações falsas ou descontextualizadas em prejuízo de adversária(o) ou em benefício de candidata(o), ou a respeito do sistema eletrônico de votação e da Justiça Eleitoral, pode configurar uso indevido dos meios de comunicação e, pelas circunstâncias do caso, também abuso dos poderes político e econômico.

§ 5º O uso de estrutura empresarial para constranger ou coagir pessoas empregadas, funcionárias ou trabalhadoras, aproveitando-se de sua dependência econômica, com vistas à obtenção de vantagem eleitoral, pode configurar abuso do poder econômico.

§ 6º Configura abuso de autoridade, para os fins do disposto no art. 22 da Lei Complementar n. 64/1990, a infringência do disposto no § 1º do art. 37 da Constituição Federal (Lei n. 9.504/1997, art. 74).

Art. 7º Para a configuração do ato abusivo, não será considerada a potencialidade de o fato alterar o resultado da eleição, mas apenas a gravidade das circunstâncias que o caracterizam (Lei Complementar n. 64/1990, art. 22, inciso XVI).

Parágrafo único. Na análise da gravidade mencionada no *caput* deste artigo, serão avaliados os aspectos qualitativos, relacionados à reprovabilidade da conduta, e os quantitativos, referentes à sua repercussão no contexto específico da eleição.

Art. 8º A fraude lesiva ao processo eleitoral abrange atos que possam iludir, confundir ou ludibriar o eleitorado ou adulterar processos de votação e simulações e artifícios empregados com a finalidade de conferir vantagem indevida a partido político, federação, coligação, candidata ou candidato e que possam comprometer a normalidade das eleições e a legitimidade dos mandatos eletivos.

§ 1º Configura fraude à lei, para fins eleitorais, a prática de atos com aparência de legalidade, mas destinados a frustrar os objetivos de normas eleitorais cogentes.

§ 2º A obtenção de votação zerada ou irrisória de candidatas, a prestação de contas com idêntica movimentação financeira e a ausência de atos efetivos de campanha em benefício próprio são suficientes para evidenciar o propósito de burlar o cumprimento da norma que estabelece a cota de gênero, conclusão não afastada pela afirmação não comprovada de desistência tácita da competição.

§ 3º Configura fraude à cota de gênero a negligência do partido político ou da federação na apresentação e no pedido de registro de candidaturas femininas, revelada por fatores como a inviabilidade jurídica patente da candidatura, a inércia em sanar pendência documental, a revelia e a ausência de substituição de candidata indeferida.

§ 4º Para a caracterização da fraude à cota de gênero, é suficiente o desvirtuamento finalístico, dispensada a demonstração do elemento subjetivo (*consilium fraudis*), consistente na intenção de fraudar a lei.

§ 5º A fraude à cota de gênero acarreta a cassação do diploma de todas as candidatas eleitas e de todos os candidatos eleitos, a invalidação da lista de candidaturas do partido ou da federação que dela tenha se valido e a anulação dos votos nominais e de legenda, com as consequências previstas no *caput* do art. 224 do Código Eleitoral.

Art. 9º A prática de captação ilícita de sufrágio pode configurar corrupção para fins do § 10 do art. 14 da Constituição Federal, nos casos em que demonstrada a capacidade de a conduta comprometer a legitimidade e a normalidade das eleições.

Art. 10. Configurada a prática de ilícito de que trata este capítulo, serão aplicadas as sanções legais compatíveis com a ação ajuizada, independente de pedido expresso, observando-se o seguinte:

I – na ação de investigação judicial eleitoral, a procedência do pedido acarreta:

a) a cassação do registro ou do diploma da candidata ou do candidato diretamente beneficiada(o) pela interferência do poder econômico ou pelo desvio ou abuso do poder político ou dos meios de comunicação, com a consequente anulação dos votos obtidos (Código Eleitoral, art. 222; Lei Complementar n. 64/1990, art. 22, inciso XIV);

b) a inelegibilidade por 8 (oito) anos, a contar da data do primeiro turno da eleição em que se tenha comprovado o abuso, das pessoas que tenham contribuído para sua prática e que tenham figurado no polo passivo (Lei Complementar n. 64/1990, art. 22, inciso XIV; Supremo Tribunal Federal, ADI n. 7.197/DF, *DJe* 7/12/2023);

c) a comunicação ao Ministério Público Eleitoral (Lei Complementar n. 64/1990, art. 22, inciso XIV); e

d) a determinação de providência que a espécie imponha, inclusive para a recomposição do erário se comprovado desvio de finalidade na utilização dos recursos públicos

(Lei Complementar n. 64/1990, art. 22, inciso XIV; Tribunal, Superior Eleitoral, AIJE n. 0600814-85/DF, *DJe* 1º/8/2023).

II – na ação de impugnação de mandato eletivo, a procedência do pedido acarreta a cassação do mandato, com a consequente anulação dos votos obtidos (Código Eleitoral, art. 222; Constituição Federal, art. 14, § 10).

§ 1º As sanções previstas na alínea *a* do inciso I e no inciso II do *caput* deste artigo serão aplicadas pelo juízo competente, nos termos do art. 3º desta Resolução.

§ 2º A sanção prevista na alínea *b* do inciso I deste artigo se aplica a candidatas e candidatos que disputem eleição em circunscrição diversa e que sejam apontadas(os) como responsáveis pela prática abusiva, mas a cassação de seu registro, diploma ou mandato será determinada em ação própria, ajuizada no prazo legal no juízo competente, nos termos do art. 3º desta Resolução.

Capítulo III
Da Arrecadação e do Gasto Ilícito de Campanha

Art. 11. É grave a violação de normas relativas à arrecadação e aos gastos de recursos que, ultrapassando a mera falha contábil, revela conduta com relevância jurídica ou ilegalidade qualificada.

§ 1º A desaprovação das contas de campanha não caracteriza, de forma automática, o ilícito previsto no *caput* deste artigo e a aprovação das contas não constitui óbice à apuração daquele ilícito.

§ 2º A gravidade do desvio de finalidade dos recursos públicos destinados a candidaturas femininas independe do montante desviado, bastando, para a configuração do ilícito, a demonstração de que os valores não foram empregados em benefício de candidata registrada.

§ 3º A ilegalidade qualificada, configurada pela má-fé da candidata ou do candidato, pode ser inferida pelo emprego de ardis destinados a ocultar a origem dos recursos de campanha, ainda que não demonstrada a utilização de fonte vedada.

Art. 12. Comprovados captações ou gastos ilícitos de campanha, será negado o diploma à(ao) candidata(o) ou cancelado, se já tiver sido outorgado.

§ 1º A sanção prevista no *caput* deste artigo poderá recair sobre diploma de candidata(o) eleita(o) ou de suplente.

§ 2º Não há interesse processual na apuração da conduta de que trata o *caput* deste artigo se praticada por candidata ou candidato a cargo majoritário que não tenha sido eleita(o).

§ 3º O término do mandato eletivo majoritário ou proporcional acarreta a perda do interesse jurídico na apuração da conduta mencionada no *caput* deste artigo.

Capítulo IV
Da Captação Ilícita de Sufrágio

Art. 13. Constitui captação ilegal de sufrágio a candidata ou o candidato doar, oferecer, prometer ou entregar a eleitora ou eleitor, com o fim de obter-lhe o voto, bem ou vantagem pessoal de qualquer natureza, inclusive emprego ou função pública, desde o registro da candidatura até o dia da eleição (Lei n. 9.504/1997, art. 41-A).

§ 1º Para a caracterização da conduta ilícita é desnecessário o pedido explícito de votos, bastando a evidência do dolo, consistente no especial fim de agir (Lei n. 9.504/1997, art. 41-A, § 1º).

§ 2º A conduta descrita no *caput* pode ser praticada diretamente pela candidata ou pelo candidato, ou por interposta pessoa, com sua anuência ou ciência.

Art. 14. Configurada a captação ilícita de sufrágio, a candidata ou o candidato será condenada(o), cumulativamente, à multa de R$ 1.064,10 (mil e sessenta e quatro reais e dez centavos) a R$ 53.205,00 (cinquenta e três mil e duzentos e cinco reais) e à cassação do registro ou do diploma.

§ 1º Na dosimetria da multa, o juízo competente considerará a gravidade qualitativa e quantitativa da conduta.

§ 2º A impossibilidade de cassação do registro ou do diploma, em caso de candidata ou candidato não eleita(o), com registro indeferido ou de término do mandato, não afasta o interesse jurídico no prosseguimento da ação para fins de aplicação da multa.

§ 3º As sanções previstas no *caput* aplicam-se àquela(e) que praticar atos de violência ou grave ameaça à pessoa, com o fim de obter-lhe o voto (Lei n. 9.504/1997, art. 41-A, § 2º).

Capítulo V
Das Condutas Vedadas às(aos) Agentes Públicas(os)

Art. 15. São proibidas às agentes e aos agentes públicas(os), servidoras e servidores ou não, as seguintes condutas tendentes a afetar a igualdade de oportunidades entre pessoas candidatas nos pleitos eleitorais (Lei n. 9.504/1997, art. 73, incisos I a VIII):

I – ceder ou usar, em benefício de candidata, candidato, partido político, federação ou coligação, bens móveis ou imóveis pertencentes à Administração Pública direta ou indireta da União, dos Estados, do Distrito Federal, dos Territórios e dos Municípios, ressalvado para a realização de convenção partidária;

II – usar materiais ou serviços, custeados pelos governos ou órgãos legislativos, que excedam as prerrogativas consignadas nos regimentos e nas normas de regência;

III – ceder pessoa servidora pública ou empregada da Administração Pública direta ou indireta federal, estadual ou municipal do Poder Executivo, ou usar de seus serviços para comitês de campanha eleitoral de candidata, candidato, partido político, federação ou coligação, durante o horário de expediente normal, salvo se a pessoa servidora ou empregada estiver em licença;

IV – fazer ou permitir uso promocional, em favor de candidata, candidato, partido político, federação ou coligação, de distribuição gratuita de bens e serviços de natureza social custeados ou subvencionados pelo poder público;

V – nomear, contratar ou, por qualquer forma, admitir, dispensar sem justa causa, suprimir ou readaptar vantagens ou, por outros meios, dificultar ou impedir o exercício funcional e, ainda, de ofício, remover, transferir ou exonerar pessoa servidora pública, na circunscrição do pleito, nos 3 (três) meses que antecedem a eleição até a posse das(os) eleitas(os), sob pena de nulidade de pleno direito, ressalvadas:

a) a nomeação ou exoneração de cargos em comissão e designação ou dispensa de funções de confiança;

b) a nomeação para cargos do Poder Judiciário, do Ministério Público, dos tribunais ou conselhos de contas e dos órgãos da Presidência da República;

c) a nomeação das aprovadas e dos aprovados em concursos públicos homologados até o início daquele prazo;

d) a nomeação ou contratação necessária à instalação ou ao funcionamento inadiável de serviços públicos essenciais, com prévia e expressa autorização da(o) chefe do Poder Executivo; e

e) a transferência ou remoção de ofício de militares, policiais civis e agentes penitenciárias(os).

VI – nos 3 (três) meses que antecedem a eleição até a sua realização:

a) realizar transferência voluntária de recursos da União aos Estados e Municípios e dos Estados aos Municípios, sob pena de nulidade absoluta, ressalvados os recursos destinados a cumprir obrigação formal preexistente para a execução de obra ou serviço em andamento e com cronograma prefixado, e os destinados a atender situações de emergência e de calamidade pública, objetiva e formalmente justificadas;

b) com exceção da propaganda de produtos e serviços que tenham concorrência no mercado, autorizar publicidade institucional de atos, programas, obras, serviços e campanhas dos órgãos públicos ou das respectivas entidades da Administração indireta, salvo em caso de grave e urgente necessidade pública, assim reconhecida pela Justiça Eleitoral; e

c) fazer pronunciamento em cadeia de rádio e de televisão fora do horário eleitoral gratuito, salvo quando, a critério da Justiça Eleitoral, tratar-se de matéria urgente, relevante e característica das funções de governo.

VII – empenhar, no primeiro semestre do ano de eleição, despesas com publicidade dos órgãos públicos federais, estaduais ou municipais, ou das respectivas entidades da Administração indireta, que excedam a 6 (seis) vezes a média mensal dos valores empenhados e não cancelados nos 3 (três) últimos anos que antecedem o pleito;

VIII – fazer, na circunscrição do pleito, revisão geral da remuneração das servidoras públicas e dos servidores públicos que exceda a recomposição da perda de seu poder aquisitivo ao longo do ano da eleição nos 180 (cento e oitenta) dias que antecedem a eleição até a posse das pessoas eleitas; e

IX – no ano em que se realizar eleição, distribuir gratuitamente bens, valores ou benefícios da Administração Pública, exceto nos casos de calamidade pública, estado de emergência ou programas sociais autorizados em lei e já em execução orçamentária no exercício anterior, casos em que o Ministério Público poderá promover o acompanhamento de sua execução financeira e administrativa (Lei n. 9.504/1997, art. 73, § 10).

§ 1º Nos anos eleitorais, os programas sociais de que trata o inciso IX deste artigo não poderão ser executados por entidade vinculada a candidata(o) ou por essa(e) mantida.

§ 2º A publicidade institucional vedada pela alínea c do inciso VI deste artigo é comprovada pela indicação de nomes, slogans, símbolos, expressões, imagens ou outros elementos que permitam identificar autoridades, governos ou administrações cujos cargos estejam em disputa na campanha eleitoral.

§ 3º Três meses antes do pleito, as(os) agentes públicos devem adotar as providências necessárias para adequar o conteúdo dos sítios, canais e demais meios de informação oficial ao disposto no § 2º deste artigo, ainda que a divulgação tenha sido autorizada em momento anterior.

§ 4º Se observado o disposto nos §§ 2º e 3º deste artigo, não configura publicidade institucional vedada a manutenção de sítios e páginas de internet para estrito cumprimento, pelos responsáveis, do previsto no art. 48-A da Lei Complementar n. 101/2000, nos arts. 8º e 10 da Lei n. 12.527/2011 e no § 2º do art. 29 da Lei n. 14.129/2021.

Art. 16. Considera-se agente pública(o), para os efeitos deste capítulo, quem exerce, ainda que transitoriamente ou sem remuneração, por eleição, nomeação, designação, contratação ou qualquer outra forma de investidura ou vínculo, mandato, cargo, emprego ou função nos órgãos ou entidades da Administração Pública direta, indireta ou fundacional (Lei n. 9.504/1997, art. 73, § 1º).

Parágrafo único. As vedações postas nas alíneas *b* e *c* do inciso VI do art. 15 desta Resolução aplicam-se apenas às(aos) agentes públicas(os) dos entes federados cujos cargos estejam em disputa na eleição (Lei n. 9.504/1997, art. 73, § 3º).

Art. 17. A vedação do inciso I do art. 15 desta Resolução não se aplica ao uso, em campanha:

I – de transporte oficial pela(o) presidente da República, obedecido o disposto no art. 18 desta Resolução; e

II – pelas candidatas e pelos candidatos à reeleição aos cargos de presidente e vice-presidente da República, governador e vice-governador e prefeito e vice-prefeito, de suas residências oficiais, com os serviços necessários à sua utilização normal, para realização de contatos, encontros e reuniões relativas exclusivamente à sua campanha, desde que não tenham caráter de ato público (Lei n. 9.504/1997, art. 73, § 2º).

Art. 18. O ressarcimento das despesas com o uso de transporte oficial por ocupante do cargo de presidente da República e por sua comitiva em campanha ou evento eleitoral será de responsabilidade do partido político, da federação ou da coligação a que esteja vinculada (Lei n. 9.504/1997, art. 76, *caput*).

§ 1º O ressarcimento de que trata este artigo terá por base o tipo de transporte usado e a respectiva tarifa de mercado cobrada no trecho correspondente, ressalvado o uso do avião presidencial, cujo ressarcimento corresponderá ao aluguel de 1 (uma) aeronave de propulsão a jato do tipo táxi aéreo (Lei n. 9.504/1997, art. 76, § 1º).

§ 2º Consideram-se integrantes da comitiva de campanha eleitoral todas(os) as(os) acompanhantes que não estiverem em serviço oficial.

§ 3º No transporte da(o) presidente em campanha ou evento eleitoral, excluem-se da obrigação de ressarcimento:

a) as despesas com o transporte das servidoras e dos servidores indispensáveis à sua segurança e ao seu atendimento pessoal, às(aos) quais é vedado desempenhar atividades relacionadas à campanha; e

b) a utilização de equipamentos, veículos e materiais necessários às atividades de segurança e a seu atendimento pessoal, vedado seu emprego para outra finalidade.

§ 4º No prazo de 10 (dez) dias úteis da data de realização da eleição em primeiro ou em segundo turno, se houver, o órgão competente de controle interno procederá, de ofício, à cobrança dos valores devidos nos termos dos §§ 1º e 2º deste artigo (Lei n. 9.504/1997, art. 76, § 2º).

§ 5º A falta de ressarcimento no prazo estipulado importa em imediata comunicação do fato ao Ministério Público pelo órgão de controle interno (Lei n. 9.504/1997, art. 76, § 3º).

§ 6º As pessoas ocupantes dos cargos de vice-presidente da República, governador, vice-governador, prefeito e vice-prefeito não poderão utilizar transporte oficial em campanha eleitoral.

Art. 19 Somente é lícito a ocupante de cargo de presidente da República, governador ou prefeito fazer uso de cômodo da residência oficial para realizar *live*, *podcast* ou outro formato de transmissão eleitoral se, cumulativamente:

I – tratar-se de ambiente neutro, desprovido de símbolos, insígnias, objetos, decoração ou outros elementos associados ao poder público ou ao cargo ocupado;

II – a participação for restrita à pessoa detentora do cargo;

III – o conteúdo divulgado se referir exclusivamente à sua candidatura;

IV – não forem utilizados recursos materiais e serviços públicos nem aproveitados servidoras, servidores, empregadas e empregados da Administração Pública direta ou indireta; e

V – houver o devido registro, na prestação de contas, de todos os gastos efetuados e doações estimáveis relativas à *live*, ao *podcast* ou à transmissão eleitoral, inclusive referentes a recursos e serviços de acessibilidade.

Art. 20. A configuração da conduta vedada prevista neste capítulo acarreta, sem prejuízo de outras sanções de caráter constitucional, cível, penal, administrativo ou disciplinar fixadas pela legislação vigente:

I – a suspensão do ato e de seus efeitos ou a confirmação da decisão liminar que tiver antecipado essa medida;

II – a aplicação de multa no valor de R$ 5.320,50 (cinco mil, trezentos e vinte reais e cinquenta centavos) a R$ 106.410,00 (cento e seis mil, quatrocentos e dez reais) à(ao) agente pública(o) responsável e à candidata, ao candidato, ao partido político, à federação ou à coligação beneficiária(o) da conduta (Lei n. 9.504/1997, art. 73, §§ 4º e 8º);

III – a cassação do registro ou diploma da candidata ou do candidato beneficiária(o) (Lei n. 9.504/1997, art. 73, § 5º); e

IV – a determinação de outras providências próprias à espécie, inclusive para a recomposição do erário se houver desvio de finalidade dos recursos públicos.

§ 1º As condutas de que trata o art. 15 desta Resolução são de configuração objetiva e consumam-se pela prática dos atos descritos, que, por presunção legal, tendem a afetar a isonomia entre as(os) candidatas(os), sendo desnecessário comprovar sua potencialidade lesiva.

§ 2º A multa prevista no inciso II será aplicada de forma proporcional e será duplicada a cada reincidência (Lei n. 9.504/1997, art. 73, § 6º).

§ 3º Para a caracterização da reincidência de que trata o § 2º deste artigo, é suficiente demonstrar a reiteração da conduta depois da ciência da decisão condenatória, dispensando-se a certificação do trânsito em julgado.

§ 4º Na ação proposta para apurar mais de uma conduta vedada, a multa será calculada em relação a cada qual das condutas que forem comprovadas.

§ 5º A cassação do registro ou diploma depende da comprovação de conduta dotada de gravidade qualitativa e quantitativa.

Art. 21. Nos 3 (três) meses que antecedem as eleições, na realização de inaugurações de obras públicas, é vedada a contratação de shows artísticos pagos com recursos públicos (Lei n. 9.504/1997, art. 75).

Parágrafo único. Sem prejuízo da suspensão imediata da conduta, o descumprimento do disposto neste artigo sujeitará a candidata ou o candidato beneficiada(o), agente pública(o) ou não, à cassação do registro ou do diploma (Lei n. 9.504/1997, art. 75, parágrafo único).

Art. 22. É proibido a candidata ou candidato comparecer, nos 3 (três) meses que precedem a eleição, a inaugurações de obras públicas (Lei n. 9.504/1997, art. 77, *caput*).

§ 1º A inobservância do disposto neste artigo sujeitará a infratora ou o infrator à cassação do registro ou do diploma (Lei n. 9.504/1997, art. 77, parágrafo único).

§ 2º A realização de evento assemelhado ou que simule inauguração de obra pública será apurada na forma do art. 6º desta Resolução.

Capítulo VI
Da Disposição Final

Art. 23. Esta Resolução entra em vigor na data de sua publicação oficial.

Brasília, de 27 de fevereiro de 2024.

Ministra Cármen Lúcia – Relatora

RESOLUÇÃO TSE N. 23.736, DE 27 DE FEVEREIRO DE 2024

Dispõe sobre os atos gerais do processo eleitoral para as eleições municipais de 2024.

O Tribunal Superior Eleitoral, no uso das atribuições que lhe conferem o inciso IX do art. 23 do Código Eleitoral e o art. 105 da Lei n. 9.504, de 30 de setembro de 1997,

resolve:

Art. 1º Os atos preparatórios, o fluxo de votação, a apuração, os procedimentos relacionados à totalização, a diplomação e os procedimentos posteriores ao pleito relativos às eleições municipais de 2024 serão regidos pelas disposições desta Resolução.

TÍTULO I
DA PREPARAÇÃO DAS ELEIÇÕES

Capítulo I
Disposições Preliminares

Art. 2º Serão realizadas, simultaneamente, em todo o País, em 6 de outubro de 2024, primeiro turno, e em 27 de outubro de 2024, segundo turno, onde houver, por sufrágio universal e voto direto e secreto, eleições para os cargos de prefeito, vice-prefeito e vereador (Constituição Federal, arts. 14, *caput*, e 29, I e II; Código Eleitoral, art. 82; Lei n. 9.504/1997, art. 1º, parágrafo único, II, e art. 3º).

Art. 3º Poderão ser realizadas, simultaneamente com as eleições municipais, as consultas populares sobre questões locais aprovadas pelas câmaras municipais e encaminhadas à Justiça Eleitoral até 90 (noventa) dias antes da data das eleições, observados os limites operacionais relativos ao número de quesitos (Constituição Federal, art. 14, § 12).

Art. 4º Nas eleições de 2024, poderão votar eleitoras e eleitores regularmente inscritas(os) até 8 de maio de 2024 (Lei n. 9.504/1997, art. 91, *caput*).

Capítulo II
Dos Sistemas Informatizados para as Eleições

Art. 5º Nas eleições, serão utilizados, exclusivamente, os sistemas informatizados desenvolvidos pelo Tribunal Superior Eleitoral (TSE), sob sua encomenda ou por este autorizados.

§ 1º O sistema eletrônico de votação será utilizado, exclusivamente, nas urnas eletrônicas da Justiça Eleitoral.

§ 2º Os sistemas de que trata o *caput* serão utilizados, exclusivamente, em equipamentos de posse da Justiça Eleitoral, observadas as especificações técnicas definidas pelo Tribunal Superior Eleitoral, à exceção:

I – dos sistemas eleitorais disponibilizados ao público externo;

II – do Transportador Web, sistema específico para transmissão de arquivos da urna pela internet; e

III – do JE-Connect, sistema de conexão segura para transmissão de arquivos, nos termos do § 1º do art. 198 desta Resolução.

§ 3º É vedada a utilização, pelos órgãos da Justiça Eleitoral, de qualquer outro sistema em substituição ou com finalidade análoga aos desenvolvidos ou autorizados pelo Tribunal Superior Eleitoral.

Art. 6º A oficialização dos sistemas eleitorais observará cronograma técnico definido pelo Tribunal Superior Eleitoral e será realizada, em cada circunscrição, pela autoridade eleitoral ou por servidora ou servidor a quem for delegada a atribuição, utilizando-se código de acesso individualizado.

§ 1º A oficialização consiste em etapa técnica a partir da qual o sistema somente admite o tráfego de arquivos assinados por outros sistemas já oficializados.

§ 2º Não se exigirá formalidade ou solenidade para a oficialização dos sistemas de que trata esta Resolução.

Capítulo III
Da Preparação para a Votação

Seção I
Das Mesas Receptoras de Votos e de Justificativa e do Apoio Logístico

Art. 7º Cada seção eleitoral corresponde a uma Mesa Receptora de Votos (MRV), salvo hipótese de agregação (Código Eleitoral, art. 119).

§ 1º Os tribunais regionais eleitorais poderão determinar a agregação de seções eleitorais visando à racionalização dos trabalhos eleitorais, desde que isso não importe em prejuízo ao exercício do voto.

§ 2º O disposto no § 1º deste artigo deverá obedecer ao limite máximo de 20 (vinte) seções eleitorais por agregação.

Art. 8º Os tribunais regionais eleitorais poderão determinar, a critério, a criação de Mesas Receptoras de Justificativa (MRJ) exclusivas para o recebimento dos formulários de Requerimento de Justificativa Eleitoral (RJE) no dia da votação.

§ 1º Nas Mesas Receptoras de Justificativa criadas exclusivamente para essa finalidade não serão instaladas urnas eletrônicas.

§ 2º Não serão instaladas Mesas Receptoras de Justificativa no exterior.

Art. 9º No segundo turno, é obrigatória a instalação de pelo menos uma Mesa Receptora de Justificativa:

I – nos Municípios com mais de 200.000 (duzentos mil) eleitoras e eleitores em que não houver votação; e

II – nos Municípios entre 100.000 (cem mil) e 200.000 (duzentos mil) eleitoras e eleitores.

Parágrafo único. Fica facultada a instalação de Mesas Receptoras de Justificativa nos Municípios não abrangidos pelos incisos I e II do *caput* deste artigo.

Art. 10. Constituirão as Mesas Receptoras de Votos (MRV) e as de Justificativa (Código Eleitoral, art. 120, *caput*):

I – 1 (uma/um) presidente;

II – 1 (uma/um) primeira mesária ou primeiro mesário;

III – 1 (uma/um) segunda mesária ou segundo mesário; e

IV – 1 (uma/um) secretária ou secretário.

Parágrafo único. Os tribunais regionais eleitorais poderão reduzir a composição das Mesas Receptoras de Justificativa para até 2 (duas/dois) integrantes, caso considerem esse quantitativo suficiente.

Art. 11. É facultada a nomeação de eleitoras ou eleitores para prestar apoio logístico nos locais de votação e nas atividades necessárias à organização dos trabalhos eleitorais nos cartórios eleitorais, bem como para atuar nos testes de integridade previstos no inciso I do art. 53 da Res.-TSE n. 23.673/2021, pelo período máximo de:

I – 6 (seis) dias, nos Municípios com até 200.000 (duzentos mil) eleitoras e eleitores; e

II – 10 (dez) dias, distribuídos nos dois turnos, nos Municípios com mais de 200.000 (duzentos mil) eleitoras e eleitores.

§ 1º A juíza ou o juiz eleitoral deve atribuir a uma das pessoas nomeadas para prestar apoio logístico no local de votação a função de "coordenador de acessibilidade", com incumbência de verificar se as condições de acessibilidade estão adequadas, adotar as medidas possíveis para aperfeiçoá-las e, no dia da eleição, orientar e atender as pessoas com deficiência ou com mobilidade reduzida.

§ 2º Não se incluem na categoria de apoio logístico:

I – as escrutinadoras, os escrutinadores e as(os) componentes da junta eleitoral; e

II – pessoas convocadas por órgãos ou entidades diversos da Justiça Eleitoral para executar tarefas nos prédios onde funcionem locais de votação, cartórios e juntas eleitorais, nos espaços públicos ou em seu entorno.

Art. 12. Não poderão ser nomeadas(os) para compor as mesas receptoras nem para atuar no apoio logístico (Código Eleitoral, art. 120, § 1º, I a IV; Lei n. 9.504/1997, art. 63, § 2º):

I – candidatas, candidatos e respectivas(os) parentes, ainda que por afinidade, até o segundo grau, inclusive, e o cônjuge;

II – integrantes de diretórios de partido político ou federação que exerçam função executiva;

III – autoridades públicas;

IV – agentes policiais;

V – ocupantes de cargos de confiança no Poder Executivo;

VI – pessoas pertencentes ao serviço eleitoral; e

VII – eleitoras e eleitores menores de 18 (dezoito) anos.

§ 1º Servidoras e servidores da Justiça Eleitoral poderão atuar nas Mesas Receptoras de Justificativa, mas não usufruirão das prerrogativas que constam do art. 16 desta Resolução.

§ 2º A vedação do inciso IV do *caput* deste artigo impede a nomeação de agentes policiais civis e militares, de agentes penitenciárias(os) e de escolta e de integrantes das guardas municipais como mesárias ou mesários das Mesas Receptoras instaladas nos estabelecimentos penais e nas unidades de internação de adolescentes.

§ 3º Não podem integrar a mesma Mesa Receptora de Votos pessoas que sejam parentes em qualquer grau e servidoras ou servidores da mesma repartição pública ou de empresa privada (Lei n. 9.504/1997, art. 64).

§ 4º Para os fins do § 3º deste artigo, são consideradas repartições distintas:

I – as unidades diversas do mesmo ministério, secretaria de Estado, secretaria de Município, autarquia ou fundação pública de qualquer ente federado, sociedade de economia mista ou empresa pública; e

II – cartórios judiciais e extrajudiciais diferentes.

Art. 13. As(Os) componentes das mesas receptoras serão nomeadas(os), de preferência, entre eleitoras ou eleitores do mesmo local de votação, com prioridade para as pessoas voluntárias, observando-se, quanto ao mais, o § 2º do art. 120 do Código Eleitoral.

§ 1º A convocação para os trabalhos eleitorais será dirigida a eleitoras e eleitores pertencentes à zona eleitoral da autoridade judiciária convocadora, excepcionadas as situações de absoluta necessidade e mediante autorização do juízo da inscrição eleitoral, ainda que se trate de pessoa voluntária (Res.-TSE n. 22.098/2005).

§ 2º A inobservância dos pressupostos descritos no § 1º deste artigo impede a imposição de multa pelo não comparecimento aos trabalhos eleitorais (Res.-TSE n. 22.098/2005).

§ 3º As Mesas Receptoras de Votos instaladas em estabelecimentos penais e em unidades de internação de adolescentes serão formadas, preferencialmente, por:

I – servidoras e servidores dos órgãos de administração penitenciária dos Estados, da Secretaria de Justiça, Cidadania e Direitos Humanos ou análoga, da Secretaria de Defesa Social ou análoga, da Secretaria de Assistência Social ou análoga, do Ministério Público Federal, dos Ministérios Públicos dos Estados, da Defensoria Pública da União, das Defensorias Públicas dos Estados e das secretarias e órgãos responsáveis pelo sistema socioeducativo da infância e da juventude nos Estados;

II – funcionárias e funcionários dos órgãos da Ordem dos Advogados do Brasil; ou

III – cidadãs e cidadãos indicadas(os) pelos órgãos citados nas alíneas I e II deste parágrafo, conforme sistemática prevista no inciso V do parágrafo único do art. 48 desta Resolução.

§ 4º A composição das mesas receptoras a serem instaladas em aldeias indígenas, comunidades remanescentes de quilombos e comunidades tradicionais deve priorizar pessoas pertencentes a esses grupos (Res.-TSE n. 23.659/2021, art. 13, *caput* e § 6º).

Art. 14. Entre 9 de julho e 7 de agosto de 2024, a juíza ou o juiz eleitoral publicará edital com os nomes das eleitoras e dos eleitores que constituirão as Mesas Receptoras de Votos e de Justificativa e das pessoas que atuarão como apoio logístico, inclusive as nomeadas para os testes de integridade previstos no inciso I do art. 53 da Res.-TSE n. 23.673/2021, e fixará os dias, horários e lugares em que prestarão seus serviços, intimando-as(os) pelo meio que considerar necessário (Código Eleitoral, art. 120, *caput*).

§ 1º As Mesas Receptoras de Votos das seções instaladas em estabelecimentos penais e em unidades de internação de adolescentes poderão ser nomeadas até 30 de agosto de 2024.

§ 2º As eleitoras e os eleitores nomeadas(os) para as mesas mencionadas no *caput* e no § 1º poderão apresentar recusa justificada à nomeação em até 5 (cinco) dias, a contar da publicação do edital, ressalvado fato superveniente que venha a impedir o trabalho, cabendo à juíza ou ao juiz eleitoral apreciar os motivos apresentados (Código Eleitoral, art. 120, § 4º).

§ 3º Substituída pessoa integrante de Mesa Receptora de Votos ou de Justificativa ou nomeada para atuar como apoio logístico, a juíza ou o juiz eleitoral deverá proceder à imediata publicação do edital de substituição.

§ 4º Os tribunais regionais eleitorais estabelecerão a forma de publicação dos editais mencionados neste artigo, devendo-se priorizar o Diário da Justiça eletrônico (*DJe*) (Código Eleitoral, art. 120, § 3º).

§ 5º Qualquer partido político ou federação poderá apresentar à juíza ou ao juiz eleitoral reclamação contra a composição da Mesa Receptora de Votos e de Justificativa e contra a nomeação para o apoio logístico no prazo de 5 (cinco) dias da publicação do edital respectivo, devendo a decisão ser proferida em até 2 (dois) dias (Lei n. 9.504/1997, art. 63, *caput*).

§ 6º Da decisão da juíza ou do juiz eleitoral, caberá recurso para o tribunal regional eleitoral, interposto em até 3 (três) dias, devendo, em igual prazo, ser resolvido (Código Eleitoral, art. 121, § 1º; Lei n. 9.504/1997, art. 63,§ 1º).

§ 7º Se os impedimentos previstos nos incisos I a V do *caput* do art. 12 desta Resolução decorrerem de fato superveniente à nomeação de componentes de mesas receptoras e de pessoas para atuar no apoio logístico, o prazo para reclamação será contado, conforme o caso, da publicação do edital do pedido de registro da candidatura, da eleição para o órgão executivo de partido político ou federação ou da nomeação no cargo (Código Eleitoral, art. 121, § 2º).

§ 8º O partido político ou a federação que não reclamar contra as nomeações das pessoas que constituirão as mesas receptoras e das que atuarão como apoio logístico não poderá arguir, sob esse fundamento, a nulidade da seção respectiva (Código Eleitoral, art. 121, § 3º).

§ 9º A pessoa nomeada para apoio logístico que não comparecer aos locais e nos dias marcados para as atividades, inclusive ao treinamento, deverá apresentar justificativa à juíza ou ao juiz em até 5 (cinco) dias.

§ 10. Havendo agregação de seções, o cartório eleitoral deverá informar à mesária ou ao mesário nomeada(o) sobre a sua dispensa.

Art. 15. A juíza ou o juiz eleitoral, ou quem esta(e) designar, deverá instruir as mesárias, os mesários e as pessoas nomeadas para apoio logístico sobre o processo de votação e de justificativa.

§ 1º A instrução a que se refere o *caput* deste artigo poderá ser aplicada por meio de treinamento presencial ou a distância, utilizando-se de ferramentas tecnológicas de capacitação, síncronas ou assíncronas.

§ 2º Os dias de treinamento das pessoas nomeadas para apoio logístico não serão considerados para aferir os limites previstos nos incisos do *caput* do art. 11 desta Resolução.

§ 3º A capacitação de mesárias e mesários que atuarão nas seções instaladas em aldeias indígenas, em comunidades remanescentes de quilombos e nas comunidades tradicionais deverá incluir orientações compatíveis com as especificidades socioculturais desses povos, observados o art. 5ª da Res.-CNJ n. 454/2022 e o art. 13 da Res.-TSE n. 23.659/2021.

Art. 16. As eleitoras e os eleitores nomeadas(os) para compor as juntas eleitorais e as Mesas Receptoras de Votos e de Justificativa e para atuar como apoio logístico e as(os) demais auxiliares convocadas(os) pelo juízo eleitoral para os trabalhos eleitorais serão dispensadas(os) do serviço nos dias de atuação, inclusive no dia em que participarem do treinamento presencial ou virtual síncrono (Lei n. 9.504/1997, art. 98).

§ 1º A cada dia de convocação serão concedidos 2 (dois) dias de folga, sem prejuízo de salário, vencimento ou outra vantagem (Lei n. 9.504/1997, art. 98).

§ 2º A conclusão do treinamento presencial ou a distância será considerada como 1 (um) dia de convocação, vedada a cumulação de dias de folga em virtude de participação em mais de uma modalidade.

§ 3º Para os fins deste artigo, a comprovação do atendimento à convocação para os trabalhos eleitorais será feita por:

I – certidão expedida pelo tribunal regional eleitoral, pela juíza ou pelo juiz eleitoral ou por pessoa designada pela respectiva autoridade; ou

II – pela Declaração de Trabalhos Eleitorais (DTE), disponível no sítio eletrônico do Tribunal Superior Eleitoral e no aplicativo e-Título.

§ 4º Da certidão e da Declaração de Trabalhos Eleitorais mencionadas no § 3º constarão:

I – os dados da eleitora ou do eleitor;

II – a função, o pleito e o turno para o qual foi nomeada(o);

III – os dias em que efetivamente compareceu;

IV – as atividades preparatórias e a conclusão do treinamento, com a indicação da modalidade, se presencial ou a distância; e

V – o total de dias de folga a que tem direito.

Seção II
Dos Locais de Votação e de Justificativa

Art. 17. Os locais designados para o funcionamento das Mesas Receptoras de Votos e de Justificativa serão publicados, por edital, até 7 de agosto de 2024 (Código Eleitoral, art. 135).

§ 1º Os tribunais regionais eleitorais estabelecerão a forma de publicação dos editais, devendo-se priorizar o Diário da Justiça eletrônico (*DJe*).

§ 2º A publicação deverá conter as seções, inclusive as agregadas, com a numeração ordinal e o local em que deverão funcionar, assim como a indicação da rua, do número e de qualquer outro elemento que facilite a sua localização (Código Eleitoral, art. 135, § 1º).

§ 3º Da designação dos locais de votação, qualquer partido político ou federação poderá reclamar à juíza ou ao juiz eleitoral, no prazo de 3 (três) dias a contar da publicação, devendo a decisão ser proferida em até 2 (dois) dias (Código Eleitoral, art. 135, § 7º).

§ 4º Da decisão da juíza ou do juiz eleitoral, caberá recurso ao tribunal regional eleitoral, interposto dentro de 3 (três) dias, devendo, no mesmo prazo, ser resolvido (Código Eleitoral, art. 135, § 8º).

§ 5º Esgotados os prazos mencionados nos §§ 3º e 4º deste artigo, não mais poderá ser alegada, no processo eleitoral, a proibição contida no § 4º do art. 18 desta Resolução (Código Eleitoral, art. 135, § 9º).

Art. 18. Antes da publicação dos locais designados para o funcionamento das mesas receptoras de que trata o art. 17 desta Resolução, as juízas e os juízes deverão comunicar às chefias das repartições públicas, às proprietárias, aos proprietários, às arrendatárias, aos arrendatários, às administradoras e aos administradores das propriedades particulares a determinação de que os respectivos edifícios, ou parte deles, deverão ser utilizados para votação (Código Eleitoral, art. 137).

§ 1º Será dada preferência aos edifícios públicos, recorrendo-se aos particulares se faltarem aqueles em número e condições adequadas (Código Eleitoral, art. 135, § 2º).

§ 2º Em estabelecimentos hospitalares ou ambulatoriais, asilos e casas de repouso é vedada a instalação de seções eleitorais nos espaços destinados a tratamentos de saúde ou que tenham restrição à circulação de pessoas.

§ 3º É expressamente vedado o uso de propriedade pertencente a candidata ou candidato, a integrante de diretório de partido político ou de federação, a delegada ou delegado de partido político ou de federação, a autoridade policial ou a suas(seus) respectivas(os) cônjuges e parentes, consanguíneas(os) ou afins, até o segundo grau, inclusive (Código Eleitoral, art. 135, § 4º).

§ 4º Não poderão ser estabelecidas seções eleitorais em fazenda, sítio ou qualquer propriedade rural privada, mesmo existindo prédio público no local (Código Eleitoral, art. 135, § 5º).

§ 5º A propriedade particular deverá ser obrigatória e gratuitamente cedida para esse fim, ficando à disposição nos dias e horários requeridos pela Justiça Eleitoral, não podendo ser negado acesso às suas dependências (Código Eleitoral, art. 135, § 3º).

§ 6º Será assegurado o ressarcimento ou a restauração do bem em caso de eventuais danos decorrentes do uso dos locais de votação.

§ 7º Os tribunais regionais eleitorais expedirão instruções às juízas e aos juízes eleitorais para orientá-las(os) a escolher locais de votação que garantam acessibilidade às pessoas com deficiência ou com mobilidade reduzida, com atenção à existência de banheiros e bebedouros funcionais, às demais características do imóvel, ao seu entorno e aos sistemas de transporte que lhes dão acesso (Código Eleitoral, art. 135, § 6º-A; Res.-TSE n. 23.381/2012, art. 3º, I).

§ 8º Os juízos eleitorais deverão, na medida do possível (Res.-TSE n. 23.381/2012, art. 3º):

I – alocar em espaço livre de barreiras arquitetônicas, preferencialmente em pavimento térreo, as seções eleitorais que tenham pessoas com deficiência ou com mobilidade reduzida;

II – determinar a liberação do acesso da pessoa idosa, com deficiência ou com mobilidade reduzida aos estacionamentos dos locais de votação ou a reserva de vagas próximas; e

III – eliminar obstáculos dentro das seções eleitorais que impeçam ou dificultem o exercício do voto pelas pessoas idosas, com deficiência ou com mobilidade reduzida.

Art. 19. Os tribunais regionais eleitorais, nas capitais, e as juízas e os juízes eleitorais, nas demais zonas, farão ampla divulgação da localização das seções eleitorais (Código Eleitoral, art. 15, § 6º).

Art. 20. No local destinado à votação, a Mesa Receptora deverá ser instalada em recinto separado do público, devendo a urna estar na cabina de votação, posicionada de forma a garantir o sigilo do voto, assegurando que apenas a eleitora ou o eleitor tenha acesso ao visor da urna eletrônica (Código Eleitoral, art. 138).

§ 1º O posicionamento da urna na cabina de votação, além do disposto no *caput*, deverá ser feito de modo a permitir a livre movimentação da pessoa na seção eleitoral.

§ 2º A juíza ou o juiz eleitoral deverá providenciar para que, nos edifícios escolhidos, sejam feitas as necessárias adaptações para atender ao disposto no *caput* e no § 1º deste artigo (Código Eleitoral, art. 138, parágrafo único).

§ 3º É vedada a afixação de lista com nome de eleitoras e eleitores ou número da inscrição eleitoral nas dependências de seção eleitoral ou no local de votação.

Seção III
Do Transporte de Eleitoras e Eleitores no Dia da Votação

Art. 21. É vedado às candidatas e aos candidatos, aos órgãos partidários, às federações ou a qualquer pessoa o fornecimento de transporte ou refeições a eleitoras ou eleitores no dia da votação (Lei n. 6.091/1974, art. 10).

Parágrafo único. É lícita a distribuição de refeições ou o pagamento de valor correspondente:

I – pela Justiça Eleitoral, às mesárias, aos mesários e às pessoas que atuam como apoio logístico; e

II – pelos partidos e federações, às(aos) fiscais cadastradas(os) para trabalhar no dia da eleição.

Art. 22. É facultado aos partidos políticos e às federações exercer fiscalização nos locais onde houver transporte de eleitoras e eleitores (Lei n. 6.091/1974, art. 9º).

Art. 23. Nenhum veículo ou embarcação poderá fazer transporte de eleitoras e eleitores desde o dia anterior até o posterior à eleição, salvo se (Lei n. 6.091/1974, art. 5º):

I – a serviço da Justiça Eleitoral;

II – coletivos de linhas regulares e não fretados;

III – de uso individual da proprietária ou do proprietário, para o exercício do próprio voto e de sua família; ou

IV – serviço de transporte público ou privado como táxi, aplicativos de transporte e assemelhados.

Art. 24. O poder público adotará as providências necessárias para assegurar, nos dias de votação, a oferta gratuita de transporte coletivo urbano municipal e intermunicipal, inclusive o metropolitano, com frequência compatível com aquela dos dias úteis (Supremo Tribunal Federal, ADPF n. 1.013/DF).

§ 1º Para atender ao disposto no *caput* deste artigo, poderão ser adotadas as seguintes providências:

I – criação de linhas especiais para regiões mais distantes dos locais de votação;

II – utilização de veículos públicos disponíveis; e

III – requisição de veículos adaptados para o transporte coletivo, como ônibus escolares, dando-se preferência, sempre que possível, à requisição de veículos de transporte coletivo adaptados para pessoas com deficiência ou com mobilidade reduzida.

§ 2º O uso de disponibilidade orçamentária dos entes federados para o custeio de transporte público coletivo no dia das eleições não configura descumprimento de metas de resultados fiscais, criação ou expansão de despesas e concessão dos subsídios mencionados nos arts. 9º, 15, 16 e 26 da Lei Complementar n. 101/ 2000(Lei de Responsabilidade Fiscal – LRF).

§ 3º A oferta de transporte a que se refere este artigo será feita sem distinção de qualquer natureza entre eleitoras e eleitores e sem veiculação de propaganda partidária ou eleitoral.

§ 4º O poder público informará ao juízo eleitoral, até 17 de agosto de 2024, os itinerários, modalidades de transporte e horários que irá ofertar gratuitamente nos dias de votação, nos termos do *caput* deste artigo.

§ 5º A redução do serviço público de transporte habitualmente ofertado no dia das eleições é passível de configurar os crimes eleitorais previstos nos arts. 297 e 304 do Código Eleitoral.

Art. 25. O transporte de eleitoras e eleitores realizado pela Justiça Eleitoral somente será feito nos limites territoriais do respectivo Município e quando, das zonas rurais para os locais de votação, distar pelo menos 2 (dois) quilômetros (Lei n. 6.091/1974, art. 4º, § 1º).

Parágrafo único. É assegurado, nos termos desta Resolução, o fornecimento de transporte para viabilizar o exercício do voto pela população de aldeias indígenas, de comunidades remanescentes de quilombos e de comunidades tradicionais.

Art. 26. Em caso de necessidade, o juízo eleitoral providenciará, até 6 de setembro de 2024, a instalação de Comissão Especial de Transporte, composta de eleitoras e eleitores indicadas(os) pelos partidos políticos e federações, para colaborar com a organização do transporte no Município sob sua jurisdição que se enquadrar no disposto no art. 25 desta Resolução (Lei n. 6.091/1974, art. 14; Res.-TSE n. 9.641/1974, art. 13).

§ 1º Até 27 de agosto de 2024, os partidos políticos e as federações poderão indicar à juíza ou ao juiz eleitoral até 3 (três) pessoas para compor a comissão mencionada no *caput* deste artigo, vedada a participação de candidatas ou candidatos (Lei n. 6.091/1974, arts. 14, § 1º, e 15; Res.-TSE n. 9.641/1974, art. 13, §§ 1º e 3º).

§ 2º No Município em que não houver indicação dos partidos políticos ou das federações, ou em que houver somente uma indicação, a juíza ou o juiz eleitoral designará ou completará a Comissão Especial de Transporte com eleitoras ou eleitores que não pertençam a alguma agremiação partidária (Res.-TSE n. 9.641/1974, art. 13, § 5º).

Art. 27. Para efeito da execução do disposto nesta seção, onde houver mais de uma zona eleitoral no mesmo Município, cada uma equivalerá a um Município (Res.-TSE n. 9.641/1974, art. 14).

Art. 28. Os veículos e as embarcações de uso da União, dos Estados e dos Municípios e de suas respectivas autarquias e sociedades de economia mista, excluídos os de uso militar, ficarão à disposição da Justiça Eleitoral, abastecidos e tripulados, para o transporte gratuito de eleitoras e eleitores residentes em zonas rurais, aldeias indígenas, comunidades remanescentes de quilombos e comunidades tradicionais para os respectivos locais de votação (Lei n. 6.091/1974, art. 1º; Res.-TSE n. 23.659/2021, art. 13).

Parágrafo único. Excetuam-se do disposto neste artigo os veículos e as embarcações em número justificadamente indispensável ao funcionamento de serviço público insusceptível de interrupção (Lei n. 6.091/1974, art. 1º, § 1º).

Art. 29. Até 17 de agosto de 2024, as pessoas responsáveis por repartições, órgãos e unidades dos serviços públicos federal, estadual e municipal oficiarão ao juízo eleitoral correspondente, informando o número, a espécie e a lotação dos veículos e embarcações de que trata o art. 28 desta Resolução, justificando, se for o caso, a ocorrência da exceção prevista no parágrafo único do mesmo artigo (Lei n. 6.091/1974, art. 3º).

§ 1º A juíza ou o juiz eleitoral, à vista das informações recebidas, planejará a execução do serviço de transporte de eleitoras e eleitores e requisitará às pessoas responsáveis pelas repartições, órgãos ou unidades, até 6 de setembro de 2024, os veículos e embarcações necessários (Lei n. 6.091/1974, art. 3º, § 2º).

§ 2º Até 21 de setembro de 2024, a juíza ou o juiz eleitoral, se necessário, requisitará servidoras, servidores e instalações dos órgãos da Administração Pública direta ou indireta da União, dos Estados e dos Municípios para possibilitar a execução dos serviços de transporte para o primeiro e eventual segundo turno de votação (Lei n. 6.091/1974, art. 1º, § 2º).

§ 3º Os veículos e embarcações à disposição da Justiça Eleitoral deverão, por comunicação expressa, estar em condições de serem utilizados, pelo menos, 24 (vinte e quatro) horas antes da data planejada para uso e circularão exibindo, de modo visível, a mensagem: "A serviço da Justiça Eleitoral" (Lei n. 6.091/1974, art. 3º, § 1º).

Art. 30. A juíza ou o juiz eleitoral divulgará, em 21 de setembro de 2024, o quadro geral de percursos e horários programados para o transporte de eleitoras e eleitores, para ambos os turnos, dando conhecimento aos partidos políticos e às federações (Lei n. 6.091/1974, art. 4º).

§ 1º Quando a zona eleitoral se constituir de mais de um Município, haverá um quadro para cada qual (Lei n. 6.091/1974, art. 4º, § 1º).

§ 2º Os partidos políticos, as federações, as candidatas, os candidatos, as eleitoras ou os eleitores poderão oferecer reclamações em até 3 (três) dias, contados da divulgação do quadro (Lei n. 6.091/1974, art. 4º, § 2º).

§ 3º As reclamações serão apreciadas nos 3 (três) dias subsequentes, delas cabendo recurso sem efeito suspensivo (Lei n. 6.091/1974, art. 4º, § 3º).

§ 4º Decididas as reclamações, a juíza ou o juiz eleitoral divulgará, pelos meios disponíveis, o quadro definitivo (Lei n. 6.091/1974, art. 4º, § 4º).

Capítulo IV
Da Transferência Temporária de Eleitoras e Eleitores

Seção I
Da Sistemática para a Transferência Temporária de Eleitoras e Eleitores

Art. 31. Poderão requerer transferência temporária para votar em outra seção eleitoral, no primeiro turno, no segundo turno ou em ambos, as eleitoras e eleitores que se enquadram nas seguintes situações:

I – presas e presos provisórias(os) e adolescentes em unidades de internação;

II – militares, agentes de segurança pública e guardas municipais em serviço no dia da eleição;

III – pessoas com deficiência ou com mobilidade reduzida;

IV – indígenas, quilombolas, integrantes de comunidades tradicionais e residentes de assentamentos rurais (Res.-TSE n. 23.659/2021, art. 13, §§ 5º e 6º);

V – mesárias e mesários e pessoas convocadas para apoio logístico, incluídas aquelas nomeadas para atuarem nos testes de integridade das urnas eletrônicas;

VI – juízas e juízes eleitorais, juízas e juízes auxiliares, servidoras e servidores da Justiça Eleitoral e promotoras e promotores eleitorais em serviço no dia das eleições; e

VII – agentes penitenciárias(os), policiais penais e servidoras e servidores de estabelecimentos penais e de unidades de internação de adolescentes custodiadas(os) nos quais haverá instalação de seções eleitorais.

Parágrafo único. A transferência temporária das eleitoras e dos eleitores mencionadas(os) neste artigo somente estará disponível para seções eleitorais pertencentes ao mesmo Município de sua inscrição eleitoral.

Art. 32. A transferência temporária das eleitoras e dos eleitores, nos termos desta Resolução, deverá ser requerida no período de 22 de julho a 22 de agosto de 2024, na forma estabelecida neste capítulo, sendo possível, no mesmo período, alterar ou cancelar a transferência. Parágrafo único. Excepcionalmente, as pessoas mencionadas nos incisos V e VII do art. 31 poderão solicitar, alterar ou cancelar a transferência temporária de seção até 30 de agosto de 2024.

Art. 33. A habilitação para votar em seção distinta da de origem somente será admitida para eleitoras e eleitores que estiverem com situação regular no Cadastro Eleitoral.

Art. 34. Os locais de votação com vagas disponíveis para a transferência temporária das eleitoras e dos eleitores, de acordo com sua modalidade, podem ser consultados nas páginas da internet dos respectivos tribunais regionais eleitorais e na do Tribunal Superior Eleitoral a partir de 21 de julho de 2024.

Art. 35 A consulta ao local onde a eleitora ou o eleitor votará poderá ser realizada a partir de 3 de setembro de 2024, pelo e-Título ou pela página de internet dos respectivos tribunais regionais eleitorais e do Tribunal Superior Eleitoral.

Art. 36. A eleitora ou o eleitor transferida(o) temporariamente estará desabilitada(o) para votar na sua seção de origem e habilitada(o) na seção do local a ela ou ele destinada(o) no momento do processamento da habilitação.

Art. 37. É vedada a criação de seções eleitorais exclusivas em qualquer local e sobre qualquer pretexto para a transferência das eleitoras e dos eleitores a que se refere este capítulo, com exceção das pessoas referidas no inciso I, ainda que temporárias.

Art. 38. Havendo agregação de seções, o cartório eleitoral deverá informar à mesária ou ao mesário nomeada(o) sobre a sua dispensa e sobre a faculdade de desfazer a transferência temporária eventualmente requerida, observado o prazo do parágrafo único do art. 32 desta Resolução.

Parágrafo único. Se a seção agregada estiver alocada em estabelecimento penal ou de internação de adolescentes, as(os) agentes penitenciárias(os), as servidoras e os servidores desses estabelecimentos deverão ser igualmente comunicadas(os) que deverão votar em suas seções de origem, caso tenham solicitado a transferência temporária.

Art. 39. O Tribunal Superior Eleitoral poderá desenvolver ferramenta para requerimento virtual de transferência temporária, garantida a identificação inequívoca da(o) requerente, vedado o uso de outros aplicativos, nos termos do § 3º do art. 5º desta Resolução.

Art. 40. As prerrogativas da transferência temporária de que trata este capítulo são aplicáveis na renovação das eleições municipais que forem marcadas, em todas as modalidades cabíveis constantes do art. 31.

Art. 41. Às(Aos) eleitoras(es) que estejam no exterior não será possível solicitar a transferência temporária nas sedes consulares e nas embaixadas.

Seção II
Da Transferência Temporária das Presas e dos Presos Provisórias(os) e das(os) Adolescentes em Unidades de Internação

Art. 42. As juízas e os juízes eleitorais, sob a coordenação dos tribunais regionais eleitorais, deverão disponibilizar seções nos estabelecimentos penais e nas unidades de internação tratadas pelo Estatuto da Criança e do Adolescente (ECA), para que as presas e os presos provisórias(os) e as(os) adolescentes custodiadas(os) em unidades de internação tenham assegurado o direito constitucional ao voto (Res.-TSE n. 23.659/2021, art. 12, parágrafo único).

Parágrafo único. Para efeito desta Resolução, consideram-se:

I – presas ou presos provisórias(os): pessoas recolhidas em estabelecimentos penais sem condenação criminal transitada em julgado;

II – adolescentes custodiadas(os) em ambiente de internação: as(os) maiores de 16 (dezesseis) e menores de 21 (vinte e um) anos submetidas(os) a medida socioeducativa de internação ou a internação provisória, nos termos da Lei n. 8.069, de 13 de julho de 1990, que dispõe sobre o ECA;

III – estabelecimentos penais: todas as instalações e os estabelecimentos onde haja presas e presos provisórias(os); e

IV – unidades de internação: todas as instalações e unidades onde haja adolescentes custodiadas(os) em ambiente de internação.

Art. 43. As presas e os presos provisórias(os) e as(os) adolescentes custodiadas(os) que não possuírem inscrição eleitoral regular no Município onde funcionará a seção, deverão, para votar, alistar-se ou regularizar a situação de sua inscrição, mediante revisão ou transferência, até 8 de maio de 2024 (Lei n. 9.504/1997, art. 91, *caput*; Res.-TSE n. 23.659/2021, art. 12, parágrafo único).

§ 1º Para a transferência mencionada no *caput* deste artigo são dispensadas a comprovação do tempo de domicílio eleitoral e a observância do prazo mínimo para transferência de inscrição.

§ 2º As novas inscrições ou eventuais transferências ficarão vinculadas à zona eleitoral cuja circunscrição abranja o estabelecimento em que estejam as presas e os presos provisórias(os) e as(os) adolescentes internadas(os).

§ 3º Os serviços eleitorais mencionados no *caput* deste artigo serão realizados remota ou presencialmente nos estabelecimentos em que estejam as presas e os presos provisórias(os) e as(os) adolescentes custodiadas(os), por procedimentos operacionais e de segurança adequados à realidade de cada local, definidos em comum acordo entre a juíza ou o juiz eleitoral e as administradoras ou os administradores dos referidos estabelecimentos.

Art. 44. A seção eleitoral destinada à recepção do voto nos estabelecimentos penais e nas unidades de internação de adolescentes deverá conter, no mínimo, 20 (vinte) eleitoras e eleitores aptas(os) a votar.

§ 1º No cômputo do quantitativo de votantes nas seções a que se refere o *caput*, incluem-se as(os) agentes penitenciárias(os), as(os) policiais penais e as servidoras e os servidores dos respectivos estabelecimentos que optarem por votar no local de trabalho, além das mesárias e dos mesários já transferidos para a respectiva seção.

§ 2º Se o número de eleitoras e eleitores não atingir o mínimo previsto no *caput* deste artigo e não for possível agregar a seção a outra do mesmo local, a seção será cancelada e as mesárias e os mesários serão imediatamente comunicadas(os) sobre a dispensa.

§ 3º Na hipótese do § 2º deste artigo, as mesárias, os mesários, as(os) agentes penitenciárias(os), as polícias penais e as servidoras e os servidores dos respectivos estabelecimentos que tenham requerido a transferência temporária para a seção cancelada, deverão ser comunicadas(os) que retornarão à sua seção de origem para o exercício do voto.

§ 4º Os tribunais regionais eleitorais definirão a forma de recebimento de justificativa eleitoral nos estabelecimentos penais e nas unidades de internação de adolescentes, vedada a instalação de mesas receptoras exclusivas para essa finalidade.

Art. 45. A transferência de eleitoras e eleitores de que trata esta seção depende de sua manifestação de vontade e assinatura em formulário próprio, no qual também constará identificação e assinatura da pessoa responsável pelo preenchimento.

§ 1º As administradoras e os administradores dos estabelecimentos penais e das unidades de internação encaminharão aos cartórios eleitorais, até a data estabelecida no termo de cooperação mencionado no art. 44 desta Resolução, a relação atualizada das eleitoras e dos eleitores que manifestaram interesse na transferência, acompanhada dos respectivos formulários e de cópias dos documentos de identificação com foto.

§ 2º A solicitação será indeferida em caso de inconsistência que inviabilize a identificação da eleitora ou do eleitor, ausência de assinatura ou não enquadramento às regras de transferência, hipótese em que as administradoras e os administradores dos estabelecimentos penais e das unidades de internação deverão ser comunicados.

§ 3º A eleitora ou o eleitor habilitada(o) nos termos deste artigo, se posta(o) em liberdade, poderá, até 22 de agosto de 2024, cancelar a habilitação para votar na seção à qual foi transferida(o), com reversão à seção de origem onde está inscrita(o).

§ 4º As eleitoras ou os eleitores submetidas(os) a medidas cautelares alternativas à prisão, atendidas as condições estabelecidas no deferimento da medida, ou que obtiverem a liberdade em data posterior a 22 de agosto de 2024, poderão, observadas as regras de segurança pertinentes:

I – votar na seção para a qual se transferiram, no estabelecimento; ou

II – apresentar justificativa, na forma da lei.

§ 5º A Justiça Eleitoral deverá comunicar, com antecedência mínima de 15 (quinze) dias, as datas definidas neste artigo aos partidos políticos, às federações, à Defensoria Pública, ao Ministério Público, à seccional da OAB, às secretarias e aos órgãos responsáveis pela administração do sistema prisional e pelo sistema socioeducativo nos Estados e nos Municípios e à autoridade judicial responsável pela correição dos estabelecimentos penais e de internação.

Art. 46. As Mesas Receptoras de Votos deverão funcionar em locais previamente definidos pelas administradoras e pelos administradores dos estabelecimentos penais e das unidades de internação de adolescentes.

Art. 47. Para o cumprimento dos objetivos desta seção, o Tribunal Superior Eleitoral poderá firmar parcerias com o Conselho Nacional de Justiça, o Conselho Nacional do Ministério Público, a Secretaria Nacional de Políticas Penais, o Conselho Nacional de Política Criminal e Penitenciária, o Conselho Nacional dos Direitos da Criança e do Adolescente, a Defensoria Pública da União, o Ministério dos Direitos Humanos e da Cidadania, a Secretaria Nacional dos Direitos da Criança e do Adolescente, o Conselho Nacional dos Direitos Humanos, o Conselho Nacional dos Secretários de Estado da Justiça, Cidadania, Direitos Humanos e Administração Penitenciária e outras entidades.

Art. 48 Os tribunais regionais eleitorais poderão celebrar termo de cooperação técnica com o Ministério Público, a Defensoria Pública, as Seccionais da OAB, as secretarias e os órgãos responsáveis pela administração do sistema prisional e pelo sistema socioeducativo da infância e da juventude nos Estados e outras entidades que possam cooperar com as atividades eleitorais cuidadas nesta seção.

Parágrafo único. Os termos de cooperação técnica deverão contemplar, pelo menos, os seguintes tópicos:

I – indicação dos locais em que se pretende instalar as seções eleitorais, com nome do estabelecimento, endereço, telefone e contatos da administradora ou do administrador; quantidade de presas e presos provisórias(os) ou de adolescentes custodiadas(os); condições de segurança e lotação do estabelecimento;

II – promoção de campanhas informativas com vistas a orientar as presas e os presos provisórias(os) e as(os) adolescentes custodiadas(os) quanto à obtenção de documentos de identificação e à opção de votar nas seções eleitorais instaladas nos estabelecimentos;

III – previsão de fornecimento de documentos de identificação às presas e aos presos provisórias(os) e às(aos) adolescentes custodiadas(os) que manifestarem interesse em votar nas seções eleitorais;

IV – garantia da segurança e da integridade física das servidoras e dos servidores da Justiça Eleitoral nos procedimentos de alistamento de que trata o § 3º do art. 43 desta Resolução e de instalação das seções eleitorais;

V – sistemática a ser observada na nomeação das mesárias e dos mesários; e

VI – previsão de não deslocamento, para outros estabelecimentos, de presas e presos provisórias(os) e de adolescentes custodiadas(os) habilitadas(os) para votarem nas respectivas seções eleitorais, salvo por força maior ou deliberação da autoridade judicial competente.

Art. 49. Compete à Justiça Eleitoral:

I – criar, até 19 de julho de 2024, no Cadastro Eleitoral, os novos locais de votação em estabelecimentos penais e em unidades de internação de adolescentes, se não houver;

II – nomear, até 30 de agosto de 2024, as(os) integrantes das mesas receptoras com base no estabelecido no acordo de que trata o art. 48 desta Resolução;

III – promover a capacitação das mesárias e dos mesários;

IV – fornecer a urna e o material necessário para a instalação da seção eleitoral;

V – viabilizar a justificativa de ausência à votação nos estabelecimentos objetos desta seção, observados os requisitos legais; e

VI – comunicar às autoridades competentes as condições necessárias para garantir o regular exercício do voto.

Art. 50. Fica impedida de votar a pessoa presa que, no dia da eleição, tiver contra si sentença penal condenatória com trânsito em julgado.

Parágrafo único. Na hipótese prevista no *caput* deste artigo, os juízes criminais deverão comunicar o trânsito em julgado à Justiça Eleitoral para que seja consignado o impedimento ao exercício do voto da eleitora ou do eleitor definitivamente condenada(o) no Caderno de Votação da respectiva seção eleitoral, bem como registrada a ocorrência no Cadastro Eleitoral.

Art. 51. Nas seções eleitorais de que trata esta seção, será permitida a presença de candidatas e candidatos, como fiscais natas(os), e de 1 (uma/um) fiscal de cada partido político, federação ou coligação.

§ 1º A habilitação das(os) fiscais para acesso às seções eleitorais, por motivo de segurança, ficará condicionada, excepcionalmente, ao credenciamento prévio no cartório eleitoral, no prazo previsto no § 6º do art. 146 desta Resolução.

§ 2º O ingresso das(os) fiscais nas seções eleitorais, previamente credenciadas(os) nos termos do § 1º deste artigo, e das candidatas e dos candidatos depende da observância das normas de segurança do estabelecimento penal ou da unidade de internação de adolescentes.

Art. 52. A listagem das candidatas e dos candidatos deverá ser fornecida à autoridade responsável pelo estabelecimento penal e pela unidade de internação de adolescentes, que deverá providenciar a sua afixação nas salas destinadas às seções eleitorais para o exercício do voto pelas presas e pelos presos provisórias(os) e pelas(os) adolescentes custodiadas(os).

Art. 53. Compete à juíza ou ao juiz eleitoral definir, com a direção dos estabelecimentos penais e das unidades de internação de adolescentes, a forma de veiculação de propaganda eleitoral entre as eleitoras e os eleitores ali recolhidas(os), observadas as recomendações da autoridade judicial responsável pela correição dos referidos estabelecimentos e unidades.

Seção III
Da Transferência Temporária dos Militares, das(os)
Agentes de Segurança Pública e das Guardas Municipais em Serviço

Art. 54. Poderão solicitar a transferência temporária para votar em local de votação que viabilize o exercício do voto, as eleitoras e os eleitores em serviço no dia das eleições, pertencentes:

I – às Forças Armadas;
II – à Polícia Federal;
III – à Polícia Rodoviária Federal;
IV – à Polícia Ferroviária Federal;
V – à Polícia Civil;
VI – à Polícia Militar;
VII – à Polícia Penal Federal, Estadual e Distrital;
VIII – à Polícia Judicial;
IX – aos Corpos de Bombeiros Militares;

X – às Guardas Municipais; e

XI – os agentes de trânsito.

Art. 55. As juízas e os juízes eleitorais, sob a coordenação dos tribunais regionais eleitorais, deverão contatar os comandos locais para estabelecer os procedimentos necessários a fim de viabilizar o voto das eleitoras e dos eleitores referidas(os) no art. 54 em serviço no dia da eleição.

Art. 56. A transferência temporária da eleitora ou do eleitor de que trata esta seção deverá ser efetuada mediante formulário, a ser fornecido pela Justiça Eleitoral, contendo o número do título eleitoral, o nome, o local de votação de destino, em quais turnos votará, sua manifestação de vontade e sua assinatura, assim como a identificação e a assinatura da pessoa responsável pelo preenchimento.

§ 1º As chefias ou os comandos dos órgãos a que estiverem subordinadas(os) as eleitoras e os eleitores mencionadas(os) no *caput* deste artigo deverão encaminhar à Justiça Eleitoral, na forma previamente estabelecida, até 22 de agosto de 2024, o formulário preenchido e assinado, acompanhado da cópia dos documentos de identificação com foto.

§ 2º A solicitação será indeferida em caso de inconsistência que inviabilize a identificação da eleitora ou do eleitor, ausência de assinatura ou não enquadramento às regras de transferência, hipótese em que a respectiva chefia ou comando deverá ser comunicada(o).

§ 3º Inexistindo vagas no local de votação escolhido, a eleitora ou o eleitor deverá ser habilitada(o) para votar no local mais próximo, hipótese em que a chefia ou o comando deverá ser comunicada(o).

Seção IV
Da Transferência Temporária da Pessoa
com Deficiência ou com Mobilidade Reduzida

Art. 57. Se a eleitora ou o eleitor com deficiência ou com mobilidade reduzida não tiver realizado transferência para seções eleitorais aptas ao atendimento de suas necessidades até 8 de maio de 2024, poderá solicitar transferência temporária, no período estabelecido no art. 32, para votar em qualquer seção de sua escolha e conveniência (Res.-TSE n. 23.659/2021, art. 14, § 2º, II).

§ 1º A habilitação para votar, nos termos do *caput* deste artigo, deverá ser requerida, em qualquer cartório eleitoral, mediante a apresentação de documento oficial com foto ou pela modalidade virtual que vier a ser desenvolvida pelo Tribunal Superior Eleitoral, nos termos do art. 39, indicando-se o local de votação de sua preferência.

§ 2º O requerimento poderá ser apresentado pela(o) própria(o) interessada(o) ou por curadora ou curador, apoiadora ou apoiador, ou procuradora ou procurador, acompanhado de autodeclaração ou documentação comprobatória da deficiência ou da dificuldade de locomoção.

Seção V
Da Transferência Temporária da Eleitora e do Eleitor Indígena, Quilombola, Integrante
de Comunidade Tradicional ou Residente em Assentamento Rural

Art. 58. À eleitora e ao eleitor indígena, quilombola, integrante de comunidade tradicional ou residente em assentamento rural é assegurada a transferência temporária para local de votação diverso da sua seção de origem, conforme sua escolha e conveniência, sem prejuízo da previsão para o fornecimento de transporte, nos termos do art. 25 desta Resolução (Res.-TSE n. 23.659/2021, art. 13, §§ 5º e 6º).

Parágrafo único. A habilitação para votar, nos termos do *caput* deste artigo, deverá ser requerida em qualquer cartório eleitoral, presencialmente ou por outra forma de atendimento a ser viabilizada pelo juízo eleitoral, ou, ainda, pela modalidade virtual que vier a ser desenvolvida pelo TSE, nos termos do art. 39, mediante apresentação de documento oficial com foto, indicando-se o local de votação de preferência.

Seção VI
Da Transferência Temporária da Mesária, do Mesário e do Apoio Logístico

Art. 59. A mesária ou o mesário convocada(o) para trabalhar em seção diversa da sua seção de origem poderá solicitar, em qualquer cartório eleitoral, a transferência temporária para votar na seção em que atuará.

Art. 60. A transferência temporária também poderá ser requerida por pessoa convocada para atuar como apoio logístico que esteja:

I – indicada para, no dia da eleição, trabalhar em local de votação distinto daquele em que está sua seção de origem; ou

II – nomeada para atuar no teste de integridade das urnas eletrônicas mencionado no inciso I do art. 53 da Res.-TSE n. 23.673/2021.

§ 1º A transferência temporária prevista no inciso I do *caput* deste artigo será feita para qualquer seção eleitoral do local de votação onde a pessoa atuará.

§ 2º A eleitora ou o eleitor que se enquadrar no inciso II do *caput* deste artigo poderá escolher o local de votação mais próximo de onde ocorrerá o teste de integridade.

Art. 61. A habilitação para votar, nos termos dos arts. 59 e 60, deverá ser requerida, presencialmente, em qualquer cartório eleitoral, mediante apresentação de documento oficial com foto, ou pela modalidade virtual que vier a ser desenvolvida pelo TSE, nos termos do art. 39.

Seção VII
Da Transferência Temporária das Juízas e dos Juízes, das Promotoras e
dos Promotores Eleitorais, das Juízas e dos Juízes Auxiliares e das Servidoras e
dos Servidores da Justiça Eleitoral

Art. 62. As juízas e os juízes, as promotoras e os promotores eleitorais, as juízas e os juízes auxiliares e as servidoras e os servidores da Justiça Eleitoral em serviço no dia das eleições poderão solicitar a transferência temporária para local de votação distinto do de origem.

Art. 63. A transferência temporária da eleitora ou do eleitor de que trata esta seção dependerá de sua manifestação de vontade e assinatura em formulário específico, preenchido com número do título eleitoral, nome, órgão de origem, lotação funcional, matrícula, função a ser exercida na eleição, local de votação de destino, indicação de em quais turnos votará em seção distinta da origem e identificação e assinatura da pessoa responsável pelo preenchimento.

§ 1º O formulário de requerimento da transferência temporária a que se refere o *caput* deste artigo poderá ser apresentado em qualquer cartório eleitoral, observado o período estabelecido no art. 32 desta Resolução.

§ 2º A solicitação será indeferida em caso de inconsistência que inviabilize a identificação da eleitora ou do eleitor, ausência de assinatura ou não enquadramento às regras de transferência, hipótese em que a(o) requerente será comunicada(o).

§ 3º Se, preenchidos os requisitos para a transferência temporária, não houver vaga no local de votação escolhido, a eleitora ou o eleitor será habilitada(o) para votar no local mais próximo, hipótese em que a(o) requerente será comunicada(o).

Capítulo V
Da Preparação das Urnas

Seção I
Da Geração das Mídias para Uso e Preparação das Urnas

Art. 64. Durante todo o período de geração de mídias e de preparação das urnas, será garantida às(aos) representantes do Ministério Público, da Ordem dos Advogados do Brasil, dos partidos políticos, das federações, das coligações e das demais entidades fiscalizadoras, a conferência dos dados constantes das urnas e a verificação da integridade e autenticidade dos sistemas eleitorais instalados nas urnas eletrônicas.

Parágrafo único. Os procedimentos relativos à conferência dos dados das urnas e à verificação de integridade e autenticidade dos sistemas e o rol de entidades legitimadas para fiscalizar as cerimônias estão regulamentados na Res.-TSE n. 23.673/2021, que dispõe sobre os procedimentos de fiscalização e de auditoria do sistema eletrônico de votação.

Art. 65. Antes da geração das mídias, a juíza ou o juiz eleitoral determinará a emissão do relatório "Ambiente de Votação" pelo Sistema de Gerenciamento da Totalização (SISTOT) para conferência dos dados relativos ao eleitorado e às seções a serem instaladas em cada Município de sua circunscrição, do qual constará, em anexo, a listagem de candidatas e candidatos concorrentes.

§ 1º A juíza ou o juiz eleitoral responsável pelo fechamento do Sistema de Candidaturas (CAND) do Município fará a conferência dos dados relativos a suas candidatas e seus candidatos.

§ 2º Conferidos os dados relativos ao eleitorado e às seções eleitorais, o relatório "Ambiente de Votação" será assinado pela juíza ou pelo juiz eleitoral, devendo constar da Ata da Junta Apuradora.

§ 3º O procedimento previsto no *caput* será realizado após o fechamento do Sistema de Candidaturas (CAND) pela zona eleitoral correspondente a cada Município.

Art. 66. Os tribunais regionais eleitorais, de acordo com o planejamento estabelecido, determinarão a geração das mídias a partir dos dados das tabelas de:

I – partidos políticos, federações e coligações concorrentes;

II – eleitoras e eleitores;

III – seções com as respectivas agregações;

IV – candidatas e candidatos aptas(os) a concorrer à eleição, das quais constarão os números, os nomes indicados para urna e as fotografias correspondentes; e

V – candidatas e candidatos inaptas(os) a concorrer à eleição para cargos proporcionais, exceto as(os) que tenham sido substituídas(os) por candidatas ou candidatos com o mesmo número.

§ 1º Os dados constantes das tabelas a que se referem os incisos I, IV e V do *caput* deste artigo são os relativos à data do fechamento do Sistema de Candidaturas (CAND).

§ 2º As mídias a que se refere o *caput* deste artigo são os dispositivos utilizados para carga da urna, votação, ativação de aplicativos de urna e gravação de resultado.

§ 3º Após o início da geração das mídias, não serão alterados nas urnas os dados de que tratam os incisos do *caput* deste artigo, salvo por determinação da juíza ou do juiz eleitoral ou da autoridade designada pelo tribunal regional eleitoral, ouvida a área de tecnologia da informação sobre a viabilidade técnica.

Art. 67. A geração de mídias será feita em cerimônia pública presidida pela juíza ou pelo juiz eleitoral ou por autoridade designada pelo tribunal regional eleitoral.

§ 1º Para a cerimônia de geração das mídias, deverá ser publicado edital, com antecedência mínima de 2 (dois) dias, convocando, no mesmo ato, os partidos políticos, as federações, as coligações, o Ministério Público e a Ordem dos Advogados do Brasil para acompanhamento.

§ 2º Os tribunais regionais eleitorais estabelecerão a forma de publicação dos editais, devendo-se priorizar o Diário da Justiça eletrônico (*DJe*).

§ 3º Os tribunais regionais eleitorais deverão divulgar calendário centralizado na respectiva página da internet, visando ao amplo conhecimento das entidades fiscalizadoras, da imprensa e das cidadãs e dos cidadãos interessadas(os) em acompanhar o evento, contendo, no mínimo:

I – data de início da cerimônia;

II – data prevista para a conclusão da geração das mídias;

III – horário dos trabalhos;

IV – local dos trabalhos; e

V – especificação dos Municípios e das zonas eleitorais das mídias a serem geradas.

§ 4º De acordo com a estratégia adotada pelo tribunal regional eleitoral, as cerimônias de geração de mídias e de preparação das urnas poderão ocorrer em um único evento e, nesse caso, poderão ser unificados os editais a que se refere o § 1º deste artigo e o art. 71, e as atas circunstanciadas de que tratam os arts. 68 e 76, todos desta Resolução.

§ 5º Se a geração das mídias e a preparação das urnas não ocorrerem em ato contínuo, as mídias para carga deverão, ao final da geração, ser acondicionadas nos "Envelopes de Segurança" identificados, lacrados e assinados pelas pessoas mencionadas no *caput* deste artigo.

Art. 68. Do procedimento de geração das mídias deverá ser lavrada ata circunstanciada, assinada pela juíza ou pelo juiz eleitoral ou pela autoridade designada pelo TRE para esse fim, pelas(os) representantes do Ministério Público, da Ordem dos Advogados do Brasil, dos partidos políticos, das federações e das coligações e pelas demais entidades fiscalizadoras presentes, se desejarem.

§ 1º A ata de que trata o *caput* deste artigo deverá registrar, em formato de fácil visualização e compreensão, no mínimo, os seguintes, dados, especificados por dia:

I – identificação e versão dos sistemas utilizados;

II – data, horário e local de início e término das atividades;

III – nome e qualificação das(os) presentes;

IV – quantidade de mídias de carga e de votação geradas; e

V – numeração dos "Envelopes de Segurança" utilizados durante os procedimentos de geração das mídias, com descrição de seu conteúdo e destino.

§ 2º Cópia da ata será afixada no local de geração das mídias para conhecimento geral, mantendo-se a original arquivada sob a guarda da juíza ou do juiz eleitoral ou da autoridade responsável pelo procedimento.

Art. 69. Havendo necessidade de nova geração de mídias, as(os) representantes do Ministério Público, da Ordem dos Advogados do Brasil, dos partidos políticos, das federações e das coligações deverão ser imediatamente convocadas(os) pelo meio mais célere.

Seção II
Da Cerimônia de Preparação das Urnas

Art. 70. A preparação das urnas será realizada em cerimônia pública presidida pela juíza ou pelo juiz eleitoral, por autoridade ou por comissão designada pelo tribunal regional eleitoral.

Parágrafo único. Na hipótese de criação da comissão mencionada no *caput* deste artigo, sua presidência deverá ser exercida por juíza ou juiz efetiva(o) do tribunal regional eleitoral ou por juíza ou juiz eleitoral e será integrada, no mínimo, por 2 (duas/dois) servidoras ou servidores do quadro permanente.

Art. 71. Para a cerimônia de preparação das urnas, deverá ser publicado edital, com antecedência mínima de 2 (dois) dias, convocando, no mesmo ato, os partidos políticos, as federações, as coligações, o Ministério Público e a Ordem dos Advogados do Brasil, para que acompanhem.

§ 1º Os tribunais regionais eleitorais estabelecerão a forma de publicação dos editais, devendo-se priorizar o Diário da Justiça eletrônico (*DJe*).

§ 2º Os tribunais regionais eleitorais deverão divulgar calendário centralizado na respectiva página da internet, visando ao amplo conhecimento das entidades fiscalizadoras, da imprensa, e das cidadãs e dos cidadãos interessadas(os) em acompanhar o evento, contendo, no mínimo:

I – data de início da cerimônia;

II – data prevista para a conclusão da preparação das urnas;

III – horário dos trabalhos;

IV – local dos trabalhos;

V – especificação dos Municípios e das zonas eleitorais das urnas a serem preparadas; e

VI – relação dos "Envelopes de Segurança", constando a numeração, o conteúdo e o destino, nos casos de geração de mídia que ocorra em ambiente distinto do ambiente de preparação das urnas ou que não ocorra em ato contínuo à cerimônia de geração das mídias.

§ 3º Do edital de que trata o *caput* deste artigo deverá constar o nome das técnicas e dos técnicos responsáveis pela preparação das urnas.

Art. 72. Durante a cerimônia de preparação das urnas, na presença das autoridades mencionadas no art. 71 desta Resolução, serão:

I – preparadas, testadas e lacradas as urnas de votação e identificadas suas embalagens com a zona eleitoral, o Município, o local e a seção a que se destinam;

II – preparadas, testadas e lacradas as urnas de contingência, bem como identificadas suas embalagens com o fim a que se destinam;

III – acondicionadas as mídias de votação para contingência, individualmente, nos "Envelopes de Segurança" identificados, lacrados e assinados;

IV – acondicionadas, ao final da preparação das urnas eletrônicas, as mídias de carga nos "Envelopes de Segurança" identificados, lacrados e assinados; e

V – lacradas as urnas de lona a serem utilizadas no caso de votação por cédula, depois de verificado se estão vazias.

§ 1º Os lacres mencionados no *caput* deste artigo deverão ser assinados pela juíza ou pelo juiz eleitoral, pela autoridade designada pelo tribunal regional eleitoral ou, no mínimo, por 2 (duas/dois) integrantes da comissão citadas(os) no parágrafo único do art. 70 desta Resolução e, se estiverem presentes e assim desejarem, pelas(os) representantes do Ministério Público, da Ordem dos Advogados do Brasil, dos partidos políticos, das federações e das coligações, vedado o uso de chancela.

§ 2º O extrato de carga deverá ser assinado pela técnica ou pelo técnico responsável pela preparação da urna, colando-se, no extrato, a etiqueta relativa ao jogo de lacres utilizado.

§ 3º O comprovante de carga emitido após a finalização da carga da urna deve ser assinado pela pessoa designada pela autoridade eleitoral que preside a cerimônia e acondicionado no envelope plástico da parte superior da urna respectiva.

§ 4º Ao final da cerimônia, os lacres não assinados deverão ser acondicionados em envelope lacrado e assinado pelas(os) presentes.

§ 5º Os lacres assinados e não utilizados deverão ser destruídos, preservando-se as etiquetas de numeração, que deverão ser anexadas à ata da cerimônia.

Art. 73. Na etapa de preparação das urnas, deverão ser realizadas:

I – a demonstração de votação acionada pelo aplicativo Verificador Pré/Pós-Eleição (VPP) em pelo menos uma urna por Município da zona eleitoral; e

II – a verificação dos sistemas instalados na urna pelo programa Verificador de Integridade e Autenticidade dos Sistemas Eleitorais (AVPART) em pelo menos uma urna de cada mídia de carga utilizada.

§ 1º A demonstração de votação e a verificação de integridade e autenticidade de que tratam os incisos I e II do *caput* deste artigo poderão ser realizadas em urnas escolhidas para eventuais conferências e verificações previstas no art. 64 desta Resolução e observará, obrigatoriamente, os seguintes procedimentos:

I – Por meio do VPP:

a) a conferência visual dos dados de candidatas, candidatos e partidos; e

b) a demonstração do processo de votação.

II – por meio do AVPART:

a) a emissão do resumo digital (hash) dos programas instalados durante a carga das urnas eletrônicas; e

b) a validação das assinaturas digitais dos arquivos da urna eletrônica.

§ 2º Vias do relatório do resumo digital (hash), emitido nos termos da alínea *a* do inciso II do § 1º deste artigo, poderão ser fornecidas aos representantes do Ministério Público, da Ordem dos Advogados do Brasil, dos partidos políticos, das federações e das coligações e às entidades fiscalizadoras presentes, para possibilitar a conferência dos programas instalados.

§ 3º As urnas submetidas à demonstração de votação deverão ser novamente lacradas, sendo dispensada nova carga.

Art. 74. Se alguma mídia apresentar defeito durante a carga ou o teste de votação, será feita tentativa de regeração.

Parágrafo único. Não havendo êxito na tentativa de regeração, a mídia será separada e preservada até 14 de janeiro de 2025, em "Envelope de Segurança" identificado, lacrado e assinado, podendo ser armazenada mais de uma mídia no mesmo envelope.

Art. 75. As mídias de votação utilizadas em cargas não concluídas com sucesso por defeito na urna poderão ser reutilizadas mediante nova gravação da mídia.

Art. 76. Do procedimento de preparação das urnas deverá ser lavrada ata circunstanciada, assinada pela juíza ou pelo juiz eleitoral, pelas(os) integrantes da comissão ou pela autoridade designada pelo tribunal regional eleitoral e, se desejarem, pelas(os) representantes do Ministério Público, da Ordem dos Advogados do Brasil, dos partidos políticos, das federações e das coligações presentes e pelas demais entidades fiscalizadoras que comparecerem.

§ 1º A ata de que trata o *caput* deste artigo deverá registrar, em formato de fácil visualização e compreensão, no mínimo, os seguintes dados, especificados por dia:

I – identificação e versão dos sistemas utilizados;

II – data, horário e local de início e término das atividades;

III – nome e qualificação das(os) presentes;

IV – quantidade de urnas preparadas para votação e contingência;

V – quantidade e identificação das urnas submetidas à conferência de integridade e autenticidade, bem como à demonstração de votação, com o resultado obtido em cada uma delas;

VI – quantidade de mídias de votação para contingência;

VII – quantidade de mídias de carga e de votação defeituosas;

VIII – quantidade de mídias geradas, por tipo;

IX – quantidade de urnas de lona lacradas; e

X – numeração dos "Envelopes de Segurança" utilizados para acondicionamento das mídias de carga.

§ 2º À ata de que trata o *caput* devem, adicionalmente, ser anexados os seguintes documentos:

I – relatório emitido pelo Sistema Gerenciador de Dados, Aplicativos e Interface com a Urna Eletrônica (GEDAI-UE), contendo a identificação e versão dos sistemas a serem carregados nas urnas eletrônicas;

II – relatórios emitidos pelas urnas nos procedimentos de verificação de integridade e autenticidade e na demonstração de votação, inclusive relatórios de hash; e

III – extratos de carga identificados com as respectivas etiquetas de controle dos jogos de lacres, de acordo com o procedimento descrito no § 2º do art. 72 desta Resolução.

§ 3º Cópia da ata ficará disponível no local de preparação das urnas para conhecimento geral, mantendo-se a original e seus anexos arquivados sob a guarda da juíza ou do juiz eleitoral ou da autoridade responsável pelo procedimento.

Art. 77. Havendo substituição de lacres, poderá ser utilizado um equivalente de outro jogo, registrando-se em ata.

Seção III
Do Segundo Turno

Art. 78. Onde houver segundo turno, serão observadas, na geração das mídias e na preparação das urnas, no que couber, todas as formalidades e todos os procedimentos adotados para o primeiro turno.

Parágrafo único. As mídias de resultado utilizadas no primeiro turno não poderão ser utilizadas no segundo.

Art. 79. A preparação das urnas deverá ser efetuada por inserção da mídia de resultado para segundo turno nas urnas utilizadas no primeiro turno.

§ 1º Todos os lacres das urnas utilizadas no primeiro turno deverão ser mantidos, à exceção do lacre "COMPARTIMENTO DA MÍDIA DE RESULTADO (MR)", que será substituído pelo lacre específico para o segundo turno.

§ 2º As etiquetas identificadoras dos jogos de lacres utilizados na preparação das urnas para o segundo turno deverão ser anexadas à ata da cerimônia, associadas às respectivas seções.

Art. 80. Se a preparação da urna para o segundo turno não for bem-sucedida, será realizada nova carga ou preparada nova urna, observado o disposto no art. 72 desta Resolução, no que couber.

§ 1º A mídia de votação utilizada no primeiro turno deverá ser acondicionada no "Envelope de Segurança" identificado, lacrado e assinado, com registro em ata da numeração dos envelopes utilizados para o armazenamento.

§ 2º Poderá ser armazenada mais de uma mídia de votação em cada "Envelope de Segurança" a que se refere o § 1º deste artigo.

§ 3º Em caso de nova carga, poderá ser usada a mídia de carga do primeiro turno.

§ 4º Após a conclusão da preparação, a mídia utilizada para carga deverá ser armazenada em "Envelope de Segurança" identificado, lacrado e assinado.

§ 5º Para a lacração da urna que recebeu nova carga deverá ser utilizado um novo jogo de lacres do primeiro turno, à exceção do lacre "COMPARTIMENTO DA MÍDIA DE RESULTADO (MR)", que deverá ser de um jogo de segundo turno.

§ 6º Havendo nova carga ou substituição de urna nos procedimentos de preparação das urnas, a tabela de correspondências esperadas para o segundo turno deverá ser atualizada.

Art. 81 Alternativamente ao descrito no art. 80, a preparação da urna para o segundo turno que não for bem-sucedida poderá ser feita mediante os procedimentos de contingência dispostos no art. 118, no que couber, observando-se, ainda, a atualização da tabela de correspondências esperadas para o segundo turno.

Art. 82. As urnas que apresentarem problema no processo de preparação para o segundo turno poderão ser encaminhadas para manutenção, observado o disposto no § 1º do art. 80.

Art. 83. No caso de se constatar algum lacre danificado durante a preparação das urnas para o segundo turno, deverá ser utilizado novo jogo de lacres de primeiro turno ou o lacre do jogo de reposição, conforme o caso, registrando-se a numeração respectiva na ata da cerimônia.

Seção IV
Dos Procedimentos Pós-Preparação das Urnas

Art. 84. Após a cerimônia mencionada no art. 70 desta Resolução, ficará facultado à Justiça Eleitoral realizar a conferência visual dos dados constantes da tela inicial da urna com a ligação dos equipamentos, notificados por edital o Ministério Público, a Ordem dos Advogados do Brasil, os partidos políticos, as federações e as coligações com antecedência mínima de 1 (um) dia, sem prejuízo da comunicação sobre os procedimentos a serem realizados por outros meios, para conhecimento das entidades fiscalizadoras e demais pessoas interessadas para que possam acompanhar, se desejarem.

Art. 85. Após a cerimônia a que se refere o art. 70 desta Resolução, eventual ajuste de horário ou do calendário interno da urna deverá ser feito por sistema específico, operado por técnica ou técnico autorizada(o) pela juíza ou pelo juiz eleitoral, notificados os partidos políticos, as federações, as coligações, o Ministério Público e a Ordem dos Advogados do Brasil, lavrando-se ata.

§ 1º A ata a que se refere o *caput* deste artigo deverá ser assinada pelas(os) presentes e conter os seguintes dados:

I – data, horário e local de início e de término das atividades;

II – nome e qualificação das(os) presentes; e

III – quantidade e identificação das urnas que tiveram o calendário ou o horário alterado.

§ 2º Cópia da ata deverá ser afixada no local em que foi realizado o procedimento, mantendo-se a original arquivada no respectivo cartório eleitoral.

Art. 86. Na hipótese de ser constatado problema em uma ou mais urnas antes do dia da votação, a juíza ou o juiz eleitoral poderá determinar a substituição por urna de contingência, a substituição da mídia de votação ou a realização de nova carga para a seção eleitoral, o que melhor se aplicar, sendo convocadas(os) as(os) representantes do Ministério Público, da Ordem dos Advogados do Brasil, dos partidos políticos, das federações e das coligações para, querendo, participarem do ato, que deverá, no que couber, obedecer ao disposto no art. 70 desta Resolução.

Parágrafo único. Ocorrendo a hipótese prevista no *caput* deste artigo, as mídias de carga utilizadas para a intervenção serão novamente colocadas nos "Envelopes de Segurança", que deverão ser imediatamente identificados, lacrados e assinados, observando-se, quanto aos lacres restantes, os cuidados dos §§ 4º e 5º do art. 72.

Art. 87. No dia das eleições, as urnas serão utilizadas exclusivamente para:

I – votação oficial: eleições ordinárias e, se houver, eleições suplementares e consultas populares;

II – recebimento de justificativas;

III – substituições (contingências);

IV – recuperação de dados ou apuração de cédulas pela junta eleitoral ou pela Mesa Receptora, nos termos, respectivamente, dos arts. 199 a 201 e 180 a 188 desta Resolução; e

V – os procedimentos de auditoria previstos na Res.-TSE n. 23.673/2021, que dispõe sobre os procedimentos de fiscalização e auditoria do sistema eletrônico de votação.

Art. 88. Até a véspera da votação, o Tribunal Superior Eleitoral publicará, em sua página na internet, arquivo contendo as correspondências esperadas entre urna e seção e os logs do Sistema GEDAI-UE das máquinas utilizadas para geração das mídias para as eleições.

§ 1º Se houver justo motivo, os arquivos a que se referem o *caput* deste artigo poderão ser atualizados até as 16h (dezesseis horas) do dia da eleição, observado o horário de Brasília.

§ 2º A atualização das correspondências esperadas entre urna e seção divulgadas na internet não substituirá as originalmente divulgadas e será feita em separado.

Capítulo VI
Do Material de Votação e de Justificativa

Art. 89. A juíza ou o juiz eleitoral, ou quem ela(e) designar, entregará à(ao) presidente de cada Mesa Receptora de Votos e de Justificativa, no que couber, o seguinte material (Código Eleitoral, art. 133, *caput*):

I – urna lacrada, podendo, a critério do tribunal regional eleitoral, ser previamente entregue no local de votação por equipe designada pela Justiça Eleitoral;

II – Cadernos de Votação das eleitoras e dos eleitores da seção e das(os) transferidas(os) temporariamente, assim como as listagens das(os) impedidas(os) de votar e das pessoas com registro de nome social, onde houver;

III – cabina de votação, sem alusão a entidades externas;

IV – formulário "Ata da Mesa Receptora";

V – almofada para carimbo, visando à coleta da impressão digital da eleitora ou do eleitor que não saiba ou não possa assinar;

VI – senhas a serem distribuídas às eleitoras e aos eleitores que estiverem na fila às 17h (dezessete horas);

VII – canetas esferográficas e papéis necessários aos trabalhos;

VIII – envelopes para remessa, à junta eleitoral, dos documentos relativos à mesa;

IX – embalagem padronizada de acordo com a logística de cada tribunal regional, apropriada para acondicionar a mídia de resultado retirada da urna ao final dos trabalhos;

X – exemplar do Manual do Mesário, elaborado pela Justiça Eleitoral, contendo o disposto no art. 39-A da Lei n. 9.504/1997;

XI – formulários "Requerimento de Justificativa Eleitoral" (RJE);

XII – Formulários para "Identificação de Eleitora e Eleitor com Deficiência ou Mobilidade Reduzida" (Res.-TSE n. 23.381/2012, art. 8º, § 1º);

XIII – envelope para acondicionar os formulários "Requerimento de Justificativa Eleitoral" (RJE) e "Identificação de Eleitora e Eleitor com Deficiência ou Mobilidade Reduzida";

§ 1º A logística para distribuição dos itens relacionados será estabelecida pela juíza ou pelo juiz eleitoral.

§ 2º O material de que trata este artigo deverá ser entregue por protocolo, acompanhado de relação na qual a(o) destinatária(o) declarará o que e como recebeu, apondo sua assinatura (Código Eleitoral, art. 133, § 1º).

Art. 90. A lista com o nome e o número das candidatas e das(os) candidatas(os) registradas(os) deverá ser afixada em lugar visível, nas seções eleitorais, podendo, a critério da juíza ou do juiz eleitoral, quando o espaço disponível no interior da seção eleitoral não for suficiente, ser afixada em espaço visível a todas as eleitoras e a todos os eleitores no interior dos locais de votação (Código Eleitoral, art. 133, II).

Art. 91. As decisões de cancelamento e suspensão de inscrição eleitoral que não tiverem sido registradas no sistema nos prazos previstos no Cronograma Operacional do Cadastro Eleitoral deverão ser anotadas diretamente nos Cadernos de Votação, de modo a impedir o exercício irregular do voto.

TÍTULO II
DA VOTAÇÃO

Capítulo I
Dos Procedimentos de Votação

Seção I
Das Providências Preliminares

Art. 92. No dia marcado para a votação, às 7h (sete horas) do horário de Brasília, as(os) componentes da Mesa Receptora verificarão (Código Eleitoral, art. 142):

I – se o material entregue está em ordem;

II – se a urna, os lacres e os cadernos de votação estão íntegros e de acordo com o local de votação e a seção eleitoral;

III – se o teclado da urna está em pleno funcionamento, por teste de teclado; e

IV – se estão presentes as(os) fiscais dos partidos políticos, das federações e das coligações.

Parágrafo único. A eventual ausência de fiscais deverá ser consignada na Ata da Mesa Receptora, sem prejuízo do início dos trabalhos.

Art. 93. Concluídas as verificações do art. 92 desta Resolução e estando a Mesa Receptora composta, a(o) presidente emitirá o relatório "Zerésima" da urna, que será assinado por ela ou por ele, pelas demais mesárias e pelos demais mesários e, se desejarem, pelas(os) fiscais dos partidos, das federações e das coligações.

Parágrafo único. O relatório "Resumo da Zerésima", emitido em ato contínuo à Zerésima, será igualmente assinado pela(o) presidente da Mesa Receptora e pelos fiscais presentes, se assim desejarem, e deverá ser afixado em local visível da seção eleitoral.

Art. 94. Emitida a Zerésima e antes do início da votação, a presença das mesárias e dos mesários será registrada no Terminal do Mesário.

Parágrafo único. A mesária ou o mesário que comparecer aos trabalhos após o início da votação terá seu horário de chegada consignado na Ata da Mesa Receptora e poderá, no decorrer da votação, registrar sua presença no Terminal do Mesário, desde que não acarrete atrasos no fluxo de votação.

Art. 95. A(O) presidente deverá estar presente nos atos de abertura e de encerramento das atividades, salvo por motivo de força maior, comunicando o impedimento à juíza ou ao juiz eleitoral pelo menos 24 (vinte e quatro) horas antes da abertura dos trabalhos ou, imediatamente, ao representante do cartório eleitoral, se o impedimento se der no curso dos procedimentos de votação (Código Eleitoral, art. 123, § 1º).

§ 1º Não comparecendo a(o) presidente até as 7h30 (sete horas e trinta minutos) do horário de Brasília, assumirá a presidência uma das mesárias ou um dos mesários, devendo a ocorrência ser consignada na Ata da Mesa Receptora (Código Eleitoral, art. 123, § 2º).

§ 2º As mesárias ou os mesários substituirão a(o) presidente, para que haja sempre quem responda pessoalmente pela ordem e regularidade do processo eleitoral, cabendo-lhes, ainda, nesse caso, assinar a Ata da Mesa Receptora (Código Eleitoral, art. 123, *caput*).

Art. 96. Na ausência de uma(um) ou mais membras(os) da Mesa Receptora, a(o) presidente, ou quem assumir a presidência da Mesa, comunicará o fato à juíza ou ao juiz eleitoral, que poderá:

I – determinar o remanejamento de componentes de outra Mesa Receptora;

II – autorizar a substituição por pessoa já nomeada como apoio logístico na circunscrição da zona eleitoral; ou

III – autorizar a nomeação *ad hoc* entre as eleitoras ou os eleitores presentes, obedecidas as vedações do art. 12 desta Resolução (Código Eleitoral, art. 123, § 3º).

§ 1º As ocorrências descritas neste artigo deverão ser consignadas na Ata da Mesa Receptora.

§ 2º O remanejamento ou a nomeação mencionada no inciso I deste artigo deverá ser registrada na Ata da Mesa Receptora da seção de origem.

Seção II
Das Atribuições da Mesa Receptora

Art. 97. Compete à(ao) presidente da Mesa Receptora de Votos e da Mesa Receptora de Justificativa, no que couber:

I – verificar as credenciais das(os) fiscais dos partidos, das federações e das coligações;

II – realizar o teste de funcionamento do teclado durante o procedimento de inicialização da urna;

III – adotar os procedimentos para emissão dos relatórios "Zerésima" e "Resumo da Zerésima" antes do início da votação e colher as assinaturas das(os) membras(os) da Mesa e fiscais;

IV – afixar, em local visível da seção eleitoral, o Resumo da Zerésima assinado e zelar por sua conservação;

V – adotar os procedimentos para o registro da presença das mesárias e dos mesários no início e no final dos trabalhos;

VI – autorizar as eleitoras e os eleitores a votar ou a justificar (Código Eleitoral, art. 127, I);

VII – resolver as dificuldades ou dúvidas que ocorrerem (Código Eleitoral, art. 127, II);

VIII – manter a ordem na seção, para o que disporá de força pública necessária (Código Eleitoral, art. 127, III);

IX – comunicar à juíza ou ao juiz eleitoral as ocorrências cujas soluções del(e) dependerem (Código Eleitoral, art. 127, VI);

X – receber as impugnações concernentes à identidade da eleitora ou do eleitor apresentadas por mesárias, mesários, candidatas, candidatos, delegadas, delegados e fiscais dos partidos, federações e coligações, ou por qualquer eleitora ou eleitor, consignando-as na Ata da Mesa Receptora (Código Eleitoral, art. 127, VII);

XI – fiscalizar a distribuição das senhas (Código Eleitoral, art. 127, VIII);

XII – zelar pela preservação da urna, dos lacres e da embalagem;

XIII – zelar pela preservação da cabina de votação; e

XIV – zelar pela preservação da lista com os nomes e os números das candidatas e dos candidatos, quando disponível no recinto da seção.

Art. 98. Compete, ao final dos trabalhos, à(ao) presidente da Mesa Receptora de Votos e da Mesa Receptora de Justificativa, no que couber:

I – proceder ao encerramento da votação na urna;

II – adotar os procedimentos para o registro da presença das mesárias e dos mesários no Terminal do Mesário;

III – emitir as vias do Boletim de Urna (BU);

IV – emitir o Boletim de Justificativa (BUJ), acondicionando-o, com os requerimentos recebidos, em envelope próprio;

V – assinar todas as vias do Boletim de Urna e o Boletim de Justificativa com as(os) demais mesárias e mesários e as(os) fiscais dos partidos políticos, das federações e das coligações presentes (Código Eleitoral, art. 179, § 1º);

VI – emitir e assinar, com as demais mesárias e mesários, o Boletim de Identificação do Mesário (BIM);

VII – registrar o comparecimento das mesárias e dos mesários na Ata da Mesa Receptora, assim como suas substituições ou remanejamentos;

VIII – afixar, em local visível da seção, uma cópia do Boletim de Urna (BU) assinada;

IX – romper o lacre "MÍDIA DE RESULTADO (MR)" e, após retirar a mídia, colocar novo lacre e assiná-lo;

X – desligar a urna;

XI – desconectar a urna da tomada ou da bateria externa;

XII – acondicionar a urna na embalagem própria;

XIII – anotar o não comparecimento da eleitora ou do eleitor,

fazendo constar do local destinado à assinatura, no Caderno de Votação, a observação "não compareceu" ou "NC" (Código Eleitoral, art. 127, IX);

XIV – entregar uma das vias obrigatórias e as demais vias adicionais do Boletim de Urna, assinadas, às(aos) interessadas(os) dos partidos políticos, das coligações, das federações, da imprensa e do Ministério Público, desde que as requeiram no momento do encerramento da votação;

XV – entregar a mídia de resultado para transmissão de acordo com a logística estabelecida pela juíza ou pelo juiz eleitoral;

XVI – remeter à junta eleitoral, mediante recibo em 2 (duas) vias, com a indicação da hora de entrega (Código Eleitoral, art. 127, V):

a) 2 (duas) vias do Boletim de Urna (BU);

b) o relatório "Zerésima";

c) o Boletim de Justificativa (BUJ);

d) o Boletim de Identificação dos Mesários (BIM);

e) os Requerimentos de Justificativa Eleitoral (RJE);

f) os formulários para "Identificação de Eleitora ou Eleitor com Deficiência ou Mobilidade Reduzida";

g) o(s) Caderno(s) de Votação;

h) a Ata da Mesa Receptora;

i) os demais materiais sob sua responsabilidade, entregues para funcionamento da seção; e

XVII – manter, sob sua guarda, uma das vias do Boletim de Urna assinado para posterior conferência dos resultados da respectiva seção divulgados na página do Tribunal Superior Eleitoral na internet, tão logo estejam disponíveis.

Art. 99. Compete às mesárias e aos mesários, no que couber:

I – identificar a eleitora ou o eleitor e entregar o comprovante de votação após ter votado;

II – conferir o preenchimento dos RJEs e entregar o comprovante;

III – orientar sobre o uso do "Formulário para Identificação de Eleitora ou de Eleitor com Deficiência ou Mobilidade Reduzida" às pessoas que desejarem registrar essa condição no Cadastro Eleitoral ou atualizar registro de deficiência visual que não mais subsista, mediante autorização (Res.-TSE n. 23.381/2012, art. 8º, § 1º).

IV – distribuir às eleitoras e aos eleitores, às 17h (dezessete horas), as senhas de acesso à seção eleitoral, previamente rubricadas ou carimbadas (Código Eleitoral, art. 128, I);

V – lavrar a Ata da Mesa Receptora, na qual deverão ser anotadas, durante os trabalhos, todas as ocorrências que se verificarem (Código Eleitoral, art. 128, II);

VI – observar, na organização da fila de votação, as prioridades para votação relacionadas nos §§ 2º a 4º do art. 93 desta Resolução; e

VII – cumprir as demais obrigações que lhes forem atribuídas (Código Eleitoral, art. 128, III).

Seção III
Dos Trabalhos de Votação

Art. 100. A(O) presidente da Mesa Receptora de Votos, às 8h (oito horas), horário de Brasília, declarará iniciada a votação (Código Eleitoral, arts. 143 e 144).

§ 1º As mesárias, os mesários e as(os) fiscais dos partidos, das federações e das coligações presentes, com a respectiva credencial, deverão votar depois das eleitoras e dos eleitores que se encontrarem presentes no momento da abertura dos trabalhos ou no encerramento da votação (Código Eleitoral, art. 143, § 1º).

§ 2º Terão preferência para votar (Código Eleitoral, art. 143, § 2º; Lei n. 10.048/2000, art. 1º; Res.-TSE n. 23.381/2012, art. 5º, § 1º):

I – candidatas e candidatos;

II – juízas e juízes eleitorais, bem como suas(seus) auxiliares de serviço;

III – servidoras e servidores da Justiça Eleitoral;

IV – promotoras e promotores eleitorais;

V – policiais militares em serviço;

VI – idosas e idosos com idade igual ou superior a 60 (sessenta) anos;

VII – pessoas com deficiência;

VIII – pessoas com mobilidade reduzida;

IX – pessoas enfermas;

X – pessoas com transtorno do espectro autista;

XI – pessoas obesas;

XII – gestantes;

XIII – lactantes;

XIV – pessoas com crianças de colo; e

XV – pessoas doadoras de sangue.

§ 3º A preferência garantida no § 2º deste artigo considerará a ordem de chegada à fila de votação, observada a preferência das pessoas com mais de 80 (oitenta) anos, que terão preferência sobre as demais, independente do momento de chegada à seção eleitoral.

§ 4º A preferência para votar é extensiva à(ao) acompanhante ou à(ao) atendente pessoal, ainda que essa(e) não vote na mesma seção eleitoral da(o) titular da prioridade prevista nos incisos VI a XV do § 2º deste artigo (Lei n. 10.048/2000).

§ 5º As pessoas doadoras de sangue terão direito à prioridade para votar após todos os demais beneficiados no rol constante do § 2º deste artigo, mediante apresentação de comprovante de doação, com validade de 120 (cento e vinte) dias (Lei n. 10.048/2000, art. 1º, § 2º).

Art. 101. Somente serão admitidos a votar eleitoras e eleitores cujos nomes estiverem cadastrados na seção eleitoral (Código Eleitoral, art. 148).

§ 1º Poderá votar eleitora ou eleitor cujo nome não figure no Caderno de Votação, desde que os seus dados constem do cadastro da urna (Código Eleitoral, art. 146, VII).

§ 2º A eleitora ou o eleitor cujos dados não constarem do cadastro da urna será orientada(o) a contatar o cartório eleitoral a fim de regularizar sua situação.

§ 3º As ocorrências devem ser consignadas na Ata da Mesa Receptora.

Art. 102. Para comprovar a identidade da eleitora ou do eleitor perante a Mesa Receptora de Votos serão aceitos os seguintes documentos oficiais com foto, inclusive os digitais:

I – e-Título (Res.-TSE n. 23.659/2021, art. 72);

II – carteira de identidade, identidade social, passaporte ou outro documento de valor legal equivalente, inclusive carteira de categoria profissional reconhecida por lei;

III – certificado de reservista;

IV – carteira de trabalho, e

V – carteira nacional de habilitação.

§ 1º Os documentos relacionados no *caput* deste artigo poderão ser aceitos ainda que expirada a data de validade, desde que seja possível comprovar sua identidade.

§ 2º Não será admitida certidão de nascimento ou de casamento como prova de identidade no momento da votação.

§ 3º Não será admitida como meio de identificação a carteira de trabalho digital, nos termos do § 3º do art. 3º da Portaria-MTP n. 671/2021.

Art. 103. Havendo dúvida quanto à identidade da eleitora ou do eleitor, mesmo que esteja portando título eleitoral e documento oficial com foto, a(o) presidente da Mesa Receptora de Votos deverá (Código Eleitoral, art. 147):

I – interrogá-la(lo) sobre os dados do título, do documento oficial ou do Caderno de Votação;

II – confrontar a assinatura constante desses documentos com a feita pela eleitora ou pelo eleitor na sua presença; e

III – fazer constar da Ata da Mesa Receptora os detalhes do ocorrido.

§ 1º Além dos procedimentos previstos no *caput* deste artigo, a identidade poderá ser validada por reconhecimento biométrico na urna eletrônica, quando disponível.

§ 2º A impugnação à identidade do eleitor ou da eleitora, formulada pela Mesa Receptora de Votos, pelas(os) fiscais ou por qualquer eleitora ou eleitor será apresentada verbalmente ou por escrito, desde que antes de a pessoa ter iniciado a votação (Código Eleitoral, art. 147, § 1º).

§ 3º Se persistir a dúvida ou for mantida a impugnação, a(o) presidente da Mesa Receptora de Votos solicitará a presença da juíza ou do juiz eleitoral para decisão.

Art. 104. Serão observados, na votação, os seguintes procedimentos (Código Eleitoral, art. 146):

I – a eleitora ou o eleitor, ao se apresentar na seção e antes de adentrar o recinto da Mesa Receptora de Votos, deverá postar-se em fila;

II – admitida(o) a entrar, a eleitora ou o eleitor apresentará à Mesa Receptora de Votos seu documento de identificação com foto, o qual poderá ser examinado pelos fiscais dos partidos, das federações e das coligações;

III – não havendo dúvidas quanto à identidade da eleitora ou do eleitor, a mesária ou o mesário digitará o número do título eleitoral ou do CPF no terminal;

IV – aceito o número do título eleitoral ou do CPF pelo sistema da urna, a(o) presidente da Mesa solicitará à eleitora ou ao eleitor que posicione o dedo polegar ou o indicador sobre o sensor biométrico;

V – havendo o reconhecimento da biometria, a mesária ou o mesário autorizará a eleitora ou o eleitor a votar, dispensando a assinatura no Caderno de Votação;

VI – na cabina de votação, a eleitora ou o eleitor indicará os números correspondentes a suas(seus) candidatas(os); e

VII – concluída a votação, serão restituídos à eleitora ou ao eleitor os documentos apresentados e o comprovante de votação.

§ 1º Se o documento apresentado estiver em formato digital, a mesária ou o mesário, após a identificação, orientará a eleitora ou o eleitor a desligar o aparelho utilizado para a identificação e a depositá-lo em lugar visível, conforme o § 1º do art. 108.

§ 2º A leitura da biometria a que se refere o inciso IV do *caput* deste artigo poderá ser repetida por até 4 (quatro) vezes, observando-se as mensagens apresentadas no Terminal do Mesário.

§ 3º Não se tendo êxito no reconhecimento da biometria, a(o) presidente da Mesa deverá conferir se houve erro na localização da eleitora ou do eleitor no Caderno de Votação e, se identificado o equívoco, realizará nova tentativa.

Art. 105. Se a eleitora ou o eleitor não possuir biometria coletada, a habilitação para votar se dará com a digitação do ano de seu nascimento, conforme informado pela(o) eleitora ou eleitor.

§ 1º Caso o ano de nascimento digitado não seja aceito pela urna, a(o) presidente da Mesa Receptora repetirá a pergunta quanto ao ano de nascimento e o digitará no Terminal do Mesário.

§ 2º Persistindo o não reconhecimento, a eleitora ou o eleitor será orientada(o) a contatar a Justiça Eleitoral para consultar sobre o ano de nascimento constante do Cadastro Eleitoral para que proceda à nova tentativa de votação.

Art. 106. Na hipótese de não reconhecimento da biometria, após o procedimento descrito no § 3º do art. 104, a(o) presidente da Mesa indagará o ano do nascimento da eleitora ou do eleitor, digitando-o no Terminal do Mesário, e:

I – se coincidente, autorizará a eleitora ou o eleitor a votar;

II – se não coincidente, em última tentativa, repetirá a pergunta quanto ao ano de nascimento e o digitará no Terminal do Mesário;

III – se persistir o não reconhecimento, a eleitora ou o eleitor será orientada(o) a contatar a Justiça Eleitoral para consultar sobre o ano de nascimento constante do Cadastro Eleitoral para que proceda à nova tentativa de votação.

§ 1º Aceito o ano de nascimento pela urna, a eleitora ou o eleitor:

I – assinará o Caderno de Votação ou premirá sua impressão digital, se não souber ou não puder assinar;

II – será habilitada(o) a votar mediante a leitura da digital da mesária ou do mesário; e

III – será orientada(o) a procurar posteriormente o cartório eleitoral para atualização de seus dados (Res.-TSE n. 23.659/2021, art. 8º, § 4º).

§ 2º As situações ocorridas neste artigo deverão ser consignadas na Ata da Mesa Receptora.

Art. 107. A primeira eleitora ou o primeiro eleitor a votar será convidada(o) a aguardar, na Mesa Receptora de Votos, até que a segunda eleitora ou o segundo eleitor conclua o seu voto, para possibilitar, em caso de falha na urna, o procedimento previsto no art. 118 desta Resolução.

Art. 108. Na cabina de votação, é vedado à eleitora ou ao eleitor portar aparelho de telefonia celular, máquinas fotográficas, filmadoras, equipamento de radiocomunicação ou qualquer instrumento que possa comprometer o sigilo do voto, ainda que desligados (Lei n. 9.504/1997, art. 91-A, parágrafo único; Res.-TSE n. 23.659/2021, art. 72).

§ 1º Para que a eleitora ou o eleitor possa se dirigir à cabina de votação, os aparelhos mencionados no *caput* deste artigo deverão ser desligados e depositados, com seus demais pertences, em local próprio posicionado à vista da Mesa Receptora e da eleitora ou do eleitor.

§ 2º A Mesa Receptora ficará responsável pela guarda dos aparelhos e dos pertences mencionados no *caput* deste artigo, os quais serão recuperados pela eleitora ou pelo eleitor, concluída a votação.

§ 3º Concluída a votação, a Mesa Receptora restituirá à eleitora ou ao eleitor o documento de identidade apresentado e o comprovante de votação.

§ 4º Havendo recusa em entregar os aparelhos descritos no *caput* deste artigo, a eleitora ou o eleitor não será autorizada(o) a votar e a presidência da Mesa Receptora fará constar em ata os detalhes do ocorrido e, havendo necessidade, acionará a força policial para adoção das providências necessárias, sem prejuízo de comunicação à juíza ou ao juiz eleitoral.

Art. 109. Nas seções eleitorais onde houver necessidade, a pedido da juíza ou do juiz eleitoral, poderão ser utilizados detectores portáteis de metal para impedir o uso de equipamentos eletrônicos na cabina de votação.

§ 1º Os custos operacionais para a execução das medidas constantes no *caput* deste artigo correrão por conta dos tribunais regionais eleitorais.

§ 2º Os tribunais regionais eleitorais adotarão medidas para a celebração de termo de cooperação com as Justiças Estadual ou Federal, sem prejuízo de outras entidades que possam cooperar, para a execução das medidas constantes no *caput*.

Art. 110. Será permitido o uso de instrumentos que auxiliem a eleitora ou o eleitor analfabeta(o) a votar, os quais serão submetidos à decisão da(o) presidente da Mesa Receptora, não sendo a Justiça Eleitoral obrigada a fornecê-los (Lei n. 9.504/1997, art. 89).

Parágrafo único. O auxílio de que trata o *caput* deste artigo não poderá ser por instrumentos ou ações que comprometam o sigilo do voto.

Art. 111. A eleitora ou o eleitor com deficiência ou com mobilidade reduzida, independente do motivo ou tipo, poderá, ao votar, ser auxiliada(o) por pessoa de sua escolha, ainda que não o tenha requerido antecipadamente à juíza ou ao juiz eleitoral, sem prejuízo do disposto nos incisos II, III e IV do § 4º deste artigo (Lei n. 13.146/2015, art. 76, § 1º, IV; Res.-TSE n. 23.659/2021, art. 14, § 2º, III).

§ 1º A(O) presidente da Mesa, verificando ser imprescindível que a eleitora ou o eleitor com deficiência ou mobilidade reduzida seja auxiliada(o) por pessoa de sua escolha, autorizará o ingresso dessa segunda pessoa com a eleitora ou com o eleitor na cabina, sendo-lhe permitido, inclusive, digitar os números na urna.

§ 2º A pessoa que auxiliar a eleitora ou o eleitor com deficiência ou mobilidade reduzida deverá identificar-se perante a Mesa Receptora e não poderá estar a serviço da Justiça Eleitoral ou de partido político, federação ou coligação.

§ 3º A assistência de outra pessoa à eleitora ou ao eleitor com deficiência ou mobilidade reduzida de que trata este artigo deverá ser consignada na Ata da Mesa Receptora.

§ 4º Para votar, serão assegurados à eleitora ou ao eleitor com deficiência visual (Código Eleitoral, art. 150, I a III):

I – a utilização do alfabeto comum ou do Sistema Braille para assinar o Caderno de Votação ou assinalar as cédulas, se for o caso;

II – o uso de instrumento mecânico que trouxer ou que lhe for fornecido pela Mesa Receptora de Votos;

III – receber das mesárias ou dos mesários orientação sobre o uso do sistema de áudio disponível na urna, com fone de ouvido descartável fornecido pela Justiça Eleitoral;

IV – receber das mesárias ou dos mesários orientação sobre o uso da marca de identificação da tecla 5 (cinco) da urna.

§ 5º Para garantir o uso do fone de ouvido previsto no inciso III do § 4º deste artigo, os tribunais regionais eleitorais providenciarão quantidade suficiente de dispositivos descartáveis por local de votação, para atender a demanda específica (Res.-TSE n. 23.381/2012, art. § 4º, § 2º).

§ 6º Em respeito à dignidade e à saúde da eleitora e do eleitor com deficiência visual, os tribunais regionais eleitorais deverão adquirir conjuntos completos de fones de ouvido descartáveis, para uso individual, vedada a reutilização de fones ainda que cobertos por protetores auriculares descartáveis.

§ 7º A eleitora ou o eleitor com deficiência ou mobilidade reduzida que desejar atualizar sua condição no Cadastro Eleitoral deverá preencher, datar e assinar o Formulário para Identificação de Eleitora e de Eleitor com Deficiência ou Mobilidade Reduzida, para encaminhamento, ao Cartório Eleitoral, ao final dos trabalhos da Mesa Receptora (Res.-TSE n. 23.381/2012, art. 8º, § 1º).

Art. 112. O Tribunal Superior Eleitoral poderá desenvolver ou incorporar recursos ou elementos tecnológicos de acessibilidade para ampliar o acesso à pessoa com deficiência ao regular exercício do voto em condições de igualdade, nos termos da Lei n. 13.146/2015 (Estatuto da Pessoa com Deficiência).

Art. 113. A votação será feita no número da(o) candidata(o) ou da legenda partidária, devendo o nome e a fotografia da candidata ou do candidato, com o respectivo cargo disputado, assim como a sigla do partido político, aparecer no painel da urna (Lei n. 9.504/1997, art. 59, § 1º).

§ 1º A urna exibirá, inicialmente, o painel relativo à eleição para o cargo de vereador e, em seguida, o painel para o de prefeito (Lei n. 9.504/1997, art. 59, § 3º).

§ 2º O painel referente ao cargo de prefeito exibirá também a foto e o nome da(o) respectiva(o) candidata(o) a vice.

§ 3º O Terminal do Mesário informará o cargo cuja votação está em curso, para facilitar o fornecimento de orientações sobre o processo de votação, se solicitadas pela eleitora ou pelo eleitor.

§ 4º A funcionalidade mencionada no § 3º deste artigo não abrange as ações adotadas pela eleitora ou pelo eleitor na urna, ficando preservado, em sua integralidade, o sigilo do voto.

§ 5º Não havendo candidatas ou candidatos aptas(os) ao cargo, a urna exibirá mensagem informativa à eleitora ou ao eleitor.

§ 6º Na hipótese da realização de consultas populares simultaneamente às eleições municipais, os painéis referentes aos cargos ou às perguntas serão apresentados após a votação para o cargo de prefeito.

Art. 114. Se, após a identificação, a eleitora ou de o eleitor recusar-se a votar ou tiver dificuldade na votação eletrônica e não confirmar nenhum voto, a(o) presidente da Mesa deverá suspender a votação por meio de código próprio.

Parágrafo único. Ocorrendo a situação descrita no *caput* deste artigo, a(o) presidente da Mesa reterá o comprovante de votação, assegurado à eleitora ou ao eleitor, até o encerramento da votação, retornar à seção para exercer o direito ao voto.

Art. 115. Se a eleitora ou o eleitor deixar a cabina após confirmar pelo menos um voto, mas sem concluir a votação, o(a) presidente da Mesa a(o) alertará sobre os cargos para o(s) qual(is) ainda não foi confirmado o voto, solicitando que retorne à cabina e conclua o processo.

§ 1º Se a eleitora ou o eleitor se recusar a concluir a votação, será informada(o) de que não poderá retornar em outro momento para votar nos demais cargos.

§ 2º Persistindo a recusa, a eleitora ou o eleitor receberá o comprovante de votação e a(o) presidente da Mesa, utilizando-se de código próprio, liberará a urna, a fim de possibilitar a continuidade dos trabalhos da Mesa Receptora de Votos.

§ 3º Os votos não confirmados pela eleitora ou pelo eleitor que abandonou a votação serão computados como nulos.

Art. 116. Ocorrendo alguma das situações descritas nos arts. 114 ou 115 desta Resolução, o fato deverá ser registrado na Ata da Mesa Receptora.

Art. 117. A adoção da identificação biométrica é obrigatória em todas as seções eleitorais do país.

Seção IV
Da Contingência na Votação

Art. 118. Se houver falha na urna em algum momento da votação, a(o) presidente da Mesa, à vista das(os) fiscais presentes, deverá desligar e religar a urna, digitando o código de reinício da votação.

§ 1º Persistindo a falha, a(o) presidente da Mesa solicitará a presença de equipe designada pela juíza ou pelo juiz eleitoral, à qual caberá analisar a situação e adotar, em qualquer ordem, um ou mais dos seguintes procedimentos para a solução do problema:

I – reposicionar a mídia de votação;

II – substituir a urna defeituosa por uma de contingência, remetendo a urna com defeito ao local designado pela Justiça Eleitoral;

III – substituir a mídia defeituosa por uma de contingência, acondicionando a mídia de votação danificada no "Envelope de Segurança", devidamente identificado, assinado e lacrado, remetendo-a ao local designado pela Justiça Eleitoral.

§ 2º Os lacres das urnas rompidos durante os procedimentos deverão ser repostos e assinados, no ato, pelas(os) componentes da Mesa Receptora de Votos, pela juíza ou pelo juiz eleitoral e pelas(os) fiscais, se presentes.

§ 3º A equipe designada pela juíza ou pelo juiz eleitoral poderá realizar mais de uma tentativa entre as previstas neste artigo.

Art. 119. Se for alegada falha no teclado ou ausência ou desconformidade do número de candidata ou candidato, a equipe técnica designada pela juíza ou juiz eleitoral poderá testar o funcionamento do teclado ou verificar a lista das candidaturas constantes da urna.

Parágrafo único. Verificado o mau funcionamento do teclado, a urna deverá ser substituída, observado o procedimento descrito no inciso II do § 1º do art. 118.

Art. 120. No dia da votação, poderá ser efetuada carga em urnas para contingência, a qualquer momento, observado, no que couber, o disposto nos arts. 69 e 72 desta Resolução, com o devido registro em ata.

Art. 121. Se houver falha na urna que impeça a continuidade da votação eletrônica antes que a(o) segunda(o) eleitor(a) conclua seu voto, e esgotadas as possibilidades previstas no art. 118 desta Resolução, deverá a(o) primeira(o) eleitor(a) votar novamente, em outra urna ou em cédulas, sendo o voto sufragado na urna danificada considerado insubsistente.

Parágrafo único. Na hipótese do *caput* deste artigo, para garantir o uso do sistema eletrônico, poderá ser realizada carga em urna para a seção, obedecendo, no que couber, ao disposto nos arts. 69 e 72 desta Resolução, com os devidos registros em ata.

Art. 122. Se os procedimentos de contingência não tiverem êxito, a votação se dará por cédulas até seu encerramento, devendo a pessoa designada pela juíza ou pelo juiz eleitoral adotar as seguintes providências:

I – retornar a mídia de votação à urna defeituosa;

II – lacrar a urna defeituosa, mantendo-a no recinto da seção, para que seja enviada, ao final da votação, à junta eleitoral, com os demais materiais de votação;

III – lacrar a urna de contingência, remetendo-a ao local designado pela juíza ou pelo juiz eleitoral;

IV – colocar a mídia de contingência no "Envelope de Segurança", que deverá ser identificado, lacrado, assinado e remetido ao local designado pela juíza ou pelo juiz eleitoral, não podendo ser reutilizada.

Art. 123. Todas as ocorrências descritas nos arts. 118, 121 e 122 desta Resolução deverão ser consignadas na Ata da Mesa Receptora, com as providências adotadas e o resultado obtido.

Art. 124. Iniciada a votação por cédulas, não se poderá retornar ao processo eletrônico de votação na mesma seção eleitoral.

Art. 125. É proibido realizar manutenção de urna eletrônica na seção eleitoral no dia da votação, salvo ajuste ou troca de bateria e da impressora, ressalvados os procedimentos descritos no art. 118 desta Resolução.

Art. 126. Todas as ocorrências relativas às urnas deverão ser comunicadas pelas juízas e pelos juízes eleitorais aos tribunais regionais eleitorais, durante o processo de votação, pelo sistema de registro de ocorrências.

Seção V
Da Votação por Cédulas de Uso Contingente

Art. 127. A forma de votação descrita nesta seção apenas será realizada na impossibilidade de utilização do sistema eletrônico de votação.

Parágrafo único. As cédulas de uso contingente serão confeccionadas de acordo com o modelo definido pelo Tribunal Superior Eleitoral.

Art. 128. Para os casos de votação por cédulas, a juíza ou o juiz eleitoral fará entregar à(o) presidente da Mesa Receptora, mediante recibo, os seguintes materiais:

I – cédulas oficiais de uso contingente, destinadas à votação;

II – urna de lona lacrada; e

III – lacre para ser colado na fenda da urna de lona após o encerramento da votação ("Lacre da Mesa Receptora").

Art. 129. Serão observadas, na votação por cédulas, no que couber, as normas do art. 104 desta Resolução e, ainda:

I – entregue à eleitora ou ao eleitor, inicialmente, a cédula para a eleição proporcional; em seguida, a da eleição majoritária; por fim, havendo consultas populares, as cédulas correspondentes (Lei n. 9.504/1997, art. 84);

II – a eleitora ou o eleitor será instruída(o) sobre como dobrar as cédulas após a anotação do voto e a maneira de inseri-las na urna de lona;

III – as cédulas serão entregues à eleitora ou ao eleitor abertas, rubricadas e numeradas pelas(os) mesárias(os), em séries de 1 (um) a 9 (nove) (Código Eleitoral, art. 127, VI);

IV – para cada cédula, a eleitora ou o eleitor será convidada(o) a se dirigir à cabina para indicar os números ou os nomes das candidatas ou dos candidatos ou a sigla ou número do partido e, havendo consulta popular, a opção de sua preferência, e dobrará cada cédula (Código Eleitoral, art. 146, IX);

V – ao sair da cabina, a eleitora ou o eleitor depositará a cédula na urna de lona, fazendo-o de maneira a mostrar a parte rubricada às mesárias, aos mesários e às(aos) fiscais presentes, para que verifiquem, sem nelas tocar, se não foram substituídas (Código Eleitoral, art. 146, X e XI);

VI – se a eleitora ou o eleitor, ao receber as cédulas, ou durante o ato de votar, verificar que estão rasuradas ou de algum modo viciadas, ou se ela(ele), por imprudência, negligência ou imperícia, as inutilizar, estragar ou assinalar erradamente, poderá pedir outras à mesária ou ao mesário, restituindo-lhe as primeiras, que serão imediatamente inutilizadas à vista das pessoas presentes, sem quebra de sigilo de seu conteúdo, fazendo constar a ocorrência na Ata da Mesa Receptora (Código Eleitoral, art. 146, XIII);

VII – após o depósito das cédulas na urna de lona, a mesária ou o mesário entregará à eleitora ou ao eleitor o comprovante de votação e seu documento de identificação (Código Eleitoral, art. 146, XIV).

Art. 130. Ao término da votação, além dos procedimentos descritos no art. 98 desta Resolução, no que couber, a(o) presidente da Mesa Receptora tomará as seguintes providências:

I – vedará a fenda da urna de lona com o "Lacre da Mesa Receptora" e rubricará o lacre, assim como as(os) demais mesárias(os) e, facultativamente, as(os) fiscais presentes (Código Eleitoral, art. 154, I);

II – entregará a urna de lona, a urna eletrônica e os documentos da votação de acordo com o estabelecido no art. 98 desta Resolução, mediante recibo, em 2 (duas) vias, com a indicação da hora, devendo os documentos da seção eleitoral ser acondicionados em envelopes rubricados pelo(a) presidente e pelas(os) fiscais que desejarem.

Seção VI
Do Encerramento da Votação

Art. 131. O recebimento dos votos terminará às 17h (dezessete horas), horário de Brasília, desde que não haja eleitoras ou eleitores presentes na fila de votação da seção eleitoral (Código Eleitoral, art. 144).

§ 1º Havendo eleitoras ou eleitores na fila, a mesário ou o mesário procederá à sua identificação e entregará a respectiva senha, começando pela(o) última(o) da fila, para que sejam admitidas(os) a votar (Código Eleitoral, art. 153, *caput*).

§ 2º A votação continuará na ordem decrescente das senhas distribuídas até a última eleitora ou eleitor votar (Código Eleitoral, art. 153, parágrafo único).

Art. 132. Encerrada a votação, a(o) presidente da Mesa Receptora de Votos adotará as providências descritas no art. 98 desta Resolução e finalizará a Ata da Mesa Receptora, da qual constarão, sem prejuízo de outras ocorrências significativas, pelo menos, os seguintes itens:

I – o nome das(os) componentes da Mesa Receptora que compareceram, consignando atrasos e saídas antecipadas (Código Eleitoral, art. 154, III, *a*);

II – as substituições e nomeações de componentes da Mesa Receptora eventualmente realizadas (Código Eleitoral, art. 154, III, *b*);

III – os nomes das(os) fiscais que compareceram durante a votação (Código Eleitoral, art. 154, III, *c*);

IV – a causa, se houver, do retardamento para o início ou para o encerramento da votação (Código Eleitoral, art. 154, III, *d*);

V – o motivo de não terem votado eleitoras ou eleitores que compareceram (Código Eleitoral, art. 154, III, *g*);

VI – os protestos e as impugnações apresentados, assim como as decisões proferidas (Código Eleitoral, art. 154, III, *h*);

VII – a razão e o tempo da interrupção da votação, se tiver havido, e as providências adotadas (Código Eleitoral, art. 154, III, *i*); e

VIII – a ressalva das rasuras, emendas e entrelinhas porventura existentes nos Cadernos de Votação e na Ata da Mesa Receptora, ou a declaração de não existirem (Código Eleitoral, art. 154, III, *j*).

Art. 133. Os Boletins de Urna serão impressos em 5 (cinco) vias obrigatórias e em até 5 (cinco) vias adicionais.

Art. 134. Se, por motivo técnico, não forem emitidas todas as vias obrigatórias dos Boletins de Urna ou se estiverem ilegíveis, após a observância do disposto no art. 118 desta Resolução, a(o) presidente da Mesa tomará, à vista das(os) fiscais presentes, as seguintes providências:

I – desligará a urna;

II – desconectará a urna da tomada ou da bateria externa;

III – acondicionará a urna na embalagem própria;

IV – registrará a ocorrência na Ata da Mesa Receptora;

V – comunicará o fato à juíza ou ao juiz eleitoral, ou à pessoa por ela ou por ele designada, pelo meio de comunicação mais rápido; e

VI – encaminhará a urna à junta eleitoral, para a adoção de medidas que possibilitem a impressão dos Boletins de Urna.

Parágrafo único. Se for emitida apenas 1 (uma) via obrigatória, esta deverá ser encaminhada à junta eleitoral, sem prejuízo das providências previstas neste artigo.

Art. 135. A(O) presidente da junta eleitoral, ou quem for designada(o), tomará as providências necessárias para o recebimento das mídias e dos documentos mencionados nos incisos XV e XVI do art. 98 desta Resolução.

Art. 136. As(Os) fiscais dos partidos políticos, das federações e das coligações poderão acompanhar a urna e todo e qualquer material referente à votação, do início ao encerramento dos trabalhos até sua entrega na junta eleitoral, desde que às suas expensas.

Seção VII
Dos Trabalhos de Justificativa

Art. 137. A eleitora ou o eleitor ausente do seu domicílio eleitoral na data do pleito poderá, no mesmo dia e horário da votação, justificar sua falta:

I – pelo aplicativo e-Título;

II – nos locais de votação, perante as Mesas Receptoras de Votos; ou

III – nas Mesas Receptoras de Justificativa instaladas exclusivamente para essa finalidade, nos locais divulgados pelos tribunais regionais eleitorais e pelos cartórios eleitorais.

§ 1º A justificativa realizada nos termos do *caput* deste artigo dispensa a apresentação de qualquer outra documentação ou prova de que a eleitora ou o eleitor não estava em seu domicílio eleitoral.

§ 2º Os tribunais regionais eleitorais e os juízos eleitorais darão ampla publicidade sobre os meios pelos quais as pessoas eleitoras poderão justificar a ausência às urnas no primeiro e no segundo turno.

Art. 138. As Mesas Receptoras de Justificativa funcionarão das 8h (oito horas) às 17h (dezessete horas) do dia da eleição, horário de Brasília.

Parágrafo único. Havendo eleitoras ou eleitores na fila, a mesária ou o mesário procederá à identificação da eleitora ou do eleitor e entregará a respectiva senha, começando pela(o) última(o) da fila, para que sejam admitidas(os) a justificar a ausência (Código Eleitoral, art. 153, *caput*).

Art. 139. A eleitora ou o eleitor deverá comparecer a um dos locais destinados ao recebimento das justificativas com o formulário "Requerimento de Justificativa Eleitoral" (RJE) preenchido, o número do título eleitoral e o documento de identificação, nos termos do art. 102 desta Resolução.

§ 1º A eleitora ou o eleitor deverá postar-se em fila única à entrada do recinto da Mesa e, quando autorizada(o), entregará o formulário preenchido e apresentará o documento de identificação à mesária ou ao mesário.

§ 2º A mesária ou o mesário da Mesa Receptora deverá:

I – conferir o preenchimento do RJE;

II – identificar a eleitora ou o eleitor;

III – anotar no RJE a unidade da Federação, o Município, a zona e a seção eleitoral ou número da Mesa Receptora de Justificativa da entrega do requerimento;

IV – digitar, no Terminal do Mesário, o número do título eleitoral, caso a justificativa seja consignada em urna; e

V – entregar o comprovante preenchido e rubricado.

§ 3º O formulário RJE preenchido com dados incorretos, que não permitam a identificação da eleitora ou do eleitor, não será hábil para justificar a ausência na eleição (Res.-TSE n. 23.659/2021, art. 126, II).

Art. 140. Compete ao juízo eleitoral responsável pela recepção dos RJEs não registrados em urna lançar as informações no Cadastro Eleitoral, até 11 de dezembro de 2024, em relação ao primeiro e ao segundo turnos, conferindo o seu processamento.

Art. 141. Os formulários RJEs deverão ser conservados no Cartório Eleitoral responsável pela recepção das justificativas e poderão ser descartados após seu processamento no sistema.

Art. 142. O formulário RJE poderá ser obtido nas páginas da Justiça Eleitoral na internet e será fornecido gratuitamente às eleitoras e aos eleitores, nos:

I – cartórios eleitorais;

II – locais de votação, no dia da eleição;

III – locais de justificativa, no dia da eleição; e

IV – outros locais, desde que haja prévia autorização da Justiça Eleitoral.

Art. 143. A eleitora ou o eleitor que não votar e não justificar a falta no dia da eleição poderá fazê-lo até 5 de dezembro de 2024, em relação ao primeiro turno, e até 7 de janeiro de 2025, em relação ao segundo turno, por requerimento a ser apresentado em qualquer zona eleitoral, pelo aplicativo eTítulo ou pelo serviço disponível nos sítios eletrônicos do Tribunal Superior Eleitoral e dos tribunais regionais eleitorais (Lei n. 6.091/1974, art. 16; Res.-TSE n. 23.659/2021, art. 126).

§ 1º O requerimento de justificativa deverá ser acompanhado dos documentos que comprovem o motivo apresentado pela eleitora ou pelo eleitor.

§ 2º O cartório eleitoral que receber o requerimento providenciará a sua remessa à zona eleitoral em que a eleitora ou o eleitor é inscrita(o) (Res.-TSE n. 23.659/2021, art. 126, parágrafo único).

§ 3º Para a eleitora ou o eleitor inscrita(o) no Brasil que se encontrar no exterior na data do pleito, o prazo para requerer sua justificativa será de 30 (trinta) dias, contados do seu retorno ao país (Lei n. 6.091/1974, art. 16, § 2º; Res.-TSE n. 23.659/2021, art. 126, I, *b*).

§ 4º A eleitora ou o eleitor inscrita(o) no Brasil que esteja no exterior no dia da eleição e queira justificar a ausência antes do retorno ao Brasil poderá encaminhar justificativa de ausência de voto diretamente ao cartório eleitoral de sua inscrição, pelos serviços de postagens ou pelo serviço disponível no sítio eletrônico do Tribunal Superior Eleitoral (Res.-TSE n. 23.659/2021, art. 126, I, *b*).

Art. 144. Não serão processadas as justificativas realizadas no dia da eleição, consignadas no mesmo Município nos quais as eleitoras ou os eleitores foram habilitadas(os) para votar.

Capítulo II
Da Fiscalização Perante as Mesas Receptoras

Art. 145. Os partidos políticos, as federações e as coligações poderão fiscalizar todas as fases do processo de votação e apuração das eleições nas seções eleitorais (Lei n. 9.504/1997, art. 66).

Art. 146. Cada partido político, coligação ou federação poderá nomear até 2 (duas/dois) delegadas(os) para cada Município e 2 (duas/dois) fiscais para cada Mesa Receptora (Código Eleitoral, art. 131; *caput*; Lei n. 9.504/1997, art. 65, § 4º).

§ 1º Nas Mesas Receptoras, poderá atuar 1 (uma/um) fiscal de cada partido, federação ou coligação por vez, mantendo-se a ordem no local de votação (Código Eleitoral, art. 131, *caput*).

§ 2º A(O) fiscal poderá acompanhar mais de uma seção eleitoral (Lei n. 9.504/1997, art. 65, § 1º).

§ 3º Quando o Município abranger mais de uma zona eleitoral, cada partido político, federação ou coligação poderá nomear 2 (duas/dois) delegadas(os) para cada uma delas (Código Eleitoral, art. 131, § 1º).

§ 4º A escolha de fiscal e de delegada ou de delegado de partido político, de federação ou de coligação não poderá recair em menor de 18 (dezoito) anos ou em quem, por nomeação de juíza ou juiz eleitoral, já faça parte de Mesa Receptora, do apoio logístico ou da junta eleitoral (Lei n. 9.504/1997, art. 65, *caput*).

§ 5º As credenciais das(os) fiscais e das delegadas e dos delegados serão expedidas, exclusivamente, pelos partidos políticos, pelas federações e pelas coligações, sendo desnecessário o visto da juíza ou do juiz eleitoral (Lei n. 9.504/1997, art. 65, § 2º).

§ 6º Para efeito do disposto no § 5º deste artigo, a(o) presidente do partido político ou da federação, ou a(o) representante da coligação, ou outra pessoa por eles indicada, deverá informar às juízas ou aos juízes eleitorais, até 4 de outubro, para o primeiro turno, e até 25 de outubro, para o segundo turno, os nomes das pessoas autorizadas a expedir as credenciais das(os) fiscais, delegadas e delegados, podendo os tribunais regionais eleitorais adotarem serviço virtual para este encaminhamento (Lei n. 9.504/1997, art. 65, § 3º).

§ 7º O credenciamento de fiscais é limitado aos partidos políticos, às federações e às coligações que participarem das eleições no Município.

§ 8º A(O) fiscal de partido político, de federação ou coligação poderá ser substituída(o) no curso dos trabalhos eleitorais (Código Eleitoral, art. 131, § 7º).

§ 9º Para o credenciamento e a atuação das(os) fiscais nas seções eleitorais instaladas nos estabelecimentos penais e de internação de adolescentes, deverá ser observada a ressalva contida no § 1º do art. 51 desta Resolução.

Art. 147. As candidatas e os candidatos registradas(os), as delegadas e os delegados e as(os) fiscais de partidos políticos, federações e coligações serão admitidos pelas Mesas Receptoras a fiscalizar a votação, formular protestos e fazer impugnações, inclusive sobre a identidade da eleitora ou do eleitor (Código Eleitoral, art. 132).

Art. 148. No dia da votação, durante os trabalhos, é obrigatório o uso de crachá de identificação pelas(os) fiscais dos partidos políticos, das federações e das coligações, vedada a padronização do vestuário (Lei n. 9.504/1997, art. 39-A, § 3º).

§ 1º O crachá deverá ter medidas que não ultrapassem 15cm (quinze centímetros) de comprimento por 12cm (doze centímetros) de largura e conter apenas o nome da(o) fiscal e o nome e a sigla do partido político ou da federação de partidos que representa, sem referência que possa ser interpretada como propaganda eleitoral (Lei n. 9.504/1997, art. 39-A, § 3º).

§ 2º Se o crachá ou o vestuário estiver em desacordo com as normas previstas neste artigo, a(o) presidente da Mesa Receptora orientará os ajustes necessários para que a(o) fiscal possa exercer sua função na seção eleitoral.

Capítulo III
Da Polícia dos Trabalhos Eleitorais

Art. 149. À(Ao) presidente da Mesa Receptora e à juíza ou ao juiz eleitoral caberá a polícia dos trabalhos eleitorais (Código Eleitoral, art. 139).

Art. 150. Somente poderão permanecer no recinto da Mesa Receptora as mesárias, os mesários, as candidatas, os candidatos, 1 (uma/um) fiscal e 1 (uma/um) delegada(o) de cada partido político, federação ou coligação e, durante o tempo necessário à votação, a eleitora ou o eleitor, mantendo-se a ordem no local de votação (Código Eleitoral, art. 140, *caput*).

§ 1º A(O) presidente da Mesa Receptora, que é, durante os trabalhos, a autoridade superior, fará retirar do recinto ou do edifício quem não guardar a ordem e a compostura devidas e estiver praticando algum ato atentatório à liberdade eleitoral (Código Eleitoral, art. 140, § 1º).

§ 2º Salvo a juíza ou o juiz eleitoral e as técnicas e os técnicos por ele designadas(os), nenhuma autoridade estranha à Mesa Receptora poderá intervir em seu funcionamento (Código Eleitoral, art. 140, § 2º).

Art. 151. A força armada se conservará a 100m (cem metros) da seção eleitoral e não poderá aproximar-se do lugar da votação ou nele adentrar sem ordem judicial ou do presidente da Mesa Receptora, nas 48h (quarenta e oito horas) que antecedem o pleito e nas 24h (vinte e quatro horas) que o sucedem, exceto nos estabelecimentos penais e nas unidades de internação de adolescentes, respeitado o sigilo do voto (Código Eleitoral, art. 141).

1º A vedação prevista no *caput* não se aplica aos integrantes das forças de segurança em serviço na Justiça Eleitoral e quando autorizados ou convocados pela autoridade eleitoral competente.

§ 2º A vedação prevista no *caput* deste artigo aplica-se, inclusive, aos civis que carreguem armas, ainda que detentores de porte ou licença estatal.

§ 3º A restrição prevista no *caput* deste artigo não se aplica à(ao) agente das forças de segurança pública que esteja em atividade geral de policiamento no dia das eleições, sendo-lhe permitido o porte de arma de fogo na seção eleitoral no momento em que for votar.

§ 4º Os tribunais, as juízas e os juízes eleitorais, em suas respectivas circunscrições, poderão solicitar à Presidência do Tribunal Superior Eleitoral a extensão da vedação constante no *caput* e no § 2º deste artigo aos locais que necessitem de idêntica proteção.

§ 5º No exercício de seu poder regulamentar e de polícia, o Tribunal Superior Eleitoral adotará todas as providências necessárias para tornar efetivas as vedações previstas neste artigo.

§ 6º O descumprimento do disposto no *caput* e no § 2º deste artigo acarretará a prisão em flagrante por porte ilegal de arma, sem prejuízo do crime eleitoral correspondente.

Art. 152. Fica proibido o transporte de armas e munições, em todo o território nacional, por colecionador(a), atirador(a) e caçador(a) no dia das eleições, nas 24h (vinte e quatro horas) que antecedem o pleito e nas 24h (vinte e quatro horas) que o sucedem.

Parágrafo único. O descumprimento do disposto no *caput* deste artigo acarretará a prisão em flagrante por porte ilegal de arma, sem prejuízo do crime eleitoral correspondente.

Capítulo IV
Dos Impressos para a Eleição

Seção I
Dos Modelos dos Impressos

Art. 153. Caberá ao Tribunal Superior Eleitoral elaborar os modelos e estabelecer as respectivas especificações para confecção de formulários, impressos, cédulas, lacres, etiquetas e demais artefatos a serem utilizados nas eleições de 2024, de acordo com o disposto neste capítulo.

Parágrafo único. Os modelos de que trata o *caput* deste artigo serão publicados em portaria específica e divulgados na página da internet do Tribunal Superior Eleitoral.

Seção II
Dos Formulários

Art. 154. Será de responsabilidade do Tribunal Superior Eleitoral a confecção dos seguintes impressos:

I – Caderno de Votação, incluindo as listagens das eleitoras e dos eleitores impedidas(os) de votar na seção a partir da última eleição ordinária municipal, e das pessoas com registro de nome social; e

II – Caderno de Votação das Eleitoras e dos Eleitores Transferidos Temporariamente.

Parágrafo único. Os relatórios de controle da distribuição dos Cadernos de Votação a que se refere este artigo estarão disponíveis em formato digital.

Art. 155. Será de responsabilidade dos tribunais regionais eleitorais a confecção dos seguintes impressos:

I – "Ata da Mesa Receptora";

II – formulário "Identificação de Eleitora e Eleitor com Deficiência ou Mobilidade Reduzida", no modelo definido para as Eleições 2024; e

III – formulário "Requerimento de Justificativa Eleitoral" (RJE).

Art. 156. A distribuição dos impressos a que se referem os arts. 154 e 155 desta Resolução será realizada conforme planejamento estabelecido pelo respectivo tribunal regional eleitoral.

§ 1º O estoque do formulário Requerimento de Justificativa Eleitoral (RJE) existente nos tribunais regionais eleitorais poderá ser distribuído e utilizado nas seções eleitorais e nas Mesas Receptoras de Justificativa.

§ 2º Os modelos de RJE que tenham o campo "Ano de Nascimento" deverão ser obrigatoriamente distribuídos para as Mesas Receptoras de Justificativa, para possibilitar a distribuição e o lançamento das justificativas nas urnas das seções eleitorais no dia da votação.

§ 3º Os formulários "Identificação de Eleitora e Eleitor com Deficiência ou Mobilidade Reduzida" de modelos anteriores não poderão ser utilizados nas Eleições 2024.

Seção III
Das Etiquetas para Mídia, Lacres e Envelopes de Segurança

Art. 157. Será de responsabilidade do Tribunal Superior Eleitoral a confecção de:

I – envelopes de segurança para acondicionamento das mídias utilizadas nas urnas eletrônicas;

II – lacres para as urnas eletrônicas; e

III – lacres para as urnas de lona.

Parágrafo único. Poderão ser utilizados os lacres para urna de lona em estoque nos tribunais regionais eleitorais.

Art. 158. Será de responsabilidade dos tribunais regionais eleitorais a confecção das etiquetas para identificação das mídias de carga, de votação e de resultados utilizadas nas urnas.

Parágrafo único. Os estoques de etiquetas e de envelopes de segurança existentes nos tribunais regionais eleitorais poderão ser utilizados.

Seção IV
Das Cédulas para Uso Contingente

Art. 159. As cédulas a serem utilizadas pela seção eleitoral que passar para o sistema de votação manual serão confeccionadas pelo tribunal regional eleitoral e distribuídas de acordo com sua logística (Lei n. 9.504/1997, art. 83, § 1º):

Art. 160. Haverá duas cédulas distintas (Lei n. 9.504/1997, art. 83, § 1º):

I – prefeito: para uso no primeiro e no segundo turno; e

II – vereador: para uso no primeiro turno.

§ 1º A cédula terá espaços para que a eleitora ou o eleitor escreva o nome ou o número da candidata ou do candidato escolhida(o), ou a sigla ou o número do partido de sua preferência, ou, em caso de consulta popular, as opções de resposta para cada pergunta formulada (Lei n. 9.504/1997, art. 83, §§ 2º e 3º).

§ 2º As cédulas serão confeccionadas para que, dobradas, resguardem o sigilo do voto sem necessidade do emprego de cola para fechá-las (Código Eleitoral, art. 104, § 6º).

§ 3º As cédulas no modelo definido para as Eleições 2024 serão confeccionadas em papéis das seguintes cores (Lei n. 9.504/1997, art. 84):

I – amarela, para as eleições majoritárias;

II – branca, para as eleições proporcionais;

III – cinza, para consulta popular de abrangência federal, se houver;

IV – verde, para consulta popular de abrangência estadual, se houver;

V – rosa, para consulta popular de abrangência municipal, se houver; e

VI – azul, para eleições suplementares, se houver.

Parágrafo único. As cédulas de modelos anteriores não poderão ser utilizadas nas Eleições 2024.

TÍTULO III
DA APURAÇÃO E TOTALIZAÇÃO DAS ELEIÇÕES

Capítulo I
Das Providências Preliminares

Seção I
Das Juntas Eleitorais

Art. 161. Em cada zona eleitoral, haverá pelo menos 1 (uma) junta eleitoral, composta por 1 (uma/um) juíza ou juiz de direito, que será a(o) presidente, e por 2 (duas/dois) ou 4 (quatro) cidadãs ou cidadãos que atuarão como membras(os) titulares, de notória idoneidade, nomeadas(os) pela(o) presidente do tribunal regional eleitoral, até 7 de agosto de 2024 (Código Eleitoral, art. 36, *caput* e § 1º; Lei Complementar n. 35/1979, art. 11).

§ 1º Até 26 de julho de 2024, os nomes das pessoas indicadas para compor as juntas eleitorais serão publicados em edital, podendo ser impugnados em petição fundamentada por partido político ou federação no prazo de 3 (três) dias (Código Eleitoral, art. 36, § 2º).

§ 2º A partir da publicação do edital de registro de candidaturas, inclusive os de substitutas(os) ou de vagas remanescentes, poderá ser apresentada impugnação, no prazo de 3 (três) dias, se a nomeada ou o nomeado enquadrar-se na proibição de que trata o inciso I do art. 164 desta Resolução.

§ 3º Os tribunais regionais eleitorais estabelecerão a forma de publicação dos editais, devendo priorizar o Diário da Justiça eletrônico (*DJe*).

Art. 162. Se necessário, poderão ser organizadas tantas juntas eleitorais quantas permitir o número de juízas e juízes de direito que gozem das garantias do art. 95 da Constituição Federal, mesmo que não sejam juízas ou juízes eleitorais (Código Eleitoral, art. 37, *caput*).

Parágrafo único. Nas zonas eleitorais em que for organizada mais de 1 (uma) junta, ou quando estiver vago o cargo de juíza ou juiz eleitoral, ou estiver a juíza ou o juiz impedida(o), a(o) presidente do TRE, com a aprovação do Pleno, designará juízas ou juízes de direito da mesma ou de outras comarcas para presidir as juntas eleitorais (Código Eleitoral, art. 37, parágrafo único).

Art. 163. À(Ao) presidente da junta eleitoral será facultado nomear, entre cidadãs e cidadãos de notória idoneidade, até 2 (duas/dois) escrutinadoras(es) ou auxiliares (Código Eleitoral, art. 38, *caput*).

§ 1º Até 6 de setembro de 2024, a(o) presidente da junta eleitoral comunicará à(ao) presidente do tribunal regional eleitoral os nomes das escrutinadoras, dos escrutinadores e das(os) auxiliares que houver nomeado e publicará edital, podendo partido político, federação ou coligação oferecer impugnação motivada no prazo de 3 (três) dias (Código Eleitoral, art. 39).

§ 2º Os tribunais regionais eleitorais estabelecerão a forma de publicação dos editais, devendo-se priorizar o Diário da Justiça eletrônico (*DJe*).

§ 3º A(O) presidente da junta eleitoral designará uma das pessoas nomeadas como membra(o), escrutinador(a) ou auxiliar para ser a secretária-geral ou o secretário-geral, a quem competirá organizar e coordenar os trabalhos da junta eleitoral, lavrar as atas e tomar por termo ou protocolar os recursos, neles funcionando como escrivã(o) (Código Eleitoral, art. 38, § 3º, I e II).

§ 4º O tribunal regional eleitoral poderá autorizar, excepcionalmente, em caso de votação por meio de cédulas, a contagem de votos pelas Mesas Receptoras, designando as mesárias e os mesários como escrutinadoras(es) da junta eleitoral (Código Eleitoral, arts. 188 e 189).

Art. 164. Não podem ser nomeadas(os) membras, membros, escrutinadoras, escrutinadores ou auxiliares da junta eleitoral (Código Eleitoral, art. 36, § 3º):

I – candidatas e candidatos e suas(seus) parentes, ainda que por afinidade, até o segundo grau, inclusive o cônjuge;

II – integrantes de diretorias de partidos políticos e de federações devidamente registradas(os) cujos nomes tenham sido oficialmente publicados;

III – autoridades públicas;

IV – agentes policiais;

V – ocupantes de cargos de confiança do Poder Executivo;

VI – as(os) que pertencerem ao serviço eleitoral; e

VII – eleitoras e eleitores menores de 18 (dezoito) anos.

Art. 165. Compete à junta eleitoral (Código Eleitoral, art. 40, I a III):

I – apurar a votação realizada nas seções eleitorais sob sua jurisdição;

II – resolver as impugnações, dúvidas e demais incidentes verificados durante os trabalhos da apuração;

III – expedir os Boletins de Urnas das seções que tiveram votação por cédulas ou quando não foi possível sua emissão normal nas seções eleitorais, com emprego dos sistemas de votação, de recuperação de dados ou de apuração; e

IV – expedir diploma às eleitas e aos eleitos, de acordo com sua jurisdição e competência.

Parágrafo único. A(O) presidente da junta eleitoral designará as(os) responsáveis pela operação do Sistema de Apuração (SA) da urna eletrônica para as operações descritas no inciso III do *caput* deste artigo.

Art. 166. Havendo necessidade, mais de uma junta eleitoral poderá ser instalada no mesmo local de apuração, mediante prévia autorização do tribunal regional eleitoral, desde que fiquem separadas, para acomodar, perfeitamente distinguidos, os trabalhos de cada uma delas.

Seção II
Da Fiscalização Perante as Juntas Eleitorais

Art. 167. Cada partido político, federação ou coligação poderá credenciar, perante o juízo eleitoral, até 3 (três) fiscais, que se revezarão na fiscalização dos trabalhos de apuração (Código Eleitoral, art. 161, *caput*; Lei n. 9.504/1997, art. 87, § 3º).

§ 1º A escolha de fiscal de partido político, de coligação ou de federação não poderá recair em menor de 18 (dezoito) anos ou em quem, por nomeação de juíza ou de juiz eleitoral, já faça parte de Mesa Receptora, do apoio logístico ou da junta eleitoral (Lei n. 9.504/1997, art. 65, *caput*).

§ 2º As credenciais das(os) fiscais serão expedidas, exclusivamente, pelos partidos políticos, pelas coligações e pelas federações e não necessitam de visto da juíza ou do juiz eleitoral (Lei n. 9.504/1997, art. 65, § 2º).

§ 3º Para efeito do disposto no § 2º deste artigo, a(o) presidente do partido político ou da federação, ou a(o) representante da coligação, ou outra pessoa por eles indicada deverá informar às juízas ou aos juízes eleitorais, até 4 de outubro, para o primeiro turno, e até 25 de outubro, para o segundo turno, os nomes das pessoas autorizadas a expedir as credenciais das(os) fiscais, delegadas e delegados, podendo os tribunais regionais eleitorais adotarem serviço virtual para este encaminhamento (Lei n. 9.504/1997, art. 65, § 3º).

§ 4º O credenciamento de fiscais limitar-se-á aos partidos políticos, às federações e às coligações que participarem das eleições.

§ 5º A expedição dos crachás das(os) fiscais das juntas eleitorais observará, no que couber, o previsto para a das(os) fiscais das Mesas Receptoras, nos termos do art. 148 desta Resolução.

Art. 168. Não será permitida, na junta eleitoral, a atuação concomitante de mais de 1 (uma/um) fiscal de cada partido político, de federação ou de coligação (Código Eleitoral, art. 161, § 2º; Lei n. 9.504/1997, art. 87, § 3º).

Parágrafo único. A(O) fiscal de partido político, de federação ou de coligação poderá ser substituída(o) no curso dos trabalhos eleitorais.

Art. 169. As(Os) fiscais dos partidos políticos, das federações e das coligações serão posicionadas(os) à distância não superior a 1m (um metro) de onde estiverem sendo desenvolvidos os trabalhos da junta eleitoral, para que possam observar diretamente qualquer procedimento realizado nas urnas eletrônicas e, na hipótese de apuração de cédulas (Lei n. 9.504/1997, art. 87):

I – a abertura da urna de lona;

II – a numeração sequencial e a contagem das cédulas;

III – o desdobramento das cédulas;

IV – a leitura dos votos; e

V – a digitação dos números no Sistema de Apuração.

Capítulo II
Da Apuração da Votação na Urna
Seção I
Do Registro e da Apuração dos Votos na Urna

Art. 170. Os votos serão registrados individualmente pelo sistema de votação da urna, nas seções eleitorais, resguardando-se o anonimato da eleitora ou do eleitor.

§ 1º A urna será dotada de arquivo denominado Registro Digital do Voto (RDV), no qual ficará gravado cada voto, como digitado pela eleitora ou pelo eleitor na urna, separado por cargo e em arquivo único, utilizando os meios tecnológicos adequados para a garantia do sigilo da votação.

§ 2º Após a confirmação dos votos de cada eleitora ou eleitor, o arquivo RDV será atualizado e assinado digitalmente, com aplicação do registro de horário no arquivo log, para garantir a segurança.

Art. 171. O voto digitado na urna que corresponda integralmente ao número de candidata ou candidato apta(o) será registrado como voto nominal.

Art. 172. Nas eleições majoritárias, os votos que não correspondam a número de candidata ou de candidato constante da urna serão registrados como nulos.

Parágrafo único. Na hipótese do *caput* deste artigo, antes da confirmação do voto, a urna apresentará mensagem informando que, se confirmado o voto, ele será computado como nulo.

Art. 173. Nas eleições proporcionais, serão registrados como votos para a legenda os digitados na urna cujos 2 (dois) primeiros dígitos coincidam com a numeração de partido político que concorra ao pleito e os últimos dígitos não sejam informados ou não correspondam a nenhuma candidata ou candidato (Lei n. 9.504/1997, art. 59, § 2º).

Parágrafo único. Na hipótese do *caput* deste artigo, antes da confirmação do voto, a urna apresentará a informação do respectivo partido político e mensagem alertando que, se confirmado, o voto será registrado para a legenda.

Art. 174. Nas eleições proporcionais serão registrados como nulos:

I – os votos digitados cujos 2 (dois) primeiros dígitos não coincidam com a numeração de partido político que concorra ao pleito; e

II – os votos digitados cujos 2 (dois) primeiros dígitos coincidam com a numeração de partido político que concorra ao pleito e os últimos dígitos correspondam a candidata ou candidato que, antes da geração dos dados para carga da urna, conste como inapta(o).

Parágrafo único. Na hipótese deste artigo, antes da confirmação do voto, a urna apresentará mensagem informando que, se confirmado o voto, ele será computado como nulo.

Art. 175. Ao final da votação, os votos serão apurados eletronicamente e o Boletim de Urna, o RDV e os demais arquivos serão gerados e assinados digitalmente, com aplicação do registro de horário em arquivo log, de forma a garantir a segurança.

Seção II
Dos Boletins Emitidos pela Urna

Art. 176. Os Boletins de Urna conterão os seguintes dados (Lei n. 9.504/1997, art. 68):

I – a data da eleição;

II – a identificação do Município, da zona eleitoral, do local de votação, da seção eleitoral e das agregadas, se for o caso;

III – a data e o horário do início e do encerramento da votação;

IV – o código de identificação da urna e a versão do sistema de votação;

V – a quantidade de eleitoras ou eleitores aptas(os):

a) da seção originária, incluindo as(os) aptas(os) das seções agregadas; e

b) transferidas(os) temporariamente para a seção.

VI – a quantidade de votantes e de faltosas(os) (Código Eleitoral, art. 154, III, *e*, e art. 179, II);

VII – a votação individual de cada candidata e candidato (Código Eleitoral, art. 179, II; Lei n. 9.504/1997, art. 68, *caput*, e art. 87, § 6º);

VIII – os votos para cada legenda partidária (Código Eleitoral, art. 179, II);

IX – os votos nulos (Código Eleitoral, art. 179, II);

X – os votos em branco (Código Eleitoral, art. 179, II);

XI – a soma geral dos votos;

XII – a quantidade de eleitoras ou eleitores:

a) habilitados por identificação biométrica;

b) sem biometria coletada; e

c) com biometria não reconhecida; e

XIII – código de barras bidimensional (Código QR).

Art. 177. A coincidência entre os votos constantes do Boletim de Urna emitido pela urna ao final da apuração e o seu correspondente disponibilizado na internet conforme o disposto no art. 215 desta Resolução poderá ser atestada pelo Boletim de Urna impresso ou pela leitura do código de barras bidimensional (Código QR) nele contido.

§ 1º O Tribunal Superior Eleitoral disponibilizará aplicativo para dispositivos móveis para a leitura do código de barras bidimensional (Código QR), sendo vedado aos tribunais regionais e aos cartórios eleitorais, nos termos do § 3º do art. 5º desta Resolução, desenvolver, distribuir ou utilizar aplicativo para finalidade análoga.

§ 2º O disposto no § 1º deste artigo não prejudica iniciativas de outras entidades e de pessoas não vinculadas à Justiça Eleitoral no desenvolvimento de ferramentas para leitura dos Boletins de Urna e tratamento dos dados respectivos.

Capítulo III
Da Apuração da Votação por meio de Cédulas

Seção I
Disposições Preliminares

Art. 178. A apuração dos votos das seções eleitorais em que houver votação por cédulas será processada na junta eleitoral com a utilização do Sistema de Apuração, observados, no que couber, os procedimentos previstos nos arts. 159 a 187 do Código Eleitoral e o disposto nesta Resolução.

Art. 179. As membras e os membros das juntas eleitorais, as escrutinadoras e os escrutinadores e as(os) auxiliares deverão, no curso dos trabalhos, utilizar somente caneta esferográfica de cor vermelha.

Seção II
Dos Procedimentos

Art. 180. Na hipótese em que a votação tenha iniciado com o uso da urna eletrônica, a apuração dos votos das seções eleitorais que passarem à votação por cédulas ocorrerá, sempre à vista das(os) fiscais presentes, da seguinte maneira:

I – a equipe técnica designada pela(o) presidente da junta eleitoral procederá à gravação da mídia com os dados recuperados, contendo os votos registrados pelo sistema eletrônico até o momento da interrupção, imprimirá o boletim parcial da urna em 2 (duas) vias obrigatórias e em até 3 (três) vias opcionais, entregando-as à secretária ou ao secretário da junta eleitoral;

II – a secretária ou o secretário da junta eleitoral colherá, nas vias do boletim parcial da urna, a assinatura da(o) presidente e das(os) membras(os) da junta e, se presentes, das(os) fiscais dos partidos políticos, federações e das coligações, bem como da(o) representante do Ministério Público;

III – os dados constantes da mídia serão recebidos pelo Sistema de Apuração; e

IV – em seguida, será iniciada a apuração das cédulas.

§ 1º No início dos trabalhos, será emitido o relatório "Zerésima" do Sistema de Apuração, que deverá ser assinado pela(o) presidente da junta eleitoral e por suas(seus) membros(as) e, se desejarem, pelas(os) fiscais dos partidos políticos, das federações e das coligações.

§ 2º O relatório "Zerésima" do Sistema de Apuração (SA) assinado deverá ser anexado à Ata da Junta Eleitoral.

Art. 181. Para cada seção a ser apurada, o Sistema de Apuração (SA) da urna eletrônica a ser utilizada será configurado com a identificação do Município, da zona eleitoral, da seção, da junta e do motivo da operação.

Art. 182. Para apuração dos votos consignados em cédulas relativos às seções onde houve votação parcial ou totalmente manual, a junta eleitoral deverá:

I – havendo mídia com os dados parciais de votação, inseri-la na urna na qual se realizará a apuração;

II – separar os diferentes tipos de cédula;

III – contar as cédulas, sem abri-las, numerando-as sequencialmente;

IV – digitar a quantidade total de cédulas na urna;

V – iniciar a apuração no sistema eletrônico, obedecendo aos seguintes procedimentos, uma cédula de cada vez:

a) desdobrar, ler o voto e registrar as expressões "em branco" ou "nulo", se for o caso, colhendo-se a rubrica da(o) secretária(o); e

b) digitar, no Sistema de Apuração, o número da candidata, do candidato ou da legenda referente ao voto consignado na cédula, bem como se "em branco" ou "nulo"; e

VI – não havendo mais cédulas, gravar a mídia com os dados da votação da seção.

§ 1º A junta eleitoral somente desdobrará a cédula seguinte após a confirmação do registro da cédula anterior na urna.

§ 2º Eventuais erros de digitação deverão ser corrigidos enquanto não for comandada a confirmação final do conteúdo da cédula.

§ 3º As ocorrências relativas às cédulas somente poderão ser suscitadas nessa oportunidade (Código Eleitoral, art. 174, § 4º).

§ 4º A junta eleitoral dirimirá, quando houver, as dúvidas relativas às cédulas (Código Eleitoral, art. 160, parágrafo único).

§ 5º A operação do Sistema de Apuração (SA) da urna eletrônica será realizada pela pessoa designada pela(o) presidente da junta eleitoral, nos termos do parágrafo único do art. 165 desta Resolução.

Art. 183. Verificada a não correspondência entre o número sequencial da cédula em apuração e o apresentado pela urna, deverá a junta eleitoral proceder da seguinte maneira:

I – emitir o espelho parcial de cédulas;

II – comparar o conteúdo das cédulas com o do espelho parcial, a partir da última cédula até o momento em que se iniciou a incoincidência; e

III – comandar a exclusão dos dados referentes às cédulas incoincidentes e retomar a apuração.

Parágrafo único. Havendo motivo justificado, a critério da junta eleitoral, a apuração poderá ser reiniciada, apagando-se todos os dados da seção até então registrados.

Art. 184. A incoincidência entre o número de votantes e o de cédulas apuradas não acarreta automaticamente a nulidade da votação da seção eleitoral (Código Eleitoral, art. 166, § 1º).

§ 1º A junta eleitoral examinará a ocorrência e, se concluir pela anulação da votação da seção, fará a apuração em separado e remeterá a questão à reanálise do tribunal regional eleitoral.

§ 2º A seção apurada em separado constará como anulada no Sistema de Totalização (SISTOT) e não impedirá a proclamação do resultado.

§ 3º Se o tribunal reverter a decisão, a seção voltará a figurar como apurada e os votos serão computados, observadas as regras da Res.-TSE n. 23.677/2021.

Art. 185. Concluída a contagem dos votos, a junta eleitoral providenciará a emissão de 2 (duas) vias obrigatórias e até 5 (cinco) vias adicionais do Boletim de Urna.

§ 1º Os Boletins de Urna serão assinados pela(o) presidente e pelas(os) demais componentes da junta eleitoral e, se presentes, pelas(os) fiscais dos partidos políticos, das federações e das coligações e pela(o) representante do Ministério Público.

§ 2º Apenas os Boletins de Urna poderão servir como prova posterior perante a junta eleitoral (Lei n. 9.504/1997, art. 87, § 5º).

Art. 186. O encerramento da apuração de uma seção consistirá na emissão do Boletim de Urna e na gravação da mídia com os resultados, a ser encaminhada para transmissão e demais procedimentos descritos no art. 194 desta Resolução.

Art. 187. Durante a apuração, na hipótese de defeito da urna instalada na junta eleitoral, uma nova urna deverá ser utilizada e o procedimento de apuração deverá ser reiniciado.

Art. 188. Concluída a apuração de uma urna e antes de se passar à subsequente, as cédulas serão recolhidas, no primeiro turno de votação, em envelope especial e, no segundo, à urna de lona, que serão fechados e lacrados, assim permanecendo até 14 de janeiro de 2025, salvo se houver pedido de recontagem ou se o conteúdo for objeto de discussão em processo judicial (Código Eleitoral, art. 183, *caput*).

Capítulo IV
Da Totalização das Eleições

Seção I
Dos Sistemas de Transmissão e Totalização

Art. 189. A transmissão dos arquivos de urna e os procedimentos para a totalização dos resultados são operacionalizados pelos Sistemas Transportador e de Gerenciamento da Totalização (SISTOT) utilizados em cada uma das instâncias, de acordo com suas competências e abrangências.

Art. 190. A partir das 12h (doze horas) da véspera de cada turno, as funcionalidades relativas ao gerenciamento da totalização dos resultados estarão disponíveis no SISTOT, em todas as instâncias, mediante os seguintes procedimentos concatenados e sequenciais:

I – processamento das eventuais alterações de situação e de dados das candidatas, dos candidatos e dos respectivos partidos, federações e coligações (Atualização do Registro de Candidato – ARC) pelos juízes eleitorais responsáveis pela totalização de cada Município; e

II – emissão do relatório "Zerésima" com a finalidade de comprovar a inexistência de votos computados no sistema, por todas as zonas eleitorais.

§ 1º A emissão da Zerésima pelas zonas eleitorais é realizada após a emissão da Zerésima pelas respectivas zonas totalizadoras designadas pelo tribunal regional eleitoral, conforme o estabelecido no inciso II do *caput* deste artigo.

§ 2º Se forem realizadas eleições suplementares ou consultas populares simultaneamente às eleições municipais, será igualmente observado o disposto no *caput* deste artigo, com as devidas adaptações à circunscrição do pleito:

I – se federal, pelo Tribunal Superior Eleitoral;

II – se estadual, pelo tribunal regional eleitoral; e

III – se municipal, pela zona eleitoral responsável pela consulta popular.

Art. 191. Para a emissão da Zerésima de que trata o inciso II do *caput* art. 190 desta Resolução, a juíza ou o juiz eleitoral convocará, por edital, as(os) representantes do Ministério Público, da Ordem dos Advogados do Brasil e dos partidos políticos, das federações e das coligações, com antecedência de 2 (dois) dias, para acompanhar o evento.

Parágrafo único. Os tribunais regionais eleitorais deverão divulgar calendário centralizado na respectiva página da internet, visando ao amplo conhecimento das entidades fiscalizadoras, da imprensa e de cidadãs e cidadãos interessadas(os) em acompanhar o evento, contendo, no mínimo:

I – data e horário da cerimônia;

II – local dos trabalhos; e

III – especificação dos procedimentos e Municípios a que se refere a cerimônia.

Art. 192. O relatório "Zerésima" será assinado pela(o) presidente da junta eleitoral e pelas demais autoridades presentes e comporá a Ata da Junta Eleitoral.

Art. 193. Se, em momento posterior ao encerramento do evento, houver necessidade de reinicialização do SISTOT, a juíza ou o juiz eleitoral comunicará o fato imediatamente aos partidos políticos, às federações, às coligações, ao Ministério Público e à Ordem dos Advogados do Brasil, para que acompanhem a nova emissão da Zerésima.

Parágrafo único. Na hipótese prevista no *caput* deste artigo, os relatórios emitidos pelo sistema e os dados anteriores à reinicialização serão tornados sem efeito.

Seção II
Dos Procedimentos na Junta Eleitoral

Art. 194. Encerrada a votação, as juntas eleitorais:

I – receberão as mídias com os arquivos oriundos das urnas e providenciarão sua imediata transmissão;

II – receberão os documentos da votação, examinando sua idoneidade e regularidade, inclusive quanto ao funcionamento normal da seção (Código Eleitoral, art. 165, § 5º, *caput*);

III – destinarão as vias do Boletim de Urna recebidas, da seguinte forma:

a) uma via acompanhará a mídia de resultado, para posterior arquivamento no cartório eleitoral; e

b) uma via será afixada no local de funcionamento da junta eleitoral;

IV – resolverão todas as impugnações e incidentes verificados durante os trabalhos de apuração (Código Eleitoral, art. 40, II); e

V – providenciarão a recuperação dos dados constantes da urna, em caso de necessidade.

Art. 195. A autenticidade e a integridade dos arquivos constantes das mídias de resultado recebidas na junta eleitoral são verificadas pelos sistemas eleitorais.

Art. 196. Detectada alguma irregularidade na documentação referente a uma seção cujos arquivos da urna já tenham sido processados no SISTOT, a(o) presidente da junta poderá determinar a exclusão dos respectivos dados do sistema, em decisão fundamentada, e adotará as devidas providências, de acordo com art. 165 do Código Eleitoral, no que couber.

Art. 197. A transmissão e a recuperação de dados de votação e a reimpressão dos Boletins de Urna poderão ser efetuadas por técnicas e por técnicos designadas(os) pela(o) presidente da junta eleitoral, nos locais previamente definidos pela Justiça Eleitoral.

Art. 198. Os tribunais regionais eleitorais poderão instalar pontos de transmissão distintos do local de funcionamento da junta eleitoral, de acordo com as necessidades específicas, divulgando previamente sua localização nos respectivos sítios na internet, pelo menos 3 (três) dias antes da data da eleição de cada turno.

§ 1º Nos pontos de transmissão mencionados no *caput* deste artigo em que forem utilizados equipamentos que não pertençam à Justiça Eleitoral será obrigatório o uso do sistema de conexão JE-Connect.

§ 2º As técnicas e os técnicos designadas(os) para operação do JE-Connect são responsáveis pela guarda e pelo uso das mídias de ativação da solução e de seus conteúdos.

Art. 199. Havendo necessidade de recuperação dos dados da urna, serão adotados um ou mais dos seguintes procedimentos, na ordem que se fizer adequada para a solução do problema:

I – inserção da mídia de resultado, original ou vazia, na urna utilizada na seção, para conclusão do procedimento de gravação dos dados que porventura não tenha sido concluída;

II – gravação de nova mídia de resultado, a partir da urna utilizada na seção, com emprego do Sistema Recuperador de Dados (RED);

III – gravação de nova mídia de resultado, a partir das mídias da urna utilizada na seção, pelo Sistema Recuperador de Dados (RED), em urna de contingência;

IV – gravação de nova mídia de resultado, a partir da digitação dos dados constantes do Boletim de Urna por meio do Sistema de Apuração (SA).

§ 1º As mídias retiradas das urnas de votação para recuperação de dados em urna de contingência, mencionadas no inciso III do *caput*, deverão ser recolocadas nas respectivas urnas de votação utilizadas nas seções após o procedimento de recuperação.

§ 2º As urnas de votação cujos lacres forem removidos para recuperação de dados deverão ser novamente lacradas.

§ 3º Os Boletins de Urna, impressos em 2 (duas) vias obrigatórias e em até 5 (cinco) opcionais, e os Boletins de Justificativa (BUJ) e de Identificação do Mesário (BIM), se houver, serão assinados pela(o) presidente e demais integrantes da junta eleitoral e, se presentes, pelas(os) fiscais dos partidos políticos, das federações e das coligações e pela(o) representante do Ministério Público.

Art. 200. Se a mídia gravada pelo Sistema de Apuração (SA) não puder ser lida no Sistema Transportador, a(o) presidente da junta eleitoral determinará, para a solução do problema, a realização de um dos seguintes procedimentos:

I – gravação de nova mídia de resultado, a partir da urna na qual a seção foi apurada; ou

II – gravação de nova mídia de resultado, a partir da digitação, em nova urna, dos dados constantes do Boletim de Urna, utilizando o Sistema de Apuração (SA).

Art. 201. Em caso de perda irrecuperável de votos de determinada seção, a junta eleitoral deverá:

I – se parcial, aproveitar os votos recuperados, considerando, para efeito da verificação de comparecimento na seção, o número de votos apurados; e

II – se total, informar a não apuração da seção no SISTOT.

Art. 202. Na impossibilidade da transmissão de dados, a junta eleitoral providenciará a remessa das mídias ao ponto de transmissão da Justiça Eleitoral mais próximo, para os respectivos procedimentos.

Art. 203. A decisão que determinar a "não instalação", a "não apuração" ou "a anulação" da respectiva seção deverá ser fundamentada e registrada no Sistema de Totalização (SISTOT).

Art. 204. A(O) presidente da junta eleitoral, finalizado o processamento dos Boletins de Urna pelo SISTOT de sua jurisdição, lavrará a Ata da Junta Eleitoral.

§ 1º A Ata da Junta Eleitoral, assinada pela(o) presidente e rubricada pelas(os) integrantes da junta eleitoral, e, se desejarem, pelas(os) representantes do Ministério Público, dos partidos políticos, das federações e das coligações, será composta, no mínimo, dos seguintes relatórios emitidos pelo SISTOT:

I – Ambiente de Votação;

II – Zerésima; e

III – Resultado da Junta Eleitoral.

§ 2º O relatório "Resultado da Junta Eleitoral" será emitido ao final dos trabalhos da junta, depois de processados e totalizados os votos para cada Município de sua zona eleitoral, e conterá:

I – as seções apuradas e a quantidade de votos apurados diretamente pelas urnas;

II – as seções apuradas pelo Sistema de Apuração, os motivos pelos quais foi utilizado esse sistema e a respectiva quantidade de votos;

III – as seções anuladas e as não apuradas, os motivos e a quantidade de votos anulados ou não apurados;

IV – as seções onde não houve votação e os motivos;

V – as ocorrências verificadas com as urnas que funcionaram nas seções; e

VI – as impugnações apresentadas às juntas eleitorais e como foram resolvidas, assim como os recursos que tenham sido interpostos.

§ 3º A Ata da Junta Eleitoral deverá ser arquivada no cartório eleitoral, sendo dispensado o envio de cópia assinada ao tribunal regional eleitoral.

§ 4º Os relatórios gerados pela zona eleitoral mencionados no *caput* deste artigo estarão automaticamente acessíveis aos tribunais regionais eleitorais correspondentes e ao Tribunal Superior Eleitoral pelo Sistema de Totalização (SISTOT).

Art. 205. Concluídos os trabalhos de apuração das seções e de transmissão dos dados pela junta eleitoral, será providenciado, no prazo máximo de 24h (vinte e quatro horas), a transmissão dos arquivos log das urnas e da imagem do Boletim de Urna.

Parágrafo único. Havendo necessidade de nova geração dos arquivos de que trata o *caput* deste artigo, deverá ser observado o disposto no art. 207 desta Resolução.

Art. 206. Até 3 (três) dias contados da emissão do relatório "Resultado da Junta Eleitoral", serão transmitidos ao Tribunal Superior Eleitoral:

I – os arquivos de biometria gerados pelas urnas; e

II – os logs do Sistema Transportador instalado nos equipamentos e dispositivos JE-Connect utilizados para transmissão de dados.

Art. 207. A juíza ou o juiz eleitoral poderá autorizar, excepcionalmente, após a totalização final, a retirada dos lacres da urna, para possibilitar a recuperação de arquivos de urna.

§ 1º Os partidos políticos, as federações, as coligações e o Ministério Público deverão ser convocadas(os) por edital, com pelo menos 1 (um) dia de antecedência, para acompanhar os procedimentos previstos no *caput* deste artigo.

§ 2º Concluído o procedimento de que trata o *caput* deste artigo, a urna deverá ser novamente lacrada, mantendo as mídias originais em seus respectivos compartimentos.

§ 3º Todos os procedimentos descritos neste artigo deverão ser registrados em ata.

Seção V
Das Atribuições das Juntas Eleitorais

Art. 208. Compete à junta eleitoral responsável pela totalização do Município (Código Eleitoral, arts. 40 e 186):

I – resolver as dúvidas não decididas e os recursos interpostos sobre as eleições;

II – executar, a partir do Sistema de Gerenciamento da Totalização (SISTOT):
a) o cálculo dos votos apurados, inclusive os em branco e os nulos;
b) o cálculo do quociente eleitoral;
c) a distribuição das vagas por quociente partidário e a distribuição das sobras por média;
d) o desempate de candidatas e candidatos; e
e) a totalização final dos votos;
III – proclamar o resultado das eleições do Município; e
IV – proclamar as eleitas e os eleitos e expedir os respectivos diplomas.

Art. 209. Ao final dos trabalhos, a(o) presidente da junta eleitoral responsável pela totalização assinará a Ata Geral da Eleição, lavrada para cada Município de sua circunscrição, em 2 (duas) vias, que deverão ser igualmente assinadas pelas(os) membras(os) da junta eleitoral e, se desejarem, pelas(os) fiscais dos partidos políticos, das federações e das coligações, anexando o relatório "Resultado da Totalização", emitido pelo SISTOT.

Parágrafo único. Do relatório "Resultado da Totalização" constarão os seguintes dados (Código Eleitoral, art. 199, § 5º):

I – as seções apuradas e a quantidade de votos apurados diretamente pelas urnas;

II – as seções apuradas pelo Sistema de Apuração, os motivos pelos quais tenha sido utilizado esse sistema e a respectiva quantidade de votos;

III – as seções anuladas e as não apuradas, os motivos e a quantidade de votos anulados ou não apurados;

IV – as seções nas quais não tenha havido votação e os motivos;

V – relação das seções em que o Boletim de Urna tenha sido gerado em urna substituta;

VI – a votação de cada partido político, federação, coligação, candidata e candidato nas eleições majoritária e proporcional e sua destinação;

VII – o cálculo do quociente eleitoral e as vagas preenchidas pelo quociente partidário e pela distribuição das sobras por média;

VIII – a votação das candidatas e dos candidatos ao cargo de vereador, na ordem da votação recebida;

IX – a votação das candidatas e dos candidatos ao cargo de prefeito na ordem da votação recebida; e

X – as impugnações que tenham sido apresentadas às juntas eleitorais, como foram resolvidas e os recursos interpostos.

Art. 210. Os tribunais regionais eleitorais, até 3 (três) dias após cada turno, deverão divulgar, centralizadamente, em suas páginas da internet, os relatórios "Resultado da Totalização" emitidos pelas juntas responsáveis pela totalização dos Municípios, visando ao amplo conhecimento das cidadãs e dos cidadãos, dos partidos políticos, das federações, das coligações, das entidades fiscalizadoras e da imprensa.

Art. 211. A Ata Geral da Eleição ficará disponível no cartório eleitoral pelo prazo de 3 (três) dias, facultado a partidos políticos, federações, coligações, candidatas e candidatos examiná-la, com os documentos nos quais foi baseado, incluído o arquivo ou relatório gerado pelo sistema de votação ou totalização (Código Eleitoral, art. 186, § 1º).

§ 1º Os documentos nos quais a Ata Geral da Eleição foi baseada, incluídos os arquivos ou relatórios gerados pelos sistemas de votação e totalização, ficarão disponíveis nos cartórios eleitorais.

§ 2º Terminado o prazo previsto no *caput* deste artigo, os partidos políticos, federações e coligações poderão apresentar reclamação, em até 2 (dois) dias, sendo esta submetida à junta eleitoral, que, no prazo de 3 (três) dias, apresentará aditamento ao relatório com a proposta das modificações que julgar procedentes ou com a justificação da improcedência das arguições (Código Eleitoral, art. 200, § 1º).

§ 3º O prazo para análise e apresentação de reclamação sobre a Ata Geral da Eleição somente começará a ser contado após a disponibilização dos dados de votação especificados por seção eleitoral na página da Justiça Eleitoral na internet e da divulgação dos respectivos relatórios "Resultado da Totalização".

Art. 212. Decididas as reclamações apresentadas, a junta eleitoral responsável pela totalização proclamará as eleitas e os eleitos e marcará a data para a expedição solene dos diplomas em sessão pública.

Art. 213. Se houver reprocessamento da totalização que enseje alteração de resultado, os partidos políticos, as federações, as coligações, o Ministério Público e a Ordem dos Advogados do Brasil deverão ser convocados com antecedência mínima de 2 (dois) dias, por edital, para acompanhamento dos procedimentos previstos na Res.-TSE n. 23.677/2021.

§ 1º O novo relatório "Resultado da Totalização" deverá ser publicado pelo tribunal regional eleitoral nos termos do art. 210.

§ 2º Se o reprocessamento do resultado for realizado após a diplomação e houver alteração de eleitas e eleitos e da ordem de suplência, serão expedidos novos diplomas e cancelados os anteriores.

Capítulo V
Da Fiscalização da Transmissão dos Dados e da Totalização

Art. 214. Às(Aos) candidatas(os), aos partidos políticos, às federações, às coligações, à Ordem dos Advogados do Brasil e ao Ministério Público é garantido amplo direito de fiscalização dos trabalhos de transmissão e totalização de dados (Lei n. 9.504/1997, art. 66).

Parágrafo único. As entidades fiscalizadoras, a imprensa e cidadãs e cidadãos interessados poderão acompanhar os procedimentos de transmissão e totalização, desde que o número de pessoas não comprometa o bom andamento dos trabalhos, sendo proibido se dirigir diretamente às operadoras e aos operadores dos sistemas e às servidoras e aos servidores envolvidas(os) com o serviço.

Art. 215. O Tribunal Superior Eleitoral disponibilizará, na sua página da internet, os Boletins de Urna enviados para totalização e as tabelas de correspondências efetivadas durante todo o período em que os receber.

Parágrafo único. Após a totalização final, os Boletins de Urna totalizados serão publicados e poderão ser comparados com os Boletins de Urna gerados nas seções eleitorais.

Capítulo VI
Da Divulgação dos Resultados

Art. 216. Para a divulgação dos resultados parciais ou totais das eleições pela Justiça Eleitoral, deverão ser utilizados, exclusivamente, sistemas desenvolvidos ou homologados pelo Tribunal Superior Eleitoral, nos termos do *caput* e do § 3º do art. 5º desta Resolução.

Parágrafo único. A divulgação será feita nas páginas da Justiça Eleitoral na internet e pelo aplicativo Resultados.

Art. 217. Os resultados das votações para todos os cargos, incluindo os votos em branco e os nulos, e as abstenções, serão divulgados por Município e serão liberados a partir das 17h (dezessete horas) do dia das eleições, horário de Brasília.

Parágrafo único. Os painéis para divulgação do resultado das candidatas, dos candidatos e dos respectivos partidos apresentarão sempre os votos a elas ou a eles consignados, informando sobre sua situação, se válidos, *sub judice* ou anulados.

Art. 218. Até 8 de julho de 2024, o Tribunal Superior Eleitoral realizará audiência com as entidades interessadas em divulgar os resultados da eleição, para apresentar as definições do modelo de distribuição e os padrões tecnológicos e de segurança exigidos para a divulgação dos resultados.

Art. 219. Os dados dos resultados das eleições estarão disponíveis, em centro de dados provido pelo Tribunal Superior Eleitoral, no período de 6 a 19 de outubro de 2024, no primeiro turno, e de 27 de outubro a 8 de novembro de 2024, no segundo turno.

§ 1º Os dados do resultado das eleições serão distribuídos pela Justiça Eleitoral às entidades interessadas na divulgação por meio de arquivo digital ou de programa de computador.

§ 2º Será de responsabilidade das entidades interessadas em divulgar os resultados estabelecer infraestrutura de comunicação com o centro de dados provido pelo Tribunal Superior Eleitoral.

§ 3º As entidades interessadas na divulgação dos resultados deverão buscar os arquivos periodicamente à medida que forem atualizados, em conformidade com os padrões definidos pela Justiça Eleitoral.

§ 4º É vedado às entidades mencionadas neste artigo promover qualquer alteração de conteúdo dos dados distribuídos pela Justiça Eleitoral.

Art. 220. Na divulgação dos resultados parciais ou totais das eleições, as entidades envolvidas não poderão majorar o preço de seus serviços em razão dos dados fornecidos pela Justiça Eleitoral.

Art. 221. O não cumprimento das exigências descritas neste capítulo impedirá o acesso da entidade ao centro de dados provido pelo Tribunal Superior Eleitoral ou acarretará sua desconexão.

TÍTULO IV
DOS PROCEDIMENTOS COM AS URNAS APÓS AS ELEIÇÕES

Art. 222. Encerrada a apuração, as urnas de votação e as mídias de carga e de votação armazenadas nos "Envelopes de Segurança" deverão permanecer lacrados até o dia 14 de janeiro de 2025.

§ 1º As urnas que apresentarem defeito no dia da eleição e forem substituídas com sucesso por urnas de contingência poderão ser encaminhadas para manutenção, a qualquer tempo.

§ 2º Decorrido o prazo de que cuida o *caput* deste artigo e de acordo com os procedimentos definidos pelo tribunal regional eleitoral, serão permitidas:

I – a remoção dos lacres das urnas;

II – a retirada e a formatação das mídias de votação;

III – a formatação das mídias de carga;
IV – a formatação das mídias de resultado; e
V – a manutenção das urnas.

§ 3º A manutenção relativa à carga das baterias das urnas poderá ser realizada após o prazo previsto no *caput* deste artigo, ainda que estejam *sub judice*, de modo a não comprometer seu funcionamento futuro.

Art. 223. Poderão ser reutilizadas, a qualquer tempo, após o encerramento da totalização, as urnas de contingência não utilizadas, as mídias de votação de contingência e as mídias de resultado que não contenham dados de votação.

Parágrafo único. Antes de serem reutilizadas, as urnas e mídias mencionadas no *caput* deste artigo deverão ser formatadas de acordo com as orientações técnicas pertinentes.

Art. 224. Tendo sido admitida ação judicial relativa aos sistemas de votação ou de apuração, a autoridade judiciária designará dia e hora para realização de audiência pública, intimando os interessados, de acordo com o estabelecido no art. 86 da Res.-TSE n. 23.673/2021.

Parágrafo único. A ação mencionada no *caput* deste artigo tramitará no PJe e será autuada na classe "Apuração de Eleição".

TÍTULO V
DISPOSIÇÕES FINAIS

Art. 225. Nos Municípios onde houver mais de uma zona eleitoral, os tribunais regionais eleitorais designarão os juízos eleitorais que ficarão responsáveis pelo registro de candidaturas, pelo controle judicial das pesquisas eleitorais, pela fiscalização da propaganda eleitoral e procedimentos correlatos, pelo exame das prestações de contas, pela totalização dos resultados, pela diplomação das eleitas e dos eleitos e pelas investigações judiciais eleitorais.

Art. 226. A partir de 26 de setembro de 2024, os tribunais regionais eleitorais realizarão ações para esclarecer a população sobre o que é necessário para votar, vedada a contratação de terceiros para prestação desse serviço.

Parágrafo único. A vedação prevista no *caput* deste artigo não se aplicará à contratação de mão de obra para montagem de estrutura para a central de atendimento telefônico em ambiente supervisionado pelos tribunais regionais eleitorais e para divulgação de dados referentes ao endereço de seções e aos locais de votação.

Art. 227. Os tribunais regionais eleitorais e os juízes eleitorais deverão adotar providências para realizar convênios ou parcerias com entidades públicas e privadas representativas de pessoas com deficiência, objetivando incentivar o cadastramento de mesárias, mesários e pessoal de apoio logístico com conhecimento em Libras para atuar nas seções eleitorais ou nos locais de votação onde houver inscrição de pessoas surdas ou com deficiência auditiva (Res.-TSE n. 23.381/2012, art. 5º, § 2º).

Art. 228. Bases externas de biometria oriundas de entidades conveniadas com o Tribunal Superior Eleitoral poderão ser utilizadas para fins de habilitação de eleitoras ou eleitores na seção eleitoral.

Art. 229. Os comprovantes de comparecimento que permanecerem no Caderno de Votação poderão ser descartados depois de finalizado o processamento dos arquivos de faltosas e faltosos pelo Tribunal Superior Eleitoral.

Art. 230. As(Os) integrantes dos tribunais regionais eleitorais e do Ministério Público devem fiscalizar o cumprimento desta Resolução e da Lei n. 9.504/1997 pelas(os) juízas e juízes e pelas(os) promotoras e promotores eleitorais das instâncias inferiores, determinando, quando for o caso, a abertura de procedimento disciplinar para apuração de eventuais irregularidades que verificarem (Lei n. 9.504/1997, art. 97, § 1º).

Art. 231. No dia das eleições, o horário oficial de Brasília será observado em todas as unidades da Federação, desde a instalação das seções eleitorais até a divulgação de resultados.

Art. 232. Esta Resolução entra em vigor na data de sua publicação oficial.

Brasília, 27 de fevereiro de 2024.

Ministra Cármen Lúcia – Relatora

RESOLUÇÃO TSE N. 23.737, DE 27 DE FEVEREIRO DE 2024

Dispõe sobre o cronograma operacional do Cadastro Eleitoral para as Eleições 2024.

O Tribunal Superior Eleitoral, no uso das atribuições que lhe conferem o inciso IX do art. 23 do Código Eleitoral e o art. 105 da Lei n. 9.504, de 30 de setembro de 1997, resolve:

Art. 1º Os tribunais, as corregedorias e as zonas eleitorais observarão o cronograma operacional do Cadastro Eleitoral definido para as Eleições 2024 nos termos desta Resolução.

Parágrafo único. Os prazos aplicáveis aos procedimentos relativos ao Cadastro Eleitoral estão definidos no anexo desta Resolução.

Art. 2º No planejamento das ações relativas ao atendimento eleitoral, os tribunais regionais priorizarão as medidas necessárias para ampliar a identificação biométrica do eleitorado da circunscrição.

Art. 3º O sistema de atendimento informará a necessidade de nova coleta de dados biométricos se, cumulativamente, os dados constantes do cadastro eleitoral:

I – tiverem sido coletados há mais de 10 (dez) anos (Res.-TSE n. 23.659/2021, art. 8º, § 1º); e

II – estiverem há mais de 10 (dez) anos sem serem utilizados para validar a identidade da eleitora ou do eleitor no momento da votação.

Parágrafo único. A implantação dos requisitos de sistema previstos neste artigo ocorrerá até 8.4.2024.

Capítulo I
Do Fechamento e da Reabertura do Cadastro Eleitoral

Art. 4º A partir de 9.4.2024, somente poderão solicitar operações pelo serviço de autoatendimento eleitoral na internet:

I – eleitoras e eleitores com domicílio eleitoral no Brasil que possuam cadastro biométrico na Justiça Eleitoral;

II – alistandas, alistandos, eleitoras e eleitores residentes no exterior.

Art. 5º Em 9.5.2024, será suspenso o recebimento de solicitações de operações de alistamento, transferência e revisão eleitoral em todas as unidades da Justiça Eleitoral e no serviço de autoatendimento na internet (fechamento do Cadastro Eleitoral).

Art. 6º Não haverá suspensão de comando de código de ASE durante o período de fechamento do cadastro.

§ 1º Os lançamentos a que se refere o *caput* deste artigo produzirão efeitos imediatos e, quando relativos a restrições, serão considerados para fins de expedição de certidões de quitação pelo Sistema ELO e pela internet.

§ 2º A alteração da situação da inscrição para regular, cancelada ou suspensa, que decorrer de lançamento de códigos de ASE no período de 2.7.2024 a 27.10.2024, somente se dará entre os dias 28.10.2024 e 4.11.2024.

Art. 7º Durante o período de fechamento do Cadastro Eleitoral, poderão ser fornecidos às eleitoras e aos eleitores os seguintes documentos:

I – via impressa do título eleitoral, emitida pelo serviço disponível nos sítios eletrônicos dos tribunais eleitorais na internet ou por qualquer cartório, posto ou central de atendimento, para inscrições regulares e suspensas;

II – certidões mencionadas no art. 3º da Res.-TSE n. 23.659/2021; e

III – via digital do título eleitoral (e-Título), requerida no aplicativo próprio a qualquer tempo, para inscrições regulares e suspensas (Res.-TSE n. 23.659/2021, art. 74).

§ 1º As certidões mencionadas no inciso II do *caput* deste artigo que não estiverem disponíveis no Sistema ELO ou na internet serão elaboradas pelo cartório eleitoral em que a eleitora ou o eleitor solicitar atendimento.

§ 2º A eleitora ou o eleitor, cuja inscrição esteja cancelada, mas que preencha os requisitos previstos no § 7º do art. 11 da Lei n. 9.504/1997, poderá obter certidão circunstanciada, com valor de certidão de quitação, da qual constarão:

I – prazo de validade até 4.11.2024;

II – impedimento legal para imediata regularização de sua situação eleitoral; e

III – recomendação para procurar a Justiça Eleitoral após a reabertura do cadastro para regularização de sua inscrição, mediante RAE.

§ 3º A pessoa que atingir a idade de 18 (dezoito) anos durante o fechamento do cadastro poderá solicitar certidão circunstanciada informando a impossibilidade legal de realização do alistamento nesse período.

Art. 8º Em 5.11.2024, será retomado, em todas as unidades da Justiça Eleitoral e na internet, o atendimento de solicitações de operações de alistamento, transferência e revisão eleitoral (reabertura do Cadastro Eleitoral).

Parágrafo único. A partir da data de reabertura do Cadastro Eleitoral, não haverá processamento de Requerimentos de Alistamento Eleitoral (RAE) formalizados em data anterior.

Capítulo II
Da Regularização de Inscrição Cancelada ainda *Sub Judice*

Art. 9º Os recursos interpostos contra o cancelamento de inscrição, incluídos os determinados em revisão de eleitorado, que se encontrem ainda pendentes de julgamento no tribunal regional eleitoral terão tramitação e julgamento prioritários, a fim de assegurar que eventual regularização da inscrição eleitoral ocorra em tempo hábil para o exercício do voto.

§ 1º Se o recurso interposto contra o cancelamento da inscrição for provido, o tribunal regional eleitoral fará a comunicação da decisão à Corregedoria-Geral da Justiça Eleitoral até 17.6.2024.

§ 2º Recebida a comunicação, a Corregedoria-Geral da Justiça Eleitoral excluirá o código de ASE de cancelamento, de maneira a permitir que as inscrições figurem em folha de votação.

Capítulo III
Da Regularização das Operações Eleitorais e dos Comandos de Códigos de ASE

Art. 10. Os pedidos de regularização das operações eleitorais e dos comandos de código de ASE deverão ser remetidos à Corregedoria-Geral da Justiça Eleitoral pelo Processo Judicial eletrônico (PJe).

Parágrafo único. Somente serão examinados pela Corregedoria-Geral da Justiça Eleitoral os requerimentos que forem recebidos:

I – até 6.6.2024, no caso de pedido de alteração de situação de RAE; e

II – até 17.6.2024, no caso de pedido de reversão de transferência ou de revisão e de retificação de dados cadastrais ou de histórico de ASE que impactem na elaboração das folhas de votação.

Capítulo IV
Do Exame e da Decisão de Coincidências e Incoincidências

Art. 11. As inscrições agrupadas em duplicidade, pluralidade ou não coincidência terão exame prioritário nas corregedorias e zonas eleitorais.

§ 1º As decisões de coincidências identificadas por batimento de dados biográficos realizado após o dia 9.5.2024 serão digitadas até 27.6.2024.

§ 2º Ultrapassado o prazo previsto no § 1º deste artigo sem que haja decisão, o sistema aplicará, de forma automática, a solução indicada no § 2º do art. 101 da Res.--TSE n. 23.659/2021.

§ 2º O exame e a decisão das coincidências e não coincidências biométricas observarão, no que couber, a Res. TSE n. 23.659/2021 e os provimentos baixados pela Corregedoria-Geral da Justiça Eleitoral.

Capítulo V
Da Convocação para os Trabalhos Eleitorais

Art. 12. As atividades relacionadas à convocação para os trabalhos eleitorais, incluindo o respectivo treinamento, serão registradas no Cadastro Eleitoral, no módulo de convocação de mesários do Sistema ELO ou por meio de código de ASE próprio, imediatamente após os respectivos eventos.

§ 1º Os tribunais regionais eleitorais poderão adotar ferramentas próprias de auxílio aos trabalhos de convocação e controle do comparecimento das pessoas convocadas.

§ 2º O uso das ferramentas mencionadas no § 1º deste artigo não dispensa o registro das informações, por códigos próprios de ASE, no histórico da inscrição no Cadastro Eleitoral, que poderá ser feita utilizando serviços de integração disponibilizados pelo Tribunal Superior Eleitoral.

Art. 13. Os registros de ausência aos trabalhos eleitorais serão feitos, por código próprio de ASE, imediatamente após o conhecimento da informação sobre as pessoas que não atenderam à convocação para cada turno.

Capítulo VI
Dos Procedimentos Extemporâneos

Art. 14. Em 10.6.2024, serão processados automaticamente pelo Sistema ELO os formulários de RAE pendentes, que, digitados em ambiente on-line, não tenham sido enviados antes dessa data pelas zonas eleitorais ao Tribunal Superior Eleitoral, sem prejuízo da apuração de responsabilidades.

Parágrafo único. O procedimento automático de que trata o *caput* deste artigo não se aplica aos lotes criados pela zona eleitoral do exterior.

Art. 15. Se o requerimento de alistamento, transferência ou revisão formalizado até 8.5.2024 não for processado, a pessoa interessada será convocada, após a reabertura do cadastro, para formalizar novo pedido.

Parágrafo único. No caso do *caput* deste artigo, não incidem as sanções legais decorrentes do não cumprimento de obrigações eleitorais no último pleito.

Art. 16. O cumprimento de determinações de juízos ou tribunais eleitorais, que reformarem decisões referentes a RAEs, será feito com observância do disposto no art. 15 desta Resolução se a alteração for comunicada via PJe à Corregedoria-Geral:

I – após 6.6.2024, no caso de deferimento da operação; e

II – após 17.6.2024, no caso de indeferimento da operação, com o cancelamento da inscrição originária.

Art. 17. As decisões de cancelamento e de suspensão de inscrição que não tiverem sido atualizadas no cadastro serão anotadas diretamente nas folhas de votação, para impedir o irregular exercício do voto.

Parágrafo único. Para os fins deste artigo, será disponibilizado, no Sistema ELO, relatório de pessoas impedidas de votar.

Capítulo VII
Do Cancelamento de Inscrições por Ausência
a Três Eleições Consecutivas

Art. 18. Os trabalhos relativos ao cancelamento ou à regularização de inscrições atribuídas a eleitores que não compareceram às três últimas eleições observarão os arts. 130 e 131 da Res.-TSE n. 23.659/2021 e as normas e os prazos previstos nesta Resolução.

§ 1º Para os fins deste artigo, são consideradas as ausências às eleições com data fixada pela Constituição Federal e às novas eleições determinadas pela Justiça Eleitoral e desconsideradas aquelas que tiverem sido anuladas por decisão judicial.

§ 2º A inscrição de eleitora ou eleitor identificada(o) como faltosa(o), que estiver envolvida em duplicidade ou pluralidade no período de 60 (sessenta) dias destinado à regularização, será cancelada, salvo se o agrupamento decorrer do processamento de operação de revisão ou transferência requerida pela pessoa interessada até o final daquele prazo.

§ 3º O cancelamento de que trata o § 2º deste artigo prevalecerá sobre regularização que, posteriormente, seja determinada na base de coincidências ou promovida de forma automática pelo sistema.

Art. 19. As eleitoras e os eleitores, que quitarem seus débitos no período entre o término do prazo para regularização e o efetivo cancelamento das inscrições no cadastro, deverão ser orientadas(os) a formalizar Requerimento de Alistamento Eleitoral (RAE), com operação de revisão ou transferência, conforme o caso.

§ 1º O processamento dos requerimentos de que trata o *caput* será suspenso pelo sistema, com a inclusão da operação em banco de erros, com a mensagem "Operação não efetuada – eleitor faltoso – prazo ultrapassado", até que ocorra a atualização do cancelamento no cadastro.

§ 2º O comando dos códigos de ASE 078 ou 167 após o dia 19.5.2025 não inibirá o cancelamento da inscrição de eleitor identificado como faltoso a três eleições consecutivas.

Capítulo VIII
Das Disposições Finais

Art. 20. A movimentação extraordinária de eleitora e de eleitor (DE-PARA 7) será regulamentada por provimento da Corregedoria-Geral da Justiça Eleitoral e terá por objetivo a correção de situações, nas quais se demonstrem transtornos notórios e recorrentes ao processo de votação pelo desequilíbrio no número de eleitores das seções de um mesmo local de votação, vedada a adoção do procedimento para simples equalização desse número.

Art. 21. Os requerimentos de justificativa de ausência às urnas formalizados no Sistema Justifica serão apreciados com prioridade, observando-se o prazo-limite de 20 (vinte) dias após o recebimento da solicitação.

Art. 22. As informações constantes dos formulários "Identificação de Eleitora e Eleitor com Deficiência ou Mobilidade Reduzida", preenchidos no dia da votação, deverão ser inseridas no cadastro pelos códigos de ASE correspondentes, no prazo de 5 (cinco) dias após seu recebimento em cartório.

Art. 23. As corregedorias regionais eleitorais expedirão orientação às zonas eleitorais para rigorosa observância das previsões e dos prazos fixados nesta Resolução.

Art. 24. Esta Resolução entra em vigor na data de sua publicação oficial.

Brasília, 27 de fevereiro de 2024.
Ministra Cármen Lúcia – Relatora

ANEXO – CRONOGRAMA OPERACIONAL DO CADASTRO ELEITORAL

Abril de 2024	
8 de abril, segunda-feira	Último dia para eleitoras e eleitores domiciliadas(os) no Brasil que não possuem cadastro biométrico na Justiça Eleitoral solicitarem operações de alistamento, transferência e revisão pelo serviço de autoatendimento eleitoral na internet.
Maio de 2024	
8 de maio, quarta-feira	Último dia para operações de alistamento, transferência e revisão (Lei n. 9.504/1997, art. 91).

8 de maio, quarta-feira	Último dia para eleitoras e eleitores domiciliadas(os) no Brasil que possuem cadastro biométrico na Justiça Eleitoral ou domiciliadas(os) no exterior solicitarem operações de alistamento, transferência e revisão pelo serviço de autoatendimento eleitoral na internet.
9 de maio, quinta-feira	Suspensão das operações de alistamento, transferência e revisão eleitoral, inclusive para requerimentos solicitados pelo serviço de autoatendimento eleitoral na internet (Lei n. 9.504/1997, art. 91).
9 de maio, quinta-feira	Liberação das certidões circunstanciadas no Sistema ELO.
9 de maio, quinta-feira	Data a partir da qual, identificadas novas coincidências, as decisões respectivas deverão ser digitadas, até o dia 27.6.2024.
Junho de 2024	
5 de junho, quarta-feira	Último dia para envio dos lotes de RAE, incluídos os diligenciados, e dos arquivos de biometria.
5 de junho, quarta-feira	Data-limite para a Justiça Eleitoral tornar disponível aos partidos políticos a relação de todas(os) as(os) devedores de multa eleitoral, a qual embasará a expedição das certidões de quitação (Lei n. 9.504/1997, art. 11, § 9º).
6 de junho, quinta-feira	Último dia para recebimento, na Corregedoria-Geral Eleitoral, de pedidos de alteração excepcional de situação de RAE.
10 de junho, segunda-feira	Último dia para alteração excepcional de situação de RAE solicitada à Corregedoria-Geral Eleitoral.
10 de junho, segunda-feira	Processamento automático dos formulários de RAE pendentes, com comunicação à Corregedoria-Geral Eleitoral, à exceção dos lotes criados pelas zonas do exterior e dos RAEs oriundos de solicitações formuladas pelo serviço de autoatendimento eleitoral na internet.
10 de junho, segunda-feira	Último dia para envio, ao TSE, dos lotes de RAE de eleitoras e eleitores cadastradas(os) no exterior.
11 de junho, terça-feira	Último dia para disponibilização das biometrias recebidas de órgãos externos para que sejam validadas nas eleições de 2024.
12 de junho, quarta-feira	Início do prazo para cadastramento de solicitações de DE-PARA do tipo 7.
15 de junho, sábado 16 de junho, domingo	Manutenção preventiva da infraestrutura do cadastro com indisponibilidade do Sistema ELO e outros sistemas associados ao cadastro eleitoral em ambientes de produção e treinamento.
17 de junho, segunda-feira	Último dia para recebimento, na Corregedoria-Geral Eleitoral, de pedidos de regularização de histórico de inscrições ou de reversão de operações.

17 de junho, segunda-feira	Último dia para o TSE processar os lotes de RAE com inscrições de eleitoras e eleitores domiciliadas(os) no exterior.
20 de junho, quinta-feira	Último dia para envio, ao TSE, dos lotes de RAE corrigidos no banco de erros.
21 de junho, sexta-feira	Último dia para o TSE atualizar o cadastro com as correções de banco de erros.
24 de junho, segunda-feira	Último dia para cadastramento de situações de DE-PARA dos tipos 1 a 5 pela zona eleitoral.
25 de junho, terça-feira	Último dia para cadastramento e autorização de situação de DE-PARA dos tipos 1 a 5 pelo TRE.
26 de junho, quarta-feira	Último dia para o TSE processar as situações de DE-PARA dos tipos 1 a 5.
27 de junho, quinta-feira	Último dia para as corregedorias e zonas eleitorais digitarem as decisões de coincidências.
27 de junho, quinta-feira	Último dia para cadastramento de solicitações DE-PARA do tipo 6 pela zona eleitoral.
28 de junho, sexta-feira	Último dia para o TSE atualizar o cadastro com as decisões de coincidências.
28 de junho, sexta-feira	Último dia para cadastramento e autorização de solicitações DE-PARA do tipo 6 pelo TRE.
Julho de 2024	
1º de julho, segunda-feira	Último dia para o TSE processar as solicitações de DE-PARA do tipo 6.
2 de julho, terça-feira	Último dia para as corregedorias promoverem alterações diretamente no histórico das inscrições e para a Corregedoria-Geral Eleitoral realizar alterações no cadastro.
2 de julho, terça-feira	Data a partir da qual os códigos de ASE 019, 043, 337, 361, 370, 450 e 469 digitados pelas zonas eleitorais não alterarão de imediato a situação da inscrição.
2 de julho, terça-feira	Último dia para cadastramento de solicitações DE-PARA do tipo 7.
4 de julho, quinta-feira	Último dia para autorização de solicitações de DE-PARA do tipo 7 pela CGE.
5 de julho, sexta-feira	Último dia para o TSE processar as solicitações de DE-PARA do tipo 7.
8 de julho, segunda-feira	Encerramento do processamento do cadastro eleitoral.

9 de julho, terça-feira	Início da auditoria das bases de dados do cadastro eleitoral.
9 de julho, terça-feira	Data a partir da qual será possível emitir o edital de nomeação das mesas receptoras e do apoio logístico.
11 de julho, quinta-feira	Último dia para conclusão da auditoria das bases de dados do cadastro eleitoral seguida da carga das seções convencionais para viabilizar habilitação de registro de distribuição e agregação de seção.
12 de julho, sexta-feira	Data-limite para início da extração dos arquivos com foto para folha de votação.
12 de julho, sexta-feira	Início do prazo para cadastramento de agregação de seções.
19 de julho, sexta-feira	Último dia para criação, no cadastro eleitoral, de locais de votação em estabelecimentos prisionais e unidades de internação de adolescentes.
20 de julho, sábado	Início da geração dos arquivos para folha de votação.
21 de julho, domingo	Data a partir da qual será disponibilizada relação, com atualização diária, de locais de votação com vagas para transferência temporária de militares, agentes de segurança pública e guardas municipais, servidoras e servidores da Justiça Eleitoral, juízas e juízes eleitorais, juízas e juízes auxiliares e promotoras e promotores eleitorais em serviço no dia da eleição.
22 de julho, segunda-feira	Início do prazo para transferência temporária de militares, agentes de segurança pública, guardas municipais, agentes penitenciárias(os), servidoras e servidores da Justiça Eleitoral, juízas e juízes eleitorais, juízas e juízes auxiliares e promotoras e promotores eleitorais em serviço no dia eleição; pessoas com deficiência ou mobilidade reduzida; mesárias e mesários convocadas(os) para apoio logístico; indígenas, quilombolas e pessoas de comunidades tradicionais e de assentamentos rurais; e para habilitação para voto em estabelecimentos prisionais e unidades de internação de adolescentes.
24 de julho, quarta-feira	Último dia para disponibilização dos arquivos de eleitoras e eleitores (exceto os relativos a transferência temporária) para folha de votação e para urna eletrônica, inclusive do arquivo de zonas e Municípios.
25 de julho, quinta-feira	Início do prazo para zonas eleitorais e TREs cadastrarem alocação temporária de seções.
25 de julho, quinta-feira	Início da produção dos cadernos de folhas de votação.
Agosto de 2024	
7 de agosto, quarta-feira	Último dia para nomeação de membras e membros das mesas receptoras e do pessoal de apoio logístico para primeiro e eventual segundo turnos e para lançamento dos respectivos códigos de ASE (exceto para estabelecimentos prisionais).

22 de agosto, quinta-feira	Último dia para requerimento, alteração ou cancelamento da habilitação para voto em estabelecimentos prisionais e unidades de internação de adolescentes e para transferência temporária de militares, agentes de segurança pública, guardas municipais, servidoras e servidores da Justiça Eleitoral, juízas e juízes eleitorais, juízas e juízes auxiliares e promotoras e promotores eleitorais em serviço no dia eleição; pessoas com deficiência ou mobilidade reduzida; indígenas, quilombolas e pessoas de comunidades tradicionais e de assentamentos rurais.
26 de agosto, segunda-feira	Último dia para digitação ou cancelamento dos requerimentos de habilitação para transferência temporária, exceto os formulados por mesárias, mesários, pessoas convocadas para apoio logístico e agentes penitenciárias(os).
27 de agosto, terça-feira	Distribuição das inscrições transferidas temporariamente pelas seções dos locais indicados.
27 de agosto, terça-feira	Comunicação, aos TREs, das seções ordinárias com menos de 50 (cinquenta) eleitoras e eleitores e dos locais com pessoas presas provisoriamente em número inferior a 20 (vinte), contabilizando as transferências temporárias.
29 de agosto, quinta-feira	Último dia para que as zonas eleitorais promovam a agregação de seções.
29 de agosto, quinta-feira	Último dia para que as zonas eleitorais promovam o cancelamento de seções específicas para pessoas presas provisoriamente e adolescentes em unidades de internação, com o consequente cancelamento das respectivas transferências temporárias.
30 de agosto, sexta-feira	Último dia para nomeação de membras e membros das mesas receptoras das seções para pessoas presas provisoriamente e adolescentes em unidades de internação.
30 de agosto, sexta-feira	Último dia para requerimento, alteração ou cancelamento (inclusive da respectiva digitação) da habilitação de transferência temporária de agentes penitenciárias(os), mesárias e mesários e pessoas convocadas para apoio logístico.
Setembro de 2024	
2 de setembro, segunda-feira	Último dia para que os TREs promovam a agregação de seções e o cancelamento de seções específicas para presos provisórios e adolescentes internados.
3 de setembro, terça-feira	Último dia para geração dos pacotes de dados das inscrições transferidas temporariamente, das eleitoras e dos eleitores impedidos e das seções e para liberação desses pacotes de dados para carga do sistema de totalização, das urnas e dos demais sistemas do processo eleitoral.
3 de setembro, terça-feira	Geração automática de ASE 590 para inscrições transferidas temporariamente para o primeiro turno.

3 de setembro, terça-feira	Data-limite para disponibilização de consulta aos locais de votação contemplando as solicitações de transferência temporária.
4 de setembro, quarta-feira	Data a partir da qual estará disponível a relação definitiva de inscrições transferidas temporariamente, para anotação do impedimento nas folhas de votação.
4 de setembro, quarta-feira	Início da produção dos cadernos de votação das seções com inscrições transferidas temporariamente.
16 de setembro, segunda-feira	Último dia para os TREs receberem os cadernos de votação.
Outubro de 2024	
1º de outubro, terça-feira	Último dia para os TREs solicitarem ao TSE a reimpressão dos cadernos de votação nos casos de falha na impressão ou falta de cadernos.
6 de outubro, domingo	PRIMEIRO TURNO DAS ELEIÇÕES.
6 de outubro, domingo	Início do processamento dos arquivos gerados pela urna eletrônica no primeiro turno relativos ao cadastro eleitoral, inclusive os de justificativas e faltas (JUFA) e os de presença das mesárias e dos mesários.
7 de outubro, segunda-feira	Suspensão do fornecimento de certidão de quitação pela internet, pelo e-Título e pelo Sistema ELO e de emissão de GRU pela internet.
7 de outubro, segunda-feira	Geração e disponibilização do pacote com atualização de fuso horário e horário de verão dos Municípios.
7 de outubro, segunda-feira	Importação automática das Mesas Receptoras de Justificativa do primeiro para o segundo turno.
7 de outubro, segunda-feira	Geração do ASE 590 para eleitoras e eleitores transferidos temporariamente para o segundo turno.
9 de outubro, quarta-feira	Último dia para o envio, ao TSE, dos arquivos gerados pela urna eletrônica no primeiro turno relativos ao cadastro eleitoral, inclusive JUFA e da presença dos mesários.
10 de outubro, quinta-feira	Início do cadastramento de Mesas Receptoras de Justificativa e alocação temporária de seções para o segundo turno.
13 de outubro, domingo	Data-limite para a conclusão do processamento dos arquivos de JUFA, inclusive os da presença das mesárias e dos mesários, gerados pela urna eletrônica no primeiro turno.
13 de outubro, domingo	Data-limite para a conclusão do processamento de requerimentos de justificativa recebidos no primeiro turno pelo e-Título.
14 de outubro, segunda-feira	Data-limite para reinício da emissão de certidão de quitação pela internet, pelo e-Título e pelo Sistema ELO e para emissão de GRU pela internet.

22 de outubro, terça-feira	Último dia para a empresa contratada entregar, nos TREs, a reimpressão dos cadernos de votação danificados ou extraviados durante a votação no primeiro turno.
25 de outubro, sexta-feira	Fim do prazo para os TREs solicitarem, para o segundo turno, a reimpressão de cadernos de votação danificados ou extraviados durante a votação no primeiro turno.
27 de outubro, domingo	SEGUNDO TURNO DAS ELEIÇÕES.
27 de outubro, domingo	Início do processamento dos arquivos gerados pela urna eletrônica no segundo turno relativos ao cadastro eleitoral, inclusive os de justificativas e faltas (JUFA) e os de presença das mesárias e dos mesários.
28 de outubro, segunda-feira	Reinício da atualização da situação das inscrições pelos códigos de ASE 019, 043, 337, 361, 370, 450 e 469, inclusive os digitados no período de 2.7.2024 a 27.10.2024.
28 de outubro, segunda-feira	Suspensão do fornecimento de certidão de quitação pela internet, pelo e-Título e pelo Sistema ELO e da emissão de GRU pela internet.
31 de outubro, quinta-feira	Último dia para o envio dos arquivos gerados pela urna eletrônica no segundo turno relativos ao cadastro eleitoral, inclusive os de justificativas e faltas (JUFA) e os de presença das mesárias e dos mesários.
31 de outubro, quinta-feira	Data-limite para digitação de códigos de ASE que reflitam na quitação eleitoral e no registro de ausência de mesárias e mesários aos trabalhos eleitorais.
Novembro de 2024	
4 de novembro, segunda-feira	Data-limite para a conclusão do processamento dos arquivos de JUFA, incluídos os de presença das mesárias e dos mesários, gerados pela urna eletrônica no segundo turno e dos lotes de RAE.
4 de novembro, segunda-feira	Data-limite para a conclusão do processamento de requerimentos de justificativa recebidos no segundo turno pelo e-Título.
5 de novembro, terça-feira	Reabertura do cadastro eleitoral e reinício da emissão da certidão de quitação eleitoral e da GRU pela internet e pelo Sistema ELO.
5 de novembro, terça-feira	Retomada do atendimento de eleitoras e eleitores nas unidades da Justiça Eleitoral.
5 de novembro, terça-feira	Reativação do serviço de autoatendimento eleitoral na internet para solicitação de alistamento, transferência e revisão.

7 de novembro, quinta-feira	Atualização, no cadastro eleitoral, da irregularidade na prestação de contas relativa às candidatas e aos candidatos que concorreram ao primeiro turno das Eleições 2024 (ASE 230).
19 de novembro, terça-feira	Atualização, no cadastro eleitoral, da irregularidade na prestação de contas relativa às candidatas e aos candidatos que concorreram ao segundo turno das Eleições 2024 (ASE 230).
Dezembro de 2024	
11 de dezembro, quarta-feira	Último dia para a digitação dos Requerimentos de Justificativa Eleitoral (RJE) recebidos pelo processo manual de recepção de justificativas no dia da eleição de primeiro e segundo turnos.
12 de dezembro, quinta-feira	Bloqueio de lançamento de ASE 167 para eleitoras e eleitores que não votaram no primeiro e no segundo turno, enviado por zona diversa.
21 de dezembro, sábado 22 de dezembro, domingo	Manutenção preventiva da infraestrutura do cadastro eleitoral com indisponibilidade do Sistema ELO e outros associados em ambientes de produção e treinamento.
Janeiro de 2025	
11 de janeiro, sábado	Inativação dos códigos de ASE 230 relativos às candidatas e aos candidatos que concorreram nas eleições de 2020 e que apresentaram contas extemporâneas.
16 de janeiro, quinta-feira	Geração de relação de eleitoras e eleitores aptos no primeiro e no segundo turno para os quais haja registro de ASE 167 sem o lançamento do ASE 094 para o respectivo pleito.
Março de 2025	
3 de março, segunda-feira	Data a partir da qual estarão disponíveis as relações contendo os nomes e os números de inscrição das eleitoras e dos eleitores identificadas(os) como faltosas(os) às três últimas eleições.
5 de março, quarta-feira	Data em que deverá ser afixado o edital contendo a relação dos nomes e das respectivas inscrições das eleitoras e dos eleitores identificados como faltosas(os) às três últimas eleições.
20 de março, quinta-feira	Início da contagem do prazo estabelecido pelo art. 131, § 2º, da Res.-TSE n. 23.659/2021.
Maio de 2025	
19 de maio, segunda-feira	Último dia para a eleitora ou o eleitor comparecer ao cartório eleitoral para regularizar sua situação.
20 de maio, terça-feira	Data a partir da qual os RAEs formalizados por eleitoras e eleitores faltosas(os) serão incluídos em banco de erros com a mensagem "operação não efetuada – eleitor faltoso – prazo ultrapassado", para processamento após o cancelamento.

26 de maio, segunda-feira	Último dia para envio, ao TSE, dos lotes de RAEs formalizados até o dia 19.5.2025, referentes a eleitoras e eleitores faltosas(os).
27 de maio, terça feira	Último dia para acertos de banco de erros referentes aos RAEs formalizados até o dia 19/05/2025, referentes a eleitoras e eleitores faltosas(os).
29 de maio, quinta-feira	Data da execução do último processamento pela Secretaria de Tecnologia da Informação do TSE antes do cancelamento de inscrições de eleitoras e eleitores faltosas(os).
30 de maio, sexta-feira	Início do cancelamento das inscrições das eleitoras e dos eleitores que não regularizaram sua situação.
30 de maio, sexta-feira	Data a partir da qual estarão suspensas as atualizações do cadastro (digitação de códigos ASE e processamento de RAE) até o fim do cancelamento das inscrições das eleitoras e dos eleitores faltosas(os).
Junho de 2025	
2 de junho, segunda-feira	Último dia para o cancelamento das inscrições das eleitoras e dos eleitores que não regularizaram sua situação.
3 de junho, terça-feira	Data a partir da qual deverá ser fechado o banco de erros referentes às operações retidas com a mensagem "operação não efetuada – eleitor faltoso – prazo ultrapassado".
3 de junho, terça-feira	Data a partir da qual estarão disponíveis as relações contendo os nomes e os números de inscrição eleitorais canceladas por ausência aos três últimos pleitos.
3 de junho, terça-feira	Reinício das atualizações do cadastro eleitoral.

RESOLUÇÃO TSE N. 23.740, DE 7 DE MAIO DE 2024

Dispõe sobre a implementação e funcionamento do juiz eleitoral das garantias na Justiça Eleitoral, previsto na Lei n. 13.964/2019.

O Tribunal Superior Eleitoral, no uso das atribuições que lhe conferem o art. 23, incisos IX e XVIII, do Código Eleitoral, e considerando o disposto no art. 3º da Lei n. 13.964, de 24 de dezembro de 2019, e a decisão proferida pelo Supremo Tribunal Federal nos autos das Ações Diretas de Inconstitucionalidade n. 6298, 6299, 6300 e 6305,

resolve:

Art. 1º Os Tribunais Regionais Eleitorais implementarão o juiz eleitoral das garantias no prazo de 60 (sessenta) dias, respeitadas as diretrizes desta Resolução.

Parágrafo único. As regras relativas ao juiz eleitoral das garantias previstas na Lei n. 13.964, de 24 de dezembro de 2019, não são aplicáveis às infrações de menor potencial ofensivo, nem aos processos criminais de competência originária dos Tribunais Regionais Eleitorais.

Art. 2º O juiz eleitoral das garantias será instalado de maneira regionalizada, com a criação de um ou mais Núcleos Regionais Eleitorais das Garantias, não necessariamente coincidentes a uma ou várias comarcas, somente com as competências previstas na Lei n. 13.964/2019.

§ 1º A competência territorial, a estrutura e o funcionamento de cada Núcleo Regional Eleitoral das Garantias serão definidos em ato próprio dos Tribunais Regionais Eleitorais, considerando as particularidades demográficas, geográficas, administrativas e financeiras.

§ 2º Os juízes eleitorais serão nomeados para o Núcleo Regional Eleitoral das Garantias pelo Tribunal Regional Eleitoral, com base na Res.-TSE n. 21.009, de 5 de março de 2002, que estabelece as normas relativas ao exercício da jurisdição eleitoral de primeiro grau, nos termos da ADI 6.299/DF.

§ 3º A competência do juiz eleitoral das garantias será exclusivamente a prevista na Lei n. 13.964/2019.

§ 4º Os Tribunais Regionais Eleitorais, de forma obrigatória, encaminharão imediatamente o modelo e estruturas adotados na criação do Núcleo Regional Eleitoral das Garantias ao Tribunal Superior Eleitoral.

Art. 3º A competência do Núcleo Regional Eleitoral das Garantias compreende todos os inquéritos, procedimentos de investigação criminal do Ministério Público e demais procedimentos de investigação das zonas eleitorais componentes da região, encerrando-se com o oferecimento da denúncia ou queixa-crime.

§ 1º Os inquéritos, procedimentos de investigação criminal do Ministério Público e demais procedimentos de investigação em andamento na data da publicação do ato normativo que criar o Núcleo Regional Eleitoral das Garantias serão a este encaminhados, em até 90 (noventa) dias, considerando-se válidos todos os atos anteriormente proferidos.

§ 2º Oferecida a denúncia ou queixa-crime, os autos dos inquéritos, procedimentos de investigação criminal do Ministério Público e demais procedimentos de investigação serão encaminhados ao juízo eleitoral competente, nos termos do Código de Processo Penal e do art. 35, II, do Código Eleitoral, para instrução e julgamento da ação penal, a quem caberá a análise do recebimento da denúncia ou da queixa-crime, bem como de eventual prisão cautelar em curso.

§ 3º As audiências de competência do Núcleo Regional Eleitoral das Garantias, inclusive as de custódia, poderão ser realizadas por meio de videoconferência, desde que devidamente justificadas, hipótese em que deverão ser adotados os meios necessários para garantir a aferição da incolumidade física e psicológica do custodiado.

Art. 4º Esta Resolução entra em vigor na data de sua publicação.

Brasília, 7 de maio de 2024.

Ministro Alexandre de Moraes – Relator

PORTARIA TSE N. 180, DE 12 DE MARÇO DE 2024

Institui o Centro Integrado de Enfrentamento à Desinformação e Defesa da Democracia e disciplina a sua atuação.

O Presidente do Tribunal Superior Eleitoral, no uso das suas atribuições legais e regimentais,

resolve:

Art. 1º Fica instituído o Centro Integrado de Enfrentamento à Desinformação e Defesa da Democracia – CIEDDE, com sede no Tribunal Superior Eleitoral (TSE), cujo objetivo será auxiliar na atuação coordenada da Justiça Eleitoral junto aos Poderes, órgãos da República e instituições públicas e privadas na promoção da educação em cidadania, nos valores democráticos, nos direitos digitais e no combate à desinformação, discursos de ódio, discriminatórios e antidemocráticos, no âmbito eleitoral.

Art. 2º O CIEDDE será presidido pelo Presidente do Tribunal Superior Eleitoral e será composto pelo:

I – Secretário-Geral da Presidência do Tribunal Superior Eleitoral;

II – Diretor-Geral da Secretaria do Tribunal Superior Eleitoral;

III – Diretor da Escola Judiciária Eleitoral do Tribunal Superior Eleitoral;

IV – dois Juízes Auxiliares da Presidência do Tribunal Superior Eleitoral;

V – Secretária de Comunicação e Multimídia do Tribunal Superior Eleitoral;

VI – Assessor-Chefe da Assessoria Especial de Enfrentamento à Desinformação do Tribunal Superior Eleitoral.

§ 1º Serão convidados a participar do CIEDDE a Procuradoria-Geral da República, o Ministério da Justiça e Segurança Pública, o Conselho Federal da Ordem dos Advogados do Brasil e a Agência Nacional de Telecomunicações.

§ 2º O Presidente do Tribunal Superior Eleitoral designará os servidores necessários para os serviços administrativos do CIEDDE.

§ 3º O Presidente do Tribunal Superior Eleitoral poderá convidar outras instituições públicas e privadas, inclusive redes sociais e serviços de mensageria privada, para contribuírem com o CIEDDE, inclusive participando das reuniões.

Art. 3º O CIEDDE tem como atribuições:

I – promover a cooperação entre a Justiça Eleitoral, órgãos públicos e entidades privadas, em especial as plataformas de redes sociais e serviços de mensageria privada, durante o período eleitoral, para garantir o cumprimento da Resolução TSE n. 23.610, de 18 de dezembro de 2019, com as alterações promovidas pela Resolução TSE n. 23.732, de 27 de fevereiro de 2024, inclusive auxiliando os Tribunais Regionais Eleitorais no aperfeiçoamento da regular utilização da inteligência artificial no âmbito eleitoral, o combate à desinformação e à *deepfake*, e a proteção à liberdade de escolha dos eleitores e eleitoras;

II – coordenar a realização de cursos, seminários e estudos para a promoção de educação em cidadania, Democracia, Justiça Eleitoral, direitos digitais e combate a desinformação eleitoral;

III – organizar campanhas publicitárias de educação contra a desinformação, discursos de ódio e antidemocráticos e em defesa da Democracia e da Justiça Eleitoral;

IV – sugerir aos órgãos competentes as alterações normativas necessárias para o fortalecimento da Justiça Eleitoral e combate à desinformação, discursos de ódio e antidemocráticos no período eleitoral.

Art. 4º As unidades do Tribunal Superior Eleitoral serão responsáveis pela implementação do CIEDDE, cada qual em sua área de atuação, garantindo apoio técnico e logístico para o devido funcionamento.

Art. 5º Esta portaria entra em vigor na data de sua publicação.

Ministro Alexandre de Moraes